经济刑法研究
STUDY ON THE ECONOMIC CRIMINAL LAW

刘爱童　著

世界图书出版公司

图书在版编目（ＣＩＰ）数据

经济刑法研究 / 刘爱童著. -- 广州 ：世界图书出
版广东有限公司，2014.9（2025.1重印）
ISBN 978-7-5100-8722-6

Ⅰ．①经⋯ Ⅱ．①刘⋯ Ⅲ．①经济犯罪－刑法－研究
－中国 Ⅳ．①D924.334

中国版本图书馆 CIP 数据核字(2014)第 226900 号

经济刑法研究

责任编辑	冯彦庄
出版发行	世界图书出版广东有限公司
地　　址	广州市新港西路大江冲 25 号
编辑邮箱	uyling@163.com
印　　刷	悦读天下（山东）印务有限公司
规　　格	787mm×1092mm　1/16
印　　张	16.25
字　　数	320 千
版　　次	2014 年 10 月第 1 版　　2025 年 1 月第 2 次印刷
ISBN	978-7-5100-8722-6/D · 0100
定　　价	88.00 元

目　录

第一章　导　论 …………………………………………………………… 1

　第一节　引　言 ………………………………………………………… 1

　第二节　经济犯罪溯源探究 …………………………………………… 2

　第三节　经济犯罪的定义 ……………………………………………… 3

第二章　经济犯罪的刑事政策 …………………………………………… 12

　第一节　刑事政策概念 ………………………………………………… 12

　第二节　经济犯罪的刑事政策 ………………………………………… 18

第三章　经济犯罪的构成 ………………………………………………… 38

　第一节　经济犯罪的客体 ……………………………………………… 38

　第二节　经济犯罪客观方面的要件 …………………………………… 39

　第三节　经济犯罪的主体 ……………………………………………… 41

　第四节　经济犯罪的主观方面 ………………………………………… 45

第四章　生产、销售伪劣产品罪 ………………………………………… 49

第五章　走私罪 …………………………………………………………… 63

第六章　妨害对公司、企业的管理秩序罪 ……………………………… 76

第七章　破坏金融管理秩序罪 ·· 97

第八章　金融诈骗罪 ·· 130

第九章　违害税收征管罪 ·· 142

第十章　侵犯知识产权罪 ·· 158

第十一章　扰乱市场秩序罪 ·· 171

第十二章　贪污贿赂罪 ·· 194

　　第一节　贪污贿赂概述 ·· 194
　　第二节　贪污贿赂罪分述 ·· 195

第十三章　经济犯罪个罪专题研究 ···································· 214

　　第一节　概　述 ·· 214

后　记 ·· 255

第一章 导　论

第一节 引　言

　　犯罪虽然是一种个人的反社会行为或是变态行为，可是它却与社会的结构与社会功能的运作方式，有极密切的关联。因此，犯罪的质与量也就随着社会结构的改变而有所变动。我们观察整部犯罪的历史，即可发现，每一种社会结构，都会衍生与该社会结构有关的犯罪形态。每当社会结构有所变动时，假如不是产生一些新兴形态的犯罪，就是促使一些传统形态的犯罪发生质变的现象。

　　经济犯罪是任何一个现代国家都存在的犯罪，而任何一个国家的刑法都根据其对社会或者说对经济秩序造成的危害大小给予程度不同的刑罚之规定。我国也不例外。在我国《宪法》第十五条明确规定："国家实行社会主义市场经济。国家加强经济立法，完善宏观调控。国家依法禁止任何组织或者个人扰乱社会经济秩序。"依据宪法的规定，我国刑法典在分则第三章破坏社会主义市场经济秩序罪以及其他有关章节中共计确定了一百多个具体的经济犯罪罪名（其中包括随后全国人大常委会以刑法修正案形式在刑法典中新增加的罪名）。由于经济犯罪在我国现阶段市场经济条件下愈显突出，而呈现出手段的多样性，罪质的多重性，原因产生的复杂性，犯罪主体的多元性以及对市场经济秩序严重的破坏性等特征。正如台湾著名刑法学者林山田所讲：总而言之，现社会的经济结构中，存在太多足以诱发经济犯罪的因素，而且经济活动中又处处存在着从事经济违反行为的可能性。因此，使这种新生的犯罪直线上升，而对于经济社会的安全构成极为严重的威胁。这就需要我们及时对于此种犯罪作定位、深入研究，尽速谋求有效的抗制之道，这正是我们着力给予研究的初衷。迄今经济犯罪与经济刑法，无论在刑法学或是在犯罪学与刑事政策中，尚未受到应有重视而加以研究。因此，它是一个急待开发的学术领域。

第二节　经济犯罪溯源探究

经济犯罪是市场经济的必然产生。对此，我们可以对经济犯罪作一番追根溯源的发生学上的考察，以明确经济犯罪的产生机理和根源，使我们对此种犯罪有更深入的认识和理解。

市场经济自封建社会末期特别是资产阶级政治革命成功后建立起来，发展到今天，大致经历了两个阶段，即自由市场经济与现代市场经济。在自由市场经济阶段，虽然存在市场竞争不可避免地存在两种不良倾向：一是限制竞争（实施垄断）；二是不正当竞争（破坏城实信用原则）。但价值规律能够充分地发挥作用，使市场机制自身能较好自我调节社会经济的结构和运行。国家作为管理者对经济生产采取"自由放任"的政策，一般不加干预。但到十九世纪末期以后，情况发生了重大变化。产业革命引起生产社会化资本积聚和集中使企业规模不断扩大，而一些人滥用"契约自由"的原则（包括原来被认为是正当的竞争），加快了部分经营者扩大其资本和经营规模的进程，以致形成对市场的支配地位和垄断，这时又使限制竞争和其他不正当竞争更为严重。垄断和限制竞争导致竞争不足，不正当竞争是为竞争过当，两者都是竞争无序的表现。这种无序竞争的结果，使某些竞争者获取超额利润，而其他经营者大批亏损。商品价格严重偏离价值，价值规律被扭曲，市场调节机制不能充分和有效地发挥作用，因此，限制竞争和不正当竞争成为市场机制正常运行的障碍。

为了维护市场公平有序的竞争秩序，人们在惊呼"市场失灵"的同时，想到了在社会上最具权威，最有力量能够弥补市场缺陷的国家机器。由此使得国家调节成为社会经济不可少的重要机制，国家担负起了经常性的对社会全局进行调节的任务，使其调节经济成为现代国家的一种重要职能。其中，打击经济犯罪是国家实施经济调节职能的手段之一。为了维护商品经济的顺利运行，规范严重经济失范行为，国家对某些严重危害经济运行和经济结构的行为规定为犯罪，予以严厉的刑事处罚，势在必行。

最早提出经济犯罪问题的学者首推英国学者希尔（E. C. HiⅡ），他在 1872 年在英国伦敦所举行的预防与抗制犯罪的国际会议上，就以"犯罪的资本家"（Criminal Capitalists）为题，提出专题演讲，首先提出经济犯罪的重要性。但当时并未形成明确的经济犯罪概念，也没有引起与会者的重视。事隔半个世纪，直到 1939 年美国的犯罪社会学者萨瑟兰（H. E. Sutherland）提出"白领犯罪"（White－Collar Crime）之后，经济犯罪才被当作犯罪学上的一个重要论题，逐渐引起学术界的重视与研究。1932 年法国学者林德曼（K. Lindemann）第一次明确提出了刑法学意义上的"经济犯罪概念"，并在德国不断展开讨论，直到今天，仍成为德国学界的通说。在国家干预经济初期，一些国家在颁布的法律中规定了有关经济犯罪的内容。譬如：19 世纪之末，美国就有两部法律涉及经济犯罪，一是 1887 年《洲际贸易法》（The Interstate Commerce Act of1877），规定了第一种经济犯罪"价格歧视"；二是 1890 年《谢尔曼法》（The Shermen Act)，规定了各种制约竞争的垄断犯罪行为。

综上所述，国家调节作为原有市场调节并列的一种新的调节机制而出现，标志着市场经济发展进入一个新的阶段，即现代市场经济阶段。在现代市场经济阶段，同时需要并存两种调节机制，社会经济中有着"无形之手"和"国家之手"这两只"手"在同时运作。其中，市场调节是基础性的调节机制，是社会经济固有的内在的调节机制；国家调节是弥补市场调节本身无法克服的缺陷，而实施的国家经济职能，这是市场经济对国家职权的依赖。尤其是我国在没有商品经济得到充分发展的基础上，由原来的计划经济转变为现在的市场经济，国家调节有时甚至发挥着关键性作用。但它必须以市场调节机制为基础，并与此密切配合，尊重客观市场规律。否则，国家调节不能收到预期效果，反而会妨害和扰乱社会经济正常的自然结构和运行，甚至造成经济的畸形。作为"国家干预经济"实施调节机制手段之一的刑罚，更应遵循这一规则。这也正是我们研究经济刑法，打击经济犯罪的出发点和切入点。

第三节　经济犯罪的定义

确立经济犯罪的定义在犯罪学、刑事政策学与刑法学的研究和运用上，是一件极为重要的事，因为这不但涉及犯罪学对于经济犯罪理论的研究与建立，而且关系到经济刑事立法与对于经济犯罪的刑事追诉与审判的实务问题。当然，希冀建立一个明确而能被各界所接受的经济犯罪的定义，有其特有的困难。此乃一方面由于我们远非对于经济犯罪的各种现象与形态等有关的知识仍旧极为有限，而且尚无经验法则的实证研究结果作为依据；另一方面则因为构成定义的"概念选择"，常决定于定义的作用，如就立法政策的观点，总以采行广义的见解与概念为宜，因为如此方得在较为广泛的范围内，拟定出新的刑法规范；相反地，在刑事司法的观点上，则多以明确而完整为宜。因为如此方能符合"法治国家原则"中的"确定性原则"，而且便于刑事追诉与审判的进行。因此，由于定义作用的不同，而有着差异性的概念选择。

犯罪是一个错综复杂的法律事实与社会现象，它又随时间与空间的因素，政治体制、社会结构、经济形态、伦理道德与价值判断标准的不同，而异其内涵。所以，犯罪是具有复合性与相对性的概念。经济犯罪为一种新兴的犯罪形态，由于它的严重与危险性，近年来已引起犯罪学与刑法学界的密切注意，而为犯罪学者与刑法学者所重视的一个研究课题。因而，对经济犯罪的定义作如下的探讨。

一、国外、境外学者观点

美国学者萨瑟兰在 1940 年写出了"白领犯罪"的专题论文以及后来为此写成专著。他指出所谓"白领犯罪",即指"受社会所尊重并且有崇高的社会及经济地位者,在其职业活动中谋取不法利益而破坏刑法的行为"。萨氏认为,构成白领犯罪的条件或要素,均可以在经济犯罪中发现,因此经济犯罪是白领犯罪的一种典型形态。此定义给了这样一个启示:"白领犯罪"是在职务活动中实施的也即是公职人员,工商企业或自由职业之从业人员在其职业角色上的图利行为。这种行为损伤了社会对该职业在角色上的期待,因而这类犯罪又可称为"职业犯罪"或"业务犯罪"。

1932 年荷兰法学家莫勒提出:"经济犯罪是违反所有以直接或间接影响经济生活为目的而制定的法规的犯罪行为。"莫勒则将经济犯罪的侵害客体区分为两个层次:直接侵害的是经济法规,间接侵害的则是经济生活。

日本著名的刑法学家芝原邦尔在他最近所著的《经济刑法》一书中曾指出:"在以事后问责为主的社会,国民或企业得以自由活动的前提条件,是必须确定公正且透明的行为规范,使其成为人们的行为准则。在此规范的范围内,人们的自由活动将被保障,同时,当违反规范侵害他人利益时,将以种种方式被追究责任。……犯罪与刑罚可以说是构成该公正行为规范的核心部分"。他认为经济犯罪也可以说是以我们在日常生活中通过电视或报纸所耳闻目睹的那些企业犯罪。

台湾学者林山田归纳各家之言,得出了自己对于经济犯罪的定义,他认为:"经济犯罪乃指意图谋取不法利益,利用法律交往和经济交易事务所允许的经济合同方式,滥用经济秩序赖以为存的诚实信用原则,违反所有直接或间接规范经济活动之有关法令,而危害正常之经济活动与干扰经济生活秩序,甚至于破坏整个经济结构的财产犯罪或图利犯罪。"

综括以上概念,至少说明了以下三个问题:第一,经济犯罪的主体应是从事经济的经济人。所谓经济人,是针对与政治国家所对立的市民社会的市民而言。根据马克思主义的观点,自从私人利益和阶级利益产生后,社会就分裂为市民社会和政治国家两个领域。但在前资本主义社会中,政治国家与市民社会在现实中是重合的,表现为一元的社会结构。高度的集权使得整个社会高度政治化,市民社会淹没于政治国家之中。市民社会与政治国家在现实中的分离是在资本主义时代完成的,这种分离是资本主义市场经济的产物。市场经济要求:从事经济活动的人(即市民社会的市民)都是自由平等的主体;反对国家对经济的干预,使经济成为纯私人的领域。而且,政治国家是建立在市民社会基础之上的并且为市民社会服务,限制政治国家权力向市民社会渗透;第二,经济犯罪的客体是侵犯了建立在国家调节机制之上由刑法保护的法益,即国家整体的经济秩序与制度;第三,利用合法形式而施行对健全之国民经济危害的不法图利行为。

二、国内学者观点

我国大陆地区经济犯罪问题的研究,起步较晚。作为一个正式的法律术语,"经济犯罪"一词,始旦于 1982 年全国人大常委会《关于严惩严重破坏经济的罪犯的决定》中。(以下简称《决定》)。随后,犯罪学和刑法学界以及司法实务界就"经济犯罪"问题作了广泛而深入的研究。以 1997 年新刑法为标志,对此问题研究可划分为两个阶段。在第一阶段中(即新刑法公布前),由于种种复杂原因,对经济犯罪概念作了众说纷纭的界定和阐释。其中典型的有如下三种观点:

(1)最广义说。此种观点认为,经济犯罪是指违反国家工业、农业、财政、金融、税收、价格、海关、工商、森林、水产、行业等经济管理法规,或者盗窃、侵吞、骗取、哄抢、非法占有公共财物和公民的合法财物,破坏社会主义经济秩序和经济建设,使国家、集体和人民的利益遭受严重损害,依法应当受到刑罚处罚的行为。由此引申,经济犯罪应当包括以下三类:①破坏社会主义经济秩序触犯刑法的行为;②侵犯财产权触犯刑律的行为;③其他以获取经济利益为目的触犯刑律的行为。

(2)广义说。此说认为经济犯罪是指在从事社会经济活动以及其他活动中,危害或侵犯社会主义市场经济关系,依照法律应当受到刑事处罚的行为。按此说,只要行为危害或侵犯了社会主义市场经济关系,非经济活动的行为也可构成经济犯罪。譬如:盗窃(公共财物)罪、诈骗(公共财物)罪。

(3)狭义说。认为经济犯罪是指国家工作人员、集体经济组织工作人员以及其他从事公务的人员,利用职务之便,非法侵占、接受公私财物,情节严重的腐败行为。此说将经济犯罪仅限定在公职人员的贪污、贿赂犯罪中。

第二阶段是以 1997 年新刑法颁布为契机,该法在分则篇第三章破坏社会主义市场经济秩序罪中以节客体为标准归类分为八节共规定了 95 个具体犯罪,为经济犯罪研究奠定了法律基础。学者们结合国外的研究成果,在对经济犯罪的研究上达成共识。将经济犯罪范围界定在市场经济运行过程中发生于生产、交换、分配、消费各环节中的行为,并对经济犯罪性质进行了实质性的探索,标志着对经济犯罪的研究进入了一个新阶段。但这些学术观点在求同的前提下,也存在着差异。概之,主要有如下几种观点:

(1)主体说。此说认为,经济犯罪是指在市场经济运行过程中的发生于生产、交换、分配、消费各环节以及与之密切相关的经济管理等经济活动中的触及刑法规范应受刑罚处罚的行为。此说突出在经济运行过程中的职业身份,即具体的经营者、管理者,只要他们在经济运行过程中利用职业身份从事的行为触犯了刑罚,就可认定为经济犯罪。因此强调经济犯罪不仅仅只是刑法分则第三章"破坏社会主义市场经济秩序罪"中所规定的犯罪,还应包括在整个经济领域内的经济运行和经济管理活动中的犯罪,包括在市场经济运行过程中的一些财产犯罪,职务犯罪和妨害社会管理秩序中的部分犯罪归属于经济犯罪这一大类。具体有如侵犯财产罪中的职务侵占罪、挪用本单位资金罪等;有贪污贿赂罪中的私分国有资产罪、职业受贿罪、挪用公款罪等;渎职罪中玩忽职守罪、滥用职权罪、滥用管理公司、证券职权罪、徇私舞弊发售发票、抵扣税款、出口退税罪等。另有在妨害社会管理秩序罪中也有有关侵犯环境自然资源保护的犯罪,如擅自进口废物罪、非法收购、运输、出售珍贵濒危野生动物、珍稀植物罪、濒危野生动物制品罪和非法占用耕地罪等。

(2)行为说。此说认为,经济犯罪是指破坏商品经济的健康动态运行,由刑事法律规范予以明文规定的,应受到刑罚处罚的严重经济越轨行为。该说学者将严重经济失范行为侵犯了经济生活的正常运行表现为两个方面。第一,侵犯了动态的经济运行过程。所谓动态的经济运行过程,而表现为一个物资生产资料的生产、交换、分配和消费的动态过程,如果商品经济运行环节当中的任何一个阶段发生了严重越轨行为都将可能导致整个国民经济严重失调。第二,侵犯了静态的经济运行前提归宿,即主要体现为财产所有关系,是因占有、使用、收益、处分财产而发生的社会关系。与经济运行的动态过程相比,这种财产关系是一种相对静态的关系。因此,他认为商品经济运行中的严重失范行为,一方面侵害了整个商品经济的动态性运行,一方面往往也侵犯了财产所有权的正常转移,因而这种严重失范行为侵犯的客体是双重的客体,与之相比较传统的财产犯罪则往往没有侵害整体商品经济健康运行,而只是侵害了这种运行的前提和归宿——静态财产所有关系,因而它侵犯的客体则是单一的。但是,并不能排除在某些个别情况下,如盗窃正在进行经济流转的财物便不仅是侵犯了静态的财产关系,进而言之,它更侵犯了整体经济的正常顺利运行。因此,如果某些传统意义上的财产犯罪在个别情况下不仅侵犯了静态的财产所有关系,而且还侵害了动态的经济运行过程,则显然已经具有了经济犯罪的本质结构,纳入了经济犯罪的范畴。

(3)经济关系说,持此论者认为,经济犯罪侵犯的主要是经济关系,而不是财产关系。所谓经济关系,现在严格说来应是市场经济关系,即在市场经济运行过程中形成的社会关系。或者说在商品生产、交换、分配、消费过程中形成的社会关系。所谓财产关系,在刑法学中作为犯罪侵犯的客体,主要是财产所有关系。指因占有、使用、收益、消费、处分财产而发生的社会关系,它表现为民法上的所有法律关系,与经济关系相比,它是一个相对的静态领域。传统的财产犯罪如抢劫、盗窃、抢夺等,所侵犯的都是国家的、集体的或个人的财产所有权,而不是侵犯经济关系,因而经济犯罪不应包括传统的财产犯罪在内。如果某些财产犯罪直接与经济运行有关,例如,利用集资诈骗,那已不是传统的财产犯罪,而是经济犯罪了。所以经济犯罪应当是破坏社会主义市场经济秩序罪。据前所述,传统的财产犯罪固然不在其中,即使是原来规定在"破坏社会主义经济秩序罪"一章中的破坏自然资源的犯罪,如盗伐、滥伐森林罪、非法捕捞水产品罪;非法狩猎罪,虽然它们也破坏了经济资源,但由于它们主要不是侵犯社会主义市场经济,并且新刑法已将它们从"破坏社会主义市场经济秩序罪"一章中移出，因而也不属于经济犯罪的研究范围。因此，有的学者将此说的经济犯罪认为是仅指我国刑法分则第三章规定的破坏社会主义市场经济罪的犯罪，并概之为"最狭义说"。

三、"经济犯罪"概念之评述

据以上对经济犯罪的溯源探究，综合国内外学者的研究成果，对经济犯罪定义的把握应重视如下几点：

（1）经济犯罪存在的根源是由于在自由商品经济社会形态在价值规律的作用下无法避免地存在之一的一个体制缺陷，经济运行过程中的经营者为了生存或者为了获取高额利润，往往采取不正当竞争手段，或者实施市场垄断行为，使市场竞争的公平功能被打乱，最终会使正常的经济秩序遭到破坏，造成市场自身调节功能的失灵。于是需要"国家之手"进行干预并建立起国家调节机制。应当注意的是这种调节机制是通过行政的、经济的、法律手段的综合实施来进行的。其中法律手段之一的刑罚措施只是不得已的最后一道防线。正是在此基础上开始经济犯罪的立法，并且逐步形成了应对经济犯罪的刑事政策。因此，刑罚对经济犯罪的切入点是制止严重的市场失范行为，即不当竞争行为和市场垄断行为。这也正是多数学者强调的经济犯罪是市场经济的必然产物的原因。

（2）依据经济犯罪产生的根源即本质，从其行为发生学探之，经济犯罪的主体应是具有职业身份的特征。关于这一点，国内外的学者都有过论证。譬如，我们上述已谈到的英国学者希尔，首次在预防与抵制犯罪的国际会议上，作了题为"犯罪的资本家"的专题演讲，第一次公开提出惩罚经济犯罪的重要性。美国学者萨瑟兰在一次会议上提出的"白领犯罪"概念，还有日本学者藤木英雄亦认为"经济犯罪即在正常的经济交易场所活动之人，在执行职务时意图为自己或第三人利益而犯的非正常行为"。还有的外国学者认为，对经济犯罪的确立，在谈及经济犯罪主体状况时说，经济犯罪总是经济活动中的经济人的所作所为，因而是企业内部的犯罪。我国台湾学者林山田也认为经济犯罪行为人"是利用法律交往和经济交易所允许的经济合同方式，滥用经济秩序赖以为存的诚实信用原则"所实施的严重的失范行为。值得引起注意的是，根据我国经济运行机制实际情况，参与经济活动的人，是来自两种身份的人：一是从事实际经营活动的经营者，另外就是经济活动的管理者。因为，国家机构的经济行政管理具有鲜明的经济目的，是市场经济运行中的重要组成部分。经济行政管理人员在管理过程中违法乱纪，触犯刑事法律，直接破坏市场经济秩序的行为，同样属于经济犯罪的范畴。

（3）经济刑法所保护的法益，应是市场经济秩序，即公平竞争秩序。应该说这是刑罚介入的起因，同时也正是它的归宿。这正是我们在以上分析的市场自身受其规律的制约而无法消除的缺陷，而这种缺陷更由于本身的市场机制无法调节而需要公权力加以介入,这种权力的介入是消除市场机制本身难以克服的负面效应,使其正面效应能更好的自然发挥出来。总而言之,国家实施干预、消除市场机制的自身缺陷,就是要建立起公平、公正竞争秩序,抑制失范的市场行为,并对严重的失范的市场行为规定为犯罪,给予打击。从此角度认识,公权力的介入维护的是市场各主体的公共利益。因而,刑罚应极力避免干预由市场自身调节的事务,刑之过及,也会妨碍甚至阻挠正常的市场秩序。现在我们一些地方政府插手经济纠纷,不惜动用公安、司法力量,引起人民群众不满。这应引起我们各级领导部门的高度重视。对此,国内外学者都有精辟论述。如:上述法国学者林德曼论述经济犯罪是一种"侵犯国家整体经济及其重要部门与制度可罚性行为"。荷兰法学家莫勒提出"经济犯罪是违反所有以直接或间接影响经济生活为目的而制定的法规的犯罪行为"。我国著名刑法学家马克昌先生主编的《经济犯罪新论》一书中也明确指出:"经济犯罪应当是破坏社会主义市场经济秩序犯罪"。"我国社会主义市场经济,除了通过市场竞争机制之外还包括社会主义国家对市场经济的宏观调控,因而侵犯国家对市场经济宏观调控的行为,同样是侵犯社会主义市场经济秩序"。易言之,这种市场秩序实质就是市场经济关系,即在市场经济运行过程中形成的社会关系,或者说在商品生产、交换、分配、消费过程中形成的社会关系,它包括市场经济主体、市场经济客体、市场经济体系、市场经济运行、市场经济管理等构成因素和环节,是一个极为复杂的动态领域。

基于以上三点认识,我们对上述我国大陆学者在第二阶段关于"经济犯罪"的定义有如下见解:

首先我们赞同前述的三种观点即"主体论"、"行为说"及"经济关系说"均把经济犯罪的范围限定在市场经济的运行过程中,即商品生产、交换、分配和消费的动态过程,这正是经济犯罪质别于传统财产犯罪的重要标志,也是经济犯罪产生于市场经济的环境因素。其理由以上已述勿再累赘。

(2) 对于"主体说"中突出在经济运行过程中的职业身份,当然,这里所说的"职业身份"是指的"经济人身份",即利用市场运行规制实行经济活动的人。此说认为,具有这种经济身份的人在经济运行过程中利用职业从事的行为触犯了刑法,就可认定为经济犯罪。因此,指出经济犯罪不仅包括刑法分则第三章的"破坏社会主义市场秩序罪",还应包括在市场经济运行过程中一些财产犯罪,譬如:职务侵占罪、挪用单位资金罪、私分国有资产罪等。我们认为此观点具有偏颇。坚持经济犯罪的前提要具有经济人身份。(此处经济人身份应作扩大解释,既包括经济活动的经营者,也包括经济活动的管理者)。此论我们无异议。但是,凡是"经济人"在经济运行过程中的经济失范行为触犯刑律即为经济犯罪,就值得商榷。有些学者指出:严重经济失范行为侵犯经济生活的正常运行表现为两个方面:第一,侵犯了动态的经济运行过程。商品经济本身从发展的角度观察,表现为一个物资生产资料的生产、交换、分配和消费的动态过程;第二,侵犯了静态的经济运行前提或归宿。从经济学角度出发,经济运行的前提或归宿是财产关系。这种财产关系，主要体现为财产所有关系，即因占有、使用、收益、处分财产而发生的社会关系。与经济运行的动态过程相比，这种财产关系是一种相对静态的关系。台湾著名刑法学家林山田对此有更精辟的论述，他认为：经济犯罪所违反了法律规范包括国家干预经济活动的一切法令规章及保护个人财产法益的刑事法规范。国家为维护私有财产制度及自由经济结构，一方面以刑法之诈欺、窃盗、藏物、侵占、背信、重利、抢夺、毁损等罪名的刑罚威吓，来保护财产法益；另一方面则订立不少指导、奖励、限制与禁止经济行为之经济法令，来提高参与经济活动者的利润并维持自由经济生活秩序。凡违反上述两类法规，且干扰与危害经济秩序者，均为经济犯罪。

运用以上理论，经济犯罪只能发生在动态的经济运行过程中。所谓"动态"也就是经济活动是处在一种"竞争"的态式中。而这种态式中的经济失范行为需要表现为"不正当竞争"和"市场垄断"。这也正是经济犯罪产生的根源。而在静态的经济运行过程中的经济失范行为不具有"竞争"态式中的"不正当竞争"和"市场垄断"的性质，因而缺乏经济犯罪的本质属性。所以，这种失范行为不是经济犯罪。我们认为，"主体说"的论者，对于在市场经济中的严重经济失范行为没有对"动态"与"静态"两种经济运行过程加以区分，将"静态"中的严重经济失范行为，如：侵占犯罪中的侵占行为，私分国有资产犯罪的私分行为，挪用单位资金的挪用行为都视为经济犯罪的观点，与我们所不取。对于"行为说"，将经济犯罪行为限定在动态的经济运行过程中的观点我们是赞同的。但将某些传统意义上的财产犯罪认为在个别情况下不仅侵犯了静态的财产所有关系，而且还侵害了动态的经济运行过程，将其纳入经济犯罪的范畴。如盗窃经济流转（商品仓库中或商品运输中）的财物，不仅是侵犯了静态的财产关系，进而言之，它更侵犯了整体经济的正常运行。将此类行为定位与侵害整体商品经济动态运行的严重经济失范行为，我们认为此观点同样具有偏颇。从经济犯罪发生学进行考察，经济犯罪是行为人利用市场运行的规则，而采取不正当竞争或市场垄断而实施的严重经济失范行为，因而经济犯罪行为的认定应具备两个前提：一是违反了市场规制的前置法律——经济法规；二是实施行为者必须具有经济人身份。传统意义上的财产犯罪，在个别情况下虽然也侵犯了动态的经济运行过程中的经济关系，如盗窃商品流转中的财物，但这种行为不具有经济犯罪行为的两个前提条件。一是此行为并没有直接侵犯有关的经济法律法规，而直接触犯的是刑法；二是实施行为的人并不需要具有经济人的身份。因而此行为并不具有市场规制下严重经济失范行为的性质，所以，不属经济犯罪的范畴。

对于"经济关系说"我们基本持认同的观点。此说结合我国情况将经济犯罪认定为"破坏社会主义市场经济秩序罪"，并概括了这类犯罪的如下特点：①违反经济管理法规。认为此类犯罪都以违反一定的经济管理法规为前提。从某种角度上可将此类犯罪称为法定犯；②涉及各种专门业务。指出，各种经济管理法规都是针对经济领域的各种专门业务而规定，即此类犯罪具有职业性特点；③单位能犯之罪最多。表明该类犯罪具有经济人身份的特征。我们认为此说切中了经济犯罪的要害，为正确认识和把握经济犯罪行为奠定了一个基准。但还有加以补充完善的必要。

因为对市场经济秩序的破坏不仅涉及到平等主体之间的严重经济失范行为，而且还有经济管理者的违规，造成市场规制的失衡，引起其他经济主体的不正当竞争，出现严重的经济失范行为。显然，管理者诸如此类的行为也具有经济犯罪的性质，譬如：政府机关的工作人员（包括机关本身）在经济管理中利用职务之便与其他经济主体在市场竞争中谋取利益，收受贿赂的行为，即属此类。由于我国刑法典中对经济犯罪立法模式采取的是混合式分类法，即"以基本归类法为主，以分散归类法为辅"的特点，将绝大多数经济犯罪规定在刑法分则第三章破坏社会主义市场秩序罪章节里，但另有部分分散规定于不同的章节中，这主要是以犯罪类客体中的主要客体为根据进行的分类，用这种方法归类，可以充分揭示犯罪的行为表象。因此，将经济犯罪仅局限于刑法分则第三章节内的犯罪有失周全。

综上所述，根据经济犯罪的内在结构，行为方式以及相互关系，可以分成为广义和狭义两个层次进行概定。所谓广义的经济犯罪是指在市场经济运行过程中行为人（而经济人）利用市场机制，违反经济法规或者管理者在经济管理活动中违反职责而触犯刑法应受刑法处罚的行为。所谓狭义的经济犯罪就是在广义的经济犯罪中除去管理者，即经济人在生产、交换、分配、消费过程中违规触犯刑法的行为，也就是在市场经济运行过程中，经济人利用市场机制，违反经济法律法规而触犯刑法应受刑罚处罚的行为。

我们从广义和狭义两个层次对经济犯罪行为进行划分，主要是基于以下理由：（1）从广义上划分，主要是我国立法机关和司法部门长期以来对经济犯罪的认定习惯。不管是从立法还是司法对经济犯罪的认定均是从这两个方面进行界说。（2）从狭义上进行界定，主要是从学术研究以及对经济犯罪的打击应采取相应的立法模式和司法手段等进行考虑的。

譬如：一般人的经济犯罪行为，侵犯的客体是市场经济秩序。有的学者认为，这类犯罪除了个人责任，特定的社会背景、一定的经济环境、事件的刺激、他人的影响在经济犯罪案件中往往起到重要作用。尤其是在我国从计划经济向市场经济转型过程之中，体制改革、机制调整、政策变动、法规变化都使社会经济活动在一段时期内处于一种活跃的、变化的、非稳定状态，由于犯罪原因日趋复杂，致使经济犯罪的个体责任明显减弱。因此，许多学者呼吁，对经济犯罪的处理应进行轻刑化。但对于管理者在经济管理活动中实施的犯罪，其行为不仅侵犯了市场经济秩序，而且还严重违反了国家工作人员对职务廉洁性的要求，极大败坏党和政府在人民群众中的威信和形象。因此在我国经济体制从计划经济向市场经济转型中，国家工作人员的经济犯罪，对建立完善的市场经济秩序，其破坏性甚烈。所以，对这些腐败分子历来是党和政府严惩的对象，也是广大人民群众深恶痛绝的败类。因而对这类经济犯罪，不但不能从轻，而且必须依法给予重罚。鉴于此，我们认为，一味采取对经济犯罪实行轻刑化的提法是欠妥的，在立法和司法上必须考虑以上情形，加以区别对待。

第二章　经济犯罪的刑事政策

第一节　刑事政策概念

一、什么是政策

所谓政策就是指社会公共权威为解决社会问题而制定的策略。其特征是：

（1）政策的主体是社会公共权威

所谓社会公共权威，是指对国家和社会的治理拥有权力，负有责任的政治实体或个人。一般包括执政党、国家机关、社会公共组织、国际组织以及社会政治系统中的权威人士。对于执政党、国家机关、社会公共组织和国际组织来说，针对社会问题制定并实施政策是自己的职责，同时政策也是这些组织对国家和社会进行有效治理的重要工具。正如法国著名刑事政策学家克里斯蒂娜·拉塞杰在她所著的《刑事政策学》一书中认为："政策，一般地说就是对域邦事务的认识与管理。"[①] 由于各国政治体制不同，这些组织的政策主体的地位是不同的。国家机关在各国均具有政策主体的地位。执政党的情况各有不同：在西方一些国家，执政党的主张只有转化为国家政策或国家法律才能发挥对全社会的影响力，但在我国等国家，执政党则具有直接将其政策适用于全社会的权力。社会公共组织在西方一些国家，特别是联邦制国家，也是一类重要的政策主体，但在我国则无此地位，其所制定的策略只能在组织内部适用。至于国际组织虽然也可以制定政策，但一般我们在国内政治的范围内研究政策，因此，也不把其列为政策主体。但随着经济的全球化趋势，犯罪亦越来越国际化，国际组织所制定的一些共同打击跨国犯罪的刑事政策，被各国政府立法时广泛重视。社会政治系统中的权威人士包括长老、酋长、行政长官、立法者、法官、管理人员、参议员、君主等，这些人虽属个体，但是他们对国家政治系统中的决策事务负有主要责任，而且只要这些权威人士的活动不超过职权范围，一般来说，政治系统中的绝大部分成员都将承认

---

① 转引自［法］克里斯蒂娜·拉塞杰：《刑事政策学》（法文版），法国大学出版社 1987 年版，第五页。

这些活动对他们的约束力。在我国政治系统中的权威人士只能是党和国家的领导人。

（二）政策的内容是策略

政策的作用在于其对社会生活的指引、倡导，在于为社会生活提供方向和指南。其内容不是具有规定性的规范，而是具有倡导性的策略。策略有多种具体的表现形式。路线、方针、战略等是较为宏观的策略。其中，路线是指人们在认识世界、改造世界中采取的基本途径。在我国用来指称某一历阶段最高层次的政策，如我国社会主义建议的总路线和社会主义初级阶段的基本路线等；方针是指在某一社会领域内决定基本发展方向和人们行为模式的指针，如文艺领域的"百花齐放、百家争鸣"方针，统一战线工作中的"长期共存、互相监督、肝胆相照、荣辱与共"方针，等等；战略是指政治、经济、科技、文化等领域带有全面性，根本性的筹划和谋略。如我国经济发展的"三步走"战略等。方式、方法、措施等则属于较为微观的政策，均用来指称解决具体问题所采取的路线、程序、形式、办法等。

（三）政策的效力是普遍的

从政策的产生而言，社会公共权威之所以制定政策，并不是为了约束自身，而是要将此适用于社会，借此发挥自身权威，达到对社会的治理。同时，由于政策背后的权力支持背景和社会公共权威对全社会的影响力，其政策的效力是用于全社会的。政策效力的普遍性使得政策与仅适用于制定者自身的内部章程等具有根本的区别。

二、刑事政策的概念

（一）有关刑事政策的不同学术观点

有关刑事政策的概念，在学界是一个各抒己见，争议颇多的一个学术研究概念。概而之，学界对刑事政策的界定主要存在如下分歧：

1. 作为事实的刑事政策、作为理念的刑事政策与作为学问的刑事政策

刑事政策是一种事实，还是一种理念、思想，抑或是一门学问或学科？对此学者们各种定义其立场是不同的：多数学者在事实的层次界定刑事政策，如德国学者费尔巴哈认为，刑事政策是"国家据以与犯罪作斗争的惩罚措施的总和"，是"立法国家的智慧"[①]；德国学者克兰斯洛德认为，刑事政策是"立法者为了预防、阻止犯罪，保护公民自然权利并根据各个国家的具体情况而采取的措施"。[②] 少数学者在学问的意义上界定刑事政策。如德国学者希泊尔认为，刑事政策"乃就目的之观点，对于刑法成效之观察。它并非一门独立之科学而是在刑法领域中，研究现行刑法之适用性以及刑法

[①]　［法］米海伊尔·戴尔玛斯—马蒂著，卢建平译：《刑事政策的主要体系》，法律出版社 2000 年版，译序，第 1 页

[②]　卢建平：《社会防卫思想》，载高铭暄等主编：《刑法丛论》第 1 卷，法律出版社 1998 年版，第 134 页

在未来尽可能符合目的构想之发展。"① 有些学者将理念的刑事政策与事实的刑事政策熔于一炉。如法国学者安塞尔认为,刑事政策是"由社会实际上也就是立法者和法官在认定法律所惩罚的犯罪,保护高尚公民时所作的选择";② 是"集体对犯罪的、越轨的或反社会活动的有组织的果敢的反应",其既是观察之科学,又是反犯罪斗争的方法、战略或艺术。③ 法国学者马蒂认为,刑事政策是"社会整体据以组织对犯罪现象的反应的方法的总和,因而是不同社会控制形式的理论和实践。"④ 还有些学者则区分作为学问的刑事政策与作为事实的刑事政策,对二者分别进行界定,作为学问刑事政策是指以现实的刑事政策为研究对象的学科,也被称为"学问上的刑事政策"⑤、"作为一门学问的刑事政策"或"刑事政策学"。⑥

有学者认为,区分"作为事实的刑事政策"、"作为理念的刑事政策"与"作为学问的刑事政策"乃是正确界定刑事政策概念的基本前提。"作为事实的刑事政策"就是客观存在的现实地被制定出来并被贯彻执行的刑事政策,这就是我们通常所言的刑事政策,也可以称之为刑事政策事实、事实上的刑事政策或实践中的刑事政策。"作为理念的刑事政策",是作为刑事政策的理想模型和对现实的刑事政策进行批判的工具的刑事政策思想、理念或理论,也可以称之为刑事政策思想、刑事政策理念等。而"作为学问的刑事政策"则是以现实的刑事政策和刑事政策思想为研究对象的学问、科学,也可称之为刑事政策学或作为学科的刑事政策学。据此,事实、理念与学问意义上的刑事政策也就分别是我们通常所言的刑事政策、刑事政策思想、刑事政策学,明确这三个概念的区别,对于刑事政策的科学研究具有非常重要的意义。⑦

2. 广义的刑事政策还是狭义的刑事政策。

对刑事政策应该作为广义还是狭义理解,学界始终存在不同的观点。归纳之大致有"二定义说"和"三定义说"之别。所谓"二定义说"认为刑事政策有广、狭义之分:广义的刑事政策是指国家以预防犯罪、镇压犯罪为目的所为的一切方法;狭义的刑事政策系指国家以预防犯罪、镇压犯罪为目的,运用刑罚以及具有与刑罚类似作用之诸制度,对犯罪人及有犯罪危险性的人所采取的刑事之诸对策。所谓"三定义说"认为,刑事政策有广义、狭义、最狭义三种:广义的刑事政策系指国家以预防、镇压犯罪为目的所采取一切措施与方针;狭义的刑事政策系指对犯罪或有犯罪危险者,以

---

① 张明楷:《法益初论》,中国政法大学出版社 2000 年版,第 197 页
② [法] 马克·安塞尔著,卢建平译:《新刑法理念》,香港天地图书有限公司 1990 年版,第 12
③ [法] 米海伊尔·戴尔玛斯—马蒂著,卢建平译:《刑事政策的主要体系》,法律出版社 2000 年版,第 1 页
④ [法] 米海伊尔·戴尔玛斯—马蒂著,卢建平译:《刑事政策的主要体系》,法律出版社 2000 年版,第 1 页
⑤ 许福生:《刑事学讲义》,(台)国兴印刷厂 2001 年印刷,第 6 页
⑥ [日] 大谷实著,黎宏译:《刑事政策学》,法律出版社 2000 年版,第 5 页
⑦ 侯宏林著:《刑事政策的价值分析》,中国政法大学出版社 2005 年版,第 69、70 页

预防、镇压犯罪为直接目的的国家强制对策；最狭义的刑事政策则是指对各个犯罪者、犯罪危险者，以特别预防为目的而实行的措施。如刑罚，保安处分等。①

尽管这两种理论见解对刑事政策的定义有所不同，但他们关于刑事政策定义的基本精神却趋于一致，即①刑事政策是国家社会政策的一部分；②刑事政策是对犯罪者、有犯罪危险者所采取的具有强制性质的对策；③刑事政策以预防犯罪、减少犯罪、防卫社会为目的。所不同的只是"三定义说"中的最狭义定义把刑事政策仅仅局限在"特别预防的目的"上而不注意或者强调一般预防。

以上关于刑事政策定义，是以刑事政策的一般理论角度所作的界定。当代学者关于刑事政策概念的争论，无不是以是否限于刑事法手段范围为标准，作出的不同定义划分。这实际上反映刑事政策作为打击和预防犯罪的对策和策略，对社会关系调解时的复杂性和多样性。因而表现出调节中的层次性。从概念界定的周延而论，刑事政策概念的外延应是这些多层次之域的集合。如果就某一具体国家的刑事政策而言，则会因其价值选择的不同而有相异的刑事政策，表现出不同的调节范围。

3. 公共的刑事政策还是私人的刑事政策。

对刑事政策的主体，大多数学者是在社会公共权威的意义上进行界定的，如"国家"、"国家机关"、"立法者"、"政府"、"地方公共团体"、"代表国家权力的公共机构"等，但亦有学者则认为还应包括一些非社会公共权威的组织，如"自治团体"、"民间团体"或"私人团体"等。有的学者甚至将刑事政策的范畴扩展至"受害人的自己活动"。② 还有的学者基于马蒂的定义对我国的狭隘的刑事政策观"提出批评"，认为农村村委会基于乡规民约对于小偷小摸、邻里不和等轻微违法和民间冲突的调停、处理和制裁等亦属于刑事政策的范畴。③

从概念本身分析，刑事政策是与犯罪相关的政策。政有"治理、管理"之义，正如有的学者所说：刑事政策一词，实际是泊来品，将"刑事政策"译为"刑事政治"比较合适。"因为这里所涉及的是对犯罪现象这一公共事务的认识与管理，而在中文里面，所谓'政'，就是大家的事或公共事务，而'治'是指管理和治理，所以一般地说，'政治'就是对公共事务的认识与管理。"④ 策有"对策、策略"之义，所谓刑事政策也即"政"、"罪"之策。因此，在我国法律并不允许任何"私人"享有这样的权力。治理犯罪不能没有"私人"的参与，但"私人"并不是治理犯罪的主体；有权力制定刑事政策的只能是社会公共权威。同时，我们应看到，刑事政策学与公共卫生政策学

---

① 参见谢望远　白岫云《加入 WTO 后我国刑事政策的调整与革新》载《中国法学》2000 年第 6 期第 14 页

② ［法］米海伊尔·戴尔玛斯—马蒂著，卢建平译：《刑事政策的主要体系》，法律出版社 2000 年版，第 47 页

③ 梁根林："解读刑事政策"，载陈兴良主编：《刑事法评论》（第 11 卷），中国政法大学出版社 2002 年版，第 11 页

④ 卢建平著：《刑事政策与刑法》，中国人民公安大学出版社 2004 年版，第 6 页

一样，都以公共权力的运作为研究核心。刑事政策的任务就在于探讨公共权力在刑事领域中的运作如何才能既有效率又合理，才能更符合我们设置刑事政策的初衷。因此，刑事政策自身只能是"公共的"刑事政策。

4. 执政党的刑事政策还是国家的刑事政策。

对于社会公共权威，西方学者和我国台湾地区的学者是从国家、政府的意义上进行界定的，而我国学者则在国家、政府之外将执政党列为政策主体。这涉及到对各国的政治现实和对社会公共权威的理解。

当代世界各国基本都实行的是政党政治。执政党的政策在各种政治体制中均对公共政策的形成有着极大的影响，但在多数国家，执政党的政策并不能直接成为公共政策；要想使执政党的政策发挥对全社会的影响力，就必须首先将其转化为国家政策或者法律。而在我国，情况则有所不同："当代中国共产党组织与其说接近于一般意义上的政党，不如说更接近于一般意义上的政府。""共产党组织事实上已经成为一种社会公共权力，而且是各种社会公共权力的组织机构的领导核心。"公共政策的制定与执行过程也就是"以中国共产党组织为首的所有履行当代中国社会公共权力的组织机构的决策和执行的过程。"

因此，不同社会背景下的学者对刑事政策所作的界定只要反映了各自社会的实际情况，都具有一定的现实合理性。理念必须从实际出发，对刑事政策的研究也只有结合政治现实，才能发挥对实践的抽象功能和指导作用。虽然从定义技术的角度考虑我们将刑事政策的主体界定为社会公共权威，但其实质含义则因各国国情之不同而不同。在我国社会公共权威包括执政党、国家机关以及党和国家领导人。

(二) 刑事政策的概念

根据前述对刑事政策各种界定的述评，探究其本质，我们应该认识到："任何社会政策只要以预防犯罪、保护社会、维持秩序为目的——无论是直接还是间接，并以权力为支撑，运用强制性的权力对与犯罪密切相关的因素进行干预、控制、抑制以及施加各种各样的影响的策略、措施、行动，均属于刑事政策的范围。"[①] 根据我国刑事政策制定的客观事实，我们赞同学者侯宏林对刑事政策所下的概念。即"所谓刑事政策，就是指社会公共权威综合运用刑罚、非刑罚方法与各种社会手段预防、控制犯罪的策略"。[②] 此概念，实则亦即台湾著名刑法学者所称的"广义之刑事政策"，"依广义说，刑事政策之防止犯罪目的不必是直接、积极的或主要的，而凡于犯罪之防止有间接或从属的目的之方法亦可属之。申言之，广义的刑事政策并不限于直接的以防止犯罪为目的之刑罚诸制度。而间接的防止犯罪有关的各种社会政策，例如居住政策、教育政

---

① 何秉松著：《刑事政策学》，群众出版社 2002 年版，第 52—53 页
② 侯宏林著：《刑事政策的价值分析》，中国政法大学出版社 2005 年版，第 77 页

策、劳动政策（失业政策）及其他公共的保护政策等亦均包括在内。"①

从以上对刑事政策定义的界定，从其逻辑结构分析，可以将其划分为两种类型三个层次的表现形式。所谓两种类型，即宏观的刑事政策和微观的刑事政策。何谓"宏观"、"微观"，《现代汉语词典》的解释，所谓"宏观"指"大范围的或涉及整体的，是较之于微观相比"，而"微观"是"泛指部分或较小范围的"。② 据此，所谓"宏观的刑事政策"是指国家对犯罪现象整体或全局的认识和把握，所制定出的打击和预防犯罪的带根本性的战略方针，也就是我们常说是在刑事政策中的大政方针。具有刑事政策中的"宪政"地位，一般是由中央政府和立法机构予以制定。所谓"微观的刑事政策"是指国家就社会治安的状况在较长时间或者某一时间针对犯罪的发展趋势或者具体犯罪类型有针对性地制定出的方针和策略，它是对打击和预防犯罪的具体的策略和措施。与"宏观的刑事政策"相比它是居于下位的概念。所谓"三个层次"：第一个层次，也就是处在最高层次，即处在"宏观刑事政策"层面的打击和预防犯罪的总方针，其反映的内容一般表现为刑事政策理念的政策化，追求的是刑事政策的终极目的，将犯罪控制在合理的范围内，最大限度地维持好社会治安秩序，实现人的幸福生活。所谓"幸福，就是指由于其需要得到满足所产生的愉悦的感受。"③ 其价值取向是对其他刑事政策的制定和执行起到定向和统帅的地位。譬如：我国社会治安综合治理政策被一致认为是我国的总的刑事政策。其内容为"打防结合，预防为主；标本兼治，重在治本。"体现出的是遏制犯罪总的战略谋划和对策。有效的控制犯罪，必须是打防两手的交替使用，但两者之间有重点，对遏制犯罪总趋势把握主要应放在预防上；所谓"标"是已出现的犯罪现象；所谓"本"即是产生犯罪的条件和土壤，这二者都客观的对社会治安秩序造成了直接的破坏或者威胁，必须都要同时进行治理，但重心点应放在铲除滋生犯罪的土壤和条件上，这才是遏制犯罪发生的根本。因而综合治理的刑事政策在打击和预防犯罪中起到定向和帅统性的作用，成为了刑事政策的总方针；第二个层次是指国家在打击和预防犯罪的两个领域内，根据社会治安状况，制定出较长期的遏制犯罪的对策和策略，我们一般称之为基本的刑事政策。譬如：在打击犯罪领域的"严打"方针，在预防犯罪领域里的"防范、教育、管理、感化、改造"方针等；第三个层次是国家针对某一时期内比较突出的治安状况和具体犯罪的情况，所提出的具有针对性的措施和办法。也即我们称之为"微观的刑事政策"，例如 2004 年综合治理工作的打击犯罪的主要内容是：坚持"打黑除恶"，深挖和严惩其后台和保护伞；严厉打击抢劫、抢夺、盗窃等多发性犯罪和爆炸、杀人、投毒、绑架等严重暴力犯罪活动；严密防范和打击经济领域的违法犯罪活动，维护正常的经济、金融秩序；打击非法宗教活动、邪教组织的破坏活动；深入开展"扫黄打非"、禁毒斗争、扫除社会丑恶

①　张甘妹著《刑事政策》、台湾三民书局 1979 年印行，第 2 页
②　《现代汉语词曲》（2002 年增补本）商务印书馆 2002 年修订第 3 版，523 页、1306 页
③　侯宏林著：《刑事政策的价值分析》，中国政法大学出版社 2005 年版，第 81 页

现象；等等。① 这些具体的刑事政策是针对某一时期社会治安的实际和具体犯罪的变化情况，适时提出来的，具有较强的灵活性和及时性，因而表现出它与刑事政策的总方针和基本方针的区别。

第二节　经济犯罪的刑事政策

关于经济犯罪刑事政策的研究，目前在学界还是一个新的领域。由于全球绝大多数国家都是实行市场经济，就我国而言，现正处于由原来的计划经济向市场经济的转型，人们的思想观念、管理者的管理水平、各项政策措施和法律制度等与完善的市场经济制度存在一定的差距，甚至在管理机制和法律制度上与之存在着一些矛盾和冲突，加之改革中引发出的一些社会问题，经济犯罪可以说也伴随着经济改革的进展逐年趋于上升趋势。实际上党和政府对经济犯罪一直是处于"严打"的高压态势，为什么见效甚微，一些令广大人民群众痛恨发指的犯罪如：贪污、挪用、商业贿赂、走私贩私、生产销售假冒伪劣商品等犯罪日益猖獗，有的甚至直接威胁到我国经济制度改革成败与否。面对这严峻的社会现实，首先应值得拷问的就是与打击和预防经济犯罪的刑事政策制定的得当与否。因为，刑事政策是我们打击和预防犯罪的对策和策略。所以，在我们研究打击和遏制经济犯罪时首当其冲的就是要对其刑事政策探究。

从以经济犯罪刑事政策的视觉入手，研究经济犯罪的打击和遏制，对于学界来说，还是一个新课题，正如此我们越发感知对此问题研究的重要性和迫切性，以及其困难性。从何切入进入研究领域，这是我们首先面临的一个问题。前面我们已讲过刑事政策的界定，它不是存在于理念性的理论之中，而是一种客观存在的事实。虽然现学界还没有以关于经济犯罪的刑事政策进行界定而进行归纳、研究，但关于经济犯罪的刑事政策却已客观存在，这就需要我们对其归纳、探究。这正是我们研究经济犯罪刑事政策最好的切入点。同时，经济犯罪究其实质，也应符合一般犯罪的属性和规律。因此，我们完全可以用研究一般犯罪的刑事政策的方法对经济犯罪刑事政策从其三个层次方面进行探究。

一、关于经济犯罪刑事政策的总方针

经济犯罪究其性质也符合一般犯罪的属性和规律。因而，一般犯罪的刑事政策总方针当属无疑的也是关于经济犯罪的刑事政策的总方针。其内容，即"打防结合、以防为主、标本兼治、重在治本"综合治理的策略。但经济犯罪是在市场经济条件下产

---

① 《我国确定 2004 年全国社会治安综合治理八项要点》载中国 http：//www. lianghui. org. cn/chinese/PI—C/490834. htm

生出的一种新型犯罪，它与传统犯罪相比，有其特殊性，因而在执行综合治理方针政策时，更有其明显的特色。针对经济犯罪生成原因和犯罪趋势特点，党和政府着重采取和强化下列对策和措施：

（一）加大反腐力度、强化党风建设、制定治本之策、提高执政能力。

在我国当今市场经济条件下，有效克服其消极负面影响，首先要抓的就是执政党的党风建设和党政领导干部的清正廉洁的工作作风，对那些贪污腐化的堕落分子进行毫不留情的严厉打击，将其清除出党和干部队伍，是扭转不良的社会风气，保持党的纯洁和朝气蓬勃的奋发精神，提高党政领导干部的执政能力的重要措施。近几年，党和政府在抓反腐倡廉中执行和落实综合治理方针，特别在"标本兼治，重在治本"上煞费苦心使工作一步一步落实到实处。坚持一手抓打击，一手抓治理，使工作初见成效。党和政府一再重申，对腐败分子绝不姑息迁就，发现一个，处理一个，对他们的打击一直处在高压的态势。如对全国人大副委员长成克杰、原江西省副省长胡长清、原安徽省副省长王怀中、原中共中央政治局委员、重庆市委原书记薄熙来等一批贪官的严惩。明示了党和政府对惩贪反腐的决心。从多年反腐斗争中，也使党和政府充分认识到对腐败分子的打击和严惩是必要的，但这只是治标，如何有效防止腐败的产生，实施治本之策才是最重要的。在党的十六届全会通过的《中共中央关于加强党的执政能力建设的决定》中就明确指出："各级党委要把党风廉政建设和反腐败斗争作为提高党的执政能力，巩固党的执政地位的一项重大任务抓紧抓实。坚持标本兼治、综合治理、惩防并举、注意预防、抓紧建立健全与社会主义市场经济体制相适应的教育制度，监督并重的惩治和预防腐败体系。"为了加强权力运作的制约和监督，《决定》还规定了"建立和完善巡视制度，加强和改进对领导班子特别是主要领导干部的监督。建立健全领导干部个人重大事项报告制度、述职述廉制度、民主评议制度、谈话诫勉制度和经济责任审计制度、依法实行质询制、问责制、罢免制。"为了落实，中央全会的决定，中共中央办公厅分别在 2005 年和 2006 年印发了《关于党员领导干部进行诫勉谈话和函询的暂行办法》、《关于党员领导干部述职述廉的暂行规定》、《党政领导干部职务任期暂行规定》、《党政领导干部交流工作规定》、《党政领导干部任职回避暂行规定》，加上 1995 年中央出台的《党政领导干部选拔任用工作条例》。这些《办法》、《规定》、《条例》均是以法规的形式进行颁发。规定的内容具体、明确、规范、便于操作，将中央提出的建立健全与社会主义市场经济体制相适应的教育制度、监督并重的惩治和预防腐败体系根植于法治的基础上，形成一个较完备的反腐的法律体系，体现了党和政府依法治国、治党、治吏的法制理念和依法治腐的新措施，必将极大的推动反腐倡廉工作。

（二）大力发展生产，提供致富平等权利和机会，树立社会主义荣辱观，构建和谐社会。犯罪学家霍华德·齐尔认为，工业革命亦即现代化进程之始，是犯罪由传统转向现代的分水岭。① 所谓现代化是指在科学技术尤其高新技术带动下，以经济发展为主要带动社会生活各个方面协调发展的变迁过程。塞缪尔·亨廷顿指出："现代性产生稳定性，而现代化却产生不稳定性。"② 这就是说，现代化之始及其推进必然引起社会发生结构性的变化，引起社会关系的重组和生活方式的变化，容易引起对"物质利益"的追求和"金钱至上"的"物欲观"，随之相伴而来的是人与人、人与社会之间的矛盾与冲突，从而导致犯罪问题的发生。由此可见，社会的现代化是要付出代价的，其代价之一就是导致犯罪的发生及其对社会新秩序的反叛。虽然这是市场经济消极负面影响，但并不等于我们在这负面影响的前面只能坐以待毙。按照哲学的观点，事物在一定条件下是可以转化的，关键是我们要为这种转化创造必要的条件。我们认为创造转化的必要条件无非是两个因素，一是精神因素，二是物质因素。是这两个方面的相互促进和转化。应该说，我们的党和政府这几年在这些方面进行了战略性的部署和谋划，花费了大量精力，并身体力行带领全国人民进行伟大实践。以物质因素而言，提出了科学发展观，全面建设小康社会的经济方针。具体部署新农村的建设，取消农业税收，在农业结构调整上给予政策优惠的扶持，在城市稳步的建立起了社会保障体系，提高了城市人口低保的发放标准，千方百计地广开就业门路，减少下岗人数，为自主创业人员在税收和其他政策上给予优惠。尽最大的努力给社会成员提供占有或利用社会资源致富的平等权利和机会，扫除特权，全面实现公平竞争。从精神因素看，更是党和政府纳入长期规划的精神文明战略措施之中。从邓小平同志在改革开放之初提出的"精神文明和物质文明两手抓"的方针，到江泽民同志提出的"三个代表"的重要思想，在全党开展保持共产党员先进性教育，胡锦涛同志在 2006 年 3 月 4 日看望出席全国政协十届四次会议的委员时，发表了关于树立社会主义荣辱观的重要讲话，提出了"八荣八耻"的社会主义荣辱观，体现了社会主义基本道德规范的本质要求，树立了正确的荣辱观是社会文明程度的重要标志，也是经济社会顺利发展的必然要求，因此，只要我们坚持物质文明与精神文明一起抓，构建起社会主义和谐社会，从根本上铲除产生犯罪的土壤和条件，我们就能通过治本，实现广大人民群众追求真正幸福生活的目的。

（三）依法治市，完善市场经济的规制法律，形成防范合力。市场经济就是法制经济，通过国家之手，建立起适应市场经济的完整法律体系，遏制其消极负面影响。从我国经济改革开放以来，特别是实行市场经济以来，为了适应其发展，我国立法机关有针对性建立了较为完整的市场规制的一系列法律，它们是《企业法》、《公司法》、《合同法》、《工业产权法》、《反不正当竞争法》、《产品质量法》、《消费者权益保护法》、《税法》、《金融法》、《劳动法》、《会计法》、《审计法》、以及自然资源、能源与环境保

---

① 路易丝·谢利著《犯罪与现代化》，群众出版社 1986 年版，第 158 页
② 塞缪尔·亨廷顿著《变动社会的政治秩序》，上海译文出版社 1989 年版，第 45 页

护等方面的法律和现正在全国人大审议中的具有经济宪法作用的《反垄断法》，构筑起了一道道除了刑事法律外，较为完备的非刑事法律预防经济犯罪的法律屏障，这就叫民商法本位、刑法辅之的法律预防机制。改变了我国数千年来形成的刑法本位、重刑轻民、往往刑先行的预防体系。这是适合于预防经济犯罪的法律预防机制。因为经济犯罪一般趋利而生，且许多是由违法行为转化或过渡而来的，正是法定犯的犯罪特点。因此，对于经济犯罪不但要"以毒攻毒"，而且要将其拦挡在违法阶段上，不容放纵而让其扩大轻易进入刑事领域。如果这一关拦挡、阻截不力造成犯罪增多和上升，不但加大了刑法成本的支出，而且给经济和社会造成严重危害。再说，动刑要经过侦查到审判较长诉讼过程，往往缓不济急，难有及时性。而采取非刑罚的民、商、行等其他制裁方式和手段，则敏捷、快速、及时、效果明显，甚至立竿见影。当然，在打击经济犯罪中，刑法无疑是不可缺少的，也是重要的，但毕竟它具有最后性和补充性，这是预防和遏制经济犯罪，刑法介入需要坚持的一个准则。

（四）重视行业团体组织，加强行业管理，充分发挥行业自律净化功能。为了保障同行业各单位的经济活动正常运行和健康发展，要注重行业协会自治组织、团体的创设和发展。一般而论，这些行业团体组织，都有其内部规则，甚至制定出一般性的企业行为规范，对其中的违反者都有实行行业纪律制裁和处罚之规定，直至除名，因此对企业的不法经营活动具有很大的约束力，使其不得不端正经营行为。行业采用自体组织内的这种自律净化功能，对于防范经济违法犯罪行为之发生，无疑具有直接重要的作用。故政府需重视并给予必要帮助，使其制度化。通过自身的自律机制，预防和减少经济犯罪的机率。

（五）注重国际性市场经济犯罪的打击和预防。随着经济的一体化，经济犯罪也愈凸现出国际化的趋势。所谓国际性市场经济犯罪"是指行为人的经济活动跨越两个以上国家或区域，破坏本国和国际社会经济秩序，应受刑罚处罚的行为。"[①] 国际性市场经济犯罪的发生，究其原因，一是世界经济发展不平衡，形成富国与穷国，国际贫富差别悬殊。经济犯罪在各国的或进或出，都基于当今世界经济发展极大的不平衡及其由此可能带来的巨额利润的刺激；二是世界各国法律规范的差异性（即法律受一定意识形态、社会制度和历史文化影响而形成的差异性），在客观上形成了国际管辖空隙，可为犯罪分子所利用。尤其各国刑事立法、管辖和处罚的不同，形成了罪与非罪界限的不同，犯罪名称的不同，刑罚制裁轻重的不同，这就为行为人在实施经济犯罪后逃避打击提供了可选择的安全"通道"，使其有恃无恐，从而助长了实施国际性经济犯罪的气焰。譬如：顾雏军虚假出资、挪用上市公司资金、职务侵占以及伪造公章案中，他利用大陆、香港、开曼群岛不同的财务制度，违法运作资本杠杆，在短短五年内建立起了所谓规模庞大的产业体系，为顾雏军本人聚敛了巨大财富，就是一个最好例证；

---

①　王昌学期成绩主编《市场经济犯罪纵横论》法律出版社 2001 年版，第 954 页

三是在当今世界以发展经济为主的背景下，以致在世界范围内出现了打破封闭，转向开放或扩大开放的历史新时期，加之现代交通、通讯和高科技发展提供的很大方便，促成了当前世界经济的活跃和发展，但这也足以为经济犯罪所利用，尤其同前相比几乎不存在什么大的自然环境障碍，在极大追求最大资本效率的驱逐下，就会不择手段的铤而走险，不计后果。正如马克思在《资本论》中引证英国工人活动家和政治家托马斯·邓宁的论述那样："一旦有适当的利润，资本就胆大起来。如果有 10% 的利润，它就保证到处被使用；有 20% 的利润，它就活跃起来；有 50% 的利润，它就铤而走险；为了 100% 的利润，它就敢践踏一切人间的法律；有了 300% 的利润，它就敢犯任何罪行，甚至冒绞首的危险。[1] 鉴于当前国际性经济犯罪发展态势，我国在对这方面的犯罪打击和预防还处在相对薄弱的环境下。为了应对现实的需要，党和政府强化了防范和惩罚的对策和措施。在这方面主要表现在加入一些国际组织，签署了一系列国际条约，并注重履行其国际义务。譬如，建立起了相应的反洗钱犯罪的机构和组织，加大了对侵犯知识产权犯罪的打击力度。但我们也深知，在对国际经济犯罪地打击和遏制方面，还存在缺陷和不足，需进一步的改进和提高，主要应从以下几点入手：

(1) 我国已加入了 WTO，因而在世贸组织的法律框架下，注意我国刑事政策的调整与革新。尽管 WTO 是一个纯经贸组织，但由于经济与政治和法律从来具有不可分割性。日趋加速的全球经济一体化，正在深刻影响着各国人民的传统社会生存方式，各国的政策、法律制度在一些方面表现出趋同化的特点。如政治制度的民主化、国际管理的法制化、经济生活的自由化等等。在 WTO 的作用下为各国人民所共同接受的法律价值、伦理价值等正在迅速增加。从表面上看，刑事政策与 WTO 并无直接关系，但是，WTO 成员国的社会政策必将受到 WTO 的影响，而作为社会政策重要组成部分的刑事政策无疑也会打上 WTO 的深深烙印。同时，20 世纪 80 年代开始随着我国加入世界知识产权组织，先后缔结《保护工业产权巴黎公约》、《商标注册马德里协定》、《专利合作公约》等一系列国际知识产权公约。因此，在这一系列国际法律框架下，深入研究我国刑事政策之不足以及如何调整、革新，为我国制定科学有效的刑事政策提供理论依据，显然具有十分重要的意义。

(2) 注重国际合作。所谓国际合作是指联合国对于打击犯罪以及各国的国际性、区域性共同打击犯罪的合作。联合国从成立以来一直关注打击犯罪问题，在每五年召开的预防犯罪和罪犯处遇大会上，对经济犯罪问题被多次列入议题。特别是制定了一系列旨在遏制贪污、贿赂的决议和文件，如在 1990 年在第 8 届联合国预防犯罪和罪犯处遇大会上通过的《反贪污实际措施》，该文件建议各成员国，通过修改刑事法律、堵塞贪污漏洞；建立预防和滥用权力的行政法规机制；制定举报、侦查、起诉和审判贪污犯罪的程序；制定没收贪污财产法的法律；制裁卷入贪污案件的企业。1992 年联合

---

① 《马克思恩格斯全集》第 29 卷，人民出版社 1972 年版，第 829 页脚注 [250]

国成立预防犯罪和刑事司法委员会，我国是成员国，该委员会在 1994 年审议并通过了《政府官员国际行为守则》，并在 1997 年提交联合国大会通过。在 1997 年召开的年会上，通过了题为"开展国际合作，打击在国际商业和交易中贪污腐败和行贿、受贿行为"的决议草案，提出了国际社会联合行动打击贪污的战略。1997 年联合国大会通过了《打击商业往来中贪污，贿赂行为的宣言》，要求各成员国对于贿赂外国官员的行为犯罪化。在 1998 年通过了《关于国际合作打击国际商业往来中贪污贿赂行为的决议》，为世界各国联合打击贪污、贿赂营造了基础，得到各国的普遍认可和支持。因此，鉴于经济犯罪的国际化趋势以及开展国际合作、打击经济犯罪的必要性，我国应积极参与联合国反经济犯罪活动，并寻求与周边国家和地区，其他相关国家的联手打击经济犯罪活动。

（3）做好基础性的防范工作。加强海关和边防的监管、合理、合法、有效地控制国（边）境线上的人口流动，截断国际性犯罪的国际通道。同时，要注意信息情报网、库通联，建立健全世界性信息情报网和信息情报库，互通互联、掌握动态、跟踪犯罪、及时发现、即刻打击，甚至"先发制人"，出奇制胜地把国际化经济犯罪消灭在谋划或预备阶段，给世界各国和人类造福。

二、关于经济犯罪刑事政策的基本方针

我国经济犯罪刑事政策的基调是严厉打击严重经济犯罪。1982 年针对我国改革开放初期，走私、贪污、受贿、盗窃国家财产犯罪猖獗情况，邓小平同志发表了《坚决打击经济犯罪活动》讲话，讲话中有针对性的强调了经济建设与打击犯罪的关系，他说："我们要有两手，一手就是坚持对外开放和对内搞活经济的政策，一手就是坚决打击经济犯罪活动，没有打击经济犯罪活动这一手，不但对外开放政策肯定要失败，对内搞活经济和政策也肯定要失败。有了打击经济犯罪活动这一手，对外开放，对内搞活经济就可以沿着正确的方向走。"[①] 对于当时经济犯罪猖獗的势头，邓小平同志分析说："原因在哪里？主要是下不了手，对犯罪分子打击不严、不快、判得很轻"。[②] 为纠正这种错误做法，他多次强调要改变手软的现象，坚决打击犯罪。对此，邓小平指出："对严重的经济犯罪，刑事犯罪，总要依法杀一些（人）"[③] "经济犯罪，特别严重的，使国家损失几百万、上千万的国家工作人员，为什么不可以按刑法规定判死刑？"[④] 所以"严打"的两个基本点就是采取从重从快的措施。随后，中共中央、国务院作出《关于严厉打击经济领域中严重犯罪活动的决定》，在此基础上，全国人大常委会出台了《关于严惩严重破坏经济的罪犯的决定》，扩大了经济犯罪罪名，提高了部分经济犯

---

① 《邓小平文选》第三卷第 153 页。
② 《邓小平文选》第三卷第 154 页。
③ 《邓小平文选》第二卷第 404 页。
④ 《邓小平文选》第三卷第 343 页。

罪法定刑，从而决定了我国严厉打击经济犯罪刑事政策的基调。1985 年，最高人民法院、最高人民检察院发布《关于当前办理经济犯罪案件中具体运用法律的若干问题的解答（试行）》则具体规定了认定与处罚经济犯罪的界限。1988 年，最高人民法院发布通知，强调严惩严重经济犯罪分子及时审理经济犯罪案件。使"严打"政策在法定化的基础上更加具体化、规范化。20 多年来，我国学术界和实务界关于"严打"政策的利弊得失，一直是见仁见智。如，有学者认为，"当前经济犯罪刑事政策沿袭了刑事犯罪的刑事政策，强调"严打"，而没有抓住经济犯罪不同于普通刑事犯罪的具体特点"。因而要"变'严打'为'严管'。"① 还有的认为"经济犯罪中应该废除死刑。"② 一般学者认为："严厉打击经济犯罪是我国当前经济犯罪、严峻形势决定的，我国经济犯罪刑事政策强调对经济犯罪的刑事处罚无可厚非。尽管如此……我国经济犯罪刑事政策仍然需要审视与检讨……"③ 我们认为，对经济犯罪"严打"政策的价值评判，应从其当时发展的实际过程中对客观形势的影响和效果中去审视、探究，会得到认识问题的真谛。其价值主要表现以下几点：

（1）严厉打击经济犯罪，是能否实现经济体制改革成败的一项政治措施，正如我们以上引用邓小平同志讲话中所深刻指出的那样，没有这一手，经济体制改革肯定要失败，有了这一手，经济体制改革就可以沿着正确的方向走。在党的十三大《关于经济体制改革的决定》中就正确指出："经济体制改革的性质就是一场革命"。由于经济犯罪固有的特点，面对一些大案、要案的发生，譬如后来发生的无锡新兴实业公司总经理邓斌非法集资 32 亿人民币，刘金彪诈骗贷款 1.9 亿人民币案，美籍华人梅直方、李卓明以引进外资为名，骗取中国农业银行衡水支行 100 亿美元备用信用证案震惊全国，不对这些严重破坏经济秩序的犯罪分子进行严惩，就难已实现经济改革的目的，这是改革者们看得非常清楚的一点，所以邓小平多次强调要改变手软的现象，坚决打击经济犯罪。

（2）"严打"一直是在法律的框架内进行，实行依法"严打"，充分体现了"依法治国"的理念。邓小平在此问题上强调了两点：一是打击犯罪，属于法律范围内的问题，应当由国家和政府处理；二是，不以运动的方式解决刑事犯罪的问题。譬如，邓小平同志曾指出："打击犯罪活动中属于法律范围的问题，要用法制来解决，由党直接管不合适。……党干预太多、不利于在全体人民中树立法制观念。"④ 他还指出"不能采取过去搞政治运动的办法，而要遵循社会主义法制的原则。"⑤ "严打"政策的法律化本身就充分体现出这一点。1982 年由中共中央、国务院作出了《关于严惩严重破坏经

---

① 尤小文《转型期经济犯罪形势及其刑事政策》载《公安大学学报》2002 年第 5 期。
② 余松龄、文姬《经济犯罪中死刑的废除》载《甘肃政治学院学报》2004 年总第 76 期。
③ 刘华《论经济犯罪的刑事政策》载《法学》2003 年第 11 期。
④ 《邓小平文选》第三卷第 163 页。
⑤ 《邓小平文选》第二卷第 371 页。

济罪犯的决定》，全国人大出台了《关于严惩严重破坏经济的罪犯的决定》，使"严打"的刑事政策，一开始就纳入了法制的轨道，避免了过去那种阶级斗争式的群众化运动，奠定了依法打击经济犯罪的法律基础。

（3）在"严打"方针的指导下，构筑起了打击经济犯罪的法律体系，制定出了打击经济犯罪的刑事法规。80 年代初期，随着实行改革开放的经济政策、出现经济领域不法行为大量涌现，将不法经济行为犯罪化是我国经济犯罪，刑事政策面临的首要问题。所以，规范经济行为，编织刑事法网是经济体制改革以来我国经济犯罪刑事政策的重要内容。随着市场经济的发展，我们对各种经济犯罪性质的认识，全国人大常委会从 1982 年起颁布了多个单行刑事法规，规定了具体经济犯罪行为，据不完全统计，它们是：《关于惩治走私罪的补充规定》、《关于惩治贪污罪贿赂罪的补充规定》、《关于惩治走私、制作贩卖、传播淫秽物品的犯罪分子的决定》、《关于惩治假冒注册商标犯罪的补充规定》、《关于惩治生产、销售伪劣商品犯罪的规定》、《关于惩治侵犯著作权的犯罪的决定》、《关于惩治违反公司法的犯罪的规定》、《关于惩治破坏金融秩序犯罪的规定》、《关于惩治虚开、伪造和非法出售增值税专用发票犯罪的决定》等，这些关于经济犯罪的决定和补充规定的内容，基本上都被 1997 年《刑法》吸收，成为分则篇第三章"破坏社会主义市场经济秩序罪"的基本内容。新刑法公布后，全国人大常委会以决定和修正案形式对经济犯罪的行为进行了补充和修正。总之，现经济犯罪的罪名由原来《刑法》中规定的十几个增加到现在的 100 多个罪名，编织起了我国打击经济犯罪较为系统的刑事法网，有力保障了经济体制改革的顺利进行。

（4）"严打"作为一项长期、稳定的基本刑事政策，在我国上下已达成共识，此方针有力地指导着对经济犯罪活动地打击。邓小平曾说："开放搞活政策延续多久……打击犯罪就得干多久，这样才能保证我们开放搞活政策的正确执行。"[1] 彭真同志也曾指出："不能设想严打斗争可以一劳永逸。不再需要再进行。一切行之有效的专政手段和方法都不可以丢掉。……哪个地方发生贪污盗窃、走私贩私、行贿受贿、投机诈骗、破坏改革开放、破坏经济秩序，你就在哪里坚决严厉打击嘛！经过这几年严打情况明显好转之后，就以为可以万事大吉了，这种想法是不符合实际的"[2] 1991 年中共中央、国务院《关于加强社会治安综合治理的决定》指出"必须长期坚持依法从重从快严厉打击严重危害社会治安的刑事犯罪活动"，2001 年 4 月召开的全国治安工作会议强调"严打"是打击严重刑事犯罪活动的长期方针，要坚决贯彻执行。同年 9 月中共中央、国务院《关于进一步加强社会治安综合治理的意见》重申"必须毫不动摇地依法从重从快严厉打击严重刑事犯罪活动"政法部门"要加强协作配合，形成打击合力，始终保持对各种犯罪活动的高压态势。"有学者也认为："对于生产、销售伪劣商品和侵犯

---

① 《邓小平文选》第三卷第 164 页。
② 《彭真文集》（1941—1990 年）人民出版社 1991 年版，第 602—603 页。

知识产权、走私、破坏金融管理秩序和金融诈骗、骗取出口退税、虚开增值税专用发票、偷税抗税等破坏社会主义市场经济的犯罪案件，特别是其中犯罪数额巨大、情节恶劣、危害严重，给国家和人民利益造成重大损失的大案要案，要依法及时审理，坚决从严判处。"[①]

以上这些情况说明了对于"严打"不仅是对打击犯罪的一种对策，更是一种对打击犯罪所持的一种立场和决心。事实证明将"严打"政策作为一项稳定的基本刑事政策完全是正确的。据统计，1982 年到现在，22 年过去，犯罪案件有增无减，以经济犯罪为例，1982 年全国法院当年审理的各类经济犯罪包括盗窃、诈骗、贪污、贿赂犯罪在内，只有 63278 件，而与 2003 年相比，上述各类案件已达到 223535 件，增加了 3.69 倍，其中涉案金额增加的更是天文数字。[②] 正是基于经济犯罪严峻的现实，对于将"严打"作为惩治经济犯罪的高压态势是非常必要的。

关于"严打"需要研究的几个问题。

(1)"严打"政策与综合治理的关系。

"严打"从其逻辑层次看是打击犯罪的一种特定形式，即从重从快地严厉打击严重危害社会治安的犯罪分子，属于打击犯罪概念范畴。因而"严打"政策与综合治理的关系，实则就是在综合治理中打击犯罪与预防犯罪的关系，"打击犯罪"实则是对已然犯罪的惩处，预防犯罪是对未然犯罪的防范，其核心表现为二者在防止犯罪中的作用和价值问题，也影响着社会资源在这两个领域内的比例分配。在实际中，随着综合治理方针在预防犯罪实战中的实行和适用，其内容也在不断的变化和更新，使其更加发挥着防止犯罪的指导作用。1983 年 8 月发布的《中共中央关于严厉打击刑事犯罪活动的决定》中指出："(要) 讲清楚严厉打击犯罪分子与综合治理的关系。运用专政手段，依法严惩犯罪分子，是综合治理的首要一条。首先要有政法公安机关的威慑力量，然后说服教育和其它手段才能起更有效的作用。特别是在犯罪分子活动猖獗的时候，不加强专政的威力、不严厉打击罪犯的气焰，其它措施就无法奏效。采取坚决打击的办法，再辅之以其它办法，才能收到综合治理的效果。"显然，此《决定》在综合治理的措施中，提出的是以打击犯罪为主，以预防为辅的方针。随着在市场经济条件下犯罪的一些新特点，对综合治理的内容进行了调整。但在不同的阶段，对其内容有多种表述。1991 年中共中央、国务院《关于加强社会治安综合治理的规定》中表述为"要坚持打防并举，标本兼治，重在治本的原则"；全国人大常委会《关于加强社会治安综合治理的决定》表述为"打击和防范并举，治标与治本兼顾，重在治本的方针"；2001 年中共中央、国务院发布《关于进一步加强社会治安综合治理的意见》明确了"打防结合，预防为主"是做好综合治理工作的指导方针，并要求坚持"打击与防范并举，治

---

① 沈德咏《略论刑事政策与经济犯罪审判》载《法律适用》2004 年第 7 期。
② 胡云腾、赖早兴《论邓小平同志的刑事法律思想》载《人民司法》2004 年第 11 期。

标与治本兼顾、重在防范、重在治本。"显然，调整后的综合治理方针明显是把防止犯罪的重点向预防犯罪方面倾斜。但在预防中也有两种谋略，一是重在治本，二是防范与治本并重，但有急缓之别。前者是将预防重点放在"治本"上，所谓治本与防范并列，在预防的一体语境下，二者实际有着区别。前者的"治本"在预防犯罪的策略中具有长远的战略地位，它包括有关社会政策中方方面面中有关预防犯罪的政策，譬如劳动政策中的就业安置、失业救济以及社保、税收、工商等政策，后者所谓"防范"，在预防犯罪的策略中处于一种具体的战术的地位，譬如采取治安联防、乡规民约，内部部门的治安措施等办法对犯罪的预防等，"重在治本"就是通过治理社会中一些深层次的矛盾，建立和完善各项经济、行政制度、民事制度来调解和平衡市场经济各主体之间的利益平衡，防止冲突，以期达到铲除产生犯罪的土壤和条件，达到预防犯罪的目的，但后者中预防犯罪中提出的"重在防范，重在治本"，与前者重在预防的思想是一致的，但从其排列序位看，这二者有一个缓重之分。就是首先要从我们通过主观努力就能马上见效的事做起，而在"治本"问题上有些深层次的矛盾，与我们现有的体制、市场经济发展的程度以及我们的物质条件诸多因素所限，因而一时半会还难已解决，需要我们继续努力，为治本之策创造条件，但我们绝不能等，而应首先向我们能办的有关预防犯罪的事做起，这就是"重在防范"的策略。我们认为"防范"与"治本"并重策略更具有实用和操作价值。有利于犯罪预防。2006 年 1 月，吴官正在中国共产党中央纪律检查委员会第六次全体会议上的工作报告（以下简称《报告》）中对综合治理方针的表述是："坚持标本兼治、综合治理、惩防并举、注重预防"。如何解读这一新的内容，值得探究。"标本兼治、综合治理"，是从战略的高度说明综合治理工作的双重作用、效果之间的关系。从控制犯罪层面来说，二者不可偏重，而在"治标"上惩治犯罪、实施刑罚本身就具有一般预防或特殊预防之功能，同时，也可在打击犯罪中分析和研究产生犯罪原因，提出治理方案，消除产生犯罪的原因和条件。正如吴官正在《报告》中所指出的那样"加强对重大典型案件的剖析，提出完善规章制度的措施，较好地发挥查办案件在治本方面的作用。""治本"则是从根本上减少和消除违法犯罪及其他治安问题产生的内在因素。因而综合治理的每一项工作都有治标与治本的双重作用，只是其侧重各有不同，如刑罚惩罚等以治标为主，而教育、制度、监督等则以治本为主，注重两者的相互协调，形成综合治理的合力，达到控制犯罪的目的。"惩防并举、注重预防"，"惩"是对已然犯罪的惩罚，"防"是对未然犯罪的预防，这是从战术角度对未然犯罪的着眼，是打击现行犯罪的两个具体措施，一手抓对已然犯罪的惩罚，一手抓预防，二者是同样重要，要克服我们在实际工作中重打击而轻预防的倾向。这种综合治理方针、其最大亮点是将综合治理置于一个动态的管理体系之中，是靠"治本"和"治标"、"惩罪"和"预防"两个拳头，相互配合，形成合力来达到控制犯罪之目的。对此，我们需要进行认真研究。

　　（2）"严打"政策与惩办与宽大相结合政策的关系

惩办与宽大相结合政策曾是我国的基本刑事政策。这一政策最早是在新民主主义革命时期我党同敌对势力进行革命斗争的实践过程中产生并发展起来的，是我党长期历史经验的总结。新中国成立后，这一政策逐渐从对敌的政治策略也即"镇压与宽大相结合"演变为控制犯罪的刑事政策也即"惩办与宽大相结合"，其内容也在不断发展完善。

对于惩办与宽大相结合政策的具体内容，最初并无系统的概括。建国初期，毛泽东将其概括为"首恶者必办，胁从者不问，立功者受奖"。1956年党的"八大"期间，罗瑞卿将这一政策概括为"首恶必办、胁从不问、坦白从宽、抗拒从严、立功折罪、立大功者受奖"。这一概括涵盖了惩办与宽大相结合政策的基本内容。因而在谈到"严打"政策与惩办与宽大相结合政策的关系时，有学者指出"严打政策更限定于严厉打击既发的严重犯罪，其只是惩办与宽大相结合原则的一部分"，因此，认为惩办与宽大相结合政策是我国的基本刑事政策。① 我们认为这一定义，值得商榷。从这一政策的历史沿革看，是在战争年代革命与反革命势力对垒的情况下，我党采取的利用矛盾、分化瓦解，区别对待，打击少数，争取多数的一种斗争策略。例如，抗战期间，除罪大恶极者外，我党对于敌军、伪军、反共军的俘虏、叛徒一律采取释放政策；在解放战争中，除了那些怙恶不悛的战争罪犯和罪大恶极的反革命分子外，只要不持枪抵抗，不阴谋破坏者，人民解放军和人民政府一律不加俘虏、不加逮捕、不加侮辱等等。② 建国以后，实行的"镇反"和以后的实行以阶级斗争为纲的方针，仍然沿袭的是"惩办与宽大相结合"的刑事政策，这一政策的实质，正如毛泽东在"镇反"运动中所指出的那样："我们不要四面出击、全国紧张很不好。我们绝不可树敌太多，必须在一个方面有所让步、有所缓和，集中力量向另一方面进攻"。体现了这一政策精神的一贯性。何谓"胁从不问"？毛泽东在《论政策》一文中作了最好的注解，指出："应该坚决地镇压那些坚决的汉奸分子和坚决的反共分子，非此不足以保卫抗日的革命势力"，"对于反动派中的动摇分子和胁从分子，应有宽大的处理"。"对敌军，伪军、反共军的俘虏，除为群众所痛恶，非杀不可而又经上级批准的人以外，应一律采取释放的政策。"③说到底，这是一个区别，瓦解的敌方势力的对策。我们知道，1979年我国颁布的第一部刑法，由于仍受以阶级斗争为纲方针的影响，仍然把"惩办与宽大相结合的政策"作为刑法制定的根据，规定在刑法典中，作为一项基本的刑事政策。

党的十一届三中全会以后，随着政治上的拨乱反正，纠正了我党建国以来的在社会主义建设中的一些错误观点和对形势的错误估计。正确分析了我国从1956年生产资料实行社会主义改造以后，国内的主要矛盾已发生了转变，表现为先进的生产关系与落后的生产力之间的矛盾，果断停止了"以阶级斗争为纲"作为社会主义建设的指导

---

① 侯宏林著《刑事政策的价值分析》中国政法大学出版社，2005年版，第241页，第263页。

② 中央文献研究室骗：《建国以来毛泽东文稿》（第1册），中央文选出版社1987年。

③ 《毛泽东选集》（第2卷），人民出版社1991年版，第767页。

方针，提出了以经济建设为中心进行政治体制和经济体制改革。随着改革开放方针的实施，由于我国多年来，积淀的一些社会问题，体制以及运作机制等诸多问题在社会这一转型之机，出现了严重的经济犯罪和严重的刑事犯罪，直接威胁着改革开放的顺利进行。因此，党中央、国务院提出了"严打"的刑事政策，随后，全国人大基于"严打"的刑事政策，出台了《关于严惩严重破坏经济的罪犯的决定》、《关于严惩严重危害社会治安的犯罪分子的决定》，在这两个决定中，提高了部分罪行的法定刑，并在"严打"方针的指导下，相继颁布了一系列单行刑法，其中包括大量的单行的经济刑法，为"两打"提供了坚实的法律基础。这些单行法规在1997年刑法修定中都纳入到新刑法典中，为刑法体系的充实和完善起到重要作用。同时，97刑法删除了刑法制定根据中的"惩办与宽大相结合的政策"的内容，将该政策中一些经过长期实践是成功的部分，进行法定化，纳入到刑法典中，成为刑法的具体条文，并对其政策中有些具体内容进行了修正，使之更符合时代的需要。譬如"胁从不问"，从不追究到作为共犯中的从犯，比照主犯从轻或免处，这主要依据的是罪责刑相一致的原则，其原来瓦解分化的作用明显减退，因为，现在不存在两大敌对阶级明火执杖的对垒，而是在国家治理下，"犯罪——孤立的个人反对统治关系的斗争"。[①] 实则"惩办与宽大相结合的政策"从刑法典中删除，表明该政策作为基本的刑事政策的地位已被"严打"的刑事政策而取而代之，对此，有学者就明确指出："惩办与宽大相结合政策虽然强调的是惩办与宽大两个方面，但不可否认的是，当我们论及这一政策的时候，更多强调的是宽大的一面；惩办与宽大相结合虽然是我国的基本刑事政策，但是随着20世纪80年代初犯罪高潮的到来，我国开始进入了一个"严打"的时代，从实然的层面分析"在一定程度上，'严打'刑事政策，其实已经取代了惩办与宽大相结合的刑事政策"。在"严打"的背景下，"1997年刑法修订中删除惩办与宽大相结合政策的规定是意味深长的，如果不是对这一刑事政策的直接否定，至少在'严打'的氛围下它是有些显得不合时宜的，不明不白地删除倒不失为处置之道"。[②]

（3）"严打"政策需进行的调整和改进

20多年来，"严打"政策在从重从快打击犯罪，确保改革开放，建立和维护市场经济秩序，促进我国刑事立法的发展和完善，起到明显作用，同时，"严打"政策的实施以来，也引起了理论界和实务界对现代法治理念，刑罚的价值取向和刑罚功能的深入思考对"严打"思维下的"一味重刑倾向"进行了反省，尤其对经济犯罪的惩处上，进行了重新审视。

经济犯罪是一种新兴犯罪，所谓新兴犯罪是指出现的时间并不久远，是与现代社会生活条件紧密联系的犯罪。就经济犯罪而言，它正是社会大生产高度复杂化的商品

---

① 《马克思恩格斯全集》第3卷，第379页。

② 参见陈兴良《刑事法治视野中的刑事政策》北京大学法学院百年院庆（1904－2004）《刑事政策与刑事一体化》学术论坛论文，第4－7页。

经济的产物。特别是二战后，它随着现代市场经济体制的确立和发展而开始蔓延。由于各国经济发展的水平不同，文化、历史、社会背景各异，因而各国对经济犯罪的认识难趋一致，即使是属于共同法律传统、尊崇理论化、体系化的大陆法系各国，至今也未见对经济犯罪达成共识，而经济犯罪内涵，也随社会条件的变化而发展变化。但是，这些差别并不意味着经济犯罪只是与某一国有关的国别性问题。事实上，经济犯罪是发达的市场经济国家所共同关心又颇感棘手的共性问题，特别是由于全球经济一体化，跨国经济犯罪日益增多，各国都在谋求合作与交往，共同遏制经济犯罪之衍生与发展。因而，我们对经济犯罪采取的刑事政策应结合我国国情在全球经济一体化的视野下进行思考。

与国外经济犯罪对市场经济秩序破坏相比，我国经济犯罪所造成的恶劣后果，是对市场经济的一个最核心也是最基本的原则，即"诚实信用原则"的践踏和破坏。譬如，生产、销售假冒伪劣商品犯罪，特别是一些假酒、假药，有毒有害食品等，偷税、骗税犯罪，走私贩私、商业贿赂、贪污受贿等，立法者想用重刑威慑的力量来阻止这类严重犯罪的发生，采取了从重从快的打击方针，也起了一些遏制作用，但效果不令人满意，这就不得不让我们去探究经济犯罪的内在规律，调整其相应对策。

(1) 市场经济从本质上讲，是通过竞争达到效益的最大化。对于市场经济多元主体的个体来说从利己的目的，追求的是利益最大化。因而，在市场的角逐中，有些人就会利令智昏，不择手段。正如马克思在《资本论》一书描述的那样："一旦有适当的利润，资本就胆大起来。如果有10％的利润，它就保证到处被使用；有20％的利润，它就活跃起来；有50％的利润，它就铤而走险；为了100％的利润，它就敢践踏一切人间的法律；有了300％的利润，它就敢犯任何罪行，甚至冒绞首的危险。"因而，市场经济条件下的经济犯罪存在一个天然的动因和充分的条件就是被利益所驱动。

(2) 由于我国现行机制原因和经济立法的不完善，出现管理不到位，因而在某些情况下产生出"劣币驱逐效应"。所谓"劣币驱逐效应"就是"劣币驱逐良币效应"。按照经济学的劣币驱逐理论：劣币和良币按着等值在市场上流通，若不加管理，久而久之，良币就会自动退出市场，而由劣币取而代之。应当承认，在我们现有管理不到位的地方，这种"劣币驱逐效应"影响还是相当普遍。譬如，大量假货充斥市场，盗版图书、光碟横行，商业贿赂司空见惯，还有许多行业的潜规则到处肆虐。有的人就苦不堪言道：如果你不这样，你可能被驱逐这个市场，只好大家跟着一起做。严重破坏了诚实信用原则，使经济违法犯罪行为明显呈上升趋势。

(3) 造成经济犯罪原因的错综复杂性。马克思曾指出："违法行为通常是不以立法者意志转移的经济因素造成的。"[①] 我们理解这里的所谓"经济因素"，应该是指我们的一些经济政策和经济行为，尤其是针对经济犯罪明显体现出这一点。例如，当前我国

---

① 《马克思恩格斯全集》第29卷，人民出版社1972年版第829页脚注［250］

偷漏税现象十分严重，据分析，单位偷漏税面达 60％以上，个体户不低于 90％，[①] 而税收犯罪占相当比例。究其原因，我们发现问题是多方面的，现行的税制与税法并没有完全真正体现社会主义的公平与正义，如按照现代的税收法律，税收收入（岁入）与财政支出（岁出）应是统一的，诚所谓"取之于民，用之于民"使纳税人在履行纳税义务的同时，充分感受到自己享有相应的权利。但由于我国还没有真正用税监管理机制，致使公款使用不当或大量流失，比如公款吃喝、公款旅游、奢侈腐化等行为屡禁不绝，而一些本应由财政支付的款项却通过"乱收费"等方式转嫁给人民群众。此外，现行税法未采用国际通用的"应能负担原则（公平负担税收原则）"而是按收入的多少征税，缺乏对纳税人纳税能力的考虑等。从法社会学的角度对此进行考察，人们既然在法律意识上对应予纳税缺乏认同，甚至有着某些抵触及逆反心理，那么现行税法不可能具有良好的功能，纵然其立法技术缜密，结构完善，也不可能取得良好的施行效果，偷漏税现象较多，这也不乏是其中原因之一，所以，经济犯罪是诸多经济因素产生出的后果，对此，我们应要有足够系统的认识。

综上所述，造成经济犯罪的原因是多方面的，因此，我们不加区别的一味采取重刑，实难取得刑罚预防犯罪的实际功效。针对经济犯罪的特点，从世界范围看，强调刑事政策的"轻轻重重"的打击策略，这一策略的趋向就是两极化，朝着两个相反的方向，即宽松的刑事政策和严厉的刑事政策，这也被称为"刑事政策的两极化"。[②] 一般认为，所谓"轻轻"，是指对于轻微犯罪和恶性较轻的罪犯作更为宽松的处理，而"重重"则是指对于严重犯罪和罪大恶极的罪犯作更为严厉的惩处。[③] 对于经济犯罪而言，依据以上所论述的原因，根据经济犯罪情况的复杂性和趋利性，在刑事政策中采取"轻轻重重"的两手策略，显得比一味追求重刑更加适合对经济犯罪的打击和遏制，对我国经济犯罪的严打政策进行调整，应是适宜的。但是，我们不能盲目追赶国际刑事政策潮流。对于我国来说，需要的是在我国现行刑法的经济犯罪中，扩大轻罪范围、提高轻刑比例。对经济犯罪设置第一道打击关卡，起到某些预警或警示作用。一般采取轻刑，如罚款、取消资格、恶劣行径记录等，防止犯罪向更加严重的趋势发展；对那些一意孤行、见利忘义，实行了重大经济犯罪的人，必须进行严厉打击，否则，难以有效维护正常的经济秩序。通过刑事政策中的区别对待，更能体现罪、责、刑相一致原则，体现刑法公平公正的价值，促进与市场经济相适应的信用机制的建立和完善，使我国的市场经济体制更加规范化、法制化。

三、关于经济犯罪刑事政策的具体方针

所谓刑事政策的具体方针亦称为具体的刑事政策，它是指为解决特定时期，特定

---

① 参见《中国税务报》1994 年 1 月 3 日第 2 版。

② ［日］森下忠著，白禄铉等译《犯罪者处遇》中国纺织出版社 1994 年版，第 4 页。

③ 侯宏林著《刑事政策的价值分析》中国政法大学出版社，2005 年版，第 286 页。

领域、特定情况下的犯罪问题，贯彻基本刑事政策而制定的刑事政策。[①] 在我国一般都是由有关部门以专项治理形式，对某时期社会上出现的突出的明显扰乱社会秩序的一些违法犯罪行为调配力量进行集中整治的策略。譬如，最近几年开展的严厉打击拐卖妇女、儿童犯罪，打击具有黑社会性质的组织犯罪，打击"双抢"（即抢夺、抢劫）犯罪，打击非法宗教活动、邪教组织的破坏活动、反盗版侵权的专项斗争等。那么，经济犯罪刑事政策的具体方针就是解决特定时期、特定领域、特定情况下的犯罪，譬如，前几年，由党中央、国务院直接布署在全国开展的反商业贿赂专项治理，就是一项针对商业贿赂的违法犯罪行为进行打击的具体的刑事政策。下面，我们就对这刑事政策进行具体分析探究。

（一）反商业贿赂刑事政策的出台背景

有数据表明，商业贿赂为祸之甚，已关乎国家经济安全。据统计，国家工商行政管理总局 5 年来查处各类商业贿赂案件的案值达 52.8 亿元，但这只是冰山一角。据商务部的统计，仅在全国药品行业作为商业贿赂的回扣，每年就侵吞国家资产约 7.72 亿元，约占全国医药行业全年税收入的 16％。中国经济肌体正在受到商业贿赂的严重侵蚀。[②] 面对严峻的商业贿赂的违法犯罪现状，2006 年 1 月 6 日中共中央总书记胡锦涛在中央纪委第六次全会的讲话中，将反商业贿赂作为 2006 年六大要务之一。随后，一份由中央纪委负责起草，中共中央办公厅、国务院办公厅共同签发的《＜关于开展治理商业贿赂专项工作的意见＞的通知》（中办发［2006］9 号）下发到各部委和各省市。2 月 24 日，国务院总理温家宝主持召开第四次全国廉政会议，部署 2006 年政府系统廉政建设和反腐败工作，"治理商业贿赂"成为重点之一。与此同时，为治理商业贿赂而由中央纪委牵头成立的"反商业贿赂领导小组"，其成员有中央 22 个部委院局参加，包括全国人大常委会法工委、最高人民法院、最高人民检察院、公安部、监察部、财政部、国土资源部、建设部、交通部、信息产业部、商务部、卫生部、审计署、国务院国有资产监督管理委员会、国家工商行政管理总局、国家食品药品监督管理局等单位，之后，中央各部委纷纷成立了专项工作小组，组长均由部委最高负责人担任。这是中国政府第一次如此高规格地全面反击商业贿赂。

（二）治理商业贿赂的国际趋势

随着全球经济一体化日趋深入，各种经济现象已经不能单从一国内来考虑。比如，随着资本的国际活动，商业贿赂一度成为某些跨国公司开拓海外市场的手段，他们的高管人员堂而皇之地把贵重礼物送给某些发展中国家的领导人，秘密的台下交易更是层出不穷。1977 年，美国证券交易委员会在一份报告中披露，美国 400 多家企业在海外存在非法的或有问题的交易，这些企业承认曾经向外国政府官员、政客和政治团体

---

① 侯宏林著《刑事政策的价值分析》中国政法大学出版社，2005 年版第 104 页。

② 转自《南方周末》2006 年 3 月 20 日第 17 版。

支付了高达 30 亿美元的巨款。① 如此巨款对东道国政府的腐化作用是不难想象的。而此资本输出国的政府，为了帮助本国企业在国际上取得竞争优势，对本国企业在国外的贿赂支出给予税收上的优待——允许抵税，这在很大程度上助长了发展中国家的腐败现象，导致商业贿赂在国际间蔓延。

就国际社会治理商业贿赂而言，1977 年是一个转折的年份，该年美国通过了著名的《美国海外反腐败法》禁止美国企业在国际商业活动中行贿外国公职人员，此法立法原意是防止海外资本的腐败利益转而冲击美国国内市场，即使不是控股公司，由于资本对股权的影响，腐败效应仍会出现。但这对于净化国际商业市场，促进世界范围内的廉政建设，具有极其重大意义。在美国政府的推动下，从 20 世纪 90 年代起，国际社会日益关注以公职人员为行贿对象的商业贿赂行为。受《美国海外反腐败法》的影响，在 1997 年，以经济合作发展组织成员国为主的 34 个国家共同签订了《反对在国际商业交易活动中行贿外国公职人员公约》，规定缔约各国应在本国法内将贿赂外国公职人员的行为规定为犯罪。之后，各国际组织出台的反腐败文件中，大都将贿赂外国公职人员纳入规制的范围。根据这些公约，许多国家修改了国内法，惩罚贿赂外国公职人员的行为。

随着在 1997 年 34 个国家签订《反对在国际商业交易活动中行贿外国公职人员公约》之后，国际社会推动治理商业贿赂的战线扩大了，一方面，要求更多的国家参与反对在国际商业交易活动中行贿外国公职人员的行动；另一方面，要求完善有关贿赂本国公职人员和贿赂私营部门人员的立法。2000 年联合国大会通过《联合国打击跨国有组织犯罪公约》，该公约关注了私营部门对公职人员的贿赂问题，要求缔约国家完善相应立法，加强打击措施，响应了国际社会要求完善有关贿赂本国公职人员立法的呼声。2003 年联合国大会通过了《联合国反腐败公约》，该《公约》完全反映了上述两个方面的要求将贿赂私营部门工作人员也纳入行贿受贿范围内进行打击，这是国际社会治理商业贿赂行动的又一重大进展。同时《联合国反腐败公约》把各种贿赂行为与腐败联系起来，揭示了一切贿赂行为均具有腐败的本质。《联合国反腐败公约》内容全面详细，签字国家众多，我国积极参加了该《公约》的起草谈判，并在《公约》开放当日就签署了此《公约》。可以预计，在治理商业贿赂的国际合作中，该公约必将发挥越来越重要作用，从而增进社会诚信、政治清廉与经济繁荣，全世界的人民都将是这一努力的受益者。

（三）商业贿赂的定义

1. 关于我国商业贿赂法律的狭义定义

我国对商业贿赂的狭义定义，是指国家工商行政管理总局根据《中华人民共和国反不正当竞争法》于 1996 年颁布的《关于禁止商业贿赂行为的暂行规定》中给出的定

---

① 转引自程金库主编《商业贿赂全球治理的立法与实践》法版出版社 2006 年版。

义。全国人大常委会于 1993 年 9 月 2 日通过的《中华人民共和国反不正当竞争法》将贿赂纳入管辖范围，该法第 8 条规定："经营者不得采用财物或者其他手段进行贿赂以销售或者购买商品。在账外暗中给予对方单位或者个人回扣的，以行贿论处；对方单位或者个人在账外暗中收受回扣的以受贿罪论处。"根据此条，国家工商行政管理局于 1996 年 11 月 15 日颁布了《关于禁止商业贿赂行为的暂行规定》，其第 2 条第 2 款规定："本规定所称商业贿赂，是指经营者在销售或者购买商品而采用财物或者其他手段贿赂对方单位或者个人的行为"。这是商业贿赂作为一个法律概念第一次出现在规范性文件中。这个概念有两大特点：一是将受贿主体不仅包括公职人员，而且还包括私营经营者；二是贿赂不仅包括财物而且还包括其它不正当利益。这两点反映了当前国际关于治理商业贿赂的趋势。但需要注意的是，同我国商业贿赂泛滥的实际情况相比，工商系统查出的商业贿赂案件并不算多，造成这种情况的一个重要原因是《关于禁止商业贿赂行为的暂行规定》对商业贿赂的定义偏窄，这主要是为了使该暂行规定的管辖范围与反不正当竞争法第 8 条和第 22 条相一致，该暂行规定在给出商业贿赂的定义时使用了"本规定所称商业贿赂"这个限定语，它表明该暂行规定只是将反不正当竞争法第 8 条所禁止和第 22 条所处罚的贿赂行为称为商业贿赂，而并非要给出商业贿赂的广义定义。换言之，该暂行规定第 2 条第 2 款对商业贿赂的定义属于不完全归纳，并非指商业贿赂的全部。但遗憾的是，在学术研究中，不少学者将该暂行规定中的定义视为完全归纳，从而对"商业贿赂"的完整含义产生误解。事实上，这个定义的内涵和外延都偏窄，不利于维护我国市场竞争秩序惩处日益严重的商业贿赂行为。

2. 关于我国学界对商业贿赂的广义定义

关于广义的商业贿赂，在我国法律上还没有正式定义，还缺乏统一的广义的商业贿赂定义，学者们对此有所研究，提出了自己的一些观点。有学者认为："商业贿赂的广义定义应是商业行为主体在商业过程中，为了谋取商业利益而故意受取各种贿赂手段侵害正常市场竞争秩序的行为。"[1] 有的认为："商业贿赂指市场参与者当谋取商业利益而故意采取各种贿赂手段侵害正常市场秩序的行为"。[2] 这两个定义，其内容大致一致。共同点都是以行贿动机作为定义的主要依据。认为商业的最大特点是其牟利性，即通过投资赚取利润，是一种有意识、有预期、积极主动的行为。因此，决定"商业"贿赂的"商业性"特定因素是行贿者从事商业行为的身份以及通过贿赂牟利的动机，关于贿赂对象（受贿者）的身份，则对贿赂的"商业性"没有影响。也就是说，商业贿赂的定义不应该把身份作为考虑因素。[3] 而二定义不同之处仅是行贿行为主体和行贿的空间宽窄程度不一。前者将行贿主体限制在"商业行为主体"，行贿的空间限定在"商业过程中"；后者将行贿主体界定为"市场参与者"，显然涵盖的外延比"商业行为

---

① 程宝库著《商业贿赂社会危害及其治理对策》法律出版社 2006 年版第 4 页。

② 程宝库主编《商业贿赂全球治理的立法与实践》法律出版社 2006 年版第 5 页。

③ 程宝库主编《商业贿赂全球治理的立法与实践》法律出版社 2006 年版第 5 页。

主体"要宽泛,而在行贿范围上没有"商业过程中"的限制。

我们认为,以行贿人的行贿动机即"谋取商业利益"作为商业贿赂的主要依据具有一定合理性,同以受贿者的身份确定贿赂犯罪的性质相比,这种界定更加反映出商业贿赂的特征,即不以受贿者"是否具有公职身份"作为界定标准。据此,我们是赞同的。但究其商业贿赂的实质,是破坏了正当竞争的市场秩序和诚实信用的原则,获取不当的利益。因如此,如果一个市场参与者违背了合同所应该承担的忠实义务,以其优势索要,接受任何利益,实则也应划归于收受贿赂行为之列。如现国人深恶痛绝的医生收受红包的行为,体育竞技中的黑哨等问题,就属此类。此类是否属贿赂犯罪问题在学界引起一些争论,以至在社会普遍认为收受红包只是违纪,不属贿赂犯罪问题。而在其他国家,在刑法上明确规定此类行为构成商业贿赂犯罪。譬如《美国标准刑法典》第 224 条第 8 款对此就作出明确规定:(1)一个人如果索要、接受或同意接受任何利益,并且本着故意违反或同意违反其作为以下人员所应该承担的忠实义务:(a)合伙人、代理人或雇员;(b)受信托人、监护人或其他受托人;(c)律师、医生、会计、鉴定人,其他职业顾问或信息提供者;(d)仲裁员或其他保持公正的判决者或调停人。则此人行为构成轻罪。可以看出,作为以上人员所应承担的忠实义务的基础是合同义务,因而违背合同义务,索要或收受不正当利益,当然应属贿赂犯罪。关于此行为具有的商业性,在 2004 年联合国《国家及其财产豁免公约》第 2 条给出的"商业交易"定义,就清楚明了的说明了这一点。在此《公约》关于商业交易的规定是:"(1)为销售货物或为提供服务而订定的任何商业合同或交易;(2)任何贷款或其担保义务或补偿义务;(3)商业、工业、贸易或专业性质的任何其他合同或交易,但不包括雇用人员的合同。"[①] 在该定义的基础上,我们可以得出结论"商业"是以合同或交易为基础的一切商品与服务经营的活动,它不仅包括商品的销售和购买,还包括金融信贷、商品检验、广告宣传、委托代理、医疗服务等有偿服务等许多领域。所以,从治理上讲,收受红包等行为应属商业贿赂之列。当然,在我国现行刑法中对这种规定还是一种缺失,但社会现实已面临着这样的严峻现实问题,我们在理论研究上应给予回答,为我国有关法律的完善,打击此类犯罪,以维护正常的市场经济秩序做好理论铺垫。

鉴于此,我们认为,商业贿赂的广义定义应是:"商业贿赂是指市场参与者为了谋取商业利益而故意采取各种贿赂手段或者以据其职业优势,违背合同义务索要,收受财物或者接受其它不正当利益,侵害正常市场竞争秩序,违背诚实信用原则的行为。"

(四)2006 年开展治理商业贿赂专项工作的方针和政策

关于 2006 年开展治理商业贿赂专项工作的方针,中共中央总书记胡锦涛在中央纪律检查委员会第 2 次全体会议上发表的重要讲话中明确指出:"要认真开展治理商业贿

---

① 程宝库著《商业贿赂社会危害及其治理》法律出版社 2006 年版第 4 页。

赂专项工作，坚持纠正不正当交易行为，依法查处商业贿赂案件。"中纪委书记吴官正在此次会上也强调治理商业贿赂要："围绕规范市场经济秩序和健全社会信用体系，认真开展治理商业贿赂专项工作，坚决纠正不正当交易行为，依法查处商业贿赂案件"。可以看出，这次治理商业贿赂的重点是针对市场交易中的一些不正当交易行为进行的集中整治，这些不正当交易行为主要是以人们现已司空见惯的一些"潜规则"作为表现形式，有些学者把这次治理的商业贿赂界定为："以获得商业交易机会为目的，在交易之外以回扣、促销费、宣传费、劳务费报销各种费用，提供境内外旅游等各种名义直接或间接给付或收受现金、实物和其他利益的一种不正当竞争行为。"①

这次整治的重点范围是六大领域九个方面的商业贿赂问题。六大领域是工程建设、土地出让、产权交易、医药购销、政府采购、资源开发和经销；九个方面是：银行信贷、证券期货、商业保险、出版发行、体育、电信、电力、质检、环保。提出了要严肃查处涉及国家公务员的商业贿赂案件，特别是对利用审批权和执法权在商业活动中行贿受贿的腐败分子。同时强调要坚持依法办案，正确把握宽严相济的刑事政策，注重办案工作与政治、经济、法律和社会效果的统一。要加强对新情况、新问题的研究，把握查办商业贿赂案件的特点和规律。

中央治理商业贿赂领导小组办公室7月31日举行新闻发布会，通报查处商业贿赂违法犯罪案件情况和一批商业贿赂违法犯罪典型案件。据中央治理商业贿赂领导小组副组长兼办公室主任，监察部副部长李玉赋介绍："据统计，从2005年8月到2006年6月，全国共查处商业贿赂案件6972件，涉案金额19.63亿元。其中，工程建设，医药购销等六大领域和银行信贷，证券期货等九个方面的案件5480件，占案件总额的78.6%，涉案金额16.04亿元，占总金额的81.7%，涉及国家公务员的案件1603件，占总数的23%，涉案金额5.08亿元，占总金额的25.9%，涉及厅局级干部49人，县处级干部367人。"②

（五）修改和增加《中华人民共和国刑法》有关贿赂罪条款。

我国现行刑法关于贿赂犯罪的条款规定是第163条、第164条、第386条，另184条第1款规定的银行或者其他金融机构工作人员受贿行为分别依照163条、385条、386条规定处罚，229条第2款规定了中介组织人员受贿的是依照提供虚假证明文件罪加重处罚。现行刑法规定的关于贿赂犯罪内容缺陷是：①受贿罪主体限制过窄，主要是公司、企业的工作人员，国家机关的工作人员以及单位，对此以外的其他单位和个人没有作为受贿罪主体加以规定；②对于行贿受贿的手段规定单一，且限于财物，对于其他不正当的利益未加规定；③在行贿受贿上未将间接贿赂的行为规定为犯罪；④对于构成贿赂犯罪是以其结果而论，未将预备行为规定为犯罪；⑤未将贿赂外国公职

---

① 引自《南方周末》《2006年剑指商业贿赂》2006年3月30日第17版。

② 中国商政网（查询时间2006年8月3日）

人员和国际组织人员的行为纳入犯罪规定。这些立法中的缺陷，是不利于对商业贿赂犯罪行为的打击。

根据《联合国反腐败公约》16条、22条规定，商业贿赂犯罪在主体上不仅包括本国公职人员，而且包括外国公职人员和国际公共组织官员，以任何身份领导私营部门或者为该实体工作的人员，在行为表现上不仅包括了直接给予也包括了间接给予；不仅包括了实际给予，还包括了许诺给予，提议给予等预备行为，贿赂的手段，也扩大为"不正当好处"，而我国反商业贿赂立法在许多方面还没有达到公约的要求，因为我国是该公约的签定国，所以针对我国现有刑法中的立法缺陷，为了履行《公约》义务，更好的预防和打击商业贿赂违法犯罪行为，应尽快对我国刑法规定中存在的问题，进行修改和完善是我们的当务之急。

第三章　经济犯罪的构成

第一节　经济犯罪的客体

经济犯罪的客体是市场经济秩序。所谓秩序，按《现代汉语词典》的解释，即"有条理、不混乱的情况"。那么经济秩序说到底就是调和各方经济利益达到一种平衡，经济利益需要不断调整，追求新的平衡。所谓市场经济，"即市场导向经济，是一种以市场为基础和主导的经济运行形态，其一般经济活动能以市场调节为基础，以市场为中心而展开，市场机制成为配置社会资源的基本手段，并起基础作用"。维护市场机制的正常运转使之成为市场活动的基础手段就是经济主体之间的公平竞争。由于市场机制自身难以克制的缺陷，即不正当竞争和市场垄断，抑制了公平竞争。需要运用国家之手，通过行政、经济、法律等手段实行干预，以此维护正常的市场秩序，对于严重破坏和干扰市场经济的行为，国家以刑法的形式给予惩罚之。准确的表述，经济犯罪的客体是国家以经济刑法的形式维护而被不法的经济行为侵害的市场经济秩序。其特点是：

（1）经济犯罪主要侵犯的是社会法益。在大陆法理论中，法律所保护的利益（社会关系）被称作"法益"，分为"国家法益"、"社会法益"、"个人法益"三个层次，根据犯罪所直接针对和侵害的法益划分犯罪的类别，划清此罪与彼罪的界限。因为任何一种经济犯罪均是侵犯了某种市场秩序，从而侵害了某种公平、或是竞争的公平、或是交换的公平、或是分配的公平。但无论是哪种经济犯罪或是所采取了何种形式，都不是以特定人为侵犯对象或其最终受害人并非特定，易言之，经济犯罪侵犯的主要是社会整体利益。

（2）经济犯罪同时也侵犯了个人法益。经济犯罪的目的是为了获取非法利益，所以有些学者将此类犯罪称为图利性犯罪。在国外司法实务界，往往是通过对个人法益侵害的多少来衡量对社会法益侵害的大小，即"犯罪行为所造成的损害数额极高时，即认为有碍经济生活秩序并危及经济活动。"我国刑法理论上将此类犯罪称之为数额犯也具有此义。

（3）经济犯罪与法定犯。经济犯罪与传统自然犯不同。自然犯其应受刑罚处罚的依据乃是建立在"自体恶"的基础上，其行为本身自然蕴含着犯罪性，即使刑事法律对其未加规定，人们根据一般的伦理道德观点，也认为应加非难，对其作出有罪评价。法定犯相对于自然犯而言，是一种较多依靠智力而较少依靠体能的犯罪，其所以构成犯罪，非基于自然理性之要求，也不是对"社会伦理价值的基本价值"所为之不法，而与由行政目的之需要与相关法规之规定，其应受处罚性乃是建立在"禁止恶"的基础上。既如此，就决定了各国对自然犯的规定大同小异，而对于法定犯的规定则差异极大。

（4）经济犯罪的类型多样，且随着社会变迁，也在不断发生变化。如：①垄断与不公平竞争的犯罪。譬如，生产、销售伪劣产品方面的犯罪，它破坏了市场的活力——公平竞争秩序，它已成为市场制度最基本最主要的部分。②金融犯罪。是指侵犯金融秩序的犯罪总称。它包括对商业银行及其他金融机构犯罪、证券犯罪、票据犯罪及其他商业票据犯罪等犯罪。③税收犯罪。如果说合同法长久以来占据十分重要的地位是因为人们十分重视交换上的平等与公平，那么时至今日，分配的公平已进居首位，税法占据人们生活的重要程度就不言而喻了。不少国家税收犯罪已被公认为自然犯。④保险犯罪。现代生活中，保险制度已成为社会安全保障制度的重要组成部分，包括商业保险与社会保险，商业保险是保险犯罪主要领域，最主要的形式即保险欺诈行为。⑤破产犯罪。破产制度作为市场经济的必备制度，一方面具有加快经济流转、稳定社会秩序的积极作用，另一方面又时时面临被滥用的危险。⑥其他经济犯罪。这主要是一些与经济犯罪具有交叉关系的一类犯罪。譬如，国家机关工作人员的商业受贿等犯罪。

同时，本类犯罪中的各个具体犯罪也可能侵犯其他客体，如生产，销售假药罪所侵犯的客体，除正常的药品管理秩序外，还有不特定多数人的生命健康权利；集资诈骗罪所侵犯的客体，除正常的金融管理秩序外，还有公私财产所有权；洗钱罪所侵犯的客体，除正常的金融管理秩序外，还有打击毒品犯罪、黑社会性质组织犯罪、走私犯罪的正常司法制度。但是，不特定多数人的生命健康权利，公私财产所有权、正常的司法制度，都不能认为是经济犯罪的类客体，因为它们既不是市场经济秩序的组成部分，也不是本类犯罪中每一犯罪都侵犯的客体。

第二节 经济犯罪客观方面的要件

犯罪客观方面的要件，表现为违反国家经济管理法规，在市场经济运行或经济管理活动中进行非法经济活动，严重破坏市场活动秩序应受刑罚处罚的行为。其特点：

违反国家经济管理法律法规，如前所述，本罪是法定犯，以违反一定的国家经济管理法规为前提；否则，如果行为不违反一定的国家经济管理法规就不发生此类违法问题，更谈不上经济犯罪了。这里所说的国家经济管理法规，一是经济法，指国家为调整经济关系而制定的法律。"经济"一词，可作多方面的理解和解释，但一般来说，它都是从经济活动、经济关系角度来说的。"经济活动首先是指生产具有使用价值（功能效用）的各种产品（包括货物和服务）的各种活动"。由于经济活动主要目的和内容，是创造物质财富。所以，也可把经济活动解释为了创造物质财富而进行的社会生产和再生产的活动，相应地，经济关系就是在经济活动过程中形成的人与人之间的关系。这种经济关系是一种客观实在。在市场经济条件下，表现为一种商品经济关系。国家为实现其干预职能而制定的法律，即经济法，它通常包括工业、农业、商业、基本建设、交通运输、财政金融等方面的法律。二是经济行政法规，是有关行政机关进行经济行政管理活动的法律、法令、条例。这主要是为实现国家职能而对经济进行管理而制定的一系列法律、法规。以上这些经济法律法规的共性，都是以市场经济规律为基准对经济进行调整和对市场进行规制而形成的法秩序。因此，经济犯罪自然首先违反了这些法律法规，易言之，违反国家经济管理法律法规，是认定经济犯罪行为的必备前提。三是民商法。是国家制定的调整平等主体之间的财产关系和人身关系的法律，这部分法律主要是国家经济管理法规中与民商法交叉的那一部分法规，如《著作权法》、《商标法》等。

（2）在市场经济运行或经济管理活动中进行非法经济活动。这是本类犯罪行为的显著特点。这里所说的非法经济活动，实则就是在生产、流通、分配、消费的经济运行过程中违规行为。这种行为，首先表现为一种经济活动。例如，生产、销售伪劣商品罪，首先表现为商品的生产、销售；合同诈骗罪，首先表现为经济合同的签订。又如虚报注册资本罪，表现为申请公司登记；擅自设立金融机构罪，表现为设定商业银行或其他金融机构。这些都是发生在经济管理中的经济行为；其次，这里所说的经济活动是一种非法活动，即违反国家经济管理法律法规的经济活动，而不是正常的经济活动。例如刑法第 186 条第 1 款规定的违法向关系人发放贷款罪，其行为就违反了《中华人民共和国商业银行法》第 40 条的规定："商业银行不得向关系人发放信用贷款；向关系人发放担保贷款的条件不得优于其他借款人同类货款的条件"。所以，是一种违法的经济活动。应当说明，违法的经济活动不一定构成犯罪，但构成这类犯罪的必然是违反国家经济管理的法律法规的违法行为。

（3）严重破坏市场经济秩序并应受到刑罚处罚之。这是经济犯罪的关键要件。它是经济违法行为与经济犯罪行为的划分标准。经济犯罪的前置条件，首先是违反了国家管理经济的法律法规，但违规的行为不一定构成犯罪，有一个行政违法与刑事犯罪的区别。这是经济犯罪与其它类型犯罪不同而独具特点之处。它是有一个量质关系。从刑法的犯罪论观点，任何犯罪都要受到两个条件的制约，一是犯罪的实质要件，即其行为具有严重的社会危害性；二是犯罪的形式要件。根据"罪刑法定"原则，任何危害行为认定为犯罪必须有刑法典上的明确规定之。经济犯罪行为不仅是违反了国家经济管理法律法规而且还必须触犯了经济刑法，并受到刑罚的行为。就我国刑法典对经济犯罪的规定主要在刑法分则第三章，破坏社会主义市场经济秩序罪中加以了规定。

（4）其犯罪行为具有复杂性、抽象性以及形成犯罪行为的特殊条件，这些特点与传统的刑事犯罪是大相径庭的。①复杂性。经济犯罪行为所触犯的法律事实多半牵涉到关系较为复杂性的民商法以及经济、财税与贸易有关经济法律法规；同时，更因其违犯方式大多为诚实信用原则的滥用，并且非常巧妙地利用经济活动中法规所允许的活动方式，加以精心的设计而成的。随着经济的全球化，贸易交往的国际化，不少经济犯罪行为的行为地或结果发生地，往往涉及数国，其法律事实常关系数国的民商法与经济贸易法令。所以，经济犯罪行为，具有高度的复杂性。②抽象性。经济犯罪为一种智力犯罪。因此，大多数的经济犯罪事实均较暴力犯罪为抽象，而在其分割的法益中有较抽象的"超个人的财产利益"与"非物质法益"。所以，经济犯罪的不法表征相当不明显，容易加以伪装而不易为他人所察觉。因此，经济犯罪具有高度的抽象性。易言之，经济犯罪行为具有极大的隐蔽性，有许多经济犯罪行为其外表却罩着一层民事纠纷的外衣，只有仔细研究复杂的法律事实与关系之后才会发现那是一幕犯罪行为。③其行为具有的特殊条件，大体上，经济罪犯均有较常人为高的智力，狡猾奸诈，而且沉着谨慎，他们大多数是参与现代自由经济活动的工商企业人士。因此，具有法律，经济与财税，或贸易、会计等专门知识，而且又有许多年的工商企业经验，可谓拥有促其犯罪行为成功所必要的条件。他们在施行犯罪行为之前均作详密的计划，并且寻找最适当的着手机会。在其巧妙而高明的安排下，其犯罪行为不但收获丰富，而且不易被人看出其犯罪事实，被害人在通常状态下都不会察觉自己已成为经济犯罪的牺牲品。更由于经济罪犯的善于应付，使得一般被害人经常对经济犯罪的犯罪性毫无所知，而只误认为是民事纠纷而已。

第三节　经济犯罪的主体

经济犯罪是一种职业犯罪，因此，构成此类犯罪的前提是行为人具有特定的某种身份。这种身份，主要表现在两个方面，一是参与经济活动的经营者，也是我们通常所说的经济人，所谓经济人，即利用市场运行规则实行经济活动的人。因为经济犯罪是经济活动中的经济人的所作所为。另是经济活动的管理者，因为这些人拥有对经济管理的职权，形成对经济运行的重大影响。故没有以上两种身份的人，不可能成为本罪的主体。从本罪主体内部结构看，其构成主体包括两种类型。一是自然人，二是单位。以下对这两大类主体给予分别论述。

（1）自然人。作为自然人的犯罪主体，有一般主体与特殊主体之分。只要求达到法定责任年龄，具有责任能力的自然人，就可能成为犯罪主体的，是犯罪的一般主体。除了上述条件，还要求必须具备一定身份的自然人才可能构成犯罪主体，而这种身份是以他所从事的实际经济行为而加以确定，不论其身份是否合法。即，其身份合法与不合法者均可成为本罪的主体，表现出本类犯罪主体的特殊性。另外，这类犯罪中的有些罪，具有很强的专业性或者某些身份的依附性较强，因而在这些犯罪中还需要具有某种特定身份的人才能构成其犯罪主体。譬如，这些特殊主体有：公司的发起人、股东、公司、企业的工作人员、国有公司、企业董事、经理、证券交易所、证券公司的从业人员等，对于这些特殊主体的犯罪来说，行为人必须具有法律规定的特定身份，才可能构成该罪；不具有特定身份的人不可能单独构成该罪，如果伙同特定身份的人实施该罪，则以该罪的共犯论处。

（2）单位犯罪。人们以什么名称来概括公司、企业、事业单位、机关、团体等组织实施的犯罪是一个有较大争论的问题。在国外，在刑事立法和刑法理论上一般都把公司、企业、事业单位、机关、团体等组织实施的犯罪称作法人犯罪。需要指出的是，在外国的刑事立法和刑法理论上称作法人犯罪，并非专指严格意义上的法人，而且还包括非法人的合法社会团体在内。这一点有的国家在法律上作了明文规定，有的国家虽无明文规定但已形成一种约定俗成的说法。所以在他们看来，所谓法人犯罪就是泛指法人和非法人的合法社会团体所实施的犯罪，使用法人犯罪这一名称是不会发生误解和歧义的。法人犯罪应该是市场经济条件下出现的一种新型犯罪形式，我国刑法在其总则中以第 30 条作了明确规定。规定之："公司、企业、事业单位、机关、团体实施的危害社会的行为，法律规定为单位犯罪的，应负刑事责任"，同时在 31 条对单位犯罪实施的犯罪也作了规定，指出"单位犯罪的，对单位判处罚金，并对其直接负责的主管人员或其他直接责任人员判处刑罚"，虽然我国刑法上规定了单位犯罪，但以何名概括，学界仍存在争论。这里有两种主张：其一是主张称作法人犯罪，另一则主张称作单位犯罪。边沁曾经指出："在一个法治的政府之下，善良公民的座右铭是什么呢？"那就是"严格地服从，自由地批判"。又指出："一种制度如果不受到批判，就无法得到改进"。我们对待法律制度的态度，是既然立法上选择了单位犯罪这一名称就严格服从，但也不放弃批评。立法上对单位犯罪这一概念不作界定或解释，造成纷争和混乱将是不可避免的。有鉴于此，我们认为，尽管立法上规定了单位犯罪，并不意味着大大小小的单位都可充当单位犯罪的主体，都须追究刑事责任，而单位犯罪的实质、要害和范围，应当是公司、企业、事业单位、机关、团体这些社会组织中的法人和准法人单位，否则难以划清单位犯罪与自然人犯罪，有组织犯罪之界限。从这个意义上说，可以把单位犯罪基本视为法人犯罪，单位犯罪与法人犯罪在刑法理论上应属同类属性的犯罪。尤其要注意的是，我国新的《公司法》以明确了一人公司的法律地位，可以说经济犯罪主要表现是单位犯罪即法人犯罪。因此，对单位（法人）犯罪应给予深入的研究。我们认为对单位（法人）犯罪可作如下定义：

　　所谓单位（法人）犯罪，是指公司、企业、事业单位、机关、团体的决策机关或代表、代理人基于合法社会组织的意志和利益而决定的，并以组织名义实施的，故意或过失地侵犯我国市场经济秩序以及在此基础上建立的社会关系，严重危害社会，依法应受到刑罚处罚的组织行为。

　　这个定义着重强调以下几点：（1）单位（法人）犯罪是一种特殊形式的刑事犯罪，故首先应具备普通刑事犯罪的一般特征，即具有社会危害性、刑事违法性和应受刑罚的惩罚性。它与我国刑法中的犯罪概念是个别与一般、部分与整体关系；（2）单位（法人）犯罪又不同于普通刑事犯罪，有其特殊性，包括特殊本质和特殊行为方式，即基于合法社会组织的意志和利益，经其决策机关或代表、代理人决定并以其名义实施的严重危害社会的犯罪行为。此点是它与自然人犯罪，有组织犯罪的质的区别；（3）单位（法人）犯罪产生于我国市场经济建立和发展的过程中，严重危害我国市场经济与社会的进步和发展，其社会历史烙印和市场经济时代色彩鲜明，这应是规制和惩罚单位（法人）犯罪的出发点和归宿点；（4）单位（法人）犯罪为刑事法律所确认，法律没有规定的不是单位（法人）犯罪。单位（法人）犯罪的法定性，意味着单位（法人）实施犯罪是有一定范围的，并不能构成一切犯罪。这是因为单位（法人）虽能产生犯罪意志，但终究不是自然人。至于这个犯罪圈划多大，应受社会经济发展、立法、司法资源和理论研究程度等诸因素的制约，不可随意或轻率。

　　作为单位犯罪主体的单位，应当具有以下必备因素：（1）依法成立具有合法性。这里说的"合法"，包括根据国家法律规定设立的，经由国家机关批准（或命令）设立的或通过工商登记注册设立的，而非法设立的单位或临时成立的单位均不能成为单位犯罪主体；（2）有自己独立支配的财产或经营，拥有一定的物质基础，这是构成单位行为能力不可缺少的必要条件之一；（3）有自己独立意志和利益，并以自己名义享有法律所赋予的权利和承担法律所规定的义务；（4）有自己组织机构、名称和自然人成员，并以自己名义独立地为一定行为或不为一定行为。正是由于上述这些因素的互相结合才构筑而成单位这一社会有机体。在这个社会机体里，它们互相联系、结合、密不可分，从而构筑成为一个整体组织。这种组织的整体性，是单位犯罪主体上所表现出的一大特性，也是它与自然人犯罪主体的最主要区别之一。

　　根据上述概念，单位（法人）犯罪的主体是单位（法人）组织，根据刑法第30条规定，单位包括公司、企业、事业单位、机关、团体。其中既有法人单位，也有非法人单位。具体分析如下：

　　（1）公司。所谓公司是指依法成立，以营利为目的，以一个或多个股东投资为基础的企业法人。根据我国公司法它包括股份有限公司和有限责任公司。按照公司的类型有母公司与子公司、总公司与分公司、本国公司、外国公司与跨国公司之分，其中母公司子公司、总公司都是企业法人，但分公司不是企业法人，在不具有法人资格的分公司中有的却具有经营资格，能够以自己的名义，为了自己的利益进行独立经营活动，独立签约，享有某种民事权利和承担某种民事义务，独立参与民事诉讼，因而可视为准企业法人。

（2）企业。所谓企业是指依法设立，以营利为目的，能够独立从事商品生产、经营或提供劳务等经济活动的经济实体。在我国包括国有、集体、乡镇、私营、联合、合伙、独资、台资等企业，在此需要说明的是：①公司是企业的一种基本组织形态，企业涵盖公司，它们之间具有种属关系。刑法第30条列举的企业，仅指狭义而非广义，即指公司以外的其他企业，该条将公司与企业并列，并非违反了概念间种属关系，也不是说公司不是企业，这是与我国特定的历史时期所形成的结果。法律作出这样的规定，依据是我国市场经济条件下经济主体的客观现状。随着市场的不断完善和法制的健全，有些主体将会从犯罪主体消失。②独资企业，即指私人独资企业，原不具有法人资格，新的《公司法》已确立了一人公司的法人地位。因此，私人独资企业也可成立公司，具有公司法人的资格。③合伙企业，即指二人以上按合伙协议，各自出资，共同经营的经济组织体。根据《民法通则》第30条和《合伙企业法》规定，它是既不同于自然人也不同于法人的第三类民事主体。它对企业债务承担无限责任；④股份合作制企业，是我国集体企业在改制中创立的一种"职工集资入股、资金联合、劳动合作为主"的新型企业组织形式，具有独立法人资格，与公司企业、合伙企业、独资企业不同。股份合作制的形式多种多样，由国有企业、集体企业、外资企业、合资企业合作办的都可实行股份合作制；而个体私营、合伙企业也可转化为股份合作制。因此，这些情况比较复杂应注意区别。

（3）事业单位。所谓事业单位，是指不以营利为目的，从事社会各项事业（包括从事社会公益事业和社会发展事业），有独立经营或财产的社会组织。在我国多数事业单位是法人，但也有少数依附其他单位，不能实行独立核算，不具有法人资格。在不具有法人资格的事业单位中，有的能够以自己的名义独立从事社会事业，并以自己的一定经费和收入享有某种民事权利和承担某种民事义务，独立参与民事诉讼，具有准法人地位。

（4）机关。所谓机关主要指国家机关，包括国家的各级立法、行政、司法和军事机关，而执政党机关可视为国家机关。一般说来，国家机关都是机关法人，但国家机关的派出机构（如省政府下设专员公署、驻外办事处等）不具有法人资格。党政机关就其性质而言，并非通常意义上的法人，更不能以市场主体的身份参加经济活动。这是由于开放之初，全民经商留下的后遗症。随着党、政、军、司法等机关退出市场，其将会在犯罪主体中自然消失。

（5）团体。这里所说的团体也是社会组织的一种，包括依法成立的各种人民团体社会团体和群众团体。这些团体属于非政府的、非营利性的、非事业性的社会组织，有别于机关、企业和事业单位。在这些团体单位中有不少是法人，称之为团体法人，但也有许多团体单位不具有法人资格。在不具有法人资格的团体单位中，有的能够独立参与民事诉讼，具有准法人地位。

据上分析，作为单位（法人）犯罪主体，并非是所有大大小小的公司、企业、事业单位、机关、团体及其下属单位或分支机构都能成为犯罪主体，只有其中的法人单位和具有非法人地位的准法人单位才可构成，以划清单位（法人）犯罪主体与非单位（法人）犯罪主体的界限。我们把单位（法人）犯罪主体界定为法人单位和具有非法人地位的准法人单位，是符合我国建立现代企业制度，规范现代社会经济秩序的社会实际及其发展趋势的，也与立法目的和任务相吻合。

第四节　经济犯罪的主观方面

经济犯罪主观方面的要件，对于绝大多数具体犯罪来说都只能是出于故意，一部分犯罪还具有牟利的目的，非法占有的目的或其他目的，只有个别犯罪是出于过失。

（1）犯罪故意。即认识自己的行为违反国家经济法规，破坏市场经济秩序而仍然实施，希望或放任一定的危害社会结果发生的心理态度。

经济犯罪中的故意，根据经济犯罪一般都是事先经过周密策划的特点通常是直接故意。如走私罪、伪造货币罪、高利转贷罪、金融诈骗罪等，都只能出于直接故意。但有些犯罪其非法经营活动产生的危害社会结果，则可能是持放任态度，或者持可以避免的过于自信的过失心理。如：生产、销售不符合卫生标准的食品罪中，"对人体健康造成严重危害的"结果，则是出于间接故意或者是过于自信避免危害结果的过失心理，但不可能是直接故意。这是经济犯罪人复杂心理的真实反映，也给刑法学的罪过理论研究提出了新问题。针对此问题我国学者提出了我国刑法中的严格责任的罪过形式，那是指在行为人主观罪过具体形式不明确时，仍然对其危害社会并触犯刑律的行为追究刑事责任的制度。这一定义表明：第一，这里的严格责任与民法中传统的严格责任有所区别。第二，严格责任并不与罪过相对立，而是罪过责任的一种，只是罪过的具体形式即是故意还是过失不明确而已。所谓不明确是指行为人具备了故意或过失的主观罪过，但由于人们心理结构的复杂性，使我们难于从行为人有限的客观外在表现之中确定其具体的、单一的罪过形式。第三，尽管行为人主观上的具体罪过形式不明确，但其在主观罪过支配下的行为都必须具有危害社会的性质，这是犯罪的本质所决定的，并且是追究刑事责任的基础。第四，追究严格责任必须有刑法条文作依据，这是罪刑法定原则的必然要求，也是我们研究严格责任问题的实践意义。

在经济犯罪故意的认识因素中，要不要对经济法规的违法性认识，在我国刑法学界意见并不一致。一种是违法性意识不要说。即否定说。认为"直接故意的认识因素中不要求行为人认识到自己行为的违法性。这主要是因为违法性就是社会危害性在刑法上的表现，行为的社会危害性与刑事违法性具有一致性。当行为人认识到自己行为的社会危害性时，通常能表明他认识到了行为的违法性，没有必要在要求行为人认识到行为的社会危害性时，还必须认识到行为的违法性"。这种否定说否定所有犯罪故意中的违法性认识，自然也否定经济犯罪故意中的违法性认识。另一种是违法性意识必需说。即肯定说。认为"经济犯罪是一种法定犯，离开了经济法规就无从认定。在这种情况下，行为人对于行为的违法性是否具有认识，对主观上是否具有犯罪故意显然是有重大影响的。……只有当行为人明知自己的行为是与经济法规所确然禁止的，也是根据刑法的规定应受刑罚处罚的，仍然实施这一行为才能认为主观上具有犯罪故意因素。所以，我们认为在认定经济犯罪故意的认识因素的时候，应当查明行为人对于违法性是否具有认识"。我们认为，对于以上否定性，是值得商榷的。因为经济犯罪不是严格意义上的伦理性犯罪，而且这种社会危害性是随着情势的变化由法律规定之，因此有些经济犯罪作为社会危害性不如自然犯形成的社会危害性那样显现明确，因而具有极大的隐蔽性，有的则随着情势的变化而使原来非罪的行为犯罪化等，因此，在人们的意会中就会出现社会危害性与刑事违法性并不协调一致的认识，如果行为人有充分的理由证明自己确实不知道该行为为法律所禁止，按照道义责任论的观点，就很难对其进行有罪认定进行惩罚。但这里我们对肯定说需要纠正或者是补充的是经济犯罪的违法性意识既不是指对刑法法规本身的意识，也不是指对行为具有可罚性的意识，而是对自己行为在法律上不允许的意识。为了防止行为人钻法律空子，借口不知法而逃避法律惩处，对于有违法意识可能性的，也应视为有违法意识。所谓违法意识可能性，是说虽然没有法律意识，但如加以必要的注意，这种认识就可能产生，则就成立故意。而如果没有该种可能性，也就没有非难的根据。我们以上已分析经济犯罪的主体的前提是经济人身份，其对于经济法规具有必要注意的义务，因而，对他们主观上违法意识可能性的界定，据有法律依据。据此，我们赞同在经济犯界中，对经济管理法规的违法性认识（包括违法的可能性认识），应当是犯罪故意中的认识因素。

（2）犯罪目的。是行为人希望通过实施经济犯罪行为达到取得某种经济利益结果的心理态度。刑法上的目的犯，是指特定的作为主观构成要件要素的犯罪。例如，《刑法》第363条规定的制作、复制、出版、贩卖、传播、淫秽物品牟利罪，必须"以牟利为目的"，因而属于目的犯，其中的特定目的，不是指直接故意的意志因素，而是故意的认识因素与意志因素之外的对某种结果、利益、状态、行为等内在意向；它是比直接故意的意志因素更为复杂深远的心理态度，其内容也不一定是观念上的危害结果。其表现有三种情形：一是重叠型。即犯罪目的与主观意志因素重叠。这一般是以直接目的犯的形式出现。直接目的犯又称为断绝的结果犯。指的是行为人实施符合构成要件的行为就可以（但并非必然）实现目的。如贷款诈骗罪，只要行为人实施了诈骗、银行或者其他金融机构的贷款诈骗行为，就可以实现非法占有贷款目的。二是包容型。即主观意志包容于犯罪目的中，犯罪目的要大于主观意志的成份，这一般是以间接目的犯的形式出现。间接目的犯又称为短缩的二行为犯。是指实施符合构成要件的行为后，还需要行为人或第三者实施其他行为才能实现的目的。如走私淫秽物品罪，实施了符合构成要件的走私淫秽物品的行为，还不能直接实现牟利或者传播的目的。只有在走私行为完成之后实施其他相关行为，才能实现牟利或者传播目的。三是相异型。这主要是以混合罪过目的犯的形式出现。混合罪过目的犯又称严格责任罪过目的犯。也就是以上论证的严格责任的罪过形式，这种形式的表现特征是，犯罪的危害结果并不是犯罪目的所追求的对象，对这种结果处于一种放任或者避免心理。如：生产、销售不符合卫生标准食品罪，行为人追求的目的是非法利润，对于"致人伤害或死亡"并不是企及的内容。从目的与意志的关系考察，以上三种情形在经济犯罪中都有表现。尤其是第三种的相异型情形，在经济犯罪中表现尤为突出，对此问题应进行深入研究。

在经济犯罪中目的犯可分为两种情况：（1）是法律明文规定某种目的为犯罪构成要件。属于这种情况有：走私淫秽物品罪，刑法第152条规定："以牟利或者传播为目的"；高利转贷罪，第157第规定"以转贷牟利为目的"等；（2）是法律没有明文规定某种目的，但在理论解释上应当具有某种目的为犯罪构成要件。如票据诈骗罪、信用证诈骗罪、信用卡诈骗罪、有价证券诈骗罪、保险诈骗罪等，在法条上均未规定上述犯罪目的，但在理论解释上，它们与集资诈骗罪等一样，应以非法占有为目的。这些以某种目的为犯罪构成要件的犯罪，如果行为不具有这种目的，犯罪就不能成立。

（3）犯罪过失。即应当预见自己的非法经济活动可能发生危害社会的结果，因为疏忽大意而没有预见，或者已经预见而轻信能够避免，以致发生这种结果的心理态度。关于过失犯罪在认识因素上是否需要有违法的意识，许多学者主张在自然犯或刑事犯中不须有违法性的意识，而在法定犯或行政犯中必须有违法性的意识。此论是否正确，暂姑且不论。但对经济犯罪中过失犯的认识因素中必须有违法性意识是毫无异议的。至于本应对违法性有意识或意识可能性，因为过失而没有认识的情况，理论上被称为"法律过失"。"法律过失"这一概念通常是在与"事实过失"相对的这一概念中论及。所谓事实过失，即指对符合构成要件的事实以及行为、结果的违法性，由于不注意而没有认识，而具有过失的情况。所谓"法律过失"，则是指对符合构成要件的事实有认识，但对自己行为的违法性，由于不注意而没有认识有过失的情况。根据立法上对过失犯罪成立以结果发生为必要要件的规定，我们认为过失中的违法性意识或意识可能性，具体说是应当意识到或已意识到由于违反法律上的注意义务而可能发生严重违法结果的意识。这一点，在我国刑法有关经济犯罪的条文中明确规定了以违法性意识即违反注意义务的意识为过失成立的必备要素。例如刑法第186条第一款，违法向关系人发放贷款罪，第2款发放贷款罪，第187条用账外客户资金非法拆借、发放贷款罪，第188条非法出具金融、票证罪，第189条对违法票据承兑、付款、保证罪等均规定了"违反法律、行政法规规定"、"违反规定"等违反注意义务的情况，对这些规定，有的明文规定了必须具有违法规定的意识。如违法向关系人发放贷款罪中"向关系人发放贷款或者发放担保贷款的条件优于其他借款人同类贷款的条件"，用账外客户资金非法拆借、发放贷款罪中"采取吸收客户资金不入账的方式，将资金用于非法拆借、发放贷款"，对违法票据承兑、付款、保证罪中"对违反票据法的规定的票据予以承兑、付款或者保证"等，也表明对违反注意义务的过失心态中必须具备违法性意识因素。具体说，在确认行为人的过失心理态度时，依照法律规定，必须首先考虑行为人是否具备应当意识到或者已经意识到违反注意义务而可能引起严重违法结果的意识，有的甚至必须是已经"明确"意识到，才能依法确认对所发生的严重结果是应当预见而没有预见，或者轻信能够避免过失心理态度。如不首先考虑行为人的违法意识问题，显而易见是不符合具体犯罪构成要件的规定。

关于经济犯罪过失犯罪是个别的，除了以上介绍的几种过失犯罪以外，还有刑法第167条规定的签订、履行合同失职被骗罪，第229条第3款规定的中介组织人员出具证明文件重大失实罪。此外，有些犯罪非法经济活动虽然出于故意，但对行为产生的危害社会结果则可能出于过失。例如，第168条和《刑法修正案》（一）所规定的国有公司、企业、事业单位人员失职罪，国有公司、企业、事业单位人员滥用职权罪，徇私舞弊低价折股，出售国有资产罪等，其"严重不负责任"，"滥用职权徇私舞弊"等是出于故意，但对"造成国有公司、企业破产或者严重亏损、致使国家利益遭受重大损失"的结果，则是出于过失。

第四章 生产、销售伪劣产品罪

一、生产、销售为劣商品罪

(一) 本罪的概念及犯罪构成

本罪是指生产者、销售者在产品中掺杂、掺假，以假充真、以次充好或者以不合格产品冒充合格产品，销售五万元以上的行为，本罪属选择性罪名。本节所规定的罪名都是有此性质。后面不再说明。

1. 本罪的客体，是复杂客体，即国家对产品质量的监督管理制度、市场管理制度和广大用户、消费者的合法权益。本罪中生产、销售的对象是伪劣产品。根据《中华人民共和国产品质量法》的规定，这里所谓"产品"是指经过加工、制作、用于销售的产品（不包括建筑工程）。"伪劣产品"，指以假充真的产品和在产品中掺杂、掺假、以次充好或以不合格品冒充合格产品。本罪所说的伪劣产品通常限于除特定种类伪劣产品如药品、食品、医疗器械之外的普通伪劣产品。但这些特定种类的伪劣产品不构成本节刑法规定的相应犯罪，但销售数额达到五万以上的，也可成为本罪的犯罪对象。

2. 本罪的客观方面表现为生产、销售伪劣产品，销售金额五万元以上的行为。

根据《立案标准（一）》第十六条［生产、销售伪劣产品案（刑法第一百四十条）］生产者、销售者在产品中掺杂、掺假，以假充真，以次充好或者以不合格产品冒充合格产品，涉嫌下列情形之一的，应予立案追诉：

（一）伪劣产品销售金额五万元以上的；

（二）伪劣产品尚未销售，货值金额十五万元以上的；

（三）伪劣产品销售金额不满五万元，但将已销售金额乘以三倍后，与尚未销售的伪劣产品货值金额合计十五万元以上的。

本条规定的"掺杂、掺假"，是指在产品中掺入杂质或者异物，致使产品质量不符合国家法律、法规或者产品明示质量标准规定的质量要求，降低、失去应有使用性能的行为；"以假充真"，是指以不具有某种使用性能的产品冒充具有该种使用性能的产品的行为；"以次充好"，是指以低等级、低档次产品冒充高等级、高档次产品，或者以残次、废旧零配件组合、拼装后冒充正品或者新产品的行为；"不合格产品"，是指不符合《中华人民共和国产品质量法》规定的质量要求的产品。

对本条规定的上述行为难以确定的，应当委托法律、行政法规规定的产品质量检验机构进行鉴定。本条规定的"销售金额",是指生产者、销售者出售伪劣产品后所得和应得的全部违法收入;"货值金额",以违法生产、销售的伪劣产品的标价计算;没有标价的,按照同类合格产品的市场中间价格计算。货值金额难以确定的,按照《扣押、追缴、没收物品估价管理办法》的规定,委托估价机构进行确定。

此行为主要四种表现形式,根据最高人民法院、最高人民检察院司法解释(法释[2001] 10号)(1)在产品中掺杂、掺假,是指在产品中掺入杂质或者异物,致使产品质量不符合国家法律、法规或者产品明示质量标准规定的质量要求,降低、失去应有使用性的行为。(2)以假充真,是指以不具有某种使用性能的产品,冒充具有该种使用性能的产品的行为。(3)以次充好,是指以低等级、低档次产品冒充高等级、高档次产品,或者以残次、废旧零配件组合、拼装后冒充正品或者新产品的行为。(4)以不合格产品冒充合格产品,所谓不合格产品,是指不符合《中华人民共和国产品质量法》第二十六条第二款规定的质量要求的产品。《产品质量法》其规定是:(1)不存在危及人身、财产安全的不合理的危险,有保障人体健康和人身、财产安全的国家标准、行业标准的,应当符合该标准;(2)具备产品应当具备的使用性能,但是,对产品存在使用性能的瑕疵作出说明的除外;(3)符合在产品或者其包装上注明采用的产品标准,符合以产品说明、实物样品等方式表明的质量状况。不符合上述要求的产品,即属不符合标准产品。同时伪劣产品的销售金额在五万元以上。根据上述司法解释,销售金额是指生产者、销售者出售伪劣产品后所得和应得的全部违法收入。伪劣产品尚未销售,货值金额达到刑法第一百四十条规定的销售金额三倍以上的,以生产、销售伪劣产品罪(未遂)定罪论处。货值金额以违法生产、销售的伪劣产品的标价计算,没有标价的,按照同类合格产品的市场中间价格计算。货值金额难以确定的,按照国家计划委员会、最高人民法院、最高人民检察院、公安部1997年4月22日联合发布的《扣押、追缴、收回物品估价管理办法》的规定,委托指定的估价机构确定。多次实施生产、销售伪劣产品行为未经处理的,以伪劣产品的销售金额或者货值金额累计计算。根据两高司法解释(法释[2003]第8号)的规定,在预防、控制突发传染病疫情灾害期间,生产、销售伪劣的防治、防护产品、物质构成犯罪的,以生产、销售伪劣产品罪定罪,依法从重处罚。

根据最高人民法院、最高人民检察院、公安部、国家烟草专卖局《关于办理假冒伪劣烟草制品等刑事案件适用法律问题座谈会纪要》中规定:伪劣烟草制品的销售金额不满五万元,但与尚未销售的伪劣烟草制品的货值金额合计达到十五万元以上的,以生产、销售伪劣产品罪(未遂)定罪处罚。生产伪劣烟草制品尚未销售,无法计算货值金额,有下列情节之一的,以生销售伪劣产品罪(未遂)定罪处罚:(1)生产伪劣烟用烟丝数量在1000公斤以上的;(2)生产伪劣烟用烟叶数量在1500公斤以上的。非法生产、拼装、销售烟草专用机械行为,依照本条定罪处罚。

3. 本罪的主体是从事生产、销售伪劣产品的生产者、销售者,即一般主体。

4. 本罪的主观方面，只能是出于故意，一般是直接故意。根据最高人民法院、最高人民检察院、公安部、国家烟草专卖局《关于办理假冒伪劣烟草制品等刑事案件适用法律问题座谈会纪要》中规定：销售明知是假冒烟用注册商标的烟草制品中的"明知"，是知道或应当知道。有下列情形之一的，可以认定为"明知"：（1）以明显低于市场价格进货的；（2）以明显低于市场价格销售的；（3）销售假冒烟用注册商标的烟草制品被发现后转移、销毁或者提供虚假证明、虚假情况的；（4）其他可以认定为明知情形的。

（二）本罪的认定

1. 本罪与非罪的认定。（1）考察生产、销售伪劣产品的销售金额或者货值是否达到犯罪标准；（2）主观上是否是出于故意？过失不构成此罪。

2. 本罪与销售假冒注册商标的商品罪，与本节规定的生产、销售特定种类的伪劣产品犯罪的界线。本罪与销售假冒注册商标罪是法规竞合的交叉关系，与本节规定的生产、销售特定种类的伪劣产品罪是法规竞合的重合或者包含关系。

（三）本罪的刑事责任

根据《刑法》第一百四十条、一百五十条的规定，犯本罪的，处二年以下有期徒刑或者拘役，并处或者单处销售金额5%以上二倍以下罚金；销售金额二十万元以上不满五十万元的，处二年以上七年以下有期徒刑，并处销售金额50%以上二倍以下罚金；销售金额五十万元以上不满二百万元的，处七年以上有期徒刑，并处销售金额50%以上二倍以下的罚金；销售金额二百万元以上的，处十五年有期徒刑或者无期徒刑，并处销售金额50%以上二倍以下罚金或者没收财产。单位犯本罪的，对单位判处罚金，并对其直接负责的主管人员和其他直接责任人员，依照上述规定处罚。

二、生产、销售假药罪

（一）本罪的概念及犯罪构成

本罪是指违反国家药品管理法规，生产、销售假药的行为。

1. 本罪的客体是复杂客体，即国家对药品的管理制度和不特定多数人的身体健康、生命安全。为了保障人民群众用药安全，维护人民群众身体健康，国家制定了一系列有关的法律、法规，规定了对药品的生产、经营的管理和监督，从而建立起一套严格的药品管理制度。

本罪的对象限于假药。所谓假药，是指依照《中华人民共和国药品管理法》的规定属于假药和按假药处理的药品、非药品。根据该法第33条规定，有下列情形之一的，为假药：（一）药品所含成份与国家药品标准或省、市、自治区药品标准规定的成份不符的；（二）以非药品冒充药品或者以他种药品冒充此种药品的。有下列情形之一的药品，按假药论处：（1）国务院药品监督管理部门规定禁止使用的；（2）依照本法必须批准而未经批准生产、进口或者依照本法必须检验而未经检验即销售的；（3）变质不能药用的；（4）被污染不能药用的；（5）使用依照本法必须取得批准文号而未取得批准文号的原料药生产的；（6）所标明的适应症或者功能主治超出规定范围的。

2. 本罪的客观方面，表现为违反国家药品管理法规，生产、销售假药，足以严重危害人体健康的行为。所谓"生产假药"，指违反药品生产质量管理规范，非法加工制造假药的行为。销售假药，指将自己生产或他人生产的假药非法出售的行为。生产和销售虽有联系却是两种不同的行为。只要生产或销售具备其一，即可构成本罪。生产、销售两种行为都具备，也按一罪论处，不实行数罪并罚。（注意：刑法修正案八，将原来的危险犯改为行为犯，降低了入罪门槛）生产、销售的假药被使用后，造成轻伤、重伤或者其他严重后果的，应认定为"对人体健康造成严重危害"。

根据《立案标准（一）》第十七条［生产、销售假药案（刑法第一百四十一条）］生产（包括配制）、销售假药，涉嫌下列情形之一的，应予立案追诉：

（一）含有超标准的有毒有害物质的；

（二）不含所标明的有效成份，可能贻误诊治的；

（三）所标明的适应症或者功能主治超出规定范围，可能造成贻误诊治的；

（四）缺乏所标明的急救必需的有效成份的；

（五）其他足以严重危害人体健康或者对人体健康造成严重危害的情形。

本条规定的"假药"，是指依照《中华人民共和国药品管理法》的规定属于假药和按假药处理的药品、非药品。

生产、销售的假药被使用后，致人严重残疾，三人以上重伤、十人以上轻伤或者造成其他特别严重后果的，应认定为"对人体健康造成特别严重危害"。

根据最高人民法院、最高人民检察院的司法解释（法释［2003］8号）的规定，在预防、控制突发传染病疫情灾害期间生产、销售用于防治传染病的假药，构成犯罪的，分别以生产、销售假药罪依法从重处罚。

3. 本罪的主体是一般主体。自然人和单位都可以构成本罪的主体。

4. 本罪的主观方面，只能是故意，过失不构成此罪。

（二）本罪的刑事责任

根据刑法第一百四十一条第一款的规定："生产、销售假药的，处三年以下有期徒刑或者拘役，并处罚金；对人体健康造成严重危害或者有其他严重情节的，处三年以上十年以下有期徒刑，并处罚金；致人死亡或者有其他特别严重情节的，处十年以上有期徒刑、无期徒刑或者死刑，并处罚金或者没收财产。"

三、生产、销售劣药罪

（一）本罪的概念及犯罪构成

本罪是指违反国家药品管理法规，生产、销售劣药，对人体健康造成严重危害的行为。

1. 本罪的客体，是复杂客体，即国家对药品的管理制度和不特定多数人的身体健康、生命安全。本罪的对象限于劣药。所谓"劣药"依照我国《药品管理法》第四十九条规定，是指药品成份的含量不符合国家药品标准。有下列情形之一的药品按劣药论处：（1）未标明有效期或者更改有效期的；（2）不注明或者更改生产批号的；（3）超过有效期限的；（4）直接接触药品的包装材料和容器未经批准的；（5）擅自添加着色剂、防腐剂、香料、矫味剂及辅料的；（6）其它不符合药品标准规定的。

2. 本罪的客观方面表现为生产、销售劣药，对人体健康造成严重危害的行为。所谓"对人体健康造成严重危害"，参照生产、销售假药罪的司法解释。本罪是实害犯，没有对人体健康造成严重危害，不构成此罪。根据最高人民法院、最高人民检察院的司法解释（法释［2003］8 号）：在预防、控制突发传染病疫情等灾害期间，生产、销售用于防治传染病的劣药，构成犯罪的，以生产、销售劣药罪定罪，依法从重处罚。根据《立案标准（一）》第十八条［生产、销售劣药案（刑法第一百四十二条）］生产（包括配制）、销售劣药，涉嫌下列情形之一的，应予立案追诉：

（一）造成人员轻伤、重伤或者死亡的；

（二）其他对人体健康造成严重危害的情形。

本条规定的"劣药"，是指依照《中华人民共和国药品管理法》的规定，药品成份的含量不符合国家药品标准的药品和按劣药论处的药品。

3. 本罪的主体是一般主体。

4. 本罪的主观方面是故意。过失不构成此罪多余。

（二）本罪的刑事责任

根据《刑法》第一百四十二条第一款、第一百五十条的规定，犯本罪的，处三年以上十年以下有期徒刑，并处销售金额百分之五十以上二倍以下罚金；后果特别严重的，处十年以上有期徒刑或者无期徒刑，并处销售金额百分之五十以上二倍以下罚金或者没收财产。

四、生产、销售不符合安全标准的食品罪

（一）本罪的概念及犯罪构成

本罪是指违反国家食品安全管理法规，生产、销售不符合安全标准的食品，足以造成严重食物中毒事故或者其他严重食源性疾患的行为。

1. 本罪的客体是复杂客体。侵犯了国家对食品卫生管理制度以及人的健康和生命安全。犯罪对象是不符合卫生标准的食品。

2. 本罪的客观方面表现为生产、销售不符合卫生标准的食品，足以造成严重食物中毒事故或者其他严重食源性疾患的行为。《食品卫生法》第五十四条对"食品"用语的解释规定是：食品是指各种供人食用或者饮用的成品和原料，以及按照传统观点既是食品又是药品的物品。食品无毒无害，并给人以补充营养，这是食品应具备的基本

条件。本罪所指的不符合卫生标准的食品，是特指已毒化了的属于食品原料所制作出的食品。不包括掺入有害非食品原料制作的食品。所谓"严重食物中毒"，指细菌性、化学性、真菌性和有毒性动植物等引起的严重爆发性中毒，它的特点是潜伏期短，来势急剧，很多人在短时间内同时发病或先后相继发病，均以急性胃肠炎症状为主。所谓"食源性疾患"，是指通过食用含致病性寄生虫和致病性微生物的食品而引起的疾患。所谓致病性寄生虫有：猪绦虫、肺吸虫等。致病性微生物有：由牲畜疫病污染而产生的炭疽、猪瘟、疯牛病等。

根据2013年"两高"司法解释，生产、销售不符合食品安全标准的食品，具有下列情形之一的，应当认定为刑法第一百四十三条规定的"足以造成严重食物中毒事故或者其他严重食源性疾病"：（一）含有严重超出标准限量的致病性微生物、农药残留、兽药残留、重金属、污染物质以及其他危害人体健康的物质的；（二）属于病死、死因不明或者检验检疫不合格的畜、禽、兽、水产动物及其肉类、肉类制品的；（三）属于国家为防控疾病等特殊需要明令禁止生产、销售的；（四）婴幼儿食品中生长发育所需营养成分严重不符合食品安全标准的生产、销售不符合食品安全标准的食品的；（五）其他足以造成严重食物中毒事故或者严重食源性疾病的情形。"足以造成严重食物中毒事故或者其他严重食源性疾病""有毒、有害非食品原料"难以确定的，司法机关可以根据检验报告并结合专家意见等相关材料进行认定。必要时，人民法院可以依法通知有关专家出庭作出说明。

具有下列情形之一的，应当认定为刑法第一百四十三条规定的"对人体健康造成严重危害"：（一）造成轻伤以上伤害的；（二）造成轻度残疾或者中度残疾的；（三）造成器官组织损伤导致一般功能障碍或者严重功能障碍的；（四）造成十人以上严重食物中毒或者其他严重食源性疾病的；（五）其他对人体健康造成严重危害的情形。

生产、销售不符合食品安全标准的食品，具有下列情形之一的，应当认定为刑法第一百四十三条规定的"其他严重情节"：（一）生产、销售金额二十万元以上的；（二）生产、销售金额十万元以上不满二十万元，不符合食品安全标准的食品数量较大或者生产、销售持续时间较长的；（三）生产、销售金额十万元以上不满二十万元，属于婴幼儿食品的；（四）生产、销售金额十万元以上不满二十万元，一年内曾因危害食品安全违法犯罪活动受过行政处罚或者刑事处罚的；（五）其他情节严重的情形。

生产、销售不符合食品安全标准的食品，具有下列情形之一的，应当认定为刑法第一百四十三条规定的"后果特别严重"：（一）致人死亡或者重度残疾的；（二）造成三人以上重伤、中度残疾或者器官组织损伤导致严重功能障碍的；（三）造成十人以上轻伤、五人以上轻度残疾或者器官组织损伤导致一般功能障碍的；（四）造成三十人以上严重食物中毒或者其他严重食源性疾病的；（五）其他特别严重的后果。

明知他人生产、销售不符合食品安全标准的食品，有毒、有害食品，具有下列情形之一的，以生产、销售不符合安全标准的食品罪或者生产、销售有毒、有害食品罪的共犯论处：（一）提供资金、贷款、账号、发票、证明、许可证件的；（二）提供生产、经营场所或者运输、贮存、保管、邮寄、网络销售渠道等便利条件的；（三）提供生产技术或者食品原料、食品添加剂、食品相关产品的；（四）提供广告等宣传的。

在食品加工、销售、运输、贮存等过程中，违反食品安全标准，超限量或者超范围滥用食品添加剂，足以造成严重食物中毒事故或者其他严重食源性疾病的，依照刑法第一百四十三条的规定以生产、销售不符合安全标准的食品罪定罪处罚。在食用农产品种植、养殖、销售、运输、贮存等过程中，违反食品安全标准，超限量或者超范围滥用添加剂、农药、兽药等，足以造成严重食物中毒事故或者其他严重食源性疾病的，适用前款的规定定罪处罚。

3. 本罪的主体是一般主体，是指在食品的生产、经营过程中从事生产、销售不符合安全标准的食品的人和单位。这之中既包括有合法身份的人和单位，也包括有合法身份的人和单位。

4. 本罪的主观方面是故意。过失不构成此罪。

（二）本罪的刑事责任

根据《刑法》第一百四十三条、第一百五十条的规定，犯本罪的，生产、销售不符合食品安全标准的食品，足以造成严重食物中毒事故或者其他严重食源性疾病的，处三年以下有期徒刑或者拘役，并处罚金；对人体健康造成严重危害或者有其他严重情节的，处三年以上七年以下有期徒刑，并处罚金；后果特别严重的，处七年以上有期徒刑或者无期徒刑，并处罚金或者没收财产。"

五、生产、销售有毒有害食品罪

（一）本罪的概念及犯罪构成

本罪是指违反国家食品卫生管理法规。在生产、销售的食品中掺入有毒、有害的非食品原料或者销售明知掺有有毒、有害的非食品原料的食品的行为。

1. 本罪的客体是复杂客体，即国家对食品卫生的管理制度和不特定多数人的身体健康、生命安全。

2. 本罪的客观方面表现为违反国家食品卫生法规，生产、销售有毒、有害食品的行为。具体表现为两种行为：（1）在生产、销售的食品中掺入有毒有害的非食品原料的行为。所谓"非食品原料"，指食品工业用料以外的工业原料。"有毒有害"是将法律禁止使用的有毒有害的非食品原料加入食品中，食用后会损坏肌体健康、危及生命健康、安全。所谓"掺入"是指采取积极的动作，将有毒有害的非食品原料加入食品中，这是与前罪根本区别所在。（2）销售明知掺有有毒、有害的非食品原料的行为。即行为人本人并未实施在食品中掺入有毒、有害的非食品原料的行为，但明知是掺有有毒、有害的非食品原料的食品仍然予以销售。本罪是行为犯，只要实施了在生产、销售的食品中掺入有毒、有害的非食品原料或者销售明知掺有有毒、有害的非食品原料的食品的行为，就构成本罪的既遂。对人体健康造成严重危害或者特别严重危害的，参照下列司法解释的标准处理。下列物质应当认定为"有毒、有害的非食品原料"：（一）法律、法规禁止在食品生产经营活动中添加、使用的物质；（二）国务院有关部门公布的《食品中可能违法添加的非食用物质名单》《保健食品中可能非法添加的物质名单》上的物质；（三）国务院有关部门公告禁止使用的农药、兽药以及其他有毒、有害物质；（四）其他危害人体健康的物质。

根据 2013 年"两高"司法解释，生产、销售有毒、有害食品，具有本解释第二条规定情形之一的（同于刑法第一百四十三条规定的"对人体健康造成严重危害"情形），应当认定为刑法第一百四十四条规定的"对人体健康造成严重危害"。

生产、销售有毒、有害食品，具有下列情形之一的，应当认定为刑法第一百四十四条规定的"其他严重情节"：（一）生产、销售金额二十万元以上不满五十万元的；（二）生产、销售金额十万元以上不满二十万元，有毒、有害食品的数量较大或者生产、销售持续时间较长的；（三）生产、销售金额十万元以上不满二十万元，属于婴幼儿食品的；（四）生产、销售金额十万元以上不满二十万元，一年内曾因危害食品安全违法犯罪活动受过行政处罚或者刑事处罚的；（五）有毒、有害的非食品原料毒害性强或者含量高的；（六）其他情节严重的情形。

生产、销售有毒、有害食品，生产、销售金额五十万元以上，或者具有本解释第四条规定的情形之一的（同于刑法第一百四十三条规定的"后果特别严重"），应当认定为刑法第一百四十四条规定的"致人死亡或者有其他特别严重情节"。

根据《立案标准（一）》第二十条 ［生产、销售有毒、有害食品案（刑法第一百四十四条）］在生产、销售的食品中掺入有毒、有害的非食品原料的，或者销售明知掺有有毒、有害的非食品原料的食品的，应予立案追诉。

使用盐酸克仑特罗（俗称"瘦肉精"）等禁止在饲料和动物饮用水中使用的药品或者含有该类药品的饲料养殖供人食用的动物，或者销售明知是使用该类药品或者含有该类药品的饲料养殖的供人食用的动物，应予立案追诉。

明知是使用盐酸克仑特罗等禁止在饲料和动物饮用水中使用的药品或者含有该类药品的饲料养殖的供人食用的动物，而提供屠宰等加工服务，或者销售其制品的，应予立案追诉。

根据最高人民法院、最高人民检察院的司法解释（法释［2003］26 号）第三条、第四条规定：使用盐酸克仑特罗（俗称"瘦肉精"）等禁止在饲料和动物饮用水中使用的药品或者含有该类药品的饲料养殖供人食用的动物、或者销售明知是使用该类药品或者含有该类药品的饲料养殖的供人食用的动物的，以生产、销售有毒有害食品罪追究刑事责任。明知是使用盐酸克仑特罗等禁止在饲料和动物饮用水中使用的药品或者含有该类药品的饲料养殖的供人食用的动物，而提供屠宰等加工服务或者销售其制品的，以生产、销售有毒有害食品罪追究刑事责任。

3. 本罪的主体是一般主体。是指在食品的生产、经营过程中从事生产、销售有毒、有害食品的人和单位。这之中既包括有合法身份的人和单位，也包括没有合法身份的人和单位。

4. 本罪的主观方面是故意。过失不构成此罪

（二）本罪的刑事责任（修正案八）

犯本罪的，处五年以下有期徒刑，并处罚金；对人体健康造成严重危害或者有其他严重情节的，处五年以上十年以下有期徒刑，并处罚金；致人死亡或者有其他特别严重情节的，依照本法第一百四十一条的规定处罚。（处十年以上有期徒刑、无期徒刑或者死刑）单位犯本罪的，对单位判处罚金，并对其负责的主管人员和其他直接责任人员，依照上述规定处罚。

六、生产、销售不符合标准的医用器材罪

（一）本罪的概念及犯罪构成

根据《中华人民共和国刑法修正案》（四）第一条规定，本罪是指生产不符合人体健康的国家标准、行业标准的医疗器械、医用卫生材料，或者销售明知不符合保障人体健康的国家标准、行业标准的医疗器械、医用卫生材料，足以严重危害人体健康的行为。此次修正，将刑法对本罪原规定的结果犯变为危险犯。同时对本罪的结果加重犯以及相对应的法定刑都作了相应的修正。

1. 本罪的犯罪客体是国家对医疗器材、卫生材料的管理制度和不特定多数人的身体健康和生命安全。本罪的犯罪对象是医疗器材和医用卫生材料。所谓"医疗器材"指用于诊断、治疗、预期疾病，调节人的生理机能的仪器、设备等物品。所谓"医用卫生材料"是指用于治病、防病的辅助材料，如医用包扎纱布、消毒棉等。

2. 本罪的客观方面是指生产、销售不符合保障人体健康的国家标准、行业标准的医疗器材、医用卫生材料或者销售明知是不符合保障人体健康的国家标准、行业标准的医疗器材、医用卫生材料，足以严重危害人体健康的行为。所谓"国家标准"，是指由国务院标准化行政主管部门制定的，在全国范围内统一的技术要求和卫生指标。所谓"行业标准"，是指对于没有国家标准的产品，由国务院有关行政主管部门制定的在全国某个行业范围内统一的技术要求和卫生标准。根据《立案标准（一）》第二十一条　[生产、销售不符合标准的医用器材案（刑法第一百四十五条）]生产不符合保障人体健康的国家标准、行业标准的医疗器械、医用卫生材料，或者销售明知是不符合保障人体健康的国家标准、行业标准的医疗器械、医用卫生材料，涉嫌下列情形之一的，应予立案追诉：

（一）进入人体的医疗器械的材料中含有超过标准的有毒有害物质的；

（二）进入人体的医疗器械的有效性指标不符合标准要求，导致治疗、替代、调节、补偿功能部分或者全部丧失，可能造成贻误诊治或者人体严重损伤的；

（三）用于诊断、监护、治疗的有源医疗器械的安全指标不符合强制性标准要求，可能对人体构成伤害或者潜在危害的；

（四）用于诊断、监护、治疗的有源医疗器械的主要性能指标不合格，可能造成贻误诊治或者人体严重损伤的；

（五）未经批准，擅自增加功能或者适用范围，可能造成贻误诊治或者人体严重损伤的；

（六）其他足以严重危害人体健康或者对人体健康造成严重危害的情形。

医疗机构或者个人知道或者应当知道是不符合保障人体健康的国家标准、行业标准的医疗器械、医用卫生材料而购买并有偿使用的，视为本条规定的"销售"。

根据有关司法解释（法释〔2001〕10号）没有国家标准、行业标准的医疗器材、注册产品标准可视为"保障人体健康的行业标准"。现全国都对这类产品实行了强制认证的市场准入制度。所谓"足以严重危害人体健康"，结合上述司法解释，是指这些生产、销售的不符合标准的医用器材一旦使用就存在着致人轻伤或者其他严重后果的危险，只要这种危险状态出现，就构成本罪既遂。所谓"对人体健康造成严重危害"是指致人轻伤或者其他严重后果。所谓"后果特别严重"，是指造成感染病毒性肝炎等难以治愈的疾病，一人以上重伤、三人以上轻伤或者其他严重后果的。所谓"情节特别恶劣"是指致人死亡、严重残疾、感染艾滋病，三人以上重伤、十人以上轻伤或者造成其他特别严重后果的，应认定为"情节特别恶劣"。以上司法解释是《刑法修正案》（四）以前所作出的，可以作为参考

根据两高的司法解释（法释〔2003〕8号）规定，在预防、控制突发传染病疫情等灾害期间，生产用于防治传染病的不符合保障人体健康的国家标准、行业标准的医疗器材、医用卫生材料，或者销售明知是用于防治传染病的不符合保障人体健康的国家标准、行业标准的医疗器材、医用卫生材料，不具有防护、救治功能，足以严重危害人体健康的，依照刑法第一百四十五条的规定，以生产、销售不符合标准的医用器材罪定罪，依法从重处罚。

医疗机构或者个人，知道或者应当知道系前款规定的不符合保障人体健康的国家标准、行业标准的医疗器材、医用卫生材料而购买并有偿使用的，以销售不符合标准的医用器材罪定罪，依法从重处罚。

3. 本罪的主体是指生产、销售不符合标准的医用器材的人和单位，或者是销售明知是不符合标准的医用器材的人和单位。根据上述的司法解释，医疗机构或者个人，知道或者应当知道是不符合保障人体健康的国家标准、行业标准的医疗器材、医用卫生材料而购买、使用，对人体健康造成严重危害的，以本罪定罪处罚。但现刑法修正案将此罪的结果犯改为危险犯。因此对此的解释注意符合刑法修正后的立法意图。

4. 本罪的主观方面是故意。对于没有参与生产不符合标准的医用器材的销售行为

人，要明知销售的医用器材是不符合保障人体健康的国家标准、行业标准。这里的"明知"是指知道或者应当知道两种情形。

（二）本罪的刑事责任

根据《刑法修正案》（四）的规定，生产不符合保障人体健康的国家标准、行业标准的医疗器材、医用卫生材料，或者销售明知是不符合保障人体健康的国家标准、行业标准的医疗器材、医用卫生材料，足以严重危害人体健康的，处三年以下有期徒刑或者拘役，并处销售金额百分之五十以上二倍以下罚金。对人体健康造成严重危害的，处三年以上十年以下有期徒刑，并处销售金额百分之五十以上二倍以下罚金。后果特别严重的，处十年以上有期徒刑或者无期徒刑，并处销售金额百分之五十以上二倍以下罚金或者没收财产。

七、生产、销售不符合安全标准的产品罪

（一）本罪的概念及犯罪构成

本罪是指生产不符合保障人身、财产安全的国家标准、行业标准的电器、压力容器、易燃易爆产品或者其他不符合保障人身、财产安全的国家标准、行业标准的产品，或者销售明知是以上不符合保障人身、财产安全的国家标准、行业标准的产品，造成严重后果的行为。

1. 本罪的客体，是国家对产品质量的管理制度和用户、消费者的人身、财产安全。本罪的犯罪对象是电器、压力容器、易燃易爆产品及其他有关保障人身财产安全的产品。这里讲的"电器"，是指各种电讯、电力器材和家用电器。"压力容器"是指储存高压物品的容器，如高压锅、压力机、氧气瓶等。"易燃易爆产品"，是指容易引起燃烧爆炸的物品，如锅炉、发电机、煤气罐等。"其他有关保障人身财产安全的产品"，是指除上述电器、压力容器、易燃易爆产品以外的产品，如汽水瓶、啤酒瓶、烟花炮竹等。

2. 本罪的客观方面，表现为违反产品质量管理法规，生产、销售不符合安全标准的产品，造成严重后果的行为。本罪是结果犯。其行为表现有以下特征：一是违反有关产品质量管理法规，如《锅炉压力容器安全监察暂行条例》《产品质量法》《计量法》《标准化法》等法律。二是实施了生产、销售了不符合安全标准的产品，即不符合保障人身、财产安全的国家标准、行业标准的电器、压力容器、易燃易爆产品或其他不符合保障人身、财产安全的国家标准、行业标准的产品，或者销售明知是以上不符合安全标准的产品的行为。三是必须造成严重后果。所谓"造成严重后果"，是指消费者人身、财产安全受到严重损害，表现为致人死伤、财产严重损失。根据《立案标准（一）》第二十二条　[生产、销售不符合安全标准的产品案（刑法第一百四十六条）]生产不符合保障人身、财产安全的国家标准、行业标准的电器、压力容器、易燃易爆或者其他不符合保障人身、财产安全的国家标准、行业标准的产品，或者销售

明知是以上不符合保障人身、财产安全的国家标准、行业标准的产品，涉嫌下列情形之一的，应予立案追诉：

（一）造成人员重伤或者死亡的；

（二）造成直接经济损失十万元以上的；

（三）其他造成严重后果的情形。

3. 本罪的主体为一般主体。即从事生产销售电器、压力容器、易燃易爆或其他性质类似的产品。个人和单位都可成为本罪主体。

4. 本罪的主观方面只能是故意构成。这里的"明知"是对生产、销售产品不符合安全标准的性质知道或者应当知道。"销售"时行为人如果"不知道"，不构成此罪。

（二）本罪的刑事责任

根据《刑法》第一百四十六条、第一百五十条规定，犯本罪的，处五年以下有期徒刑，并处销售金额百分之五十以上二倍以下罚金。后果特别严重的，处五年以上有期徒刑，并处销售金额百分之五十以上二倍以下罚金。单位犯本罪的，对单位判处罚金，并对其直接负责的主管人员和其他直接责任人员，依照上述规定处罚。

八、生产销售伪劣农药、兽药、化肥、种子罪

（一）本罪的概念及犯罪构成

本罪是指生产假农药、假兽药、假化肥、假种子，销售明知是假的或者失去使用效能的农药、兽药、化肥、种子，或者生产者、销售者以不合格的农药、兽药、化肥、种子冒充合格的农药、兽药、化肥、种子，使生产遭受较大损失的行为。

1. 本罪的客体，是国家对农药、兽药、化肥、种子的生产、销售管理制度和使用这些产品的消费者的经济利益。国家对上述几种农业生产资料的生产和销售制定了严格的管理制度，如全国人大常委会颁布的《中华人民共和国种子法》、国务院先后制定的《兽药管理条例》《关于化肥、农药、农膜实行专营的决定》等法律法规。本罪的犯罪对象限于农药、兽药、化肥、种子等。

2. 本罪的客观方面，具体行为包括以下三种：（1）生产假农药、假兽药、假化肥、假种子的行为，这里的假农药、假兽药、假化肥、假种子是指这些农药、兽药、化肥、种子所含成份的种类与国家标准、行业标准不符合，完全是以假充真。（2）销售明知是假的或者是失去使用效能的农药、兽药、化肥、种子的行为。（3）生产者、销售者以不合格的农药、兽药、化肥、种子冒充合格的农药、兽药、化肥、种子的行为。这些不合格的产品，是指所生产的这些产品未达到国家行业规定的有关技术、质量标准或者其他要求。"冒充"是指通过伪造或冒用各种质量认证标志或他人的厂名、商标等手段欺骗用户，使用户误信其不合格产品为合格产品的行为。构成本罪，只要求行为人实施上述三种行为之一。

其次，本罪还以一定的危害结果为构成要件。本罪属结果犯。根据《立案标准

（一）》第二十三条　［生产、销售伪劣农药、兽药、化肥、种子案（刑法第一百四十七条）］生产假农药、假兽药、假化肥，销售明知是假的或者失去使用效能的农药、兽药、化肥、种子，或者生产者、销售者以不合格的农药、兽药、化肥、种子冒充合格的农药、兽药、化肥、种子，涉嫌下列情形之一的，应予立案追诉：

（一）使生产遭受损失二万元以上的；

（二）其他使生产遭受较大损失的情形。

根据两高的司法解释（法释［2001］10号）本罪中"使生产遭受较大损失"一般以二万元为起点。"重大损失"一般以十万元为起点。"特别重大损失"一般以五十万元为起点。

3. 本罪的主体为一般主体，单位也可构成本罪。

4. 本罪的主观方面，只能是故意。只要明知生产、销售的是伪劣农药、兽药、化肥、种子的，即符合本罪的主观要件。

（二）本罪的刑事责任

根据《刑法》第一百四十七条、第一百五十条规定，犯本罪的，处三年以下有期徒刑或者拘役，并处或者单处销售金额百分之五十以上二倍以下罚金。使生产遭受重大损失的，处三年以上七年以下有期徒刑，并处销售金额百分之五十以上二倍以下罚金。使生产遭受特别重大损失的，处七年以上有期徒刑或者无期徒刑，并处销售金额百分之五十以上二倍以下罚金或者没收财产。单位犯本罪的，对单位判处罚金，并对其直接负责的主管人员和其他直接责任人员，依照上述规定处罚。

九、生产、销售不符合卫生标准的化妆品罪

（一）生产、销售不符合卫生标准的化妆品罪的概念和特征

本罪是指违反国家产品质量法规，生产不符合卫生标准的化妆品或者销售明知是不符合卫生标准的化妆品，造成严重后果的行为。

1. 本罪的客体，是国家对化妆品的监督管理制度和消费者的健康权。本罪的犯罪对象是化妆品。所谓"化妆品"，是指以涂擦、喷洒或者其他类似的方法，散布于人体表面任何部位（皮肤、毛发、指甲、口唇等）以达到清洁、消除不良气味、护肤、美容和修饰目的的日用化学工业产品。

2. 本罪的客观方面，表现为行为人违反化妆品卫生管理法规，生产不符合卫生标准的化妆品或者销售明知是不符合卫生标准的化妆品，造成严重后果的行为。我国目前颁布的化妆品卫生管理法规是1989年卫生部发布的《化妆品卫生监督条例》，根据该条例，不符合卫生标准的化妆品只是指下列产品：（1）未取得《化妆品生产企业卫生许可证》的企业所生产的化妆品。（2）无质量合格标记的化妆品。（3）标签、小包装或者说明书不符合本条例第十二条规定的化妆品。（4）未取得标准文号的特殊用途化妆品。（5）超过使用期限的化妆品。所谓"造成严重后果"是指生产、销售的伪劣

化妆品给不特定多数的消费者在经济上造成严重损失、发生中毒事故、人身健康造成严重损害。根据《立案标准（一）》第二十四条［生产、销售不符合卫生标准的化妆品案（刑法第一百四十八条）］生产不符合卫生标准的化妆品，或者销售明知是不符合卫生标准的化妆品，涉嫌下列情形之一的，应予立案追诉：

（一）造成他人容貌毁损或者皮肤严重损伤的；

（二）造成他人器官组织损伤导致严重功能障碍的；

（三）致使他人精神失常或者自杀、自残造成重伤、死亡的；

（四）其他造成严重后果的情形。

3．本罪的主体是一般主体，即从事生产、销售化妆品的生产者、销售者，包括个人和单位。

4．本罪的主观方面是故意。在本罪中"明知"指行为人认识到和预见到自己生产、销售的是不符合卫生标准的化妆品，并不是要求确知。譬如，现在这些产品按国家有关规定要实行强制认证的市场准入制度。明知应得到认证才能进入市场而未经认证流入市场造成严重后果的，就构成本罪的故意心理。

（二）本罪的刑事责任

根据《刑法》第一百四十八条、第一百五十条的规定，犯本罪的，处三年以下有期徒刑或者拘役，并处或者单处销售金额百分之五十以上二倍以下罚金。单位犯本罪的，并对其直接负责的主管人员和其他直接责任人员，依照上述规定处罚。

对本节规定的上述各种犯罪，根据两高司法解释"知道或者应当知道他人实施生产、销售伪劣商品犯罪，而为其提供货款、资金、账具、发票、证明、许可证件，或者提供生产、经营场所，或者提供运输、仓储、保管、邮寄等便利条件，或者提供制假生产技术的，以其构成相应犯罪的共犯定罪处罚。实施生产、销售伪劣商品犯罪，同时构成侵犯知识产权，非法经营等其他犯罪的，依照处罚较重的规定定罪处罚。实施刑法第一百四十条至第一百四十八条规定的犯罪，又以暴力、威胁方法抗拒查处，构成其他犯罪的，依照数罪并罚的规定处罚。国家机关工作人员参与生产、销售伪劣商品犯罪的，从重处罚。

根据《刑法》第一百四十九条规定：生产、销售本节第一百四十一条至一百四十八条所列产品，不构成各该条规定的犯罪，但是销售金额在五万元以上的，依照本节第一百四十条的规定定罪处罚。

生产、销售本节第一百四十一条至第一百四十八条所列产品，构成各该条规定的犯罪，同时又构成本节第一百四十条规定之罪的，依照处罚较重的规定定罪处罚。

第五章　走私罪

一、走私武器、弹药罪

(一) 本罪的概念及犯罪构成

本罪是指违反海关法规，逃避海关监管，运输、携带、邮寄武器、弹药进出我国（边）境的行为。

1. 本罪的客体是国家对外贸易管制中关于武器、弹药禁止进出口的监管制度。所谓"对外贸易管制"，指国家根据社会主义建设的需要，对进出口货物及其它物品的种类、数量实行控制和监督的制度。

2. 本罪的客观方面，表现为违反海关法规，逃避海关监管，运输、携带、邮寄武器、弹药进出国（边）境的行为。所谓"违反海关法规"，指违反《中华人民共和国海关法》及其他有关法律法规。"逃避海关监管"指在未设海关的国（边）境线上运输、携带货物、物品进出国（边）境，或者虽然经过海关，但以伪装、藏匿、谎报等方法，蒙骗海关检查人员，偷运、偷带、偷寄货物、物品过关的行为。并且其行为要达到法律规定的严重程度。

根据最高人民法院《关于审理走私刑事案件具体应用法律若干问题的解释（一）》（法释〔2000〕30号）和《关于审理走私刑事案件具体应用法律若干问题的解释（二）》（法释〔2006〕9号）（本节所指司法解释除专门说明外，都出自以上解释，以下将以上解释简称为司法解释）规定：具有下列情形之一的，属于走私武器、弹药罪情节较轻：（一）走私军用子弹十发以上不满五十发的；（二）走私非军用枪支二支以上不满五支或者非军用子弹一百发以上不满五百发的；（三）走私武器、弹药被用于实施其他犯罪等恶劣情节的；（四）走私各种口径在六十毫米以下常规炮弹、手榴弹或者枪榴弹等分别或者合计不满五枚的。

走私武器、弹药具有下列情形之一，构成本罪的基本犯：（一）走私军用枪支一支或者军用子弹五十发以上不满一百发的；（二）走私非军用枪支五支以上不满十支或者非军用子弹五百发以上不满一千发的；（三）走私武器、弹药达到本条第一款规定的数量标准、并具有其他恶劣情节的；（四）走私各种口径在六十毫米以下常规炮弹、手榴弹或者枪榴弹等分别或者合计达到五枚以上不满十枚，或者走私各种口径超过六十毫米以上常规炮弹合计不满五枚的。

具有下列情形之一的，属于走私武器、弹药罪情节特别严重：（一）走私军用枪支二支以上或者军用子弹一百发以上的；（二）走私非军用枪支十支以上或者非军用子弹一千发以上的；（三）犯罪集团的首要分子或者使用特种车，走私武器、弹药达到本条第二款规定的数量标准的；（四）走私武器、弹药达到本条第二款规定的数量标准，并具有其他恶劣情节的；（五）走私各种口径超过六十毫米以上常规炮弹、手榴弹或者枪榴弹或者走私各种口径超过六十毫米以上常规炮弹，其数量标准超过基本犯罪规定的数量标准，或者走私具有巨大杀伤力的非常规炮弹一枚以上的。

走私其他武器、弹药的参照以上各款规定的量刑标准处罚。走私成套枪支散件的，以走私相应数量的枪支计。走私非成套枪支散件的，以每三十件为一套枪支散件计。走私各种弹药的弹头、弹壳构成犯罪的标准，按上述规定的各数量标准的五倍执行。

3. 本罪的主体是一般主体，自然人和单位均可构成本罪。

4. 本罪的主观方面是故意。

（二）关于本罪的认定问题

根据上述两高的司法解释，对在走私普通货物、物品或者废物中藏匿刑法第151条、第152条、第347条、第352条规定的货物、物品，构成犯罪的，以实际走私的货物、物品定罪处罚，构成数罪的，实行数罪并罚。走私报废或者无法组装并使用的各种弹药的弹头、弹壳，构成犯罪的，以走私普通货物、物品罪定罪处罚；经国家有关技术部门鉴定为废物的，以走私废物罪定罪处罚。对走私各种弹药的弹头、弹壳是否属于"报废或者无法组装并使用"的，可由国家有关技术部门进行鉴定。

（三）本罪的刑事责任

根据《刑法》第一百五十一条第一款、第四款、第五款的规定，犯本罪的，处七年以上有期徒刑，并处罚金或者没收财产。情节较轻的，处三年以上七年以下有期徒刑，并处罚金。情节特别严重的，处无期徒刑或者死刑，并处没收财产。单位犯本罪的，对单位判处罚金，并对其直接负责的主管人员和其他直接责任人员，依照上述规定处罚。

二、走私核材料罪

（一）本罪的概念及犯罪构成

本罪是指违反海关法规，逃避海关监管，运输、携带、邮寄核材料进出国（边）境的行为。

1. 本罪的客体，是国家对外贸易管制中关于核材料进出口制度。所谓"核材料"，根据国际《核材料实物保护公约》的规定：核材料是指：钚，但钚—238同位素含量超过80%者除外。铀—233、同位素235或233浓缩的铀、非矿石或矿渣形式的含天然存在的同位素混合物的铀、任何含有上述一种或多种成份的材料。由于这些材料容易发生裂变，并大量释放原子能，是核武器产生巨大爆炸力的基础，在当今激烈的反恐斗争中，对此材料的进出口管理更加严格。

2. 本罪的客观方面是表现为违反海关法规，以藏匿、伪装、伪报、欺骗、冒充、顶替、蒙混等方法逃避海关监管，或者是不经过海关检查而非法运输、携带、邮寄核材料进出我国（边）境的行为（即走私行为）。至于走私核材料数量现还有待于司法解释。

3. 本罪的犯罪主体是一般主体，既可以是自然人，也可以是单位。

4. 本罪的主观方面只能是故意，犯罪目的不是本罪的必要构成要件。

（二）本罪的刑事责任

根据《刑法》第一百五十一条第一款、第四款、第五款的规定，犯本罪的，处七年以上有期徒刑，并处罚金或没收财产。情节较轻的，处三年以上七年以下有期徒刑，并处罚金。情节特别严重的，处无期徒刑或者死刑，并处没收财产。单位犯本罪的，对单位判处罚金，并对其直接负责的主管人员和其他直接责任人员，依照上述规定处罚。

三、走私假币罪

（一）本罪的概念及犯罪构成

本罪是指违反海关法规，逃避海关监管，运输、携带、邮寄伪造的货币进出口（边）境的行为。

1. 本罪的客体是国家对外贸易管理制度。本罪的犯罪对象是"货币"，这里的"货币"根据有关司法解释是指可在国内市场流通或者兑换的人民币、境外货币。其行为对象是伪造的货币。所谓"伪造的货币"，指依照真货币的图案、形状、颜色、面额和质地制造的假货币，如人民币以及境外货币，如港币、澳币、美元、日元、欧元等。

2. 本罪的客观方面表现为违反海关法规，走私伪造的货币，其数量达到法定标准的行为。根据最高人民法院的司法解释，走私伪造的货币，情节较轻的为走私伪造货币，总面额二千元以上不足二万元或者币量二百张（枚）以上不足二千张（枚）的；走私伪造的货币具有下列情形之一，属于本罪的基本构成的数量标准：（1）走私伪造的货币总面额二万元以上不足二十万元，或者币量二千张（枚）以上不足二万张（枚）的；（2）走私伪造的货币并流入市场，面额达到上述情节较轻的数量标准的。具有下列情形之一的，属于本罪情节特别严重：（1）走私伪造的货币，总面额二十万元以上或者币量二万张（枚）以上的；（2）走私伪造的货币并流入市场，面额达到上述基本犯罪构成数量标准（1）项规定的数量标准的；（3）走私伪造的货币达到上述基本犯罪构成数量标准、并具有是犯罪集团的首要分子或者使用特种车进行走私等严重情节的。货币面额以人民币计。走私伪造境外货币的，其面额以案发时国家外汇管理机关公布的外汇牌价折合人民币计算。

3. 本罪的主体是一般主体，既可以是自然人，也可以是单位。

4. 本罪的犯罪主观方面只能是故意。

（二）本罪的刑事责任

根据《刑法》第一百五十一条第一款、第四款、第五款的规定，犯本罪的，处七年以上有期徒刑，并处罚金或者没收财产；情节较轻的，处三年以上七年以下有期徒刑，并处罚金；情节特别严重的，处无期徒刑或者死刑，并处没收财产。单位犯本罪的，对单位判处罚金，并对其直接负责的主管人员和其他直接责任人员，依照上述规定处罚。

四、走私文物罪

（一）本罪的概念及犯罪构成

本罪是指违反海关法规，逃避海关监管，运输、携带、邮寄禁止出口的文物出国（边）境的行为。

1. 本罪的客体是国家对外贸易管制中禁止文物进出国（边）境的管理制度。犯罪对象是文物。所谓"文物"是指国家禁止出口的具有重要的历史、艺术、科学价值的物品。有关文物部门根据《文物法》的规定标准将文物鉴评为一定的等级进行收藏。本罪所禁止进出国（边）境的文物指的是一级、二级、三级这三个等级的文物。

2. 本罪的客观方面表现为违反《海关法》《文物法》等法律法规。走私文物的种类和数量达到法定标准的行为。根据国际惯例，走私文物的犯罪行为方式是单向的，即只限于出口，不包括进口，因为进口此类物品，对我国不具什么危害性。根据最高人民法院的司法解释：走私国家禁止出口的三级文物二件以下的，属于走私文物罪"情节较轻"。走私文物具有下列情形之一的，属走私文物罪的基本犯罪构成的数量标准：（1）走私国家禁止出口的二级文物二件以下或者三级文物三件以上八件以下的；（2）走私国家禁止出口的文物达到"情节较轻"规定的数量标准，并且具有造成该文物严重毁损或者无法追回等恶劣情节的。具有下列情形之一的，属于走私文物罪"情节特别严重"，处无期徒刑或者死刑，并处没收财产：（1）走私国家禁止出口的一级文物一件以上或者二级文物三件以上或者三级文物九件以上的；（2）走私国家禁止出口的文物达到本罪基本犯罪构成规定的数量标准，并造成该文物严重毁损或者无法追回的；（3）走私国家禁止出口的文物达到本罪基本犯罪构成规定的数量标准，并具有是犯罪集团的首要分子或者使用特种车进行走私等严重情节的。

3. 本罪的主体是一般主体，既可以是自然人，也可以是单位。

4. 犯罪的主观方面，只能是故意。行为人的犯罪动机和犯罪目的如何，不影响犯罪的成立。

（二）本罪的刑事责任

根据"刑法修正案八"的规定，犯本罪的，处五年以上十年以下有期徒刑，并处罚金；情节特别严重的，处十年以上有期徒刑或者无期徒刑，并处没收财产；情节较轻的，处五年以下有期徒刑，并处罚金。单位犯本罪的，对单位判处罚金，并对其直接负责的主管人员和其他直接责任人员，依照上述规定处罚。

五、走私贵重金属罪

（一）本罪的概念及犯罪构成

本罪是指违反海关法规，逃避海关监管，运输、携带、邮寄黄金、白银或其他贵重金属出国（边）境的行为。

1. 本罪的犯罪客体，是国家禁止贵重金属出境的监管制度。本罪的对象是贵重金属，包括黄金、白银以及与金、银同等重要的铱、铂、钯、锗、钛等国家禁止出口的各种贵重金属及其制品。

2. 本罪的犯罪客观方面表现为非法运输、携带、邮寄黄金、白银及其他贵重金属出国（边）境的行为。本罪的行为方式，也只限于出口，不包括进口贵重金属，但可构成普通走私罪。根据1987年6月28日最高人民法院、最高人民检察院、公安部、司法部《关于严厉打击倒卖走私黄金犯罪活动的通知》，走私黄金累计五十克以上的，一般可视为数额较大。走私黄金累计五百克以上的，一般可视为数额巨大。走私黄金累计二千克以上的，一般可视为数额特别巨大。国家机关、企事业单位非法进行走私黄金二千克以上的，应追究其主管人员和直接责任人员的刑事责任。在量刑时，要把数额和其他严重情节结合起来认定。其他数量标准还有待今后的司法解释。

3. 犯罪的主体是一般主体，既可以是自然人，也可以是单位。

4. 犯罪的主观方面是故意。行为人的犯罪动机和犯罪目的如何，不影响犯罪的成立。

（二）本罪的刑事责任

根据"刑法修正案八"的规定，犯本罪的，处五年以上十年以下有期徒刑，并处罚金；情节特别严重的，处十年以上有期徒刑或者无期徒刑，并处没收财产；情节较轻的，处五年以下有期徒刑，并处罚金。单位犯本罪的，对单位判处罚金，并对其直接负责的主管人员和其他直接责任人员，依照上述规定处罚。

六、走私珍贵动物、珍贵动物制品罪

（一）本罪的概念及犯罪构成

本罪是指违反海关法规，逃避海关监管，运输、携带、邮寄珍贵动物及其制品进出国（边）境的行为。

1. 本罪的客体，是国家禁止珍贵动物、珍贵动物制品进出国（边）境的监管制度。所谓珍贵动物，是指列入《国家重点保护野生动物名录》中的国家一、二级保护野生

动物和列入《濒危野生动植物种国际贸易公约》附录一、附录二中的野生动物以及驯养繁殖的上述物种。上述名录中所列举的野生动物就是本罪的犯罪对象。所谓"珍贵动物制品",是指上述珍贵动物的皮、毛、骨等制成品。

2. 本罪的犯罪客观方面,表现为非法运输、携带、邮寄国家禁止进出口的珍贵动物及其制品进出国(边)境的行为。珍贵动物是人类的共同财富,保护珍贵动物是世界各国的共同义务,不只是珍贵动物所在国的义务。所以走私珍贵动物及其制品,无论是出口还是进口,都作为犯罪规定。根据最高人民法院的司法解释:走私国家二级保护动物未达到本解释附表中(一)规定的数量标准或者走私珍贵动物制品价值十万元以下的,属于走私珍贵动物,珍贵动物制品罪"情节较轻"。走私珍贵动物及其制品,具有下列情节之一的,构成本罪的基本犯罪构成的数量标准:(1)走私国家一、二级保护动物未达到本解释附表中(一)规定的数量标准的;(2)走私珍贵动物制品价值十万元以上不满二十万元的;(3)走私国家一、二级保护动物虽未达到本款规定的数量标准,但具有造成该珍贵动物死亡或者无法追回等恶劣情节的;(4)走私国家一、二级保护动物达到本解释附表中(一)规定的数量标准,并具有是犯罪集团的首要分子或者使用特种车进行走私等严重情节的。

具有下列情形之一的,属于走私珍贵动物、珍贵动物制品罪"情节特别严重",处无期徒刑,并处没收财产:

(1)走私国家一、二级保护动物达到本解释附表中(二)规定的数量标准的;

(2)走私珍贵动物制品价值二十万元以上的;

(3)走私国家一、二级保护动物达到本解释附表中(一)规定的数量标准,并造成该珍贵动物死亡或者无法追回的;

(4)走私国家一、二级保护动物达到本解释附表中(一)规定的数量标准,并具有是犯罪集团的首要分子或者使用特种车进行走私等严重情节的。

走私《濒危动殖物种国际贸易公约》附录一、附录二中的动物及其制品的,参照本解释附表中规定的同属或者同科动物的定罪量刑标准执行。

3. 本罪的犯罪主体是一般主体,既可以是自然人,也可以是单位。

4. 本罪的主观方面,只能是故意。只要明知是走私的野生动物,对其动物的保护级别不明知,不影响本罪的成立。

(二)本罪的刑事责任

根据刑法修正案八的规定,犯本罪的,处五年以上十年以下有期徒刑,并处罚金;情节特别严重的,处十年以上有期徒刑或者无期徒刑,并处没收财产;情节较轻的,处五年以下有期徒刑,并处罚金。单位犯本罪的,对单位判处罚金,并对其直接负责的主管人员和其他直接责任人员,依照上述规定处罚。

七、走私国家禁止进出口的货物、物品罪

（一）本罪的概念及犯罪构成

本罪是《刑法修正案（7）》对刑法第 151 条第 3 款修改后，所规定出的一种新罪，其特征是对《刑法》该条原所规定的犯罪对象的外延仅为"珍稀植物、珍稀植物制品"扩大到本节和其他章节里没有明确具体规定的走私国家禁止的其他货物、物品。由于这一修改，使其内涵与外延都发生了变化。

本罪是指违反海关法规，逃避海关监管，运输、携带、邮寄珍稀植物及其制品等国家禁止进出口的其他货物、物品进出国（边）境的行为。

1. 本罪的客体是国家禁止有关货物、物品进出口国（边）境的监管制度。其犯罪对象与本条 1、2 款所规定之罪的犯罪对象相比较而存在，从逻辑关系上讲，他们之间既不存在包容关系，也不存在交叉关系，而是一种并列关系。即除第 1、2 款和其他条款所规定之罪的犯罪对象之外，国家禁止进出口的货物、物品。

2. 本罪客观方面表现为违反海关法规、逃避海关监管，非法运输、携带、邮寄珍稀植物及其制品等国家禁止进出口的其他货物、物品进出国（边）境的行为。

3. 本罪的主体是一般主体，自然人和单位都可成为本罪主体。

4. 本罪主观方面是故意，只要明知是走私珍稀植物及其制品等国家禁止进出口的其他货物、物品等，对其是否知道其为国家禁止进出口货物、物品，不影响本罪成立。

（二）本罪与其它罪之比较。

1. 本罪与本条第 1、2 款所规定之罪之比较。

①前罪的罪名是不确定罪名，而后者所规定的罪名是确定罪名。

②从罪数关系看，前者之罪法条于后者之罪法条不存在法规竞合关系。

③两者对象相同之处均是国家禁止进出口的货物、物品。

2. 本罪与走私普通货物、物品罪比较。

①前者所规定的走私货物、物品是国家禁止进出口的货物、物品，后者是普通的货物、物品。

②从罪数关系看，前者之罪与后者之罪存在法规竞合关系，即前者的法条是后者法条的特别法条。

（三）本罪的刑事责任

根据《刑法修正案八》的规定，犯本罪的，处五年以下有期徒刑或者拘役，并处或者单处罚金；情节严重的，处五年以上有期徒刑，并处罚金。单位犯本罪的，对单位判处罚金，并对其直接负责的主管人员和其他直接责任人员，依照上述规定处罚。

八、走私淫秽物品罪

（一）本罪的概念及犯罪构成

本罪是指以牟利或者传播为目的，违反海关法规定，逃避海关监管，运输、携带、邮寄淫秽的影片、录像带、录音带、图片、书刊或其他淫秽物品进出国（边）境的行为。

1. 本罪的犯罪客体，是国家禁止淫秽物品进出国（边）境的监管制度。本罪的行为对象是淫秽物品。所谓"淫秽物品"是指具体描写性行为或露骨宣扬色性淫荡形象的物品。包括淫秽的影片、录像带、录音带、图片、书刊或者其他淫秽物品。所谓"其他淫秽物品"，根据最高人民法院的司法解释：是指除淫秽的影片录像带、录音带、图片、书刊以外的，通过文字、声音、形象等形式表现淫秽内容的影碟、音碟、电子出版物等物品。

2. 本罪的客观方面，表现为非法运输、携带、邮寄淫秽的影片、录像带、录音带、图片、书刊或者其他淫秽物品的进出国（边）境的行为。根据《立案标准》第二十五条〔走私淫秽物品案（刑法第一百五十二条第一款）〕以牟利或者传播为目的，走私淫秽的影片、录像带、录音带、图片、书刊或者其他通过文字、声音、形象等形式表现淫秽内容的影碟、音碟、电子出版物等物品，涉嫌下列情形之一的，应予立案追诉：

（一）走私淫秽录像带、影碟五十盘（张）以上的；

（二）走私淫秽录音带、音碟一百盘（张）以上的；

（三）走私淫秽扑克、书刊、画册一百副（册）以上的；

（四）走私淫秽照片、画片五百张以上的；

（五）走私其他淫秽物品相当于上述数量的；

（六）走私淫秽物品数量虽未达到本条第（一）项至第（四）项规定标准，但分别达到其中两项以上标准的百分之五十以上的。

根据最高人民法院的司法解释：走私淫秽物品达到数量之一的，属于走私淫秽物品罪"情节较轻"：（1）走私淫秽录像带、影碟五十盘（张）以上至一百盘（张）的；（2）走私淫秽录音带、音碟一百盘（张）以上至二百盘（张）的；（3）走私淫秽扑克、书刊、画册一百副（册）以上至二百副（册）的；（4）走私淫秽照片、画片五百张以上至一千张的；（5）走私其他淫秽物品相当于上述数量的。走私淫秽物品在上述"情节较轻"规定的最高数量以上不满最高数量五倍的，构成本罪的基本犯罪的数量标准。走私淫秽物品在上述"情节较轻"规定的最高数量五倍以上，或者虽不满最高数量五倍，但具有是犯罪集团的首要分子或者使用特种车进行走私等严重情节的，属于走私淫秽物品罪"情节严重"。

3. 本罪的主体是一般主体，既可以是自然人、也可以是单位。

4. 本罪的主观方面只能是故意，同时还必须具有牟利或传播的犯罪目的。所谓

"以牟利为目的"，是指行为人走私淫秽物品，目的在于通过贩卖、放映、租借或展示淫秽物品等方法获取钱财或其他非法物质利益；所谓"以传播为目的"，是指行为人走私淫秽物品不是为了牟利，也不仅仅是为了供自己使用，而是意图在社会上扩散。

（二）本罪的刑事责任

根据《刑法》第一百五十二条的规定，犯本罪的，处三年以上十年以下有期徒刑，并处罚金；情节严重的，处十年以上有期徒刑或者无期徒刑，并处罚金或者没收财产；情节较轻的，处五年以下有期徒刑、拘役或者管制，并处罚金。单位犯本罪的，对单位判处罚金，并对其直接负责的主管人员和其他直接责任人员，依照上述规定处罚。

九、走私废物罪

（一）本罪的概念及犯罪构成

根据《刑法修正案（四）》的规定，本罪是指逃避海关监管将境外固体废物、液体废物和气态废物运输进境、情节严重的行为。

1. 本罪的客体，是国家对进口废物的监管制度。犯罪对象是固体废物、液态废物和气态废物。《刑法》第一百五十五条第三项规定的对象仅限于固体废物，此次《刑法修正案》将此项修正到一百五十二条，作为本条的第二款，并增加了液态废物和气态废物的内容，并设定了相应的法定刑。

2. 本罪的客观方面表现为逃避海关监管，将境外固体废物、液态废物和气态废物运输进境，情节严重的行为。所谓"废物"是指在生产建设、日常生活和其他活动中产生的污染环境的物质。该物质按法定有三种形态，即固体、液态、气态三种。固体废物（包括液态、气态废物）因其性质分为国家禁止进口的废物和国家限制进口的废物（即可作为废料使用的废物）。本罪既包括将国家禁止进口的废物走私入境的行为，也包括违反海关法规，逃避海关监管应缴的关税而不缴或少缴，将国家限制进口的废物走私入境的行为。根据最高人民法院《关于审理走私刑事案件具体运用法律有关问题的解释（二）》中规定，具有下列情形之一的，属于"情节严重"：（1）走私国家禁止进口的危险性固体废物、液体废物分别或者合计达到一吨以上不满五吨的；（2）走私国家禁止进口的非危险性固体废物、液体废物分别或者合计达到五吨以上不满二十五吨的；（3）未经许可，走私国家限止进口的可用作原料的固体废物、液体废物分别或者合计达到二十吨以上不满一百吨的；（4）走私国家禁止进口的废物并造成重大环境污染事故。

走私国家禁止进口的废物或者国家限制进口的可用作原料的废物的数量超过上述数量标准的，或者达到了上述规定的数量标准并造成重大环境污染事故，或者虽未达到规定的数量标准，但造成重大环境污染事故且后果特别严重的，属于本罪的"情节特别严重"。

走私置于容器中的气体废物的，参照上述解释规定的有关固体废物、液体废物的定罪数量标准和处罚原则处理。国家禁止进口的或者限制进口的可用作原料的废物的具体种类，按照国家有关部门规定执行。

3. 本罪的主体是一般主体，既可以是自然人，也可以是单位。从实践情况看，走私固体废物的一般多为单位。

4. 本罪主观方面只能是故意，过失不构成本罪。

（二）关于本罪的认定与罪数问题

根据上述司法解释的规定：经许可进口国家限制进口的可用作原料的废物时，偷逃应缴税额，构成本罪的，应当依照刑法第153条的规定，以走私普通货物罪定罪处罚；既未经许可，又偷逃应缴税额，同时构成走私废物罪和走私普通货物罪的，应当按照刑法处罚较重的规定定罪处罚。虽经许可，但超过许可数量进口国家限制进口的可用作原料的废物，超过部分以未经许可论。

（三）本罪的刑事责任

根据《刑法修正案（四）》第二条规定，犯本罪的，处五年以下有期徒刑，并处或者单处罚金；情节特别严重的，处五年以上有期徒刑。单位犯本罪的，对单位判处罚金，并对其直接负责的主管人员和其他直接责任人员，依照前二款的规定处罚。

根据《刑法修正案（四）》第五条规定，将刑法第三百三十九条第三款修改为："以原料利用为名，进口不能用作原料的固体废物、液态废物和气态废物的，依照本法第一百五十二条第二款、第三款的规定定罪处罚。即按现规定的走私废物罪定罪处罚。

十、走私普通货物、物品罪

（一）本罪的概念及犯罪构成

本罪是指违反海关法规，逃避海关监管，运输、携带、邮寄普通货物、物品进出国（边）境，偷逃应缴税额较大的行为。

1. 本罪的客体，是国家对外贸易管制中关于普通货物、物品进出口的监管制度和征收关税制度。本罪的对象是普通货物、物品。"普通货物、物品"指除武器、弹药、核材料、伪造的货币、文物、黄金、白银和其他贵重金属、珍贵动物及其制品、珍稀植物及其制品、淫秽物品、废物、毒品以外的货物、物品。

2. 本罪的客观方面表现为违反海关法规，逃避海关监管，走私普通货物、物品、偷逃应缴税额较大的行为。所谓"应缴税额"，是指进出口货物、物品应当缴纳的进出口关税和进口环节海关代征税的税款。其应缴税额，应当以走私行为案发时所适用的税则、税率、汇率和海关审定的完税价格计算，并以海关出具的证明为准。所谓"数额较大"是指应缴税额在五万元以上。"对多次走私未经处理的"，是指对多次走私未经行政处罚处理的。同时《刑法》第一百五十四条规定：（1）未经海关许可且未补缴应缴税额，擅自将批准进口的来料加工、来件装配、补偿贸易的原材料、零件、制成品、设备等保税货物，在境内销售牟利的；（2）未经海关许可并且未补偿应缴税额，擅自将特定减税、免税进口的货物、物品，在境内销售牟利的，构成犯罪的，依本罪定罪处罚。所谓"保税货物"是指经海关批准，未办理纳税手续进境、在境内储存、加工、装配后应予复运出境的货物。保税货物包括通过加工贸易、补偿贸易等方式进口的货物，以及在保税仓库、保税工厂、保税区或者免税商店内等储存、加工寄售的货物。"来料加工、来料装配"指从国外进口一定的原材料、零部件或同时由外商提供一定的设备技术，我国境内的企业按照外商的要求进行加工或装配，其制成品复运出境，交外商销售，中方只收取一定的加工费或装配费的合作形式。"补偿贸易"指由外商提供技术、设备和材料供中方进行生产，中方暂不付现款而用所生产的产品偿付外商的贸易方式。"特定减税、免税进口的货物、物品"指国家法律规定可以减征或免征关税的经济特区等特定地区进出口的货物，中外合资经营企业、中外合作经营企业、外资企业等特定企业进出口的货物，有特定用途的进出口货物以及用于公益事业的捐赠物资。上述货物、物品，由于未办理纳税手续或减征、免征关税，只能加工、装配生产后复运出境，或只能用于特定企业、特定用途；如果擅自在国内销售牟利、偷逃应缴税额在五万元以上的，应依本罪定罪处罚。

3. 本罪的主体是一般主体。自然人和单位都可以成为本罪的主体。

4. 本罪的主观方面是故意，过失不构成本罪。不要求行为人必须以牟利为目的。

（二）本罪的刑事责任

根据刑法修正案八的规定，犯本罪的，（一）偷逃应缴税额较大或者一年内曾因走私被给予二次行政处罚后又走私的，处三年以下有期徒刑或者拘役，并处偷逃应缴税额一倍以上五倍以下罚金。

（二）偷逃应缴税额巨大或者有其他严重情节的，处三年以上十年以下有期徒刑，并处偷逃应缴税额一倍以上五倍以下罚金。

（三）偷逃应缴税额特别巨大或者有其他特别严重情节的，处十年以上有期徒刑或者无期徒刑，并处偷逃应缴税额一倍以上五倍以下罚金或者没收财产。单位犯本罪的，对单位判处罚金，并对其直接负责的主管人员和其他直接责任人员处三年以下有期徒刑或者拘役；情节严重的，处三年以上十年以下有期徒刑；情节特别严重的，处十年以上有期徒刑。根据《公安部关于如何理解走私罪中"直接负责的主管人员"和"直接责任人员"的答复》（公法〔1994〕27号）中指出：所谓"直接负责的主管人员"是指在企业、事业单位、机关、团体中，对本单位实施走私犯罪起决定作用的、负有组织、决策、指挥责任的领导人员。单位的领导人如果没有参与单位走私的组织、决策、指挥，或者仅是一般参与，并不是起决定作用的，则不应对单位的走私犯罪负刑事责任。所谓"直接责任人员"是指直接实施本单位走私犯罪行为或者虽对本单位走私犯罪负有部分组织责任，但对本单位走私犯罪行为不起决定作用，只是具体执行、积极参与的该单位的部门负责人或者一般工作人员。

十一、关于走私罪的若干问题

（一）间接走私

间接走私或称准走私，指《刑法修正案（四）》第三条规定的两种行为，即（一）直接向走私人非法收购国家禁止进口物品的，或者直接向走私人非法收购走私进口的其他货物、物品，数额较大的；（二）在内海、领海、界河、界湖运输、收购、贩卖国家禁止进出口物品的，或者运输、收购、贩卖国家限制进出口货物、物品、数额较大，没有合法证明的。根据最高人民法院的司法解释："直接向走私人非法收购走私进口的其他货物、物品，数额较大的"，是指明知是走私行为人而向其非法收购进口的其他货物、物品，应缴税额为五万元以上的。这里的其他货物、物品是指除某些进口的物品之外的货物、物品。

直接向走私人非法收购国家禁止进出口物品的，或者在内海、领海运输、收购、贩卖国家禁止进出口物品的，应当按照走私物品的种类，分别适用刑法第一百五十一条、第一百五十二条、第三百四十七条的规定定罪处罚。直接向走私人非法收购走私进口的国家非禁止进口货物、物品，数额较大的，或者在内海、领海等运输、收购、贩卖国家限制进出口的货物、物品，数额较大，没有合法证明的，应当适用刑法第一百五十三条的规定定罪处罚。所谓"国家限制进出口货物、物品"，指国家对进口或者出口实行配额或者许可证管理的货物、物品。所谓"合法证明"，指有关主管部门颁发的进出口货物、物品许可证、准运证等用以证明货物、物品来源、用途合法的证明文件。

（二）武装走私

《刑法》第一百五十七条第一款规定："武装掩护走私的，依照本法第一百五十一条第一款的规定从重处罚。"武装掩护走私，指走私分子或其雇用人员携带武器用以保护走私活动的行为。"武器"是指枪支、弹药等，是否使用武器，不影响武装掩护走私成立。对此，司法解释没有规定为独立的罪名，刑法只规定依照第一百五十一条第一款从重处罚。

（三）抗拒缉私

《刑法》第一百五十七条第二款规定："以暴力、威胁方法抗拒缉私的，以走私罪和本法第二百七十七条规定的阻碍国家机关工作人员依法执行职务罪，依照数罪并罚的规定处罚。如果造成国家机关工作人员伤害或者死亡，应以本法第二百三十二条、第二百三十四条规定的故意伤害罪或者故意杀人罪，依照数罪并罚的规定处罚。

（四）走私罪共犯

《刑法》第一百五十六条规定："与走私罪犯通谋，为其提供贷款、资金、账号、发票、证明，或者为其提供运输、保管、邮寄或者其他方便的，以走私罪的共犯论处"。"与走私罪犯通谋"指行为人事前、事中与走私罪犯就走私活动与分工等进行谋议。提供"其他方便"指刑法所列举的帮助形式以外的其他帮助,如为走私罪犯传递重要信息等。"以走私罪的共犯论处"即依照行为人在走私共同犯罪中的地位和作用,按照走私罪犯实施的走私犯罪的具体性质和相应的法定刑定罪和处罚。

第六章　妨害对公司、企业的管理秩序罪

一、虚报注册资金罪

(一) 本罪的概念及犯罪构成

本罪是指申请公司登记时使用虚假证明文件或者采取其他欺诈手段虚报注册资本，欺骗公司登记主管部门，取得公司登记，虚报注册资本数额巨大，后果严重或者有其他严重情节的行为。

1. 本罪的客体，是公司登记管理制度。公司登记管理制度是由法律法规规范的公司设立登记制度。犯罪对象是公司登记时如实申报的注册资本。所谓"注册资本"，就是股东在公司登记机关登记的股东实际缴纳的出资总额或实收股本总额。

2. 本罪的客观方面，表现为行为人实施了使用虚假证明文件或者采取其他欺诈手段登报了注册资本，欺骗登记主管部门，取得公司登记的行为，且虚报注册资本数额巨大，后果严重或者具有其他严重情节。所谓"虚假证明文件"，指伪造或虚构验资、验证、评估等有关的文书、文字资料。"其他欺诈手段"，是指虚假证明文件以外的方法并且与虚报注册资金有关。例如，隐瞒真相骗用无支配权的资金进行虚报。"登记主管部门"，即工商行政管理机关。取得公司登记，是指经工商管理部门核准并发给《企业法人营业执照》。

根据最高人民检察院、公安部《关于公安机关管辖的刑事案件立案追诉标准的规定(二)》(以下简称《立案标准(二)》)第三条［虚报注册资本案(刑法第一百五十八条)］申请公司登记使用虚假证明文件或者采取其他欺诈手段虚报注册资本，欺骗公司登记主管部门，取得公司登记，涉嫌下列情形之一的，应予立案追诉：

(一) 超过法定出资期限，实缴注册资本不足法定注册资本最低限额，有限责任公司虚报数额在三十万元以上并占其应缴出资数额百分之六十以上的，股份有限公司虚报数额在三百万元以上并占其应缴出资数额百分之三十以上的；(二) 超过法定出资期限，实缴注册资本达到法定注册资本最低限额，但仍虚报注册资本，有限责任公司虚报数额在一百万元以上并占其应缴出资数额百分之六十以上的，股份有限公司虚报数额在一千万元以上并占其应缴出资数额百分之三十以上的；(三) 造成投资者或者其他债权人直接经济损失累计数额在十万元以上的；(四) 虽未达到上述数额标准，但具有下列情形之一的；1. 两年内因虚报注册资本受过行政处罚二次以上，又虚报注册资本

的；2. 向公司登记主管人员行贿的；3. 为进行违法活动而注册的。（五）其他严重后果或者有其他严重情节的情形。

3. 本罪的主体为特殊主体。特指公司设立登记中，向公司登记机关具体提出申请的自然人或单位。

4. 本罪的主观方面只能由故意构成。即行为人明知无实有资本或实际资本远远不足最低限额而进行虚报。

（二）本罪的刑事责任

依照《刑法》第一百五十八条规定，犯本罪的，处三年以下有期徒刑或者拘役，并处或者单处虚报注册资本金额百分之一以上百分之五以下罚金；单位犯本罪的，对单位判处罚金，并对其直接负责的主管人员和其他直接责任人员，处三年以下有期徒刑或者拘役。

二、虚假出资、抽逃出资罪

（一）本罪的概念及犯罪构成

本罪是指公司发起人，股东违反公司法的规定，未交付货币、实物，或者未转移财产权，虚假出资，或者在公司成立后又抽逃其出资，数额巨大，后果严重或者有其他严重情节的行为。

1. 本罪的客体是公司出资制度和公司、其他股东和债权人的权益。

2. 本罪的客观方面，表现为行为人实施了违反公司法的规定，在准备成立公司期间，虚假出资，或者在公司成立之后，抽逃资金的行为。所谓"虚假出资"是指在准备成立公司期间，行为人未交付或未足额交付货币、实物或未转移财产权，以欺骗手段向其他发起人、股东、债权人或社会公众掩盖真相，使他人深信已出资或已足额出资。所谓"抽逃出资"是指行为人违法将其投资的股本抽出，减少应投资的股金份额的行为。本罪在客观上必须具有虚假出资或抽逃出资数额巨大，后果严重或者有其他严重情节。根据《立案标准（二）》第四条［虚假出资、抽逃出资案（刑法第一百五十九条）］公司发起人、股东违反公司法的规定未交付货币、实物或者未转移财产权，虚假出资，或者在公司成立后又抽逃其出资，涉嫌下列情形之一的，应予立案追诉：

（一）超过法定出资期限，有限责任公司股东虚假出资数额在三十万元以上并占其应缴出资数额百分之六十以上的，股份有限公司发起人、股东虚假出资数额在三百万元以上并占其应缴出资数额百分之三十以上的；（二）有限责任公司股东抽逃出资数额在三十万元以上并占其实缴出资数额百分之六十以上的，股份有限公司发起人、股东抽逃出资数额在三百万元以上并占其实缴出资数额百分之三十以上的；（三）造成公司、股东、债权人的直接经济损失累计数额在十万元以上的；（四）虽未达到上述数额标准，但具有下列情形之一的：1. 致使公司资不抵债或者无法正常经营的；2. 公司发起人、股东合谋虚假出资、抽逃出资的；3. 两年内因虚假出资、抽逃出资受过行政处罚二次以上，又虚假出资、抽逃出资的；4. 利用虚假出资、抽逃出资所得资金进行违法活动的。（五）其他后果严重或者有其他严重情节的情形。

3. 本罪的主体为特殊主体，即公司发起人和股东，包括单位与个人。公司发起人是指依法创办公司的人，股东是指出资人，在公司成立后发起人即成为股东。

4. 本罪的客观方面表现为行为人出自故意，即行为人明知自己违反公司法的规定未出资或未足额出资而决意实施"足额"的虚假出资或抽逃出资。

（二）本罪的刑事责任

根据《刑法》第一百五十九条的规定，犯本罪的，处五年以下有期徒刑或者拘役，并处或者单处虚假出资金额或者抽逃出资金额百分之二以上百分之十以下罚金；单位犯本罪的，对单位判处罚金，并对其直接负责的主管人员和其他责任人员，处五年以下有期徒刑或者拘役。

三、欺诈发行股票、债券罪

（一）本罪的概念及犯罪构成

本罪是指公司、企业及发起人或股东在招股说明书、认股书、公司企业债券募集办法中隐瞒重要事实或者编造重大虚假内容，发行股票或公司企业债券，数额巨大，后果严重或者有其他严重情节的行为。

1. 本罪的客体是复杂客体，即国家对公司股票、公司企业债券发行的管理制度和投资者和社会公众的利益。

2. 本罪的客观方面，表现为行为人实施了在招股说明书、认股书、公司企业债券募集办法中隐瞒重要事实或者编造重大虚假内容，发行公司股票和企业债券的行为，且发行数额巨大，后果严重或者有其他严重情节。招股说明书，是公司发起人或公司制作的，用以专门表达募集股份意思并载明有关股票发行，认股人的权力和义务，发起人情况等信息文件。"认股书"是由认股人在认股时所签署的书面文件，是发起人和认股人之间以加入设立中的公司为目的的一种供投资者所用的承诺文书。招股说明书和认股书是专指具有股票发行资格的股份有限公司，包括已经成立和经批准成立，以募集方式成立的股份有限公司所制作的文件。"公司企业债券募集办法"，是发行公司、企业债券的公司、企业制作的，专门表达公司、企业举债并载明公司、企业债券发行和认购事项的文件。所谓"隐瞒重要事实"是指对公司、企业具有重要影响的事实，一般隐瞒的是对其不利的事实。所谓"编造重大虚假内容"，是指捏造对投资者有重要影响但是子虚乌有的事，这些编造的事一般对公司、企业是有利的方面。通过这种"隐瞒"和"编造"的事实，致使发行股票或者债券必须达到数额巨大，或者具有后果严重，或者有其他严重情节才能构成犯罪。

根据《立案标准（二）》第五条［欺诈发行股票、债券案（刑法第一百六十条）］在招股说明书、认股书、公司、企业债券募集办法中隐瞒重要事实或者编造重大虚假内容，发行股票或者公司、企业债券，涉嫌下列情形之一的，应予立案追诉：

（一）发行数额在五百万元以上的；（二）伪造、变造国家机关公文、有效证明文件或者相关凭证、单据的；（三）利用募集的资金进行违法活动的；（四）转移或者隐瞒所募集资金的；（五）其他后果严重或者有其他严重情节的情形。

3. 本罪的主体是特殊主体。欺诈发行股票的行为主体，只能是以募集方式设立的股份有限公司的自然人和单位；欺诈发行公司、企业债券的行为主体是具有发行债券资格和条件的公司和企业的自然人和单位。

4. 本罪的主观方面，只能由直接故意构成，并且具有非法募集资金的目的。

（二）本罪的刑事责任

根据《刑法》第一百六十条的规定，犯本罪的，处五年以下有期徒刑或者拘役，并处或者单处非法募集资金额百分之一以上百分之五以下罚金；单位犯本罪的，对单位判处罚金，并对其直接负责的主管人员和其他直接责任人员，处五年以下有期徒刑或者拘役。

四、违规披露、不披露重要信息罪

（一）本罪的概念及犯罪构成

本罪是《刑法修正案（六）》第 5 条对《刑法》第 161 条进行的修正。是指依法负有信息披露义务的公司、企业向股东和社会公众提供虚假的或者隐瞒重要事实的财务会计报告，或者依法应当披露的其他重要信息不按照规定披露，严重损害股东和其他人的利益，或者有其他严重情节的行为。

1. 本罪的犯罪客体为复杂客体，一是依法负有信息披露义务的公司、企业向股民和社会公众披露信息的制度；二是股东和社会其他人的利益。本罪的犯罪对象是财务会计报告以及依法应当披露的其他重要信息。所谓"财务会计报告"是指公司对外提供的反映公司某一特定日期财务状况和某一会计期间经营成果、现金流量的文件。一般分为年度、半年度财务会计报告。其中包括（1）会计报表；（2）会计报表附注；（3）财务状况说明书。其中会计报表应当包括资金负债表、利润表、现金流量表及相关附表。"依法应当披露的重要信息"，既包括证券法、公司法、银行业监督管理法、证券投资基金法及其行政法规对于应当披露信息事项的规定，也包括国务院证券管理机构依照证券法、公司法的授权对信息披露事项的具体规定。

2. 本罪的客观方面，表现为行为人违规向股东和社会公众提供虚假的或隐瞒重要事实的财务会计报告，或者依法应当披露的其他重要信息不按照规定披露，严重损害股东或者其他人的利益，或者有其他严重情节。"虚假"，是指记载的事项和内容与事实不符，存在虚构与伪造；"隐瞒重要事实"，是指将有违反国家法律法规所规定应予记载的重要事项和内容，而不予记载，或者将有利于或者不利于股东和社会公众的事项和内容，故意不予记载和反映。"信息披露"，是把公司、企业与股民和社会公众利益攸关的重要信息公开宣示的行为。目前，上市公司以及一些企业在信息披露方面存在的主要问题并非是否进行信息披露，而是所披露的信息真实程度有多大。违反规定进行信息披露，不仅包括违背法律、法规和国务院证券管理机构的规定搞虚假披露，还包括对所披露的信息有虚假记载，误导性陈述或者重大遗漏等情形。所谓"严重损害了股东或者其他人的利益，或者有其他严重情节"，是指《立案标准（二）》第六条规定，涉嫌下列情形之一的：（一）造成股东、债权人或者其他人直接经济损失数额累计在五十万元以上的；（二）虚增或者虚减资产达到当期披露的资产总额百分之三十以上的；（三）虚增或者虚减利润达到当期披露的利润总额百分之三十以上的；（四）未按照规定披露的重大诉讼、仲裁、担保、关联交易或者其他重大事项所涉及的数额或者连续十二个月的累计数额占净资产百分之五十以上的；（五）致使公司发行的股票、公司债券或者国务院依法认定的其他证券被终止上市交易或者多次被暂停上市交易的；（六）致使不符合发行条件的公司、企业骗取发行核准并且上市交易的；（七）在公司财务会计报告中将亏损披露为盈利，或者将盈利披露为亏损的；（八）多次提供虚假的或者隐瞒重要事实的财务会计报告，或者多次对依法应当披露的其他重要信息不按照规定披露的；（九）其他严重损害股东、债权人或者其他人利益，或者有其他严重情节的情形。

3. 本罪的主体是特殊主体。即依法负有信息披露义务的公司、企业。《刑法》第161条只规定了上市公司为本罪的主体。但是，根据公司法、证券法、证券投资基金法等法律规定，负有法定信息披露义务的主体不限于上市公司，发行债券的公司、企业和发售证券投资基金份额的基金管理机构等，也有依法披露信息的义务，他们不依法披露这些重要信息，同样具有严重的社会危害性。因此，刑法修正案扩大了本罪的主体范围。

4. 本罪的主观方面是故意，即行为人明知向股东和社会公众提供虚假的或隐瞒重要事实的财务会计报告和其他重要信息，会发生严重损害股东或者其他人的利益，并且希望或者放任这种结果的发生。

（二）关于本罪的认定

本罪与欺诈发行股票、债券罪的界限。两罪具有法规竞合的关系。欺诈发行股票、债券的行为，即在招股说明书、认股书、公司、债券募集办法中隐瞒重要事实或者编造重大虚假内容，实际就是违规披露重要信息的行为。这是两罪的法规竞合，属交叉竞合，应按特别法优于普通法的原则定罪处罚。

（三）本罪的刑事责任

根据《刑法》第一百六十一条规定，只对该犯罪单位的直接负责的主管人员和其他直接责任人员，处三年以下有期徒刑或者拘役，并处或者单处二万元以上二十万元以下罚金。

五、妨害清算罪

（一）本罪的概念及犯罪构成

本罪是指公司、企业进行清算时，隐匿财产，对资产负债表或者财产清单作虚伪记载或者在未消偿债务前分配公司、企业财产，严重损害债权人或者其他人利益的行为。

1. 本罪的客体是公司、企业的清算制度，同时也侵犯了债权人或者其他人的利益。本罪为复杂客体。

2. 本罪的客观方面，表现为行为人实施了在公司、企业进行清算时，隐匿财产，对资产负债表或者财产清单作虚伪记载，或者在未消偿债务前分配公司、企业财产，严重损害债权人或者其他人利益的行为。所谓"清算"是公司、企业在解散时对其债权、债务以及财产等进行清查登记的法律手段。在这期间，公司和企业是严禁对外进行贸易交往、债务的履行等。本行为中隐匿公司、企业财产和作"虚伪记载"，是一个行为的两个方面，既对财产进行隐匿，又在资产负债表和财产清单上作虚伪记载，后一行为表现为清偿债务前分配公司、企业的财产，其主要目的是逃避债务。这两种行为只要具备其中一种，均构成本罪。本罪是结果犯，还要求其行为严重损害了债权人或者其他人利益的行为。

根据《立案标准（二）》第七条［妨害清算案（刑法第一百六十二条）］公司、企业进行清算时，隐匿财产，对资产负债表或者财产清单作虚伪记载或者在未清偿债务前分配公司、企业财产，涉嫌下列情形之一的，应予立案追诉：（一）隐匿财产价值在五十万元以上的；（二）对资产负债表或者财产清单作虚伪记载涉及金额在五十万元以上的；（三）在未清偿债务前分配公司、企业财产价值在五十万元以上的；（四）造成债权人或者其他人直接经济损失数额累计在十万元以上的；（五）虽未达到上述数额标准，但应清偿的职工的工资、社会保险费用和法定补偿金得不到及时清偿，造成恶劣社会影响的；（六）其他严重损害债权人或者其他人利益的情形。

3. 本罪的主体是特殊主体，主要是清算组直接负责的主管人员和其他直接责任人员。

4. 本罪的主观方面，只能是故意，且一般具有逃避债务、侵占公司、企业资产或者严重损害债权人和其他人利益的目的。过失不构成本罪。

（二）妨害清算罪与其他罪的界线

妨害清算罪与诈骗罪

两罪在虚构事实、隐瞒真相、对受害人进行诈骗方面是相似的，但在构成特征上有明显区别：首先，客体不同。前者是复杂客体，后者是单一客体，即公私财产所有权。其次，客观方面不同，前者是在公司企业的清算期间发生的行为，行为表现为隐匿财产，使用了在资产负债表和财产清单上作虚伪记载的手段，或者在清偿债务前分配公司、企业财产，对债权人或其他人的利益造成严重损害，后者能以任何欺骗方法，骗取财物持有人的财产。再次，主体方面，前者是特殊主体，即主要是清算组的责任人；后者是一般主体。最后，主观方面，故意内容有别，前者以非法占有公司、企业财产或逃避公司、企业债务为内容；后者非法占有目的可以指向任何上当受骗的人和物。

（三）本罪的刑事责任

根据《刑法》第一百六十二条规定，只对该犯罪单位的直接负责的主管人员和其他责任人员，处五年以下有期徒刑或者拘役，并处或者单处二万元以上二十万元以下罚金。

六、虚假破产罪

（一）本罪的犯罪概念及犯罪构成

本罪是《刑法修正案（六）》新增加的一个罪。是指公司、企业通过隐匿财产、承担虚构的债务或者以其他方法转移、处分财产，实施虚假破产，严重损害债权人或者其他人利益的行为。

1. 本罪的犯罪客体是复杂客体，即公司、企业的破产制度，直接违背的是 2006 年 8 月 27 日第七届全国人大常委第二十三次会议通过的《中华人民共和国破产法》的有关规定。

2. 本罪在客观方面表现为公司、企业实施了隐匿财产、承担虚构的债务，或者以其他方法转移、处分财产，进行虚假破产，严重损害债权人或其他人利益的行为。"隐匿财产"是指隐匿公司、企业财产，或者对公司、企业财产清单和资产负债表作虚假记载，或者采用少报、低报的手段，故意隐匿、缩小公司、企业财产的实际数额。"承担虚构债务"是指夸大公司、企业的负债状况，目的是造成公司、企业资不抵债的假象。"以其他方法转移、处分财产"是指未清偿债务之前，将公司、企业财产无偿转让，以明显不合理的低价转让财产或者以明显高于市价的价格受让财产，对原来没有担保的债务提供财产担保，或者放弃债权和对公司、企业财产进行分配等情形。构成本罪还要求严重损害债权人和其他人的利益。"严重损害债权人的利益"主要是指通过虚假破产，意图逃避偿还债务数额巨大等情形。"严重损害其他人的利益"是指搞虚假破产使公司、企业拖欠的职工工资、社会保险费和税款得不到清偿，或者公司、企业其他股东的合法权益受到损害的情形。

根据《立案标准（二）》第九条［虚假破产案（刑法第一百六十二条之二）］公司、企业通过隐匿财产、承担虚构的债务或者以其他方法转移、处分财产，实施虚假破产，涉嫌下列情形之一的，应予立案追诉：（一）隐匿财产价值在五十万元以上的；（二）承担虚构的债务涉及金额在五十万元以上的；（三）以其他方法转移、处分财产价值在五十万元以上的；（四）造成债权人或者其他人直接经济损失数额累计在十万元以上的；（五）虽未达到上述数额标准，但应清偿的职工的工资、社会保险费用和法定补偿金得不到及时清偿，造成恶劣社会影响的；（六）其他严重损害债权人或者其他人利益的情形。

3. 本罪的犯罪主体是特殊主体，是指公司、企业。但对本罪实行单罚制处罚，只处罚公司、企业的直接负责的主管人员和其他直接责任人员。不处罚单位本身。

4. 本罪的主观方面，只能是故意，且一般具有逃避债务，严重损害债权人和其他人利益的目的。

（二）关于本罪的认定

认定虚假破产罪，必须划清其与妨害清算罪之间的界限。区分这两罪，应以是否进入清算程序为标准。《刑法》第 162 条规定的妨害清算罪，主要是对公司、企业进入清算程序以后妨害清算的行为。即公司、企业因解散、分立、合并或者破产，依照法律规定在清理公司、企业债权债务活动期间发生的隐匿财产，对资产负债表或者财产清单作虚假记载，或者在未清偿债务前分配公司、企业财产等犯罪行为；虚假破产罪主要针对公司、企业在进入破产程序之前，通过隐匿财产，承担虚构的债务，或者以其他方式转移、处分财产，实施虚假破产的犯罪行为。因此，在该行为中不包括解散、合并、分立案中的隐匿财产和处分财产的行为。实施虚假破产的时间应当截止于公司、企业提出破产申请之日，或者因公司、企业资不抵债，由债权人提出破产申请之日。根据《破产法》有关规定，从提出破产申请之日起，在此之前一年内恶意处分公司、企业财产的行为无效。如果行为人实施本条规定的行为，严重损害债权人和其他人的利益，就构成虚假破产罪。

（三）本罪的刑事责任

根据《刑法修正案（六）》第六条规定，构成本罪的，对其直接负责的主管人员和其他直接责任人员，处五年以下有期徒刑或者拘役，并处或者单处二万元以上二十万元以下的罚金。

七、隐匿、故意销毁会计凭证、会计账薄、财务会计报告罪

（一）本罪的概念及犯罪构成

本罪是《刑法修正案（一）》所增加的罪名，是指隐匿或者故意销毁依法应当保存的会计凭证、会计账薄、财务会计报告，情节严重的行为。

1. 本罪的客体是国家对财务会计的管理制度。国家对此颁布的法律法规有《中华人民共和国会计法》《会计档案管理办法》等。本罪的犯罪对象为依法应当保存的会计凭证、会计账薄和财务会计报告。所谓"会计凭证"，是指会计核算中用以记录经济业务，明确经济责任并作为记帐依据的书面证明，包括原始凭证与记帐凭证。"会计账薄"是全面、连续、系统地记录并反映会计要素变动和经营过程及其结果的重要工具，是编制会计报表的依据。财务会计报告是提供企业财务状况、经营状况及其他相关信息，并予以分析说明的书面报告。

2. 本罪的客观方面表现为是隐匿、故意销毁依法应当保存的会计凭证、会计账薄、财务会计报告，情节严重的行为。所谓"隐匿"就是不按规定公开或者归档管理的行为。所谓"故意销毁"是指有意不按规定的期限和程序灭毁这些会计文件的行为。按照有关法规会计档案的保管期限分为永久、定期两类。定期保管期限分为三年、五年、十年、十五年、二十五年五类。

根据《立案标准（二）》第八条［隐匿、故意销毁会计凭证、会计账簿、财务会计报告案（刑法第一百六十二条之一）］隐匿或者故意销毁依法应当保存的会计凭证、会计账簿、财务会计报告，涉嫌下列情形之一的，应予立案追诉：（一）隐匿、故意销毁的会计凭证、会计账簿、财务会计报告涉及金额在五十万元以上的；（二）依法应当向司法机关、行政机关、有关主管部门等提供而隐匿、故意销毁或者拒不交出会计凭证、会计账簿、财务会计报告的；

（三）其他情节严重的情形。

3. 本罪的犯罪主体为一般主体。所有依照会计法的规定办理会计事务的国家机关、社会团体、公司、企业、事业单位等组织和个人，都可以成为本罪的主体。

4. 本罪的主观方面只能是故意。直接故意和间接故意均可构成本罪。

（二）本罪与他罪的界线

本罪与帮助毁灭、伪造证据罪的异同

（三）本罪的刑事责任

根据《刑法修正案（六）》的规定，犯本罪的，处五年以下有期徒刑或者拘役，并处或者单处二万元以上二十万元以下罚金。单位犯本罪的，对单位判处罚金，并对直接负责的主管人员和其他直接责任人员，依照自然人犯罪的规定处罚。

八、非国家工作人员受贿罪

（一）本罪的概念及犯罪构成

本罪是《刑法修正案（六）》第7条对《刑法》第163条的内容进行了修正。是指公司、企业或者其他单位的工作人员利用职务上的便利，索取他人财物或者非法收受他人财物，为他人谋取利益，或者在经济往来中，利用职务上的便利，违反国家规定，收受各种名义的回扣、手续费，归个人所有，数额较大的行为。

1. 本罪的客体是复杂客体，即公司、企业及其他单位的正常管理制度和工作人员职务的廉洁性以及市场公平竞争的秩序。所谓"公平竞争"应理解为依据市场的游戏规则进行诚实信用的活动。本罪的对象是财物。根据最高人民法院、最高人民检察院《关于办理商业贿赂刑事案件适用法律若干问题的意见》（以下简称"两高"《意见》）

中指出：商业贿赂中的经济往来中，利用职务上的便利，违反国家规定，收受各种名义的回扣、手续费，归个人所有数额较大的财物，既包括金钱和实物，也包括可以用金钱计算数额的财产性的利益，如提供房屋装修、含有金额的会员卡、代币卡（券）、旅游费用等。具体数额以实际支付的资费为准。

2. 本罪的客观方面，表现为公司、企业、其他单位的工作人员利用职务上的便利，索取或者非法收受他人财物，为他人谋取利益，或者在经济往来中，利用职务上的便利，违反国家规定，收受各种名义的回扣、手续费，归个人所有，数额较大的行为。"利用职务上的便利"是本罪行为人的特征之一，指行为人利用自己在公司企业及其单位所任职务赋予的职权或者同职务有关的便利条件，这种权力一般包括人事权、物权、财权以及了解公司、企业资金、生产和经营、盈亏及股金、红利情况等。所谓"索取"既包括强索硬要、也包括暗示或暗示的索要。"非法收受"是指他人有所请托而主动给予财物，按规定不能收受，而行为人基于为请托人谋取利益的目的而予以收纳。"为他人谋取利益"，是本罪客观方面的又一内容，是指行为人索要或收受他人财物，利用职务之便为他人或允诺为他人实现某种利益。该利益是合法还是非法，是物质利益还是非物质利益以及是否谋取到，均不影响本罪的成立。

根据本条第 2 款的规定：公司、企业或者其他单位的工作人员在经济往来中，利用职务上的便利，违反国家规定，收受各种名义的回扣、手续费，归个人所有，以本罪论处。这里的"经济往来"是指商品（包括货币）流转过程中的一切交换关系，既指生产领域也指流通领域。所谓"各种名义的回扣、手续费"是指为达到交易目的，附随着交易中的物质利益。所谓"收受"，是在经济往来过程中进行的收取行为。而且收取的钱财应归个人所有。

根据《立案标准（二）》第十条［非国家工作人员受贿案（刑法第一百六十三条）］公司、企业或者其他单位的工作人员利用职务上的便利，索取他人财物或者非法收受他人财物，为他人谋取利益，或者在经济往来中，利用职务上的便利，违反国家规定，收受各种名义的回扣、手续费，归个人所有，数额在五千元以上的，应予立案追诉。

3. 本罪的主体，是指特殊主体，即公司、企业、或者其他单位的工作人员。至于国有公司、企业中从事公务的人员，以及国有公司、企业委派到非国有公司、企业从事公务的人员，实施受贿犯罪行为的，要依照《刑法》第三百八十五条、第三百八十六条规定的受贿罪定罪处罚。根据"两高"《意见》：本条所规定的"其他单位"，既包括事业单位、社会团体、村民委员会、居民委员会、村民小组等常设性组织，也包括为组织体育赛事、文艺演出或者其他政党活动而成立的组委会、筹委会、工程承包队等非常设性组织。

本条所规定的公司、企业或者其他单位的工作人员，包括以下人员：

（1）国有公司、企业以及其它国有单位中非国家工作人员；

（2）医疗机构中的非国家工作人员利用职务便利，或者其他医务人员利用开处方的职务便利，收受贿赂；

（3）学校及其他教育机构中非国家工作人员，或者教师利用职务或者教学的职务之便，收受贿赂的；

（4）依法组建的评标委员会竞争性谈判采购中谈判小组、询价采购中询价小组的组成人员（国家机构或者其他国有单位的代表除外）收受贿赂的。

4. 本罪的主观方面，只能是故意，过失不构成本罪。

（二）关于本罪的认定

（1）罪与非罪的认定

在"两高"《意见》第 10 条中规定：办理商业贿赂犯罪案件，要注意区分贿赂与馈赠的界限。主要应当结合以下因素全面分析、综合判断：（1）发生财物往来的背景，如双方是否存在亲友关系及历史上交往的情形和程度；（2）往来财物的价值；（3）财物往来的缘由、时机和方式，提供财物方对于接收方有无职务上的请托；（4）接收方是否利用职务上的便利为提供方谋取利益。

（2）关于本罪共犯问题

在"两高"《意见》第 11 条中规定：非国家工作人员与国家工作人员通谋，共同收受他人财物，构成共同犯罪的，根据双方利用职务便利的具体情形分别定罪追究刑事责任：（1）利用国家工作人员的职务为他人谋取利益的，以受贿罪追究刑事责任。（2）利用非国家工作人员的职务为他人谋取利益的，以非国家工作人员受贿罪追究刑事责任。（3）分别利用各自的职务便利为他人谋利益的，按主犯的犯罪性质追究刑事责任，不能分清主从犯的，可以受贿罪追究刑事责任。

（3）关于本罪与职务侵占罪、贪污罪的界限。本罪与职务侵占罪或者贪污罪在一般情况下是比较容易区分的。但在以下情况下，就应认真加以区别。在经济往来中，利用职务之便，收受各种名义的回扣、手续费归个人所有。在这种情况下，应注意两种情形：一是收受的回扣、手续费其本身是属商品贸易中的正常让利，此时回扣、手续费的收入其性质应属单位或者是国家财产，行为人利用职务之便，将其私吞，具有国家工作人员身份者构成贪污罪，其他身份者构成职务侵占罪；如果收受的回扣、手续费不具有合法的性质，而利用职务之便归个人所有，具有国家工作人员身份的应构成受贿罪，非国家工作人员则构成公司、企业、其他单位人受贿罪。

（三）本罪的刑事责任

根据《刑法》第一百六十三条的规定，犯本罪的，处五年以上有期徒刑或者拘役；受贿数额巨大的，处五年以上有期徒刑，可以并处没收财产。

九、对非国家工作人员行贿罪：

（一）本罪的概念及犯罪构成

本罪是根据《刑法修正案（六）》第 8 条对《刑法》第 164 条的内容进行了修正。

是指为谋取不正当利益，给予公司、企业、其他单位的工作人员以财物，数额较大的行为。

1. 本罪的犯罪客体，是复杂客体，既侵犯了公司、企业或者其他单位的正常管理制度，又损害了公司、企业、其他单位工作人员职务的廉洁性。本罪的犯罪对象是财物。

2. 本罪客观方面，表现为行为人为谋取不正当利益给予公司、企业或者其他单位的工作人员以财物，数额较大的行为。首先，所谓"给予"公司、企业其他单位工作人员财物的行为，既包括行为人主动给予，也包括经纪公司、企业的工作人员的明示或暗示而被动给予财物。但是，行为人如果是被勒索而给予公司、企业工作人员以财物的，对于这种情形，应当根据《刑法》第三百八十九条第三款规定处理，即因被勒索给予公司、企业或者其他单位的工作人员以财物，没有获得不正当利益的，不构成犯罪。所谓"不正当利益"是指获取的是非法利益，即没有法律依据的利益。以及在公平、公正和公开的市场竞争中不能获得的利益。即不该得或者是不应得的利益。所谓"不该得"是指在正常的情况下得不到的利益。所谓"不应得"是指不具有得到该利益的资格。在"两高"《意见》第9条中规定：在行贿犯罪中，"谋取不正当利益"，是指行贿人谋取违反法律、法规、规章、政策、行业规范的规定提供帮助或者方便条件。在招标投标、政府采购等商业活动中，违背公平原则，给予相关人员财物以牟取竞争优势的，属于"谋取不正当利益"。行贿的财物，还必须"数额较大"。具体内容应按上述"两高"《意见》规定执行。

根据《立案标准（二）》第十一条［对非国家工作人员行贿案（刑法第一百六十四条）］为谋取不正当利益，给予公司、企业或者其他单位的工作人员以财物，个人行贿数额在一万元以上的，单位行贿数额在二十万元以上的，应予立案追诉。

3. 本罪的犯罪主体，个人和单位均可构成。其中，个人是指已满16周岁且具有刑事责任能力的自然人。

4. 本罪的主观方面，只能是故意，而且必须具有谋取不正当利益的特定目的。如果行为人为谋取正当利益而给予公司、企业工作人员以财物，便不构成本罪。

（二）关于本罪的认定

（1）关于本罪与公司、企业、其他单位人员受贿罪的对合问题。行贿与受贿在刑法理论上称为对合性犯罪。所谓对合性即彼起此生的一种对应关系。如：受贿的发生必须要有行贿的存在，这就是一种对应性关系。所谓"行贿"从本质上讲，就是行为人为了某种利益，而给予对方以财物。但依据法律的规定，以下两种给予财物的行为不属行贿，不能以行贿罪认定。但接受财物者可构成受贿罪。一是谋取正当利益而给对方以财物；二是谋取不正当利益被对方勒索给予对方财物，但没有获得不正当利益的。

（2）行贿的对象是财物。所谓"财物"，就是凝聚着价值和使用价值的物品，不包括具有物质性的某些利益形式。

（3）关于本罪名是否应定为商业行贿罪的罪名问题。有学者认为，修正后的刑法第164条（原"公司、企业行贿罪"），作为受贿罪的对合性犯罪，即可确定为"商业行贿罪"。这涉及到《刑法修正案（六）》第7、8条对刑法第163条、第164条的修正，在刑法罪名上是否明确了商业贿赂罪的问题。我们认为凡是发生在商业领域的行贿、受贿与介绍贿赂等，都可以称为商业贿赂。换言之，在商业活动中，经营者为销售商品或者购买商品，提供服务或者接受服务，违反国家规定，要么利用职务之便，收受财物，要么为了谋取不正当利益给予对方财物或者物质性利益，都属商业贿赂行为。显然，商业贿赂是着眼于贿赂发生的领域而形成的概念，即发生于商业领域的贿赂就是商业贿赂。而现行刑法主要是根据主体性质的区别规定了各种不同的受贿罪与行贿罪。所以，在刑法条文上对应的贿赂犯罪不仅只是针对商业贿赂行为。换言之，商业受贿、商业行贿都不是刑法概念，也就是说刑法分则中并不存在专门规定商业贿赂犯罪的条款。

我们认为，将《刑法修正案（六）》第7、8条规定的犯罪，就是有关商业贿赂的专门法条，即规定了商业贿赂罪、商业行贿罪。对这样的定论，是与立法旨意不符。譬如：有的学者认为，《刑法修正案（六）》第163条将原犯罪主体从公司、企业工作人员扩大到其他单位的工作人员，这一补充正好弥补了原条文中对商业贿赂的主体外延界定不充分的缺陷，完善了该条款对商业贿赂的规定。事实果真如此？事实上，修改前的《刑法》第163条第1款是针对非国家工作人员的受贿行为所作的规定，但此条不限于商业受贿行为。第2条规定应当是典型的商业受贿行为，但从其内容看，并未包含整个商业受贿内容，仅是指在经济往来中，收受各种名义的回扣、手续费。如在其他商业活动中，不是通过回扣、手续费的形式收受贿赂，其定罪的法律依据就应援用本条第1款的规定。譬如：公司、企业工作人员接受贿赂，泄露单位的经营信息等。同理，《刑法修正案（六）》第8条规定的公司、企业、其他单位行贿罪，也不仅限于商业行贿行为。由此可见，商业贿赂罪并非刑法意义类型的犯罪，也不是刑法意义上的独立的个罪。因此，将《刑法修正案（六）》第7、8条规定的内容确定为商业受贿罪、商业行贿罪，不符合刑法所规定的构成要件。再以此的构成要件来认定商业受贿罪、商业行贿罪，必然违背罪刑法定原则。

（三）本罪的刑事责任

根据《刑法》第一百六十四条规定，犯本罪的，处三年以下有期徒刑或者拘役；数额巨大的处三年以上十年以下有期徒刑，并处罚金。单位犯本罪的，对单位判处罚金，并对其直接负责的主管人员和其他责任人员，依照上述规定处罚。行贿人在被追诉前主动交待行贿行为的，可以减轻处罚或者免除处罚。

十、对外国公职人员、国际公共组织官员行贿罪

（一）本罪的概念及犯罪构成

对外国公职人员、国际公共组织官员行贿罪是指为谋取不正当商业利益，给予外国公职人员或者国际公共组织官员以财物的行为。客观方面表现为给予外国公职人员或者国际公共组织官员以财物的行为；主体是一般主体，包括自然人和单位；主观方面是故意，并具有谋取不正当商业利益的目的。

根据《立案标准（二）》中增加第十一条之一，对外国公职人员、国际公共组织官员行贿案（刑法第一百六十四条第二款）的规定：为谋取不正当商业利益，给予外国公职人员或者国际公共组织官员以财物，个人行贿数额在一万元以上的，单位行贿数额在二十万元以上的，应予立案追诉。

（二）本罪的刑事责任

根据《刑法》第一百六十四条规定，犯本罪的，处三年以下有期徒刑或者拘役；数额巨大的处三年以上十年以下有期徒刑，并处罚金。单位犯本罪的，对单位判处罚金，并对其直接负责的主管人员和其他责任人员，依照上述规定处罚。行贿人在被追诉前主动交待行贿行为的，可以减轻处罚或者免除处罚。

十一、非法经营同类营业罪

（一）本罪的概念及犯罪构成

本罪是指国有公司、企业董事、经理利用职务便利，自己经营或者为他人经营与其所任职公司、企业同类的营业，获取非法利益，数额巨大的行为。

1. 本罪的客体，是国家对国有公司、企业的管理制度和国家利益。行为人实施非法竞业行为，直接侵犯了国家对国有公司、企业的管理人员职业规范管理制度；同时，法律明文规定，公司、企业中的国有资产所有权属于国家，非法竞业行为蓄谋使国有资产流失，也直接侵犯了国家利益。

2. 本罪的客观方面，表现为行为人实施了利用职务便利，自己经营或者为他人经营与其所任职公司、企业同类的营业，获取非法利益，数额巨大的行为。法律在这里规定"利用职务上的便利，与经营所任职公司、企业同类的营业"，这两者之间具有后者依存于前者的依赖关系。所谓"职务便利"是指以所处的职位获取的有利的经营条件及信息，并以此为基础，自己经营和与他人经营与公司、企业同类的营业。所谓"同类营业"，是指行为人所任职公司、企业的营业种类与自己经营或者与他人经营种类相同。所谓"非法获利"，是指利用职务便利所获得的经营策略和信息以及其他有利条件运用于自己经营或者与他人经营中所获得的利益。但所经营的与公司、企业不是所任公司、企业同类营业，即相同的业务，不构成本罪。

根据《立案标准（二）》第十二条［非法经营同类营业案（刑法第一百六十五条）］国有公司、企业的董事、经理利用职务便利，自己经营或者为他人经营与其所任职公司、企业同类的营业，获取非法利益，数额在十万元以上的，应予立案追诉。

3. 本罪的主体，是特殊主体。即只能由国有公司、企业的董事、经理构成。董事，指股东大会选举的董事会成员。经理，指董事会聘任主持日常工作的人员，或者由政府主管部门根据企业的情况委派、招聘、任命或由企业职工代表大会选举为企业法定代表人的人。

4. 本罪的主观方面，是犯罪的故意，并且具有非法牟利的目的。

（二）本罪的刑事责任

根据《刑法》第一百六十五条的规定，犯本罪的，处三年以下有期徒刑或者拘役，并处或者单处罚金；数额特别巨大的，处二年以上七年以下有期徒刑，并处罚金。

十二、为亲友非法牟利罪

（一）本罪的概念及犯罪构成

本罪是指国有公司、企业、事业单位的工作人员，利用职务便利，将在单位的盈利业务交由自己的亲友进行经营，或者为其经营提供其他便利，使国家利益遭受重大损失的行为。

1. 本罪的客体，是国有公司、企业、事业单位的正常管理活动和经济利益。

2. 本罪的客观方面，表现为利用职务上的便利，将本单位的盈利业务交由自己的亲友进行经营，或者以明显高于市场的价格向自己的亲友经营管理的单位采购商品或者以明显低于市场价格向自己的亲友经营管理的单位销售商品，或是向自己的亲友经营管理的单位采购不合格商品的行为。所谓利用职务便利，是指利用自己主管、决定、参与经营项目，购买或者销售商品等经营管理的地位和职权形成的便利条件。对于"亲友"的理解，指行为人的亲戚与关系密切的朋友，并非仅指直系亲属和极少数心腹朋友。所谓"盈利业务"，则是指本可盈利的业务，或是说在正常情况下预计显然可以盈利的业务。至于明显高于市价的"购进"和"售出"，以及采购不合格的产品。其针对的对象都是自己亲友，其实质是损公肥私。

根据《立案标准（二）》第十三条［为亲友非法牟利案（刑法第一百六十六条）］国有公司、企业、事业单位的工作人员，利用职务便利，为亲友非法牟利，涉嫌下列情形之一的，应予立案追诉：（一）造成国家直接经济损失数额在十万元以上的；（二）使其亲友非法获利数额在二十万元以上的；（三）造成有关单位破产、停业、停产六个月以上，或者被吊销许可证和营业执照、责令关闭、撤销、解散的；（四）其他致使国家利益遭受重大损失的情形。

3. 本罪的主体，是特殊主体；即只能由国有公司、企业、事业单位的工作人员构成。

4. 本罪的主观方面，表现为故意，并且具有非法牟利目的。即行为人明知自己是在利用职务便利为亲友进行经营获取非法利益而仍实施该行为。

（一）本罪的刑事责任

根据《刑法》第一百六十六条的规定，犯本罪的，处三年以下有期徒刑或者拘役，并处或者单处罚金；致使国家利益遭受特别重大损失的，处三年以上七年以下有期徒刑，并处罚金。

十三、签订、履行合同失职被骗罪

（一）本罪的概念及犯罪构成

本罪是指国有公司、企业、事业单位直接负责的主管人员，在签订、履行合同过程中，因严重不负责任被诈骗，致使国家利益遭受重大损失的行为。根据1998年全国人大常委会《关于惩治骗购外汇、逃汇和非法买卖外汇犯罪的决定》第七条的规定，本罪还指金融机构，从事对外贸易经营活动的公司、企业的工作人员严重不负责任，造成大量外汇被骗购或者逃汇，致使国家利益遭受重大损失的行为。

1. 本罪的客体，是国家对国有公司、企业、事业单位的管理制度和国家利益。

2. 本罪的客观方面表现为在签订、履行经济贸易等合同过程中由于严重不负责任而被诈骗，致使国家利益遭受重大损失的行为，或者是金融机构，从事对外贸易经营活动的公司、企业的工作人员严重不负责任，造成大量外汇被骗购或者逃汇，致使国家利益遭受重大损失的行为。所谓"签订合同"，是指公司双方为某一标的设定双方权利和义务的法定程序，也是双方进行经济贸易的起始阶段。"履行合同"是合同双方对已生效合同持着各自的权利、义务付诸实施的阶段。关于合同的签订和履行，《合同法》对其内容、程序作了具体规定。由于行为人在签订和履行合同中，严重不负责任导致被诈骗。所谓的"外汇被骗购"，就是不具有购买外汇的资格而进行欺骗购买的行为。注意与套汇行为的区别。"套汇"通常是指国家机关、企业事业单位、团体或个人，违反国家外汇管理规定，通过各种不正当方式，用人民币或物资换取外汇的行为。所谓"逃汇"，是指公司、企业违反国家规定，擅自将外汇存放境外，或者将境内的外汇非法转移到境外，情节严重的行为。所谓"外汇"，是指外国货币和以外国货币表示的用于国际结算的信用凭证和支付手段。上述的两种行为，均是由于行为人严重不负责任致使国家利益遭受重大损失，才能构成犯罪。

根据《立案标准（二）》第十四条［签订、履行合同失职被骗案（刑法第一百六十七条）］国有公司、企业、事业单位直接负责的主管人员，在签订、履行合同过程中，因严重不负责任被诈骗，涉嫌下列情形之一的，应予立案追诉：（一）造成国家直接经济损失数额在五十万元以上的；（二）造成有关单位破产、停业、停产六个月以上，或者被吊销许可证和营业执照、责令关闭、撤销、解散的；（三）其他致使国家利益遭受重大损失的情形。金融机构、从事对外贸易经营活动的公司、企业的工作人员严重不负责任，造成一百万美元以上外汇被骗购或者逃汇一千万美元以上的，应予立案追诉。本条规定的"诈骗"，是指对方当事人的行为已经涉嫌诈骗犯罪，不以对方当事人已经被人民法院判决构成诈骗犯罪作为立案追诉的前提。

3. 本罪的主体，为特殊主体，即国有公司、企业、事业单位直接负责的主管人员，或者是金融机构，从事对外贸易经营活动的公司、企业的工作人员。

4. 本罪的主观方面，只能是表现为过失。疏忽大意或者过于自信的过失均可构成本罪。

（一）本罪的刑事责任

根据《刑法》第一百六十七条规定，犯本罪的，处三年以下有期徒刑或者拘役；致使国家利益遭受特别重大损失的，处三年以上七年以下有期徒刑。

十四、国有公司、企业、事业单位人员失职罪

（一）本罪的概念及犯罪构成

本罪是刑法修正案对刑法典第一百六十八条修改之后新产生的一个罪名，是指国有公司、企业的工作人员由于严重不负责任，造成国有公司、企业破产或者严重损失，或者国有事业单位工作人员严重不负责任，致使国家利益遭受重大损失的行为。

1. 本罪的客体是国有公司、企业、事业单位工作人员的责任制度和国有公司、企业、事业单位资产保值、增值制度。

2. 本罪的客观方面表现为行为人由于严重不负责任，造成国有公司、企业破产或者致使国家利益遭受重大损失的行为。所谓"严重不负责任"是指不遵守法律、法规，不尊重客观的市场经济规律，管理混乱，规章制度不健全，无事业心和责任感等。所谓"破产"，是指债务人不能清偿到期债务，法院根据债权人或债务人的申请，将债务人的破产财产在全体债权人中间按比例进行分配，彻底终结债权、债务关系的特殊程序。本罪是结果犯，要造成严重后果才能构成本罪。

根据《立案标准（二）》第十五条［国有公司、企业、事业单位人员失职案（刑法第一百六十八条）］国有公司、企业、事业单位的工作人员，严重不负责任，涉嫌下列情形之一的，应予立案追诉：（一）造成国家直接经济损失数额在五十万元以上的；（二）造成有关单位破产、停业、停产一年以上，或者被吊销许可证和营业执照、责令关闭、撤销、解散的；（三）其他致使国家利益遭受重大损失的情形。

3. 本罪的主体，是特殊主体。是国有公司、企业、事业单位人员。

4. 本罪的主观方面是过失，包括疏忽大意和过于自信的过失。

（二）本罪的刑事责任

根据《刑法修正案》（一）的规定，犯本罪的，处三年以下有期徒刑或者拘役；致使国家利益遭受特别重大损失的，处三年以上七年以下有期徒刑。国有公司、企业、事业单位的工作人员，循私舞弊的，从重处罚。

十五、国有公司、企业、事业单位人员滥用职权罪

（一）本罪的概念及犯罪构成

本罪是《刑法修正案（一）》对刑法典第一百六十八条修改而来的另一罪名，是指国有公司、企业工作人员滥用职权，造成国有公司、企业破产或者严重损失，或者国有事业单位的工作人员滥用职权，致使国家利益遭受重大损失的行为。

1. 本罪的犯罪客体，是国有公司、企业、事业单位工作人员职权行使的正当性和国有公司、企业、事业单位资产保值、增值制度。

2. 本罪的客观方面表现为行为人滥用职权，致使国家利益遭受重大损失的行为。所谓"滥用职权"，是指超越职权，违法决定、处理其无权决定、处理的事项，或者在行使职权时蛮横无理，随心所欲地作出处理决定。

根据《立案标准（二）》第十六条［国有公司、企业、事业单位人员滥用职权案（刑法第一百六十八条）］国有公司、企业、事业单位的工作人员，滥用职权，涉嫌下列情形之一的，应予立案追诉：（一）造成国家直接经济损失数额在三十万元以上的；（二）造成有关单位破产，停业、停产六个月以上，或者被吊销许可证和营业执照、责令关闭、撤销、解散的；（三）其他致使国家利益遭受重大损失的情形。

3. 本罪的犯罪主体，是特殊主体。即国有公司、企业、事业单位人员。

4. 本罪的主观方面是过失，而且是过于自信的过失，对于滥用职权是明知，对造成的严重后果是过失心理。有学者认为本罪的主观方面是间接故意。从理论和实践看，"滥用职权"时，不排除有间接故意主观心理。

（二）本罪的刑事责任

根据《刑法修正案（一）》的规定，犯本罪的，处三年以下有期徒刑或者拘役；致使国家利益遭受特别重大损失的，处三年以上七年以下有期徒刑。循私舞弊的，从重处罚。

十六、循私舞弊低价折股，出售国有资产罪

（一）本罪的概念及犯罪构成

本罪是指国有公司、企业或者其上级主管部门直接负责的主管人员，循私舞弊，将国有资产低价折股或者低价出售，致使国家利益遭受重大损失的行为。

1. 本罪的犯罪客体，是国家对国有资产的所有权和管理制度。

2. 本罪的客观方面表现为循私舞弊，将国有资产低价折股或低价出售，致使国家利益遭受重大损失的行为。所谓"循私舞弊"，是指屈从私情，用欺骗的方法做违法乱纪的事。本罪所指的违规就是"低价折股""低价出售"，这里的"低价"则是相对国

有资产应有的价值而言的。行为人的行为必须造成了国家利益遭受重大损失的后果，这是构成本罪不可缺少的客观要件之一。

根据《立案标准（二）》第十七条［徇私舞弊低价折股、出售国有资产案（刑法第一百六十九条）］国有公司、企业或者其上级主管部门直接负责的主管人员，徇私舞弊，将国有资产低价折股或者低价出售，涉嫌下列情形之一的，应予立案追诉：

（一）造成国家直接经济损失数额在三十万元以上的；（二）造成有关单位破产、停业、停产六个月以上，或者被吊销许可证和营业执照、责令关闭、撤销、解散的；（三）其他致使国家利益遭受重大损失的情形。

3. 本罪的主体，是特殊主体。特指国有公司、企业或者其上级主管部门直接负责的主管人员。

4 本罪主观方面，只能由故意构成，直接故意和间接故意均能构成本罪。

（二）本罪的刑事责任

根据《刑法》第一百六十九条规定，犯本罪的处三年以下有期徒刑或者拘役；致使国家利益遭受特别重大损失的，处三年以上七年以下有期徒刑。

十七、背信损害上市公司利益罪

（一）本罪的概念及犯罪构成

本罪是《刑法修正案（六）》第9条在《刑法》第169条后增加的一条而规定的新罪。本罪是指上市公司董事、监事、高级管理人员违背对公司的忠实义务，利用职务便利，操纵上市公司实施违规行为，指使上市公司利益遭受重大损失的行为。

1. 本罪的犯罪客体是上市公司、董事、监事、高级管理人员对公司的忠实义务和公司的利益。《中华人民共和国公司法》第148条明确指出："董事、监事、高级管理人员应当遵守法律、行政法规和公司章程，对公司负有忠实义务和勤勉义务。"这里的"忠实义务"，是指董事、监事、高级管理人员对公司事务应忠诚尽力，忠实于公司，当其自身利益与公司利益相冲突时，应以公司利益为重。不得将自身利益置于公司利益之上。他们必须为公司的利益善意处理公司事务，处置其所掌握的公司财产，其行使权力的目的必须是为了公司的利益。具体内容为该法第149条所规定的禁止行为。这里的"公司利益"主要是公司的经济利益。

2. 本罪的客观方面表现为上市公司的高管违背对公司的忠实义务，利用职务之便，操纵上市公司从事下列行为之一，致使上市公司利益遭受重大损失的行为。（1）无偿向其他单位或者个人提供资金、商品、服务或其他资产的；（2）以明显不公平的条件，提供或接受资金、商品、服务或者其他资产的；（3）向明显不具有清偿能力的单位或个人提供资金、商品、服务或其他资产的；（4）为明显不具有清偿能力的单位或者个人提供担保，或者无正当理由为其他单位或者个人提供担保的；（5）无正当理由放弃债权、承担债务的；（6）采用其他方式损害上市公司利益的。同时，背信行为必须是

"利用职务便利"，董事、监事、高级管理人员都是对公司具有一定管理职责的人员，"利用职务便利"就是利用管理公司职权上的便利。所谓"操纵上市公司"就是要手段来支配或者控制公司实施上述行为之一。构成本罪必须"致使上市公司利益遭受重大损失"。

根据《立案标准（二）》第十八条［背信损害上市公司利益案（刑法第一百六十九条之一）］上市公司的董事、监事、高级管理人员违背对公司的忠实义务，利用职务便利，操纵上市公司从事损害上市公司利益的行为，以及上市公司的控股股东或者实际控制人，指使上市公司董事、监事、高级管理人员实施损害上市公司利益的行为，涉嫌下列情形之一的，应予立案追诉：

（一）无偿向其他单位或者个人提供资金、商品、服务或者其他资产，致使上市公司直接经济损失数额在一百五十万元以上的；（二）以明显不公平的条件，提供或者接受资金、商品、服务或者其他资产，致使上市公司直接经济损失数额在一百五十万元以上的；（三）向明显不具有清偿能力的单位或者个人提供资金、商品、服务或者其他资产，致使上市公司直接经济损失数额在一百五十万元以上的；（四）为明显不具有清偿能力的单位或者个人提供担保，或者无正当理由为其他单位或者个人提供担保，致使上市公司直接经济损失数额在一百五十万元以上的；（五）无正当理由放弃债权、承担债务，致使上市公司直接经济损失数额在一百五十万元以上的；（六）致使公司发行的股票、公司债券或者国务院依法认定的其他证券被终止上市交易或者多次被暂停上市交易的；（七）其他致使上市公司利益遭受重大损失的情形。

3. 本罪的主体是特殊主体，即上市董事、监事、高级管理人员，以及上市公司的控股股东或者实际控制人指使上市董事、监事、高级管理人员实施上述规定行为的有关人员。所谓"上市公司"按照《公司法》121条的解释，即是指股票在证券交易所上市交易的股份有限公司。"董事"，一般是由股东大会选举产生，代表全体股东对公司进行管理的负责人，是公司董事会成员之一。"监事"，一般也是由股东大会产生，实行对公司董事会业务活动的监视职责，是公司监事会成员之一。"高级管理人员"，是指公司的经理、副经理、财务负责人、上市公司董事会秘书和公司章程规定的其他人员。"上市公司控股股东"，是指其出资额占股份有限公司资本总额百分之五十一以上或者其持有的股份占股份公司股本总额百分之五十一以上的股东；出资额或者持有股份的比例虽然不足百分之五十，但依其出资额或者持有的股份所享有的表决权以足以对股东会、股东大会的决议产生重大影响的股东。所谓"实际控制人"是指虽不是公司的股东，但通过投资关系、协议或者其他安排，能实际支配公司行为的人。如果上市公司的控股股东或者实际控制人是单位的，即按单位犯罪论处。

4. 本罪主观故方面是故意，即包括直接故意，也包括间接故意，并具有损害公司利益之目的。过失不构成本罪。

（二）关于本罪的认定

（1）本罪与非罪的认定。如果行为人不是以损害公司的利益为目的，实施本罪客观方面的行为，致使上市公司遭受重大损失，不能以本罪认定。如果行为人虽然具备职务便利，但在公司的决策中并没有起到控制和支配的作用，只是建议和献策等辅助作用，指使上市公司利益遭受重大损失，行为人也不能承担本罪的刑事责任。

（2）本罪与徇私舞弊低价折股、出售国有资产罪的异同。二者都有违背忠实义务，致使公司利益遭受造成重大损失的后果。但二者的区别也是明显的：前罪的犯罪主体是上市公司的高管及其有关人员，后罪仅指国有公司、企业或者主管部门的有关官员；在客观方面的表现也不尽相同。前罪实施行为的范围要广于后罪，后罪主要是低价折股出售国有资产；在主观方面的表现也不尽相同。前罪是指违背忠实义务，后罪具体是指徇私舞弊，前罪涵盖的内容较后罪要广泛。

（三）刑事责任

根据《刑法修正案（六）》第 9 条规定：构成本罪的，处三年以下有期徒刑或者拘役，并处或单处罚金；指使上市公司利益遭受特别重大损失的，处三年以上七年以下有期徒刑，并处罚金。

第七章 破坏金融管理秩序罪

一、伪造货币罪

(一) 本罪的概念及犯罪构成

本罪是指仿照货币的式样、票面、图案、颜色、质地和防伪标记等特征，使用描绘、复印、影印、制版印刷和计算机扫描打印等方法，非法制造假货币，冒充真货币的行为。

1. 本罪的犯罪客体，是国家的货币管理制度。既包括对本国货币的管理，也包括能在本国市场流通或者兑换的境外货币的管理。本罪的犯罪对象是货币。所谓"货币"，是充当一切商品的等价物的特殊商品。因而它是价值的一般代表。

2. 本罪的客观方面，表现为仿照正在流通的货币式样、票面、图案、颜色、质地和防伪标记等特征，使用描绘、复印、影印、制版印刷和计算机扫描打印等方法，非法制造假货币，冒充真货币的行为。所谓伪造货币，是指无印钞权的企业或者个人，非法制造货币的行为。其伪造的手法是多种多样，即使用描绘、影印、制版等仿照真货币，制造假货币。

根据《立案标准（二）》第十九条［伪造货币案（刑法第一百七十条）］伪造货币，涉嫌下列情形之一的，应予立案追诉：（一）伪造货币，总面额在二千元以上或者币量在二百张（枚）以上的；（二）制造货币版样或者为他人伪造货币提供版样的；（三）其他伪造货币应予追究刑事责任的情形。

本规定中的"货币"是指流通的以下货币：（一）人民币（含普通纪念币、贵金属纪念币）、港元、澳元、新台币；（二）其他国家及地区的法定货币。贵金属纪念币的面额以中国人民银行授权中国金币总公司的初始发售价格为准。

根据最高人民法院《关于审理伪造货币等案件具体应用法律若干问题的解释》（法释〖2000〗26号）的解释，本罪所指的"货币"是指可在国内市场流通或者兑换的人民币和境外货币，货币面额应当以人民币计算。其他币种以案发时国家外汇管理机关公布的外汇牌价折算成人民币，因而伪造在国内市场不能流通或者兑换的货币不构成本罪，若构成其他犯罪，应按构成的其他犯罪论处。根据上述的司法解释，构成本罪基本构成的数量标准是，伪造货币的总面额在二千元以上不满三万元或者币量在二百张（枚）以上不足三千张（枚）的，伪造货币数额特别巨大是伪造货币的总面额在三万元以上的。

3. 本罪的主体，是一般主体，即已满 16 周岁且具有刑事责任的自然人。单位不能构成本罪的主体。

4. 本罪的主观方面，表现为故意，包括直接故意，也包括间接故意。一般地说，伪造货币罪的目的是为了牟利，但是法律并未将此目的作为构成本罪的要件，因此，不论行为人主观上是否出于牟利的目的，只要伪造货币达到法定标准，便构成本罪。

（二）关于本罪的认定

根据刑法第一百七十一条以及上述司法解释的规定，伪造货币并出售或者运输其伪造货币的，依照伪造货币罪定罪从重处罚；伪造货币而使用的，只要行为人的行为数量达到法定标准，应按伪造货币罪和使用货币罪数罪并罚。如果行为人既伪造了货币，又持有、使用、运输、出售购买他人伪造的货币，应按伪造货币罪和有关犯罪实行数罪并罚。行为人制造货币版样或者与他人事前通谋，为他人伪造货币提供版样的，依照本罪定罪处罚。

（三）本罪的刑事责任

根据《刑法》第一百七十条的规定，犯本罪的，处三年以上十年以下有期徒刑，并处五万元以上五十万元以下罚金；对于伪造货币集团的首要分子，伪造货币数额特别巨大或者有其他特别严重情节的，处十年以上有期徒刑、无期徒刑或者死刑，并处五万元以上五十万元以下罚金或者没收财产。

二、出售、购买、运输假币罪

（一）本罪的概念及犯罪构成

本罪是指出售、购买伪造的货币或者明知是伪造的货币而运输，数额较大的行为。本罪是选择罪名。

1. 本罪的犯罪客体是国家的货币管理制度。

2. 本罪的客观方面表现为出售、购买、运输数量较大的伪造的货币的行为。所谓出售，是指将本人持有的伪造的货币卖给他人。出售既可以是假币与真币之间的交易，也可以是假货币与实物之间的交易。所谓购买，是指将他人持有的伪造的货币予以收购的行为。所谓运输，是指将伪造的货币从此地运往彼地的行为。运输的方法可以是随身携带，也可以是利用交通工具运输，还可以是通过邮局或者利用不知情者携带等。构成本罪还要达到数额较大。

根据《立案标准（二）》第二十条［出售、购买、运输假币案（刑法第一百七十一条第一款）］出售、购买伪造的货币或者明知是伪造的货币而运输，总面额在四千元以上或者币量在四百张（枚）以上的，应予立案追诉。在出售假币时被抓获的，除现场查获的假币应认定为出售假币的数额外，现场之外在行为人住所或者其他藏匿地查获的假币，也应认定为出售假币的数额。

根据最高人民法院法释〔2000〕26号的司法解释：出售、购买假币或者明知是假币而运输，总面额在四千元以上不满五万元的，属于"数额较大"；总面额在五万元以上不满二十万元的，属于"数额巨大"；总面额在二十万元以上的，属于"数额特别巨大"。

3. 本罪的主体，是一般主体。

4. 本罪的主观方面，是故意。如果运输假币，对其运输的假币应当明知。不明知不构成本罪。

（二）对本罪的认定

根据刑法第一百七十一条以及上述司法解释，伪造货币并出售或者运输伪造的货币的，依照伪造货币罪从重处罚。行为人购买假币后使用，构成犯罪的，以购买假币罪定罪，从重处罚。行为人出售、运输假币构成犯罪，同时有使用假币行为的，以出售、运输假币罪和使用假币罪，实行数罪并罚。

（三）本罪的刑事责任

根据《刑法》第一百七十一条第一款和第三款的规定，犯本罪的处三年以下有期徒刑或者拘役，并处二万元以上二十万元以下罚金；数额巨大的处三年以上十年以下有期徒刑，并处五万元以上五十万元以下的罚金或者没收财产。

三、金融工作人员购买假币，以假币换取货币罪

（一）本罪的概念及犯罪构成

本罪是银行或者其他金融机构的工作人员购买伪造的货币，或者利用职务上的便利，以伪造的货币换取货币的行为。

1. 本罪的客体，是国家货币的管理制度。

2. 本罪的客观方面，表现为行为人购买伪造的货币或者利用职务上的便利以伪造的货币换取货币的行为。所谓"利用职务上的便利"，是指利用本人因职务而经手、管理货币上的便利条件。如果行为人本人并不经手、管理货币，而是乘经手、管理货币的工作人员不注意秘密地以伪造的货币换取货币，那就不能构成本罪。这种行为应按盗窃定罪处罚。

根据《立案标准（二）》第二十一条〔金融工作人员购买假币、以假币换取货币案（刑法第一百七十一条第二款）〕银行或者其他金融机构的工作人员购买伪造的货币或者利用职务上的便利，以伪造的货币换取货币，总面额在二千元以上或者币量在二百张（枚）以上的，应予立案追诉。

根据最高人民法院的司法解释，（法释〔2000〕26号）：银行或者其他金融机构的工作人员购买假币或者利用职务上的便利，以假币换取货币，构成本罪基本犯构成的数量标准是总面额在四千元以上不满五万元的，或者币量在四百张（枚）以上不足五千张（枚）的。数额巨大是总面额在五万元以上或者币量在五千张（枚）以上；情节较轻的数量标准是总面额不满人民币四千元或者币量不足四百张（枚）。

3. 本罪的主体，是特殊主体。即只能由银行或者其他金融机构的工作人员构成。其他金融机构是指除银行之外，经中国人民银行批准的从事金融业务的机构。如信托投资公司、融资租赁公司、证券公司、保险、期货经纪公司等。

4. 本罪的主观方面是故意，而且是直接故意。

（二）本罪的刑事责任

根据《刑法》第一百七十一条第二款的规定，犯本罪的，处三年以上十年以下有期徒刑，并处二万元以上二十万元以下罚金；数额巨大或者有其他严重情节的处十年以上有期徒刑或者无期徒刑，并处二万元以上二十万元以下罚金或者没收财产；情节较轻的，处三年以下有期徒刑或者拘役，并处或者单处一万元以上十万元以下罚金。

四、持有、使用假币罪

（一）本罪的概念及犯罪构成

本罪是指明知是伪造的货币而持有、使用，数额较大的行为。

1. 本罪的客体，是国家货币管理制度。

2. 本罪的客观方面，表现为持有、使用伪造的货币，数额较大的行为。持有伪造货币，是指非法拥有伪造的货币。对于"持有"，不能简单地理解为行为人随身携带伪造的货币或者是将伪造的货币藏于家中、办公地点等。而应理解为除上述情况外，还包括将伪造的货币藏于他人家中、山洞、草丛等。也就是说，不管伪造的货币放于何处，只要行为人对其具有控制力、支配力，就应认为行为人持有了伪造的货币。使用伪造的货币，是指将伪造的货币投入流通领域流通的行为。譬如购物、还债、偿付劳务费等。使用可以是在合法的经济活动中使用，也可以是在非法的活动中的使用。如在赌博中使用等。本罪的构成，必须是持有、使用伪造的货币数额较大。

根据《立案标准（二）》第二十二条［持有、使用假币案（刑法第一百七十二条）］明知是伪造的货币而持有、使用，总面额在四千元以上或者币量在四百张（枚）以上的，应予立案追诉。

根据最高人民法院的司法解释（法释〔2000〕26号）规定：明知是假币而持有、使用，总面额在四千元以上不满五万元的，属于"数额较大"；总面额在五万元以上不满二十万元的，属于"数额巨大"；总面额在二十万元以上的，属于"数额特别巨大"。

3. 本罪的犯罪主体，是一般主体。

4. 本罪的主观方面是故意，而且主观上对持有、使用的货币是伪造的这一情况要明知，否则，不能以本罪定罪论处。

（二）本罪的刑事责任

根据《刑法》第一百七十二条的规定，犯本罪的，处三年以下有期徒刑或者拘役，并处或者单处一万元以上十万元以下罚金；数额巨大的处三年以上十年以下有期徒刑，并处二万元以上二十万元以下罚金；数额特别巨大的，处十年以上有期徒刑，并处五万元以上五十万元以下罚金或者没收财产。

五、变造货币罪

（一）本罪的概念及犯罪构成

本罪是指以进入市场流通为目的，对真的货币采取涂改、拼接、剪贴、挖补、揭层等方法，对货币进行加工改造，使货币面值增大，数量增加、数额较大的行为。

1. 本罪的客体，是国家的货币管理制度。

2. 本罪的客观方面，表现为变造货币、数额较大的行为。所谓"变造"，是将真货币通过涂改、揭层、拼凑等方法将票面价值增大的一种欺诈行为。本罪的方法如何，不影响犯罪行为的成立。本罪的构成还要求变造的货币数额较大。

根据《立案标准（二）》第二十三条 [变造货币案（刑法第一百七十三条）] 变造货币，总面额在二千元以上或者币量在二百张（枚）以上的，应予立案追诉。

根据最高人民法院的司法解释（法释〚2000〛26号）：变造货币的总面额在二千元以上不满三万元的，属于"数额较大"；总面额在三万元以上的属于"数额巨大"。

3. 本罪的犯罪主体是一般主体。

4. 本罪的主观方面，是故意，并且具有使变造的货币进入流通的意图。

（二）本罪的刑事责任

根据《刑法》第一百七十三条的规定，犯本罪的，处三年以下有期徒刑或者拘役，并处或者单处一万元以上十万元以下罚金，数额巨大的处三年以上七年以下有期徒刑，并处二万元以上二十万元以下罚金。

六、擅自设立金融机构罪

（一）本罪的概念及犯罪构成

根据刑法典及《刑法修正案（一）》的规定，本罪是指未经国家有关主管机关批准，擅自设立商业银行、证券交易所、证券公司、期货交易所、期货经纪公司、保险公司或者其他金融机构的行为。

1. 本罪的客体，是国家关于金融机构的管理制度。《中国人民银行法》明文规定：中国人民银行按照规定审批金融机构的设立、变更、终止及其业务范围。

2. 本罪的客观方面，表现为未经中国人民银行批准，擅自设立银行或者其他金融机构的行为。所谓商业银行是指依照《中华人民共和国商业银行法》和《中华人民共和国公司法》设立的吸收公众存款、发放借款、办理结算等业务的企业法人。"证券交易所"是指证券集中竞价交易的场所，是证券交易的枢纽。"期货交易所"是指为买卖双方提供期货交易的场所。"期货交易"，它是以契约交易为基础利用"期货合约"为手段进行商品买卖或外汇，有价证券的远期的合同交易。这些用来交易的合同就是"期货"。"证券公司"是指依照《公司法》和《证券法》的规定批准的从事证券经营业务的有限责任公司或者股份公司。所谓"证券业务"是指对发行的股票或者债券承包发行以及对其上市竞价交易的活动。"期货经纪公司"，是指客户负责与期货交易所场内交易员联系和办理买卖期货的中间公司。"保险公司"是指依据《保险法》和《公司法》的规定，实行保险业务的公司。所谓保险，是指投保人根据合同的约定，向保险人支付保险费，保险人对于合同约定的可能发生的事故因其发生所造成的财产损失承担赔偿保险金责任。或者与被保险人死亡、伤残、疾病或者达到合同约定的年龄期限时承担给付保险金责任的商业保险行为。所谓"其他金融机构"，是指以上金融机构以外的在我国境内依法定程序设立的，经营金融业务的机构。所谓"擅自"这里是指没有依据法律程序批准，自行其事成立金融机构的行为。

根据《立案标准（二）》第二十四条［擅自设立金融机构案（刑法第一百七十四条第一款）］未经国家有关主管部门批准，擅自设立金融机构，涉嫌下列情形之一的，应予立案追诉：（一）擅自设立商业银行、证券交易所、期货交易所、证券公司、期货公司、保险公司或者其他金融机构的；（二）擅自设立商业银行、证券交易所、期货交易所、证券公司、期货公司、保险公司或者其他金融机构筹备组织的。

3. 本罪的主体，是一般主体。

4. 本罪的主观方面，是故意。即明知设立金融机构是非法的而故意设立，其目的是经营金融业务获得利润。

（二）本罪的刑事责任

根据《刑法》第一百七十四条第一款、第三款及刑法修正案（一）第三条第一款、第三款的规定，犯本罪的，处三年以下有期徒刑或者拘役，并处或者单处二万元以上二十万元以下罚金；情节严重的，处三年以上十年以下有期徒刑，并处五万元以上五十万元以下罚金。单位犯本罪的，对单位判处罚金，并对其直接负责的主管人员和其他直接责任人员，依照上述规定处罚。

七、伪造、变造、转让金融机构经营许可证、批准文件罪

（一）本罪的概念及犯罪构成

本罪是指伪造、变造、转让商业银行、证券交易所、期货交易所、证券公司、期货经纪公司、保险公司或者其他金融机构经营许可证或者批准文件的行为。

1. 本罪的客体，是国家关于金融机构设立的管理制度。本罪的犯罪对象是金融机构的经营许可证、批准文件。所谓"金融机构经营许可证"，是指金融机构经营金融业

务的法定证明文件。"批准文件"，是指有关金融机构的主管部门对申请设立相应金融机构的报告给予准予成立的批文。

2. 本罪的客观方面，表现为伪造、变造、转让金融机构经营许可证、批准文件的行为。所谓伪造，是指仿照真实的金融机构经营许可证、批准文件的形状、特征、色彩、样式等非法造假的行为。所谓变造，是指在真实金融机构经营许可证、批准文件的基础上加以改造，从而改变其原本内容的行为。所谓转让，是指行为人将自己合法取得的金融机构经营许可证、批准文件转给、让与他人的使用的行为。在此值得研究的是，这里的转让是否包括出租、出借、出售。根据《商业银行法》第二十六条，禁止伪造、变造、转让、出租、出借经营许可证的规定分析。法条将"转让"，"出租"，"出借"在同一条里并列规定，显然这里的转让，不包括出租、出借的内容。依据此法条义，我们认为这里的"转让"，是指除出租、出借之外允许他人对该类证明文件的所有权或者持有使用权。具体包括出售、赠与、抵押等。

根据《立案标准（二）》第二十五条［伪造、变造、转让金融机构经营许可证、批准文件案（刑法第一百七十四条第二款）］伪造、变造、转让商业银行、证券交易所、期货交易所、证券公司、期货公司、保险公司或者其他金融机构的经营许可证或者批准文件的，应予立案追诉。

（二）本罪的刑事责任

根据《刑法》第一百七十四条第二款、第三款及刑法修正案（一）第三条第二款、第三款的规定，犯本罪的，处三年以下有期徒刑或者拘役，并处或者单处二万元以上二十万元以下罚金；情节严重的，处三年以上十年以下有期徒刑，并处五万元以上五十万元以下罚金。单位犯本罪的，对单位判处罚金，并对其直接负责的主管人员和其他直接责任人员，依照上述规定处罚。

八、高利转贷罪

（一）本罪的概念及犯罪构成

本罪是指以转贷牟利为目的，套取金融机构信贷资金高利转贷他人，违法所得数额较大的行为。

1. 本罪的客体，是国家的信贷资金管理制度。本罪的犯罪对象是信贷资金。所谓"信贷资金"，指金融机构用于发放贷款的资金，既包括担保贷款也包括信用贷款。

2. 本罪的客观方面，表现为套取金融机构信贷资金高利转贷他人，违法所得数额较大的行为。具体包括两个方面的内容：一是行为人实施了套取金融机构信贷资金的行为。所谓套取信贷资金，是指编造正当理由从银行骗贷贷款。二是将骗贷出的贷款高利转贷给他人，违法所得数额较大的行为。所谓高利转贷给他人，是指从金融机构套取的贷款以高于贷款利率的利率转贷给他人，从中牟利。

根据《立案标准（二）》第二十六条［高利转贷案（刑法第一百七十五条）］以

转贷牟利为目的，套取金融机构信贷资金高利转贷他人，涉嫌下列情形之一的，应予立案追诉：（一）高利转贷，违法所得数额在十万元以上的；（二）虽未达到上述数额标准，但两年内因高利转贷受过行政处罚二次以上，又高利转贷的。

3. 本罪的主体，是一般主体。单位和自然人都可成为本罪主体。

4. 本罪的主观方面，是故意。本罪是目的犯，即以转贷牟利为目的是本罪主观方面的必备要件。

（二）本罪的刑事责任

根据《刑法》第一百七十五条规定，犯本罪的，处三年以下有期徒刑或者拘役，并处违法所得一倍以上五倍以下罚金；数额巨大的，处三年以上七年以下有期徒刑，并处违法所得一倍以上五倍以下罚金。单位犯本罪的，对单位判处罚金，并对其直接负责的主管人员和其他直接责任人员处三年以下有期徒刑或者拘役。

九、骗取贷款、票据承兑、金融票证罪

（一）本罪的概念及犯罪构成

本罪是《刑法修正案（六）》第10条在《刑法》第175条后增加的一个新罪。是指以欺骗的手段取得银行或者其他金融机构贷款、票据承兑、信用证、保函等，给银行和其他金融机构造成重大损失或者有其他严重情节的行为。

1. 本罪的客体是侵犯了银行等金融机构重大的经济利益。所谓"信用"，是指能践行约定而取得别人的信任。即以信任为基础所从事的活动。本罪中所指的银行及其他金融机构的贷款、票据承兑、信用证、保函等金融业务均是在信用的基础上所从事的活动。侵害金融机构的信用制度，必定破坏正常的金融秩序，造成损失。

本罪在客观方面表现为以欺骗手段取得银行或者其他金融机构的贷款、票据承兑、信用证、保函等，给银行和其他金融机构造成重大损失或者有其他严重情节。详言之：（1）骗贷，如：编造引进资金、项目等虚假理由的，使用虚假的经济合同、文件的，使用虚假的产权证明担保或者超出抵押物价值重复担保，以及用其他方法套取贷款的。这实质是用欺诈的手段获取贷款的使用权。（2）骗取票据承兑、信用证、保函等。所谓"票据承兑"是对票据的兑现承诺，与信用证、保函等都有金融信用的特征。此类行为实则是用虚假的事实骗取银行及金融机构的信用，获取这些金融票证的使用权。（3）造成特别重大损失或者有其他特别严重情节。这里的"损失"主要是经济利益遭受损失，"情节"主要是指情事或情况，即社会影响。

根据《立案标准（二）》第二十七条［骗取贷款、票据承兑、金融票证案（刑法第一百七十五条之一）］以欺骗手段取得银行或者其他金融机构贷款、票据承兑、信用证、保函等，涉嫌下列情形之一的，应予立案追诉：（一）以欺骗手段取得贷款、票据承兑、信用证、保函等，数额在一百万元以上的；（二）以欺骗手段取得贷款、票据承兑、信用证、保函等，给银行或者其他金融机构造成直接经济损失数额在二十万元

以上的；（三）虽未达到上述数额标准，但多次以欺骗手段取得贷款、票据承兑、信用证、保函等的；（四）其他给银行或者其他金融机构造成重大损失或者有其他严重情节的情形。

3. 本罪的主体是一般主体，自然人或单位均可构成本罪的主体。

4. 本罪主观方面是故意，目的是骗取贷款及金融票证的使用权，如果是以非法占有为目的，就应构成金融诈骗方面的犯罪。

（二）关于本罪的认定

（1）本罪中骗取贷款的行为与贷款诈骗罪的界限。两者在骗取行为上有相同之处，不同之处在于：①主观目的不同，或者要求"以非法占有为目的"，前者不能具有此目的；②成立犯罪的条件不同，前者要求"给银行或者其他金融机构造成重大损失或者有其他严重情节的才能构成犯罪，后者只要骗取贷款"数额较大"就可构成犯罪；③主体不同，前者主体包括自然人和单位，后者的主体只能是自然人。

（2）本罪与高利转贷罪的异同。前罪与后罪在犯罪客体、犯罪主体及犯罪主观方面都可为一致，区别仅在犯罪客观方面的不同。前罪不仅包括骗取贷款而且还包括骗取票据承兑、信用证等，后罪主要是骗取贷款，并还需高利贷出，数额较大。因此，从行为的单复看，前罪是单一行为，后罪是复合行为。

（3）本罪中骗取票据承兑的行为与伪造、编造金融票证罪的界限。骗取票据承兑的行为不排除使用伪造、编造的票据骗取承兑，此时，本罪与伪造、编造金融票证罪如何认定。这之中有两种情形：一是行为人自己伪造、变造金融票据骗取票据承兑的，应按牵连犯罪实行择一重处；如果行为人使用他人伪造、变造的金融票据骗取金融机构承兑的，按想象竞合或者按特别法优于普通法处理。

（三）本罪的刑事责任

根据《刑法修正案（六）》第十条规定：构成本罪的，处三年以下有期徒刑或者拘役，并处或单处罚金；给银行或者其他金融机构造成特别重大损失或者有其他特别严重情节的，处三年以上七年以下有期徒刑、并处罚金。

单位犯前款罪的，对单位判处罚金，并对其直接负责的主管人员和其他直接责任人员，依照前款的规定处罚。

十、非法吸收公众存款罪

（一）本罪的概念及犯罪构成

本罪是指违反国家金融管理法规，非法吸收公众存款或者变相吸收公众存款，扰乱金融秩序的行为。

1. 本罪的客体，是国家对存款的管理制度。根据《商业银行法》的规定，未经中国人民银行批准，任何单位和个人不得从事吸收公众存款等商业银行业务。

2. 本罪的客观方面，表现为非法吸收或者变相吸收公众存款的行为。非法吸收存款包括两种情况：一是行为人不具备吸收公众存款的主体资格，而吸收公众存款。二是行为人虽然具备吸收公众存款的资格，但其吸收公众存款的方法是非法的。如违反关于利率的规定，擅自提高利率吸收公众存款即是。变相吸收公众存款，是指行为人不是以存款的名义而是以其他形式的吸收公众资金，从而达到吸收公众存款的目的。如有的单位未经批准成立资金互助组吸收公众资金，但并不按规定分配利润、分配股息，而是以一定的利息进行支付。所谓公众存款，是指社会上不特定的人群的储蓄，如果存款人是特定的少数人，不构成本罪。

根据《立案标准（二）》第二十八条［非法吸收公众存款案（刑法第一百七十六条）］非法吸收公众存款或者变相吸收公众存款，扰乱金融秩序，涉嫌下列情形之一的，应予立案追诉：

个人非法吸收或者变相吸收公众存款数额在二十万元以上的，单位非法吸收或者变相吸收公众存款数额在一百万元以上的；（二）个人非法吸收或者变相吸收公众存款三十户以上的，单位非法吸收或者变相吸收公众存款一百五十户以上的；（三）个人非法吸收或者变相吸收公众存款给存款人造成直接经济损失数额在十万元以上的，单位非法吸收或者变相吸收公众存款给存款人造成直接经济损失数额在五十万元以上的；（四）造成恶劣社会影响的；（五）其他扰乱金融秩序情节严重的情形。

3. 本罪的主体是一般主体。单位和自然人都可构成本罪。

4. 本罪的主观方面，是故意，即行为人明知自己吸收公众存款是非法的而予以实施。

（二）本罪的刑事责任

根据《刑法》第一百七十六条规定：犯本罪的处三年以下有期徒刑或者拘役，并处或者单处二万元以上二十万元以下罚金；数额巨大或者有其他严重情节的，处三年以上十年以下有期徒刑，并处五万元以上五十万元以下罚金。单位犯本罪的对单位判处罚金，并对其直接负责的主管人员和其他直接责任人员，依照上述规定处罚。

十一、伪造、变造金融票证罪

（一）本罪的概念及犯罪构成

本罪是指采取各种方法制造假金融票证或者篡改、变动真金融凭证的行为。

1. 本罪的客体，是国家的金融票证管理制度。犯罪对象是金融凭证。包括：汇票、本票、支票、委托收款凭证、汇款凭证、银行存单等其他银行结算凭证、信用证或者附随的单据、文件、信用卡等。

2. 本罪的客观方面，表现为伪造、变造金融票证的行为。这里的伪造，是指无权制作金融票证的人，假冒政府、公司、企业或者其他人的名义，仿照金融票证式样，制作假金融票证的行为。所谓变造，是指无权变更金融凭证所记载内容的人，对真实有效的金融票证，使用涂改、挖补等方式，改变金融票据所记载的日期、数额等内容的行为。本罪客观方面的行为有以下几种具体的表现形式：

⑴伪造、变造汇票、本票、支票。所谓"汇票"，是指出票人签发的，委托付款人在见票时或者在指定日期无条件地支付确定的金额给收款人或者持票人的票据。"本票"，是指由出票人签发的，承诺自己在见票时无条件支付确定的金额给收款人或者持票人的票据。这里的本票，仅指银行本票。"支票"，是指由出票人签发的，委托办理支票存款业务的银行或者其他金融机构在见票时无条件支付确定的金额给收款人或者持票人的票据。

⑵伪造、变造委托收款凭证、汇款凭证、银行存单等其他银行结算凭证。所谓"委托收款凭证"，是指收款人在委托银行向付款人收取款项时所填写的凭证。委托收款是异地结算的一种方式，由收款单位提供收款依据，委托银行向异地付款单位收取款项。"汇款凭证"，是指汇款人委托银行将款项汇到外地收款人时所填写的凭证。"银行存单"，是指储户向银行交存款项，办理开户，银行签发的载有户名、帐户、存款金额、存期、存入期、到期日、利率等内容的单据。所谓其他银行结算凭证，是指上述委托收款凭证、汇款凭证、银行存单以外的用于银行结算的凭证。

⑶伪造、变造信用证或者附随的单据、文件。所谓信用证，是指开证银行根据开证申请人的请求，开给受益人（通常为出卖人）的一种在具备了约定的条件后，即可得到开证银行或者支付银行支付的约定的金额的保证付款的凭证。所谓"信用证附随的单据、文件"，是指使用信用证时必须附随信用证的单据、文件，如提货单、装船单、商业发票等。

⑷伪造信用卡。所谓信用卡，是指银行发给用户（包括单位和个人）用于购买商品，取得服务或者提取现金的信用凭证。根据全国人大常委会关于《中华人民共和国刑法》有关信用卡规定的解释：刑法规定的"信用卡"，是指由商业银行或者其他金融机构发行的具有消费支付、信用贷款、转帐结算、存取现金等全部功能的电子支付卡。

根据《立案标准（二）》第二十九条［伪造、变造金融票证案（刑法第一百七十七条）］伪造、变造金融票证，涉嫌下列情形之一的，应予立案追诉：（一）伪造、变造汇票、本票、支票，或者伪造、变造委托收款凭证、汇款凭证、银行存单等其他银行结算凭证，或者伪造、变造信用证或者附随的单据、文件，总面额在一万元以上或者数量在十张以上的；（二）伪造信用卡一张以上，或者伪造空白信用卡十张以上的。

3.本罪的主体，是一般主体。自然人和单位都可成为本罪主体。

4.本罪的主观方面，是故意，直接故意或间接故意均可构成。

（二）本罪的刑事责任

根据《刑法》第一百七十七条的规定，犯本罪的处五年以下有期待刑或者拘役，并处或者单处二万元以上二十万元以下罚金；情节严重的，处五年以上十年以下有期徒刑，并处五万元以上五十万元以下罚金；情节特别严重的，处十年以上有期徒刑或者无期徒刑，并处没收财产。

十二、妨害信用卡管理罪

（一）本罪的概念及犯罪构成

本罪是《刑法修正案（五）》增加的新罪。是指违反商业银行及其金融机构对信用卡的管理制度，妨害信用卡管理的行为。

1. 本罪的客体，是国家对信用卡的管理制度。本罪的犯罪对象是信用卡。根据立法解释，信用卡是指由商业银行或者其他金融机构发行的具有消费支付、信用贷款、转帐结算、存取现金等全部功能的电子支付卡。

2. 本罪的客观方面，根据《刑法修正案（五）》中的规定，本罪客观方面的行为是：（1）明知是伪造的信用卡而持有、运输的，或者明知是伪造的空白信用卡而持有、运输，数量较大的；（2）非法持有他人信用卡，数量较大的；（3）使用虚假的身份证明领取信用卡的；（4）出售、购买、为他人提供伪造的信用卡或者以虚假的身份证明骗领的信用卡的。

根据《立案标准（二）》第三十条［妨害信用卡管理案（刑法第一百七十七条之一第一款）］妨害信用卡管理，涉嫌下列情形之一的，应予立案追诉：（一）明知是伪造的信用卡而持有、运输的；（二）明知是伪造的空白信用卡而持有、运输，数量累计在十张以上的；（三）非法持有他人信用卡，数量累计在五张以上的；（四）使用虚假的身份证明骗领信用卡的；（五）出售、购买、为他人提供伪造的信用卡或者以虚假的身份证明骗领的信用卡的。违背他人意愿，使用其居民身份证、军官证、士兵证、港澳居民往来内地通行证、台湾居民来往大陆通行证、护照等身份证明申领信用卡的，或者使用伪造、变造的身份证明申领信用卡的，应当认定为"使用虚假的身份证明骗领信用卡"。

3. 本罪的主体，是一般主体。自然人和单位都可成为本罪主体。

4. 本罪的主观方面，是故意，且持有、运输者须明知是伪造的信用卡。直接故意或间接故意均可构成。

（二）本罪的刑事责任

根据《刑法修正案》的规定，犯本罪的，处三年以下有期徒刑或者拘役，并处或者单处一万元以上十万元以下罚金；数额巨大或者有其他严重情节的，处三年以上十年以下有期徒刑，并处二万元以上二十万元以下罚金。根据《刑法修正案》（五）规定：银行或者其他金融机构的工作人员利用职务上的便利，犯本罪的，从重处罚。

十三、窃取、收买、非法提供信用卡信息罪

（一）本罪的概念及犯罪构成

本罪是《刑法修正案（五）》增加的新罪。是指违反商业银行及其金融机构对信

用卡的管理制度，窃取、收买或者非法提供他人信用卡信息资料的行为。

1. 本罪的客体，是国家对信用卡的管理制度。犯罪对象是信用卡信息资料。其内容主要表现为持卡人的个人信息，如：姓名、卡号、密码、消费支付、信用贷款、转帐结算、存取现金等信息资料，除银行等金融机构外，这些信息是对外绝对保密。否则，就会使持卡人造成经济损失。

2. 本罪的客观方面表现为窃取、收买或者非法提供他人信用卡信息资料的行为。其行为方式：一是"窃取"，即通过秘密手段而获取；二是"收买"，即通过金钱或物质利益而换取；"非法提供"，即违法传递或者给予。行为人只要实施这三种行为之一，即可构成本罪。

根据《立案标准（二）》第三十一条［窃取、收买、非法提供信用卡信息案（刑法第一百七十七条之一第二款）］窃取、收买或者非法提供他人信用卡信息资料，足以伪造可进行交易的信用卡，或者足以使他人以信用卡持卡人名义进行交易，涉及信用卡一张以上的，应予立案追诉。

3. 本罪的主体，是一般主体。自然人和单位都可成为本罪主体。其主体既可以是他人信息卡资料合法主体的持有者，亦可是非法主体的持有者。

4. 本罪主观方面是故意，明知是他人的信用卡信息资料而提供。

（二）本罪的刑事责任

根据《刑法修正案》的规定，犯本罪的，处三年以下有期徒刑或者拘役，并处或者单处一万元以上十万元以下罚金；数额巨大或者有其他严重情节的，处三年以上十年以下有期徒刑，并处二万元以上二十万元以下罚金。根据《刑法修正案（五）》规定：银行或者其他金融机构的工作人员利用职务上的便利，犯本罪的，从重处罚。

十四、伪造、变造国家有价证券罪

（一）本罪的概念及犯罪构成

本罪是指伪造、变造国库券或者国家发行的其他有价证券，数额较大行为。

1. 本罪的客体，是国家有价证券的管理制度。本罪的犯罪对象是国库券、国家发行的其他有价证券。所谓"国库券"，是由国家为解决财政资金、建设资金的不足，由国家发行并由国家财政负责偿还其本息的一种有价证券；国家发行的其他证券是指：特种国债、特种国债券、保值公债券、财政债券、国家投资债券、国家建设债券、国家重点建设债券等。

2. 本罪的客观方面，表现为伪造、变造国库券或者国家发行的其他有价证券，数额较大的行为。所谓"伪造"是指仿照真券制造假券。所谓"变造"是对真券通过剪接、挖补、涂改等方法，对有价证券的内容进行编改的行为。

根据《立案标准（二）》第三十二条［伪造、变造国家有价证券案（刑法第一百七十八条第一款）］伪造、变造国库券或者国家发行的其他有价证券，总面额在二千元以上的，应予立案追诉。

3. 本罪的主体是一般主体。自然人和单位都可以成为本罪主体。

4. 本罪的主观方面是故意，即明知变造国家有价证券，危害国家金融秩序而故意予以伪造、变造。至于以什么目的进行伪造、变造再所不论。

（二）本罪的刑事责任

根据《刑法》第一百七十八条第一款和第二款的规定，犯本罪的，处三年以下有期徒刑或者拘役，并处或者单处二万元以上二十万元以下罚金；数额巨大的，处三年以上十年以下有期徒刑，并处五万元以上五十万元以下罚金；数额特别巨大的，处十年以上有期徒刑或者无期徒刑，并处五万元以上五十万元以下罚金或没收财产。单位犯本罪的，对单位判处罚金，并对其直接负责的主管人员和其它直接责任人员，依照上述规定处罚。

十五、伪造、变造股票、公司、企业债券罪

（一）本罪的概念及犯罪构成

本罪是指伪造、变造股票或者公司、企业债券，数额较大的行为。

本罪的客体是国家对股票、公司、企业债券的管理制度。本罪的犯罪对象是股票、公司、企业债券。所谓"股票"是股份有限公司发给股东的表明其投资入股份额并据以行使股权的凭证；所谓"公司、企业债券"是公司、企业为筹集资金而依法发行并承诺在规定日期、按规定的利率还本付息而发给债权人的债权债务关系证明书。

2. 本罪的客观方面，表现为伪造、变造股票、公司、企业债券，数额较大的行为。本罪是以数额较大为必要条件。根据《立案标准（二）》第三十三条［伪造、变造股票、公司、企业债券案（刑法第一百七十八条第二款）］伪造、变造股票或者公司、企业债券，总面额在五千元以上的，应予立案追诉。

3. 本罪的主体是一般主体。自然人和单位都可成为本罪主体。

4. 本罪的主观方面是故意，包括直接故意和间接故意。

（二）本罪的刑事责任

根据《刑法》第一百七十八条第二款和第三款的规定，犯本罪的，处三年以下有期徒刑或者拘役，并处或者单处一万元以上十万元以下罚金；数额巨大的，处三年以上十年以下有期徒刑，并处二万元以上二十万元以下罚金。单位犯本罪的，对单位判处罚金，并对其直接负责的主管人员和其他直接责任人员，依照上述规定处罚。

十六、擅自发行股票、公司、企业债券罪

（一）本罪的概念及犯罪构成

本罪是指未经国家有关主管部门的批准，擅自发行股票或公司、企业债券，数额巨大，后果严重或者有其他严重情节的行为。

1. 本罪的客体，是国家对股票、公司、企业债券发行的管理制度。本罪的犯罪对象是股票、公司、企业的债券。

2. 本罪的客观方面，表现为未经国家有关部门批准，擅自发行股票或者公司、企业债券，数额巨大，后果严重或者有其他严重情节的行为。所谓"擅自"是指对不在自己的职权范围以内的事情自作主张。根据《公司法》《企业债券管理条例》的规定，公司发行股票或者公司、企业发行债券都应按上述法律法规规定的审批机关批准。凡未经批准或者虽经批准但因被发现不符合公司法的规定而被撤销发行权的公司发行股票、债券的，都属于擅自发行股票、公司、企业债券的行为。构成本罪还应达到发行数额巨大，后果严重，或者有其他严重情节。

根据《立案标准（二）》第三十四条［擅自发行股票、公司、企业债券案（刑法第一百七十九条）］未经国家有关主管部门批准，擅自发行股票或者公司、企业债券，涉嫌下列情形之一的，应予立案追诉：（一）发行数额在五十万元以上的；（二）虽未达到上述数额标准，但擅自发行致使三十人以上的投资者购买了股票或者公司、企业债券的；（三）不能及时清偿或者清退的；（四）其他后果严重或者有其他严重情节的情形。

3. 本罪的主体是一般主体。自然人和单位都能构成本罪主体。

4. 本罪的主观方面是故意，即明知发行股票、公司、企业债券应经国家有关部门批准而在未经批准的情况下发行股票、债券。行为人的目的是通过擅自发行股票、债券募集资金用于生产、经营，而不是为了非法占有募集的资金。

（二）关于本罪的认定

本罪与欺诈发行股票、债券罪的异同比较

本罪与欺诈发行股票、债券罪有相同之处。主观方面的罪过形式都是故意；客观方面都有发行股票、债券的行为；主体都为一般主体，自然人和单位均可成为本罪主体。二者的区别在于：（1）主体的情况下完全相同。本罪的主体是无权发行股票、债券的自然人和公司、企业单位；而欺诈发行股票、债券罪则是有权发行股票、债券的自然人和公司、企业。（2）客观方面的表现不完全相同，两者虽然都与发行股票、债券相关，但本罪是未经国家有关主管部门批准而擅自发行股票、债券；而欺诈发行股票、债券罪则是在国家有关主管部门批准后，通过在招股说明书、认股书、公司、企业债券募集办法中隐瞒事实真相或者编造重大虚假内容的方法发行股票、债券。

（三）本罪的刑事责任

根据《刑法》第一百七十九条规定，犯本罪的，处五年以下有期徒刑或者拘役，并处或者单处非法募集资金金额百分之一以上百分之五以下罚金。单位犯本罪的，对单位判处罚金，并对其直接负责的主管人员处五年以下有期徒刑或者拘役。

十七、内幕交易、泄露内幕信息罪

(一) 本罪的概念及犯罪构成

《刑法修正案 (七)》第 2 条第 1 款对原《刑法》条款进行了修改，增加规定了一种行为，即"明示、暗示他人从事上述交易活动"。应注意此修改的内容。

本罪是指证券、期货交易内幕信息的知情人员或者非法获取证券期货交易内幕信息的人员，在涉及证券的发行、证券、期货交易或者其他对证券、期货交易的价格有重大影响的信息尚未公开前，买入或者卖出该证券，或者从事与该内幕信息有关的期货交易，或者泄露该信息，或者明示、暗示他人从事上述交易活动，情节严重的行为。

1. 本罪的客体，是复杂客体，即国家对证券、期货市场的管理秩序和其他证券、期货投资者的合法权益。犯罪对象是有关证券、期货发行交易的内幕信息。

2. 本罪的客观方面，表现为内幕交易或者泄露内幕信息的行为。本罪的行为具体表现在两个方面：一是内幕交易，是指在内幕信息尚未公开之前买入、卖出该证券或者从事与该内幕信息有关的期货交易。所谓"内幕信息"是指在证券、期货交易活动中，涉及公司的经营、财务或者对该公司证券的市场价格、期货交易价格有重大影响的尚未公开的信息。具体是指《证券法》第六十二条、六十九条第二款、《期货交易管理暂行条例》第七十条第十二款具体规定的情形。二是泄露内部信息。所谓"泄露内部信息"是指知悉内幕信息的人员，将内幕信息透露给不应知道内幕信息的人员。三是明示、暗示他人从事上述交易活动。所谓"明示"，这里的"明"就是明确、明白，"示"是指指示、示范，即"明示"就是通过自己明确无误地示范或者指示使对方对其传递的信息一目了然；所谓"暗示"，这里的"暗"，是遮蔽、掩饰，所以暗示是指通过表面的遮蔽、掩饰的方法使对方对其传递的信息的真正意思心知肚明。"他人"是指不知内幕信息的人。"从事上述交易活动"，即内幕交易活动。以上三种行为，只要实施其中一种便可构成犯罪。

构成本罪，还必须达到情节严重。根据《立案标准 (二)》第三十五条 [内幕交易、泄露内幕信息案 (刑法第一百八十条第一款)] 证券、期货交易内幕信息的知情人员、单位或者非法获取证券、期货交易内幕信息的人员、单位，在涉及证券的发行，证券、期货交易或者其他对证券、期货交易价格有重大影响的信息尚未公开前，买入或者卖出该证券，或者从事与该内幕信息有关的期货交易，或者泄露该信息，或者明示、暗示他人从事上述交易活动，涉嫌下列情形之一的，应予立案追诉：(一) 证券交易成交额累计在五十万元以上的；(二) 期货交易占用保证金数额累计在三十万元以上的；(三) 获利或者避免损失数额累计在十五万元以上的；(四) 多次进行内幕交易、泄露内幕信息的；(五) 其他情节严重的情形。

3. 本罪的主体是特殊主体，指知悉证券、期货交易内幕信息的知情人员和单位，以及非法获取证券、期货交易内幕信息的其他人员或单位。这些人员具体包括《证券法》第六十八条、《期货交易暂行管理条例》第七十条第十三项规定的范围。

4. 本罪的主观方面，因具体罪名的不同而有不同的表现：首先内幕交易是只能表现为直接故意，即明知内幕信息而根据该信息买卖证券或进行期货交易，并且一般具有为自己或者他人牟取非法利益的目的。其次，泄露内幕信息在主观方面表现为故意，既可以是直接故意，也可以是间接故意。

（二）本罪的刑事责任

根据《刑法》第一百八十条第一款、第二款与《刑法修正案》第四条规定，犯本罪的，处五年以下有期徒刑或者拘役，并处或者单处违法所得一倍以上五倍以下罚金；情节特别严重的，处五年以上十年以下有期徒刑，并处违法所得一倍以上五倍以下罚金；单位犯本罪的，对单位判处罚金，并对其直接负责的主管人员和其他直接责任人员，处五年以下有期徒刑或者拘役。

十八、利用未公开信息交易罪

（一）本罪的犯罪构成

本罪是《刑法修正案（七）》第2条第2款新增加的内容所规定的犯罪。是指证券交易所、期货交易所、证券公司、期货经纪公司、基金管理公司、商业银行、保险公司等金融机构的从业人员以及有关监管部门或者行业协会的工作人员，利用因职务便利获取的内幕信息以外的其他未公开信息，违反规定，从事于该信息相关的证券、期货交易活动，或者明示、暗示他人从事相关交易活动，情节严重的行为。

1. 本罪的客体是复杂客体。即证券交易所、期货交易所等金融机构对证券、期货投资者的诚实信用义务、国家对证券、期货市场的管理制度和投资者的合法利益。犯罪对象是内幕信息以外的其他未公开的信息。如：经营投资、本单位受托管理的交易信息等。其与内部信息大致可以作如下比较：（1）投资观念，这一观念中心的内涵就是股票投资价值本质上是来自上市公司的运营质量、发展前景以及公司治理结构的行为，纯粹的二级市场资金投动向信息会影响股票价格，但它并不是影响股票投资价值的本质因素。因此，有关内幕交易的法律主要是从对上市公司运营状况、可能产生实质影响的信息入手，来规定内部信息的范围，《证券法》第75条有关内部信息的原则进行了规定。而之外的基金信息无论是在信息源头、信息性质和影响范围上都跟《证券法》75条所列举的内部信息存在重大差异，大相径庭，且缺少必要的逻辑关联；（2）将基金投资信息认定为内部信息，还存在逻辑上的一个悖论。《证券法》第76条规定证券交易的内部知情人在内部信息公开前，不能买卖公司的证券。如果资金投资信息属于内部信息的话，则基金公司在该信息对股东的公共投资者公开披露之前的任何买卖交易行为都是一种违法行为。显然这种理解于情于法都难以自圆其说；（3）从《证券法》第76条看，内部交易一定跟内部信息公开有关，换言之，内部信息具有实质性、重大性和当然的公开性两大重大特征，基金经理投资决策的意见、基金持仓变动等信息都具有非公开的特点，而且上述信息也只有在符合规定时才可以对外公开。

本罪的客观方面是证券交易所、期货交易所、证券公司、期货经纪公司、基金管理公司、商业银行、保险公司等金融机构的从业人员以及有关监管部门或者行业协会的工作人员，利用因职务便利获取的内幕信息以外的其他未公开信息，违反规定，从事于该信息相关的证券、期货交易活动，或者明示、暗示他人从事相关交易活动，情节严重的行为。因此，本罪的行为方式为两种类型：一是违规交易，其前提包括两个因素，①利用因职务便利所获得的信息。这里的"因"是"因缘"、"缘起"或者是"渠道"。"职务"即"职业"、"业务"等，"因业务"，可以做缘起本职工作或业务之解。"利用"是指"凭借"等；②未公开内幕信息之外的信息。这里的内幕信息应按《证券法》《期货交易条例》相关规定进行界定。"未公开"是指未向社会"公示"，这里的"未公开"与内幕信息的"未公开"的区别是，不以法律规定的"公开"为前提。后者的"公开"是以法律规定"必须公开"为前提。所谓"违规交易"是指违反规定的职责义务，从事于该信息有关的证券、期货交易活动。所谓"违反规定"一般可作扩大解释，不仅指相关法律法规，还包括一般的协会规则等行规。二是明示、暗示他人从事相关交易活动。所谓"明示、暗示"同以上解释，也可解释为"建议"。这里的"他人"，是指该条所指的行为当事人之外的人。

同时，构成本罪要达到"情节严重"，根据《立案标准（二）》第三十六条［利用未公开信息交易案（刑法第一百八十条第四款）］证券交易所、期货交易所、证券公司、期货公司、基金管理公司、商业银行、保险公司等金融机构的从业人员以及有关监管部门或者行业协会的工作人员，利用因职务便利获取的内幕信息以外的其他未公开的信息，违反规定，从事与该信息相关的证券、期货交易活动，或者明示、暗示他人从事相关交易活动，涉嫌下列情形之一的，应予立案追诉：（一）证券交易成交额累计在五十万元以上的；（二）期货交易占用保证金数额累计在三十万元以上的；（三）获利或者避免损失数额累计在十五万元以上的；（四）多次利用内幕信息以外的其他未公开信息进行交易活动的；（五）其他情节严重的情形。

3. 本罪的主体是证券交易所、期货交易所、证券公司、期货经纪公司、基金管理公司、商业银行、保险公司等金融机构的从业人员以及有关监管部门或者行业协会的工作人员，以上单位均可成为本罪的犯罪主体。

4. 本罪的主观方面是故意，是否以牟利为目的，不影响本罪的成立。

（二）本罪的刑事责任

根据《刑法》第一百八十条第一款、第二款与《刑法修正案》第四条规定，犯本罪的，处五年以下有期徒刑或者拘役，并处或者单处违法所得一倍以上五倍以下罚金；情节特别严重的，处五年以上十年以下有期徒刑，并处违法所得一倍以上五倍以下罚金；单位犯本罪的，对单位判处罚金，并对其直接负责的主管人员和其他直接责任人员，处五年以下有期徒刑或者拘役。

十九、编造并传播证券、期货交易虚假信息罪

（一）本罪的概念及犯罪构成

本罪是指编造并传播影响证券、期货交易的虚假信息、扰乱证券、期货交易市场，造成严重后果的行为。

1. 本罪的客体是复杂客体。即国家对证券、期货交易市场正常的管理秩序和投资者的合法权益。本罪的犯罪对象是有关证券、期货的交易信息。是指证券、期货交易存在和发生的事实情况。

2. 本罪的客观方面，表现为编造并且传播影响证券交易的虚假信息，扰乱证券、期货市场，造成严重后果的行为。因此，本罪客观方面的要件是：（1）编造并且传播影响证券、期货交易的虚假信息。所谓"编造"指无中生有的捏造。所谓"传播"指以语言文字、影视等形式将信息扩散给行为人以外的人。所谓"虚假信息"指根本不存在或未发生的事实情况。所谓"影响证券、期货交易的虚假信息"指可能对上市公司证券或者期货合约交易价格产生重大影响的虚假信息，如编造公司订立可能对公司的资产、负债、权益或经营效果产生显著影响的合同，公司发生的重大债务、期货交易者持仓量的大小等情况。根据法律规定，行为人必须既编造又传播影响证券、期货交易的虚假消息，才可能构成本罪。构成本罪还要造成后果。

根据《立案标准（二）》第三十七条［编造并传播证券、期货交易虚假信息案（刑法第一百八十一条第一款）］编造并且传播影响证券、期货交易的虚假信息，扰乱证券、期货交易市场，涉嫌下列情形之一的，应予立案追诉：（一）获利或者避免损失数额累计在五万元以上的；（二）造成投资者直接经济损失数额在五万元以上的；（三）致使交易价格和交易量异常波动的；（四）虽未达到上述数额标准，但多次编造并且传播影响证券、期货交易的虚假信息的；（五）其他造成严重后果的情形。

（二）本罪的刑事责任

根据《刑法》第一百八十一条第一款、第三款与《刑法修正案》第五条第一款、第三款的规定，犯本罪的，处五年以下有期徒刑或者拘役，并处或者单处一万元以上十万元以下罚金。单位犯本罪的，对单位判处罚金，并对其直接负责的主管人员和其他直接责任人员，处五年以下有期徒刑或者拘役。

二十、诱骗投资者买卖证券、期货合约罪

（一）本罪的概念及犯罪构成

本罪是指证券交易所、期货交易所、证券公司、期货经纪公司的从业人员，证券业协会、期货业协会或者证券、期货管理监督部门的工作人员，故意提供虚假信息或者伪造、变造、销毁交易记录，诱骗投资者买卖证券、期货合约、造成严重后果的

行为。

1. 本罪的客体是复杂客体，即国家对证券、期货交易市场正常的管理秩序和投资者的合法利益。本罪的犯罪对象是信息、交易记录。所谓"交易记录"是指在证券、期货交易市场上出售或买入证券、期货合约的记录。本条所指的"证券"是指在证券交易所上市的股票和债券；"期货合约"是指由期货交易所统一制定的、规定在将来某一特定的时间和地点交割一定数量和质量商品的标准化合约。

2. 本罪的客观方面，表现为提供虚假信息或者伪造、变造、销毁交易记录、诱骗投资者买卖证券、期货合约、造成严重后果的行为。"提供虚假信息"指向投资者提供可能影响证券市场价格的不符合实际的消息。提供，可能是主动向投资者提供，也可能是应投资者的要求提供。所谓"伪造交易记录"系无权制作交易记录的人，摹仿交易记录的形式和内容，制造假交易记录冒充真交易记录的行为。"变造交易记录"系以真实交易记录为基础或基本材料，通过涂改、剪接、挖补等方法，变更交易记录的行为。"销毁交易记录"系通过撕碎、火烧等方法，将交易记录加以毁灭的行为。因为交易记录是证券、期货合约交易的重要凭证，从中可以窥知证券、期货合约商品价格涨跌情况。行为人采取以上两种行为来诱骗投资者买卖证券、期货合约。"诱骗"系提供虚假情况、骗取投资者的信任，购买证券、期货合约，这两者之间具有刑法上的因果关系，否则不构成本罪。构成本罪还要使投资者造成严重损失、带来严重后果。

根据《立案标准（二）》第三十八条〔诱骗投资者买卖证券、期货合约案（刑法第一百八十一条第二款）〕证券交易所、期货交易所、证券公司、期货公司的从业人员，证券业协会、期货业协会或者证券期货监督管理部门的工作人员，故意提供虚假信息或者伪造、变造、销毁交易记录，诱骗投资者买卖证券、期货合约，涉嫌下列情形之一的，应予立案追诉：（一）获利或者避免损失数额累计在五万元以上的；（二）造成投资者直接经济损失数额在五万元以上的；（三）致使交易价格和交易量异常波动的；（四）其他造成严重后果的情形。

3. 本罪的主体是特殊主体，即证券交易所、期货交易所、证券公司、期货经纪公司的从业人员，证券业协会、期货业协会或者证券期货监督管理部门的工作人员。以上的单位也是本罪的犯罪主体。

4. 本罪的主观方面是直接故意，并且具有诱骗投资者买卖证券、期货合约、为自己和关系人牟取不正当利益或转嫁风险的目的。

（二）本罪的刑事责任

根据《刑法》第一百八十一条第二款、第三款与《刑法修正案（一）》第五条第二款、第三款的规定，犯本罪的，处五年以下有期徒刑或者拘役，并处或者单处一万元以上十万元以下罚金；情节特别恶劣的，处五年以上十年以下有期徒刑，并处二万元以上二十万元以下罚金。单位犯本罪的，对单位判处罚金，并对其直接负责的主管人员和其他直接责任人员，处五年以下有期徒刑或者拘役。

二十一、操纵证券、期货市场罪

（一）本罪的概念及犯罪构成

本罪是《刑法修正案（六）》第 11 条对《刑法》第 182 条修正后规定的一种犯罪。是指行为人操纵证券、期货市场，情节严重的行为。

1. 本罪的客体是证券、期货正常的交易秩序。所谓"证券、期货正常的交易秩序"是指《证券法》、《期货交易管理暂行条例》等法律法规所确立的交易体制。

2. 本罪的客观方面具体表现为以下四种情形：（1）单独或者合谋，集中资金优势，持股或者持仓优势或者利用信息优势联合或者连续买卖、操纵证券、期货交易价格或者证券、期货交易量的。所谓"联合买卖"是指两个以上的行为人出于共同目的，集中各自的优势，共同买卖某种证券、期货合约。所谓"连续买卖"是指同一行为人连续多次买卖某种证券、期货合约。联合买卖和连续买卖都会造成某种证券、期货合约价格出现暴涨暴跌的现象。从而达到操纵证券、期货交易价格或者控制证券、期货市场股票或者期货合约成交量大幅度的增减效果。（2）与他人串通，以事先约定的时间、价格和方式相互进行证券、期货交易或者相互买卖并不持有的证券，影响证券、期货交易价格或证券、期货交易量。这种通谋买卖行为的实施，必然抬高和压低某种证券、期货合约的价格，从而造成虚假声势，误导其他投资者跟进跟出，行为人伺机将该种证券、期货合约抛出或买入，从中牟取暴利，使其他投资者遭受损失。（3）在自己实际控制的帐户之间进行证券交易，或者以自己为交易对象，自买自卖期货合约，影响证券、期货交易价格或者证券、期货交易量。所谓"自己实际控制的帐户"是指行为人对开户人在证券交易所帐户有实际支配和实质影响的能力。所谓"以自己为交易对象，自卖自买期货合约"，是指行为人在期货交易所开设多户头，在同一期货交易中在自己开设的帐户之间来回倒卖，虚假交易成量，诱使投资者对交易信息作出错误判断，影响正常的交易秩序。（4）以其他方法操纵证券、期货市场的。指上述三种之外的操纵证券、期货市场的行为。如与他人合谋进行不转移证券所有权的虚假买卖，利用职务之便人为地抬高或压低某种证券交易价格等等。以上操纵证券、期货市场的行为，只有情节严重的才构成犯罪。

所谓"情节严重"，根据《立案标准（二）》第三十九条［操纵证券、期货市场案（刑法第一百八十二条）］操纵证券、期货市场，涉嫌下列情形之一的，应予立案追诉：（一）单独或者合谋，持有或者实际控制证券的流通股份数达到该证券的实际流通股份总量百分之三十以上，且在该证券连续二十个交易日内联合或者连续买卖股份数累计达到该证券同期总成交量百分之三十以上的；（二）单独或者合谋，持有或者实际控制期货合约的数量超过期货交易所业务规则限定的持仓量百分之五十以上，且在该期货合约连续二十个交易日内联合或者连续买卖期货合约数累计达到该期货合约同期总成交量百分之三十以上的；（三）与他人串通，以事先约定的时间、价格和方式相互进行证券或者期货合约交易，且在该证券或者期货合约连续二十个交易日内成交量累计达到该证券或者期货合约同期总成交量百分之二十以上的；（四）在自己实际控制的账户之间进行证券交易，或者以自己为交易对象，自买自卖期货合约，且在该证券或者期货合约连续二十个交易日内成交量累计达到该证券或者期货合约同期总成交量百分之二十以上的；（五）单独或者合谋，当日连续申报买入或者卖出同一证券、期货合约并在成交前撤回申报，撤回申报量占当日该种证券总申报量或者该种期货合约总申报量百分之五十以上的；（六）上市公司及其董事、监事、高级管理人员、实际控制人、控股股东或者其他关联人单独或者合谋，利用信息优势，操纵该公司证券交易价格或者证券交易量的；（七）证券公司、证券投资咨询机构、专业中介机构或者从业人员，违背有关从业禁止的规定，买卖或者持有相关证券，通过对证券或者其发行人、上市公司公开作出评价、预测或者投资建议，在该证券的交易中谋取利益，情节严重的；（八）其他情节严重的情形。

3. 本罪的主体是一般主体。自然人和单位都可成为本罪的主体。

4. 本罪的主观方面是故意。一般而言，实施该罪行为具有获取不正当利益或者转嫁风险为目的。但《刑法修正案（六）》第11条中删去了《刑法》182条中所规定的"获取不正当利益或者转嫁风险为目的"的内容，因而该要件不再是构成本罪的必要构成要件。所以有无有牟取利益或者减少损失之目的，不影响本罪的成立。修正案对此的修改，实则是加大了对此种犯罪的打击力度。

（二）关于本罪的认定

本罪与诱骗投资者买卖证券、期货合约罪的异同。两罪在犯罪的客体上都是破坏证券、期货市场的正常秩序，损害其他股东和期货交易人以及潜在投资者经济利益。主观上都是故意，一般都有牟利或者减少损失的目的。但在客观方面的表现，犯罪主体的范围是不同的。前罪客观方面是四种操纵证券、期货市场的行为：即（1）单独或者合谋集中资金优势，持股或者持仓优势或者利用信息优势，或者连续买卖，操纵证券、期货价格或者证券、期货交易量的；（2）与他人串通以事先约定的时间、价格和方式相互进行证券、期货交易，影响证券、期货交易价格或者证券、期货交易量的；（3）在自己实际控制帐户之间进行证券交易，或者以自己为交易对象，自买自卖期货合约，影响证券、期货交易价格或者证券、期货交易量的；（4）以其他方式操纵证券、期货市场的。后罪客观方面表现为提供虚假信息或者伪造、变造、销毁交易记录，诱骗投资者买卖证券、期货合约的行为。在犯罪主体上，前罪为一般主体，后罪是特殊主体。

（三）本罪的刑事责任

根据《刑法》第一百八十二条及《刑法修正案（六）》第十一条的规定，犯本罪的，处五年以下有期徒刑或者拘役，并处或者单处罚金；情节特别严重的，处五年以上十年以下有期徒刑，并处罚金。

单位犯本罪的，对单位判处罚金，并对其直接负责的主管人员和其他直接责任人员，依照前款的规定处罚。

二十二、背信运用受托财产罪

（一）本罪的概念及犯罪构成

本罪是《刑法修正案（六）》第12条在《刑法》第185条后增加的第3款所规定的犯罪。是指商业银行、证券交易所、期货交易所、证券公司、期货经纪公司、保险公司或者其他金融机构，违背受托义务，擅自运用客户资金或其他委托、信托的财产，情节严重的行为。

1. 本罪的客体是金融机构的信誉，即信用和名誉。

2. 本罪的客观方面是指商业银行、证券交易所、期货交易所、证券公司、期货经纪公司、保险公司或者其他金融机构，违背受托义务，擅自运用客户资金或其他委托、信托的财产，情节严重的行为。这里的"违背受托义务"是指被委托方接受委托方的委托事宜后未按职责行事，违背了自己受托承诺的行为。因为在有些金融业务中相当一部分业务关系表现出的是一种以合同为基础的委托关系。譬如：证券交易、期货交易、财产的保管与信托等，这些业务都应严格按照委托人的指令实施，否则，即是违背义务。所谓"擅自运用客户资金或者其他委托、信托的财产"中"擅自"即超过委托权限行事。"运用"应理解为进行业务活动。其内容针对的是"客户资金或者其他委托、信托的财产"。这里的"委托"即托管、保管。所谓"信托"即对托付的财产对外以被委托人的名义从事业务经营。所谓"情节严重"，既包括经济上造成的严重损失，也包括造成恶劣的社会影响。

根据《立案标准（二）》第四十条［背信运用受托财产案（刑法第一百八十五条之一第一款）］商业银行、证券交易所、期货交易所、证券公司、期货公司、保险公司或者其他金融机构，违背受托义务，擅自运用客户资金或者其他委托、信托的财产，涉嫌下列情形之一的，应予立案追诉：（一）擅自运用客户资金或者其他委托、信托的财产数额在三十万元以上的；（二）虽未达到上述数额标准，但多次擅自运用客户资金或者其他委托、信托的财产，或者擅自运用多个客户资金或者其他委托、信托的财产的；（三）其他情节严重的情形。

3. 本罪的犯罪主体是特殊主体，且属单位犯罪，即金融机构。具体指商业银行、证券交易所、期货交易所、证券公司、期货经纪公司、保险公司或者其他金融机构。金融机构即包括银行业的金融机构，也包括非银行业金融机构。前者是指商业银行、城乡信用合作社等吸收公众存款的金融机构以及政策性银行；或者是指从事银行业务以外而进行货币信用业务和金融服务业务的金融机构。主要有保险公司、信托投资公司、证券机构、财务公司、金融资产管理公司、金融租赁公司等。

4. 本罪主观方面是故意，是指违背义务的主观心理。

（二）关于本罪的认定

本罪与挪用资金罪的异同。两罪从犯罪客体上看，前罪侵犯的是金融机构的信誉，是一种名誉权。后罪侵犯的是公司、企业或者其他单位的财产权。从犯罪客观方面比较，前罪是"违背受托义务"，是指金融机构违背诚实信用原则，实施了违反其与客户之间合同义务行为，是单位的外部关系，而后罪"利用职务便利"，是指行为人违背其职务的廉洁性，损害了单位自身利益的行为。后罪表现的是一种非业务行为。从犯罪主体看，虽然都是特殊主体，但前罪是单位犯罪，后罪是指公司、企业及其单位人员。均表现为违法职责擅自动用所保管的资金的行为。

（三）本罪的刑事责任

根据《刑法修正案（六）》第12条规定：构成本罪的，对单位判处罚金，并对直接负责的主管人员和其他责任人员，处三年以下有期徒刑或者拘役，并处三万元以上三十万元以下罚金；情节特别严重的，处三年以上十年以下有期徒刑，并处五万元以上五十万元以下罚金。

二十三、违规运用资金罪

（一）本罪的概念及犯罪构成

本罪是《刑法修正案（六）》第12条第2款对《刑法》第185条后增加的第4款所规定的犯罪。是指社会保障基金管理机构、住房管理基金机构等公众资金管理机构以及保险公司、保险资产管理公司，违反国家规定运用资金的行为。

1. 本罪的客体是国家对资产管理机构和有关公司对相关资金的管理制度。

2. 本罪的客观方面表现为以上的机构和公司违反国家规定运用资金的行为。国家对以上机构和公司的资金使用有明文规定。譬如：社保基金和住房公积金严禁进行风险投资，如进行证券、期货交易等。不按国家规定运用这些资金，这里的"运用"，应理解为业务经营活动。与挪用资金罪、挪用公款罪中的"非法占用"是有区别的。构成本罪，要达到"情节严重"，既包括造成的经济损失，也包括造成了恶劣的社会影响。

根据《立案标准（二）》第四十一条［违法运用资金案（刑法第一百八十五条之一第二款）］社会保障基金管理机构、住房公积金管理机构等公众资金管理机构，以及保险公司、保险资产管理公司、证券投资基金管理公司，违反国家规定运用资金，涉嫌下列情形之一的，应予立案追诉：（一）违反国家规定运用资金数额在三十万元以上的；（二）虽未达到上述数额标准，但多次违反国家规定运用资金的；（三）其他情节严重的情形。

3. 本罪的主体是特殊主体，即社会保障基金管理机构、住房公积金管理机构等公众资金管理机构，以及保险公司、保险资产管理公司、证券投资基金管理公司等。本罪实行单罚制，只处罚直接负责的主管人员和其他直接责任人员。

4. 本罪的主观方面是故意，即违规运作资金的故意。

（二）关于本罪的认定

本罪与背信运受托财产罪的异同。两罪的共同之处都是违反规定进行业务运作，造成重大损失，情节严重的行为。不同之处：一是犯罪的主体有所不同。前罪主要是指公众资金的保管机构，虽然有些机构相同，如保险公司、证券投资公司，但实施行为的性质不同。后罪指得是金融经营机构；二是行为实施的性质不同。前罪实施的是一种依据国家规定实施的基金管理功能，后罪主要是依据合同而产生的金融经营业务上的权利义务关系。三是主体受处罚的形式不同。前罪只实行单罚制只处罚责任人，后罪实行的是双罚制，既处罚单位也处罚个人。

（三）本罪的刑事责任

根据《刑法修正案（六）》第12条第2款的规定：构成本罪的，对其直接责任人和其他直接责任人处三年以下有期徒刑或者拘役，并处三万元以上三十万元以下罚金；情节特别严重的，处三年以上十年以下有期徒刑，并处五万元以上五十万元以下罚款。

二十四、违法发放贷款罪

（一）本罪的概念及犯罪构成

本罪是《刑法修正案（六）》第13条对《刑法》第186条进行修改后构成的犯罪。《刑法》第186条第1、2款分别规定了"向关系人发放贷款罪"和"违法发放贷款罪"两个罪。现根据《修正案》修改，将这两个罪合二为一。向关系人违法发放贷款的行为不再单独定罪。只是作为从重的情节认定。所谓"关系人"，根据《商业银行法》第40条第4款规定，是指①商业银行的董事、监事、管理人员、信贷业务人员及其家属；②前项所列人员投资或者担任高级管理职务的公司、企业和其他经济组织；③上述关系人的近亲属。按照我国《民法通则》中规定，是指夫妻、父母、子女、同胞兄弟姐妹。

本罪是指银行或者其他金融机构工作人员违反国家规定发放贷款，数额巨大或者造成重大损失的行为。

1. 本罪的客体是国家发放贷款的管理制度。

2. 本罪的客观方面，表现是银行或者其他金融机构的工作人员违反国家规定发放贷款数额巨大或者造成重大损失。所谓"违反国家规定"既包括有关法律、法规，也包括中国人民银行制定的有关规则。如《贷款通则》等。所谓"发放贷款数额巨大"是修正案新增的内容，具体标准有待两高的司法解释。所谓"造成重大损失"，根据《立案标准（二）》第四十二条［违法发放贷款案（刑法第一百八十六条）］银行或者其他金融机构及其工作人员违反国家规定发放贷款，涉嫌下列情形之一的，应予立案追诉：（一）违法发放贷款，数额在一百万元以上的；（二）违法发放贷款，造成直接经济损失数额在二十万元以上的。

3. 本罪的主体是特殊主体。单位和个人均可构成本罪主体，即犯罪主体只能是银行或者其他金融机构及其工作人员。

4. 本罪的主观方面是过失，一般是间接故意，也不排除对造成的危害结果持过于自信的过失。

（二）关于本罪的认定

本罪与违规运用资金罪的异同。两罪相同之处是：（1）两罪的主体都是金融机构，犯罪对象都有针对金融资金的使用；（2）从实施的行为看，是从事本业务范围内的活动；（3）从犯罪主观上看均属故意犯罪。但两罪的不同之处是：（1）犯罪客体不同。前罪侵犯的客体是国家发放贷款的管理制度，后罪的犯罪客体是金融机构的信誉，即信用和名誉权。（2）在犯罪客观方面的表现不仅相同。前罪使用的是银行贷款资金。虽然银行的贷款资金一般来源也是存款户的储蓄，但这些资金一旦进入银行帐户，银行就依法自动获得该资产的使用权。银行与存款户之间存在的是一种债务合同关系。后罪客户与资金管理机构的关系是一种委托的合同关系，资金管理机构在使用客户资金时要受委托方委托或者是国家相关规定的限制。不能超过委托或者国家有关规定使用该资金。

（三）本罪的刑事责任

根据《刑法修正案（六）》第13条之规定：构成本罪的，处五年以下有期徒刑或者拘役，并处一万元以上十万元以下罚金；数额特别巨大或者造成特别巨大损失的，处五年以上有期徒刑，并处两万元以上二十万元以下罚金。

银行或者其他金融机构的工作人员违反国家规定，向关系人发放贷款的，依照前款规定从重处罚。

二十五、吸收客户资金不入账罪

本罪是《刑法修正案（六）》第14条，对《刑法》第187条第1款进行修改后构成的犯罪。是指银行和其他金融机构及其工作人员吸收客户资金不入账，数额巨大或者造成重大损失的行为。

1. 本罪的客体是国家对储蓄、信贷资金的管理制度以及金融机构的信誉和利益。本罪的犯罪对象是金融机构吸收客户的资金，包括个人和单位的存款储蓄。

本罪客观方面表现表现为银行或者其他金融机构及其工作人员吸收客户资金不入帐，数额巨大或者造成重大损失。所谓"吸收客户资金不入账"，主要指银行及其金融机构按正常业务吸收储蓄户的存款资金，不在法定的会计账册入账，而是另立帐簿，搞资金的"体外循环"，以逃避中国人民银行的监管，谋取本单位或个人利益。一般表现为将帐外资金用于银行间的拆借或者发放贷款牟利。但根据《刑法修正案》此种形式不再是本罪的必要要件。构成本罪，只需吸收资金"数额巨大"或者"造成重大损失"即足矣。至于"数额巨大"的标准需两高作出具体司法解释，

根据《立案标准（二）》第四十三条［吸收客户资金不入账案（刑法第一百八十七条）］银行或者其他金融机构及其工作人员吸收客户资金不入账，涉嫌下列情形之一的，应予立案追诉：（一）吸收客户资金不入账，数额在一百万元以上的；（二）吸收客户资金不入账，造成直接经济损失数额在二十万元以上的。

3. 本罪的犯罪主体是特殊主体，包括特定的单位和个人。个人作为特殊主体时，仅限银行和其他金融机构的工作人员；单位作为犯罪主体是指银行和其他金融机构。

4. 犯罪的主观方面是故意，而且是直接故意。行为人是否以牟利为目的，不影响本罪的成立。

（二）关于本罪的认定

关于本罪与挪用资金罪和挪用公款罪的界限。三罪的相同之处均是利用职务之便，非法利用资金的行为。因此，三个罪的主体都是特殊主体。犯罪的主观方面均是故意犯罪。不同之处，（1）本罪客观方面是吸收客户资金不入帐，将资金体外循环，逃避央行的监督管理的行为。后两罪均是挪用资金款项的行为。其中挪用资金罪中的资金是公司、企业或者其他单位（不包括国有的公司、企、事业单位）。挪用公款罪中的资金属国有或非国有的公款；（2）在犯罪主体上，前罪是指银行和其他具有储蓄业务的金融机构及其工作人员。其中挪用资金罪的犯罪主体是指非国有公司、企业或单位的工作人员，而挪用公款罪的犯罪主体是具有国家工作人员身份的人员，或者是依法执行公共职务的人员。且后两罪的单位均不能成为其罪的犯罪主体。

（三）本罪的刑事责任

根据《刑法修正案（六）》第14条之规定：构成犯罪的，处五年以下有期徒刑或者拘役，并处二万元以上二十万元以下罚金；数额特别巨大或者造成特别巨大的损失的，处五年以上有期徒刑，并处五万元以上五十万元以下罚金。

单位犯前款罪的对单位判处罚金，并对直接负责的主管人员和其他直接责任人员，依照前款的规定处罚。

二十六、违规出具金融票证罪

（一）本罪的概念及犯罪构成

本罪是《刑法修正案（六）》第15条对《刑法》第188条进行修改而成的。本罪是指银行或其他金融机构或者其工作人员违反规定，为他人出具信用证或者其他保函、票据、存单、资信证明，情节严重的行为。

1. 本罪的客体是复杂客体，即国家对金融机构的信用票证的管理制度和金融机构的资金。本罪的犯罪对象是信用证、保函、票据、存单、资信证明。所谓"信用证"

是指银行根据开证申请人的请求，开给受益人的一种在具备约定的条件后，即可得到开证银行或支付银行支取约定金额的一种保证付款的凭证。"保函"是指除信用证以外的银行以自己的信用为用户提供担保的资信函件，是重要的银行资信文件。"票据"是指以支付一定金额为目的的可以转让、流通的有价证券，包括汇票、本票、支票。"存单"是指银行或其他金融机构向存款方签发的各种存款凭证，上面载有户名、账号、金额、存款利率、日期等事项。"资信证明"是指各种证明个人或单位经济实力、信用情况的文件。

2. 本罪的客观方面，表现为违反规定，为他人出具信用证或者其他保函、票据、存单、资信证明，情节严重的行为。因为这些金融票证具有保证付款的特征，非法开具这些金融票证将使银行资金陷于巨大的风险之中，危及金融机构资金安全。构成本罪还必须"情节严重"。这是《刑法修正案》对原刑法内容规定的"造成重大损失"的修正，将本条原规定的"数额犯"修正为"情节犯"。

根据《立案标准（二）》第四十四条［违规出具金融票证案（刑法第一百八十八条）］银行或者其他金融机构及其工作人员违反规定，为他人出具信用证或者其他保函、票据、存单、资信证明，涉嫌下列情形之一的，应予立案追诉：（一）违反规定为他人出具信用证或者其他保函、票据、存单、资信证明，数额在一百万元以上的；（二）违反规定为他人出具信用证或者其他保函、票据、存单、资信证明，造成直接经济损失数额在二十万元以上的；（三）多次违规出具信用证或者其他保函、票据、存单、资信证明的；（四）接受贿赂违规出具信用证或者其他保函、票据、存单、资信证明的；（五）其他情节严重的情形。

3. 本罪的主体是特殊主体，即银行或者其他金融机构的工作人员。构成单位犯罪的是银行及其他金融机构。

4. 本罪的主观方面，主要是过失，也可能出于间接故意。如本罪可能存在过失或者间接故意这两种罪过心理，这是在司法实践中行为人存在罪过心理不明确的状况。其刑事责任的追究，以严格责任论。所谓刑法中的"严格责任"是指在行为人主观罪过具体形式不明确时，仍然对其危害社会并触犯刑律的行为追究刑事责任的制度。

（二）关于本罪的认定

本罪与提供虚假证明文件罪的异同。两罪相同之处，从客观方面看都是提供了内容不实的证明文件，达到隐瞒事实、骗取信任的行为；从犯罪主体上看，都是特殊主体。两罪的不同之处：（1）从犯罪客体上看，前罪的客体是国家对金融机构信用票据的管理制度和金融机构的利益。后罪侵犯的客体是国家对中介组织的监督管理制度和国家、公众以及其他投资者的利益；（2）从犯罪对象看，前罪的犯罪对象是信用证、保函、票据、存单、资信证明等金融票证。后罪的犯罪对象是评估、验资、验证、会计、审计等有关报告和律师意见书等证明文件；（3）从犯罪的主体看，其主体性质不同。前罪犯罪主体属金融机构的工作人员，后罪的犯罪主体属中介组织及其工作人员，如资产评估师、会计师、审计师、律师等人员。

（三）本罪的刑事责任

根据《刑法》第一百八十八条的规定，犯本罪的，处五年以下有期徒刑或者拘役；情节特别严重的，处五年以上有期徒刑。

单位犯本罪的，对单位判处罚金，并对其直接负责的主管人员和其他直接责任人员，依照上述规定处罚。

二十七、对违法票据承兑、付款、保证罪

（一）本罪的概念及犯罪构成

本罪是《刑法修正案（六）》第15条对《刑法》第188条进行修改而成。是指银行或其他金融机构或者其工作人员在票据业务中，对违反票据法规定的票据予以承兑、付款或者保证，造成重大损失的行为。

1. 本罪的客体是复杂客体，即国家对票据的管理制度和金融机构资金的安全。为了规定票据行为，国家对金融票据规定了严格的管理制度，并对票据的承兑、付款或保证做了具体规定，一旦不按这些规定违法进行承兑、付款、保证，就会使金融机构的资金受到损失。

2. 本罪的客观方面，表现为在票据业务中，对违反票据法规定的票据予以承兑、付款或者保证，造成重大损失的行为。所谓"票据业务"指根据票据法的规定所从事的汇票、本票、支票的流转活动。"违反票据法规定的票据"指不符合票据法的规定，不能予以承兑、付款或者保证的票据。根据一般票据法理论，票据就是依票据法的规定，由出票人签名于票上，约定自己或委托他人无条件支付一定金额为目的的有价证券。所谓"承兑"是按汇票的付款人承诺在汇票到期日支付汇票金额的票据行为。本票、支票均无须承兑，见票即付的汇票无须提示承兑。付款人承兑汇票不得附有条件，附条件的视为拒绝承兑。汇票一经承兑，承兑人即成为汇票的主债务人，应当承担到期付款的责任。"付款"是指付款人依票据文义支付票据金额，以消灭票据关系的行为。"保证"是指汇票的债务人可以由保证人承担保证责任，保证人由汇票以外的他人担当。被保证的汇票，保证人应当与被保证人对持票人承担连带责任，汇票到期后得不到付款的，持票人有权向保证人要求付款，保证人应当足额付款。银行或其他金融机构工作人员在办理票据业务中，必须对票据的合法性严格审查，对违法票据不得予以承兑、付款、保证。构成本罪还必须因违法承兑、付款、保证造成了重大损失。

根据《立案标准（二）》第四十五条［对违法票据承兑、付款、保证案（刑法第一百八十九条）］银行或者其他金融机构及其工作人员在票据业务中，对违反票据法规定的票据予以承兑、付款或者保证，造成直接经济损失数额在二十万元以上的，应予立案追诉。

3. 本罪的主体是特殊主体，即银行或者其他金融机构的工作人员。单位也只限于银行或者其他金融机构。

4. 本罪的主观方面是出于过失或间接故意，这是在司法实践中行为人存在罪过心理不明确的状况。其刑事责任的追究，以严格责任论。

（二）本罪的刑事责任

根据《刑法》第一百八十九条的规定，犯本罪的，处五年以下有期徒刑或者拘役；造成特别重大损失的，处五年以上有期徒刑。单位犯本罪的，对单位判处罚金，并对其直接负责的主管人员和其他直接责任人员，依照上述规定处罚。

二十八、骗购外汇罪

（一）本罪的概念及犯罪构成

本罪是指使用伪造、变造的购买外汇所需的凭证、单据，或者重复使用购买外汇所需要的凭证、单据、以及用其他方式在指定的外汇兑换银行骗购外汇、数额较大的行为。

1. 本罪的客体是国家外汇管理制度。外汇储备是国家经济实力的象征之一，也是国家对外贸易发展的后劲所在。因此，外汇一般由国家专门机关经营与管理。本罪的犯罪对象是外汇。所谓"外汇"是指下列以外币表示的可以用作国际清偿的支付手段和资产：（1）外国货币，包括纸币、铸币；（2）外币支付凭证，包括票据、银行存款凭证、邮政储蓄凭证等；（3）外币有价证券，包括政府债券、公司债券、股票等；（4）其他外汇资产。如：特别提款权等。所谓"特别提款权"又称纸黄金，是国际货币基金组织于1969年创设的一种储备资产和记账单位。它的价值则由"一篮子"货币决定。成员国拥有的特别提款权可以在发生国际收支逆差时，用来向基金组织指定的其它会员国换取外汇，以偿付国际收支逆差或偿还基金组织贷款。

2. 本罪客观方面表现为如下行为：（1）使用伪造、变造的海关签发的报关单、进口证明、外汇管理部门核准件等凭证和单据的；（2）重复使用海关签发的报关单、进口证明、外汇管理部门核准件等凭证和单据的；（3）以其他方式骗购外汇的。所谓"报关单"是指货物进出口时就产品名称、种类、数量、金额向海关告知的单据。本罪主要指的是进口报关单。"进口证明"是指有关单位就进口事项依法出具的证明文件。"外汇管理部门的核准件"是指批准兑换外汇的批文。以上单据和文件是持有者到指定的外汇银行兑换外汇的合法凭证。本罪的行为是指行为人使用伪造、变造、或者重复使用报关单、进口证明或者外汇管理部门的核准件之一的行为。所谓"伪造""变造"前面已述，伪造就是仿真造假。变造就是以真变假。所谓"重复使用"是指将已经使用过的作废的单据或者文件再重复使用。"以其他方式骗购外汇的"是指除以上之外的套汇情形，譬如：违反国家规定，以人民币支付或者以实物偿付应当以外汇支付的进口货款或者其他类似支出的；以人民币为他人支付在境内的费用，由对方付给外汇的；未经外汇管理机关批准，境外投资者以人民币或者境内所购物质在境内进行投资的等。

根据人大常委会《关于惩治骗购外汇、逃汇和非法买卖外汇的决定》（1998 年 12 月 29 日）的规定，伪造、变造海关签发的报关单、进口证明、外汇管理部门核准件等凭证和单据，并用于骗购外汇的，从重处罚。明知用于骗购外汇而提供人民币资金的，以共犯论处。构成本罪还必须达到骗购的数额较大。

根据《立案标准（二）》第四十七条［骗购外汇案（全国人民代表大会常务委员会《关于惩治骗购外汇、逃汇和非法买卖外汇犯罪的决定》第一条）］骗购外汇，数额在五十万美元以上的，应予立案追诉。

3. 本罪的主体是一般主体。单位和自然人都可构成本罪的主体。

4. 本罪的主观方面是故意，并且是直接故意。过失不构成本罪。

（二）本罪的刑事责任

根据上述人大常委会的决定第一条规定，犯本罪的，处五年以下有期徒刑或者拘役，并处骗购外汇数额百分之五以上百分之三十以下罚金；数额巨大或者有其他严重情节的，处五年以上十年以下有期徒刑，并处骗购外汇数额百分之五以上百分之三十以下罚金；数额特别巨大或者有其他特别严重情节的，处十年以上有期徒刑或者无期徒刑，并处骗购外汇数额百分之五以上百分之三十以下罚金或者没收财产；单位犯本罪的，依照上述规定判处罚金，并对其直接负责的主管人员和其他直接责任人员，处五年以下有期徒刑或者拘役；数额巨大或者有其他严重情节的，处五年以上十年以下有期徒刑；数额特别巨大或者有其他特别严重情节的，处十年以上有期徒刑或者无期徒刑。

二十九、逃汇罪

（一）本罪的概念及犯罪构成

本罪是指公司、企业或者其他单位违反国家规定，擅自将外汇存放境外或者将境内的外汇非法转移到境外，数额较大的行为。

本罪的客体是国家的外汇管理制度。犯罪对象是外汇。

本罪的客观方面，表现为违反国家规定，擅自将外汇存放境外，或者将境内的外汇非法转移到境外，情节严重的行为。所谓"擅自"是指不在自己职权之内的事情自作主张，因为外汇储备是由国家专门机关经营与管理，公司和企业只能将自己掌握的外汇归回于国家外汇管理的有关机关管理，无权将外汇存入境外的金融机构，否则，就属于本罪的犯罪行为，构成本罪，还必须使逃汇达到数额较大。根据《立案标准（二）》第四十六条［逃汇案（刑法第一百九十条）］公司、企业或者其他单位，违反国家规定，擅自将外汇存放境外，或者将境内的外汇非法转移到境外，单笔在二百万美元以上或者累计数额在五百万美元以上的，应予立案追诉。

3. 本罪的主体是特殊主体，是指公司、企业或者其他单位。根据上述人大常委会对《刑法》第一百九十条的修正，取消了对公司、企业或者其他单位的国有性质的限制。自然人不能成为本罪的主体。

4. 本罪的主观方面是故意，即明知自己的行为是违反国家规定的逃汇行为而故意实施该行为。过失不能构成本罪。

（二）本罪的刑事责任

根据上述"人大常委会的决定"第二条规定，对犯本罪的单位，判处逃汇数额百分之五以上百分之三十以下罚金，并对其直接负责的主管人员和其他直接责任人员处五年以下有期徒刑或者拘役；数额巨大或者有其他严重情节的，判处逃汇数额百分之五以上百分之三十以下罚金，并对其直接负责的主管人员和其他直接责任人员处五年以上有期徒刑。

三十、洗钱罪

（一）本罪的概念及犯罪构成

本罪是《刑法修正案（六）》第16条对《刑法》第191条修正而成的。是指明知是毒品犯罪、黑社会性质的组织犯罪、恐怖活动犯罪、走私犯罪、贪污贿赂犯罪、破坏金融管理秩序犯罪、金融诈骗犯罪的所得及其产生的收益，为掩饰、隐瞒其来源和性质，而以存入金融机构或者采取转移资金等方法使其在市场上合法化的行为。

1. 本罪的客体是复杂客体，即国家的金融管理制度和司法机关的正常活动。本罪的行为对象是毒品犯罪、黑社会性质的组织犯罪、恐怖活动犯罪、走私犯罪、贪污贿赂犯罪、破坏金融管理秩序犯罪、金融诈骗犯罪的违法所得及其产生的收益。如果行为对象不属于这四种犯罪的性质和来源，不构成本罪。

2. 本罪的客观方面，表现为掩饰、隐瞒毒品犯罪、黑社会性质的组织犯罪、恐怖活动犯罪、走私犯罪、贪污贿赂犯罪、破坏金融管理秩序犯罪、金融诈骗犯罪的违法所得及其产生的收益的来源和性质的下列行为之一：（1）提供资金账户的。指行为人将自己拥有的合法账户提供给上述七类犯罪的行为人，或为其在银行和其他金融机构开立账户，使其将违法所得及其获得的收益的赃款存入银行和其他金融机构；（2）协助将资产转换为现金、金融票据、有价证券的。指行为人采取各种方法，协助上述七类犯罪行为人将获得的赃物等资产通过变卖等手段，使其转换成现金或票据、有价证券等金融票证；（3）通过转账或者其他结算方式协助资金转移。指行为人协助前述七类犯罪分子将违法所得及其产生的赃款混入合法收入存入银行等金融机构，通过转帐（从一个账户转移到另一个账户）或者其他结算方式（承兑、委托付款等）掩饰、隐瞒其犯罪来源和性质，将赃款转为合法资金；（4）协助将资金汇往境外。指经批准享有国外资金来往权的个人或单位，通过自己在国外银行或者其他金融机构所开设的账号，协助前述七类犯罪分子，将违法所得及其产生的赃款汇往境外；（5）以其他方法掩饰、隐瞒犯罪的违法所得及其收益和来源。这种行为有各种各样的表现，例如将毒品犯罪等违法所得及其产生的赃款赃物藏匿于汽车或其他交通工具带出国境，然后兑换成外币或购买财产等，或者经营日常收取大量现金的行为，如酒吧、饭店、旅店、超市、夜总会等，把赃款混入合法收益中存入银行或者其他金融机构；或者用现金购买货物物品和不动产然后变卖出去等等。

根据《立案标准（二）》第四十八条［洗钱案（刑法第一百九十一条）］明知是毒品犯罪、黑社会性质的组织犯罪、恐怖活动犯罪、走私犯罪、贪污贿赂犯罪、破坏金融管理秩序犯罪、金融诈骗犯罪的所得及其产生的收益，为掩饰、隐瞒其来源和性质，涉嫌下列情形之一的，应予立案追诉：（一）提供资金账户的；（二）协助将财产转换为现金、金融票据、有价证券的；（三）通过转账或者其他结算方式协助资金转移的；（四）协助将资金汇往境外的；（五）以其他方法掩饰、隐瞒犯罪所得及其收益的来源和性质的。

3. 本罪的主体是一般主体，单位和个人均可构成。有学者认为，在上述五种洗钱行为中，前四种行为的主体是为赃款持有人之外的洗钱人。后一种行为的犯罪主体也可以是赃款持有者本人。此观点值得商榷。根据法条规定的内容看，前四种洗钱行为明确指出是帮助七类犯罪行为人为掩饰、隐瞒犯罪所得及其产生的收益的行为。并不包括这七类犯罪人所实施的掩饰、隐瞒的行为。因此，对所规定的第五种行为，也不能脱离此基础来理解主体范围。所以，我们认为：本罪的犯罪主体不包括上述七类犯罪的行为人。但是事前协助或是事后协助均不影响本罪的成立。

4. 本罪的主观方面是直接故意，并且明知为其洗钱的赃款是毒品犯罪、黑社会性质的组织犯罪、恐怖活动犯罪、走私犯罪、贪污贿赂犯罪、破坏金融管理秩序犯罪、金融诈骗犯罪的违法所得及其产生的收益，而为其掩饰、隐瞒使之合法化的目的。

（二）关于本罪的认定

1. 本罪与窝藏、转移、收购、销售赃物罪的认定。本罪与窝藏、转移、收购、销售赃物罪从法理上看应属法规竞合中交叉竞合关系，如洗钱罪中的为掩饰、隐瞒毒品犯罪、黑社会性质的组织犯罪、恐怖活动犯罪、走私犯罪、贪污贿赂犯罪、破坏金融管理秩序犯罪、金融诈骗犯罪所得及其产生的收益而协助转移和销售的行为与窝藏罪中的转移、收购、销售赃物之行为发生竞合。根据法规竞合的处罚原则特别法优于普通法法则，洗钱罪的规定属该竞合时的特别法，但也不排除重法优于轻法的适用。

（三）本罪的刑事责任

根据《刑法修正案（三）》第七条规定，犯本罪的，处五年以下有期徒刑或者拘役，并处或者单处洗钱数额百分之五以上百分之二十以下罚金；情节严重的，处五年以上十年以下有期徒刑，并处洗钱数额百分之五以上百分之二十以下罚金。单位犯前款罪的，对单位判处罚金，并对其直接负责的主管人员和其他直接责任人员，处五年以下有期徒刑或者拘役；情节严重的，处五年以上十年以下有期徒刑。

第八章 金融诈骗罪

一、集资诈骗罪

(一) 本罪的概念及犯罪构成

本罪是指以非法占有为目的，使用诈骗方法非法集资，数额较大的行为。

1. 本罪的客体是复杂客体，即是国家正常的金融管理秩序和公私财产所有权。集资诈骗行为一方面以"集资"的形式非法进入金融市场以高利率、高回报的方式非法吸收社会上的资金，影响了金融资金的流向，破坏了正常的金融管理秩序；另一方面，该种行为以"集资"名义诈骗他人钱财非法占有他人资金，严重侵害了公私财产所有权。

2. 本罪的客观方面，表现为使用诈骗的方法进行非法集资，数额较大的行为。首先，使用虚构事实、隐瞒真相的诈骗方法。所谓"诈骗方法"是指行为人采取虚构资金用途，以虚假的证明文件、良好的经济效益和高回报率为诱饵，骗取集资款的手段。其次，实施了非法集资的行为。所谓"非法集资"是指法人及其他组织或者个人，未经有权机关批准，向社会公众募集资金的行为。我国《公司法》第八十四条第二款规定，"未经国务院证券管理部门批准，发起人不得向社会公开募集股份"。第八十六条第二款规定：对已作出的批准如发现不符合本法规定的，应予撤销。由此可见，非法集资即指未经批准，向社会募集资金，也指虽经批准但经撤销后仍然继续向社会募集资金。

根据《立案标准（二）》第四十九条［集资诈骗案（刑法第一百九十二条）］以非法占有为目的，使用诈骗方法非法集资，涉嫌下列情形之一的，应予立案追诉：（一）个人集资诈骗，数额在十万元以上的；（二）单位集资诈骗，数额在五十万元以上的。

根据最高人民法院《关于审理诈骗案件具体运用法律的若干问题的解释》（1996年12月16日最高人民法院发布）的规定，具有下列情形之一的，应当认定其行为属于"以非法占有为目的，使用诈骗的方法非法集资"：（1）携带集资款逃跑；（2）挥霍集资款，致使集资款无法返还的；（3）使用集资款进行违法犯罪活动，致使集资款无法返还的；（4）具有其他诈骗行为，拒不返还集资款或者致使集资款无法返还的。第三，构成本罪还必须是非法集资"数额较大"。根据上述最高人民法院的司法解释：个人进行集资诈骗数额在二十万元以上的，属于"数额巨大"；个人进行集资诈骗数额在一百万元以上的，属于"数额特别巨大"。单位进行集资诈骗数额在一百万元以上的，属于

"数额巨大";单位进行集资诈骗数额在二百五十万元以上的,属于"数额特别巨大"。对于多次进行集资诈骗,并以后次诈骗财物归还前次诈骗财物,在计算诈骗数额时,应当将案发前已经归还的数额扣除,按实际未归还的数额认定,量刑时可将多次诈骗的数额作为从重情节予以考虑。

3. 本罪的主体即可以是自然人,也可以由单位构成。大多数情况下,自然人犯本罪时,通常都是以单位名义进行的。

本罪的主观方面,只能由故意构成,并且行为人具有非法占有集资款的目的。

（二）本罪的认定

1. 本罪与非法吸收公众存款罪的界线

两者虽然有许多相似之处,但也存在如下区别:（1）侵犯的客体不完全相同。本罪侵犯的是复杂客体,包括金融管理秩序和公私财产所有权。而后者侵犯的是单一客体,即金融管理秩序。（2）客观方面表现不同,本罪是结果犯,表现为使用诈骗的方法,进行非法集资,数额较大的行为;后者则是行为犯,表现为行为人不是有吸收公众存款的主体资格而非法吸收公众存款,或者虽然具有吸收公众存款的主体资格,但却采取非法的方法吸收公众存款。（3）犯罪目的不同。本罪的犯罪目的在于将非法筹集的资金占为已有,而后者的犯罪目的是通过非法吸收存款进行盈利活动,并无将非法所吸收的存款据为已有的目的。

2. 本罪与擅自发行股票、公司、企业债券罪的界线。集资诈骗罪有时也以未经批准擅自发行股票或者公司、企业债券的方式实施,但这种行为与擅自发行股票、公司、企业债券罪不同,主要表现为以下几个方面:（1）侵犯的客体不同,本罪侵犯的客体是金融管理秩序和公私财产的所有权,而后者侵犯的客体则是国家对股票、债券的管理秩序。（2）客观方面不同。本罪表现为采用虚假事实、隐瞒真相的欺骗手段,擅自发行股票、债券数额较大的行为。而后者则是未经国家有关主管部门批准,擅自发行股票、公司、企业债券,数额巨大,后果严重或者有其他严重情节的行为。（3）犯罪目的不同。实施本罪的目的在于非法占有所筹集的资金,而后者的目的在于非法筹集生产经营资金。

（三）本罪的刑事责任

根据《刑法》第一百九十二条、第一百九十九条和第二百条的规定,犯本罪的,处五年以下有期徒刑或者拘役,并处二万元以上二十万元以下罚金;数额巨大或者有其他严重情节的,处五年以上十年以下有期徒刑,并处五万元以上五十万元以下罚金;数额特别巨大或者有其他特别严重情节的,处十年以上有期徒刑或者无期徒刑,并处五万元以上五十万元以下罚金或者没收财产;数额特别巨大并且给国家和人民利益造成特别重大损失的,处无期徒刑或者死刑,并处没收财产;单位犯本罪的,对单位判处罚金,并对直接负责的主管人员和其他直接责任人员,处五年以下有期徒刑;数额特别巨大或者有其他严重情节的,处五年以上十年以下有期徒刑;数额特别巨大或者有其他特别严重情节的，处十年以上有期徒刑或者无期徒刑。

二、贷款诈骗罪

（一）本罪的概念及犯罪构成

本罪是以非法占有为目的，诈骗银行或者其他金融机构的贷款，数额较大的行为。

1. 本罪的客体是复杂客体，即国家对金融机构的贷款管理制度和金融机构对所贷资金的所有权。犯罪的对象是银行或者其他金融机构的贷款，即贷款人以信用贷款或者担保贷款的形式向金融机构所借的信贷资金。

2. 本罪的客观方面，表现为用虚假的事实，隐瞒真相的方法，骗取银行或者其他金融机构的贷款，数额较大的行为。首先，实施了下列一种或几种贷款诈骗行为：（1）编造引进资金、项目等虚假理由的。如编造引进外资需要配套资金，编造所谓能够产生良好效益的投资项目等虚假理由，向银行或者其他金融机构骗取贷款；（2）使用虚假的经济合同的。如使用伪造、变造的合同；（3）使用虚假的证明文件的。如使用伪造或者无效的存款证明、公司或者金融机构的担保函、划款证明等向银行或者其他金融机构申请贷款所需要的证明文件骗取贷款；（4）使用虚假的产权证明作担保或者超出抵押物价值重复担保的。所谓"产权证明"是指能够证明行为人对房屋、土地等不动产或者汽车、货币、可即时兑付的票据等活动享有所有权的书面文件，骗取贷款；（5）以其他方法诈骗贷款的。如伪造单位公章、印鉴骗取贷款，骗取贷款后故意转移资金，拒不归还的等等。其次，骗取的贷款必须数额较大的。

根据《立案标准（二）》第五十条［贷款诈骗案（刑法第一百九十三条）］以非法占有为目的，诈骗银行或者其他金融机构的贷款，数额在二万元以上的，应予立案追诉。

根据最高人民法院《关于审理诈骗案件具体运用法律若干问题的解释》中规定：个人进行贷款诈骗数额在一万元以上的，属于"数额较大"；个人进行贷款诈骗数额在五万元以上的，属于"数额巨大"；个人进行贷款诈骗数额在二十万元以上的，属于"数额特别巨大"。"其他严重情节"是指：（1）为骗取贷款，向银行或者其他金融机构的工作人员行贿、数额较大的；（2）挥霍贷款，或者用贷款进行违法活动，致使贷款到期无法偿还的；（3）隐匿贷款去向，贷款期限届满后，拒不偿还的；（4）提供虚假的担保申请贷款，贷款期限届满后，拒不偿还的；（5）假冒他人名义申请贷款，贷款期限届满后，拒不偿还的。"其他特别严重的情节"是指：（1）为骗取贷款，向银行或者金融机构的工作人员行贿，"数额巨大"的；（2）携带贷款逃跑的；（3）使用贷款进行犯罪活动的。

3. 本罪的主体是一般主体。

4. 本罪的主观方面，必须出于故意，并且具有非法占有银行或者其他金融机构贷款的目的。

（二）本罪的认定

1. 本罪与无力偿还贷款的界线。不能把贷款到期不还简单地认定为贷款诈骗罪。贷款到期不还的原因很多，有的可能是因为经营不善，致使企业严重亏损，无力偿还；有的可能是因为市场行情发生意外变化，致使他人所欠债务不能偿还，自己又缺乏偿还能力；也有可能是借款人故意编造谎言，使用虚假证明文件，骗取贷款等等。区分本罪与借款纠纷的界线，应把握以下几点：（1）在发生到期不还的结果时，要看行为人在申请贷款时，履约能力不足的事实是否已经存在，行为人是否对此有认识。如果无法履约的原因形成于获得贷款之后，或者行为人对自己无法履约缺乏认识，即使到期不还，也不应认定为是贷款诈骗，而应以借款纠纷处理；（2）要看行为人在取得贷款后是否积极地将贷款用于借贷合同所规定的事项，如果用途如约，尽管行为人在到期后无法偿还，也不能认定为贷款诈骗；（3）要看行为人在贷款到期后是否积极偿还，如果行为人仅仅口头上承认欠款而实际没有尽其所能积极筹备还款行为，很难证明行为人没有非法占有贷款的目的。

2. 本罪与诈骗罪的界线。本罪是诈骗罪的特殊形式。诈骗罪是指以非法占有为目的，以虚构事实或者隐瞒真相的方法，骗取数额较大的公私财物的行为。本罪与诈骗罪的区别在于：（1）两者侵犯的客体不同。本罪侵犯的客体是国家对金融机构的贷款管理制度和金融机构对信贷资金的所有权，而后者侵犯的客体则泛指公私财产所有权；（2）两者的犯罪行为不同。本罪只能是通过金融机构的信贷业务实施诈骗，而后者则可以用各种各样的行为实施。总之，本罪与诈骗罪的关系是特别法与普通法的关系。从立法上来讲，《刑法》第二百六十六条在规定普通诈骗罪时指出：本法另有规定的，依照规定。从刑法理论上分析，在发生包容性的法条竞合时，应实行特别法优于普通法的原则。

（三）本罪的刑事责任

根据《刑法》第一百九十三条规定，犯本罪的，处五年以下有期徒刑或者拘役，并处二万元以上二十万元以下罚金；数额巨大或者有其他严重情节的，处五年以上十年以下有期徒刑，并处五万元以上五十万元以下罚金；数额特别巨大或者有其他特别严重情节的，处十年以上有期徒刑或者无期徒刑，并处五万元以上五十万元以下罚金或者没收财产。

三、票据诈骗罪

（一）本罪的概念及犯罪构成

本罪是以非法占有为目的，进行金融票据诈骗活动，数额较大的行为。

1. 本罪的客体是复杂客体，即国家的金融票据管理秩序和票据所有人及受益人的财产所有权。

2. 本罪的客观方面，表现为用虚构事实或者隐瞒真相的办法，利用金融票据进行诈骗，数额较大的行为。所谓"金融票据"是指我国票据法所规定的汇票、本票、支票，其概念如前所述。依照《刑法》第一百九十四条的规定，金融票据诈骗行为具体表现为：（1）明知是伪造、变造的汇票、本票、支票而使用的。这里的使用，既包括直接利用这种伪造、变造的金融票据骗取财物，也包括直接利用这种伪造、变造的金融票据充作抵押或者其他交易的筹码骗取财物；（2）明知是作废的汇票、本票、支票而使用的。这里的作废，是根据法律和有关规定不能使用，它既包括票据法中所说的过期，也包括无效以及被依法宣布作废的情况。所谓"过期"指超过票据有效兑付期限。"无效"票据是指：票据金额以中文大写和数码同时记载，二者不一致的票据；票据金额、日期、收款人名称更改的票据；汇票、本票、支票必须记载的事项不全的票据等。"被依法宣布作废"的票据：如国家规定更换票据版本后，旧的票据版本就是宣布作废的票据；（3）冒用他人的汇票、本票、支票的。这里指明知是他人的金融票据，意图非法占有他人财物而假冒他人之名，非法使用这种金融票据。所谓"他人"指票据合法的所有人或者持有人。"冒用"的表现为各种各样的情况，如拾得他人遗失的票据而加以使用，明知是以诈欺、盗窃等不法手段获得的票据而使用等。（4）签发空头支票或者与其预留印鉴不符的支票，骗取财物。所谓"空头支票"是指出票人在银行没有存款或存款不足时签发的无法兑现的支票。签发"与其预留印鉴不符的支票"是指支票出票人在其签发的支票上加盖与其预先存留在金融机构中的印鉴不相一致的财务公章或者支票出票人签章，将其交给取款人，使支票在金融机构不能兑现的行为。（5）汇票、本票的出票人签发无资金保证的汇票、本票或者出票时作虚假记载，骗取财物的。所谓"出票人"指制作票据，按照法定条件在票据上签章，并按照所记载的事项承担票据责任的人。所谓"资金保证"指票据的出票人在承兑汇票、本票时具有按票据支付的能力。"无资金保证"即不具有按票据支付的能力。"出票时作虚假记载"指在签发汇票、本票时，不如实填写汇票、本票应记载的事项，使此票不能承兑。这些都是出票人用以骗取财物的手法。上述五种行为，行为人只要实施其中之一，就构成本罪，实施两种或者两种以上行为的，仍定一罪，不实行数罪并罚，但在量刑时可以作为从重情节考虑。构成本罪还必须达到诈骗金额"数额较大"。

根据《立案标准（二）》第五十一条［票据诈骗案（刑法第一百九十四条第一款）］进行金融票据诈骗活动，涉嫌下列情形之一的，应予立案追诉：（一）个人进行金融票据诈骗，数额在一万元以上的；（二）单位进行金融票据诈骗，数额在十万元以上的。

根据最高人民法院《关于审理诈骗案具体运用法律若干问题的解释》中规定：个人进行票据诈骗数额在五千元以上的，属于"数额较大"；诈骗数额在五万元以上的，属于"数额巨大"；诈骗数额在十万元以上的，属于"数额特别巨大"；单位进行票据诈骗数额在十万元以上的，属于"数额较大"；诈骗数额在三十万元以上的，属于"数额巨大";诈骗数额在一百万元以上的,属于"数额特别巨大"

3. 本罪的主体是一般主体,自然人和单位都可构成本罪的主体。

4. 本罪的主观方面,是故意。对于有些行为法律要求必须是"明知",犯罪目的是为了非法占有公私财物。

（二）关于本罪与非法吸收公众存款罪的区别

非法吸收公众存款罪是指行为人非法吸收公众存款或者变相吸收公众存款,扰乱金融秩序的行为。在实践中,很多犯罪行为人为了骗取客户的信任,更多地吸收公众存款,往往采取伪造、变造的金融票据和金融凭证来欺骗客户,在这种情况下,要注意区别犯罪行为人的主观目的是什么？如果犯罪行为人出于非法吸收公众存款的目的,将吸收的公众存款用于投资或者其他正常用途,到时按期按约定返还给客户本金和利息的,应以非法吸收公众存款罪论。如果犯罪行为人将吸收的公众存款用于其他用途而不能到期按时按约定还本付息的,为了欺骗客户,伪造金融凭证或者变造金融票据凭证来获取客户的信任的,应以两罪实行数罪并罚。

（三）本罪的刑事责任

根据《刑法》第一百九十四条、第一百九十九条和第二百条规定,犯本罪的,处五年以下有期徒刑,并处二万元以上二十万元以下罚金；数额巨大或者有其他严重情节的,处五年以上十年以下有期徒刑,并处五万元以上五十万元以下罚金；数额特别巨大或者有其他特别严重情节的,处十年以上有期徒刑或者无期徒刑,并处五万元以上五十万元以下罚金或者没收财产；单位犯本罪的,对单位判处罚金,并对其直接负责的主管人员和其他直接责任人员,处五年以下有期徒刑或者拘役；数额巨大或者有其他严重情节的,处五年以上十年以下有期徒刑；数额特别巨大或者有其他特别严重情节的,处十年以上有期徒刑或者无期徒刑。

四、金融凭证诈骗罪

（一）本罪的概念及犯罪构成

本罪是指以非法占有为目的,使用伪造、变造的委托收款凭证、汇款凭证、银行存单等其他银行结算凭证,骗取财物,数额较大的行为。

1. 本罪的客体是复杂客体,即国家的金融凭证管理秩序和公私财产所有权。本罪的犯罪对象是委托收款凭证、银行存单等其他银行结算凭证。所谓"委托收款凭证"是指行为人在委托银行向付款人收取贷款等款项时,所填写和提供的凭证和证明。"汇款凭证"指汇款人委托银行将款项汇给外地的收款人时所填写的凭据和证明。所谓"银行存单"是指储户向银行交付存款后由银行开具的载有户名、账号、存款金额、存期、存款时间和到期时间、利率等内容的凭据和证明。"其他银行结算凭证"指除票据及上述凭证以外的各种银行结算凭证。如信用卡等。

2. 本罪的客观方面，表现为使用伪造、变造的委托收款凭证、汇款凭证、银行存单等其他银行结算凭证进行诈骗，数额较大的行为。所谓"伪造""变造"已在上述论述中作出了解释，此处的含义与其相同，不再赘述。所谓"使用"指利用伪造、变造的委托收款凭证、汇款凭证、银行存单等其他银行结算凭证，骗取他人财物的行为。

根据《立案标准（二）》第五十二条［金融凭证诈骗案（刑法第一百九十四条第二款）］使用伪造、变造的委托收款凭证、汇款凭证、银行存单等其他银行结算凭证进行诈骗活动，涉嫌下列情形之一的，应予立案追诉：（一）个人进行金融凭证诈骗，数额在一万元以上的；（二）单位进行金融凭证诈骗，数额在十万元以上的。

3. 本罪的主体是一般主体。自然人和单位都可以成为本罪的主体。

4. 本罪的主观方面，只能是故意，并且具有非法占有他人财物的目的。这里的所谓"故意"指明知是伪造、变造的银行结算凭证，而仍然予以使用。

（二）本罪的认定

本罪与伪造、变造金融票证罪的主要区别在于：伪造、变造金融票证罪的客观方面表现为伪造、变造金融票证的行为，而本罪的客观方面表现为使用伪造、变造的银行结算凭证的行为。前者行为的特点在于伪造、变造了委托收款凭证、汇款凭证、银行存单等其他银行结算凭证的，则构成伪造、变造金融票证罪。如果行为人使用上述伪造、变造的银行结算凭证，则构成金融凭证诈骗罪。

（三）本罪的刑事责任

根据《刑法》第一百九十四条、第一百九十九条、第二百条的规定，犯本罪的，处五年以下有期徒刑，并处二万元以上二十万元以下罚金；数额巨大或者有其他严重情节的，处五年以上十年以下有期徒刑，并处五万元以上五十万元以下罚金；数额特别巨大或者有其他特别严重情节的，处十年以上有期徒刑或者无期徒刑，并处五万元以上五十万元以下罚金或者没收财产；单位犯本罪的，对单位判处罚金，并对其直接负责的主管人员和其他直接责任人员，处五年以下有期徒刑或者拘役；数额巨大或者有其他严重情节的，处五年以上十年以下有期徒刑；数额特别巨大或者有其他特别严重情节的，处十年以上有期徒刑或者无期徒刑。

五、信用证诈骗罪

（一）本罪的概念及犯罪构成

本罪是指以非法占有为目的，利用信用证进行诈骗活动的行为。

1. 本罪的客体是复杂客体，即信用证管理制度和公私财产所有权。本罪的犯罪客体是信用证以及附随的单据、文件。所谓"信用证"是指开证银行根据进口商的开证申请，开给受益人（通常是出口商）在一定条件下支付约定金额的保证付款的书面凭证。根据信用证的使用功能有：（1）跟单信用证与光票信用证。跟单信用证是指开证行凭跟单汇票或仅凭单据付款的信用证。光票信用证是指开证行仅凭不附随运输单据的汇票即履行付款责任的信用证。（2）可撤销信用证与不可撤销信用证。前者是指开证银行可以随时自行修改或撤销信用证。在此种情况下，银行的付款承诺是不明确的。后者是指信用证一经开出，除非得到信用证受益人和有关当事人的同意，开证行不得片面修改或撤销信用证条款的信用证。所谓"附随单据和文件"是指与信用证相附随的文字材料，即跟单信用证的法定形式。单据包括货物单据、运输单据、保险单据、文件，包括合同以及有关协议。出口人制作的单据与信用证的规定相符，即可保证收回货款。

2. 本罪的客观方面，表现为利用信用证进行诈骗活动的行为。根据《刑法》的规定，具体有以下四种情形：（1）使用伪造、变造的信用证或者附随的单据、文件的；（2）使用作废的信用证的。所谓"作废的信用证"主要是指已过期限的信用证、无效的信用证、经人涂改的信用证、可撤销的信用证经开证行与申请开证人撤销的，也是作废的信用证；（3）骗取信用证的，主要是指行为人以虚构事实与隐瞒真相的方法欺骗银行使其开出信用证的行为。（4）以其他方法进行信用证诈骗活动的。这种方法主要是指开证申请人和开证银行利用设置若干隐蔽性条款的方法进行信用证诈骗活动。譬如：信用证开出后暂不生效，待进口许可证签发后通知才能生效，或待货样经开证人确认后再通知信用证生效，或规定船公司、船名、目的港、验货人、发运港，装船日期则须得开证申请人通知或经其同意，开证行以修改书形式再行通知等。

根据《立案标准（二）》第五十三条［信用证诈骗案（刑法第一百九十五条）］进行信用证诈骗活动，涉嫌下列情形之一的，应予立案追诉：（一）使用伪造、变造的信用证或者附随的单据、文件的；（二）使用作废的信用证的；（三）骗取信用证的；（四）以其他方法进行信用证诈骗活动的。

3. 本罪的主体是一般主体。包括自然人和单位。

4. 本罪的主观方面是故意，并且有非法将公私财物占为已有的目的。

（二）关于本罪的认定

本罪与诈骗银行贷款罪的区别。此罪主要注意研究利用信用证诈骗银行"打包放款"的情况。在实践中，一些出口商在取得信用证以后，为保证履行合同，有时以信用证为担保向银行贷款，这就是所谓"打包放款"。因为有信用证担保，出口商比较容易得到银行贷款。待其得到贷款后，并不组织货物出口，而是一走了之。这种行为即属于骗取信用证的信用证诈骗罪，又构成诈骗银行贷款罪，属刑法理论上的法条竞合。

（三）本罪的刑事责任

根据《刑法》第一百九十五条、第一百九十九条和第二百条的规定，犯本罪的，处五年以下有期徒刑或者拘役，并处二万元以上二十万元以下罚金；数额巨大或者有其他严重情节的，处五年以上十年以下有期徒刑，并处五万元以上五十万元以下罚金；数额特别巨大或者有其他特别严重情节的，处十年以上有期徒刑或者无期徒刑，并处五万元以上五十万元以下罚金或者没收财产；单位犯本罪的，对单位判处罚金，并对其直接负责的主管人员和其他直接责任人员，处五年以下有期徒刑或者拘役；数额巨大或者有其他严重情节的，处五年以上十年以下有期徒刑；数额特别巨大或者有其他特别严重情节的，处十年以上有期徒刑或者无期徒刑。

六、信用卡诈骗罪

（一）本罪的概念及犯罪构成

本罪是指以非法占有为目的，利用信用卡进行诈骗活动，数额较大的行为。

1. 本罪的客体是复杂客体，即国家对信用卡的管理制度和和他人的财产所有权。本罪的犯罪对象是信用卡。信用卡是由银行或专营机构发给消费者，在约定的银行或部门支取现金或购买货物，支付劳务费用的一种信用凭证。它具有结算和信贷的双重功能以及银行吸收存款付息的储蓄性质。同时，它是一种支付工具，具有货币的支付功能。当持卡人持卡消费时，在资金不足的情况下允许善意透支，并由发卡银行以贷款形式加以解决。

2. 本罪的客观方面，表现为利用信用卡进行诈骗活动，数额较大的行为。具体表现是：（1）使用伪造的信用卡。指使用伪造的信用卡购买商品等。根据《刑法修正案（五）》增加了"或者使用以虚假的身份证明骗领的信用卡的"内容。（2）使用作废的信用卡。所谓作废的信用卡，是指使用因法定原因失去效应的信用卡。根据规定，作废的信用卡主要有三种形式：一是信用卡超过有效使用期限而自动失效；二是信用卡持卡人如果在信用卡有效期间内停止使用应办理退卡手续并将该信用卡返回发卡机构，此时，该信用卡虽未过有效期，但已办理退卡手续，故属作废的信用卡；三是因挂失而使信用卡失效。（3）冒用他人的信用卡。指行为人非法以持卡人的名义使用信用卡骗取财物和服务。如使用拾得的信用卡，使用代他人管理的信用卡，骗取他人信用卡并予以使用等。（4）恶意透支，是指持卡人以非法占有为目的，或者明知无力偿还，透支数额超过信用卡准许透支的数额较大，逃避追击，或者自收到发卡银行催收通知之日起三个月内仍不归还的行为。

构成本罪，必须是诈骗数额较大。根据《立案标准（二）》第五十四条〔信用卡诈骗案（刑法第一百九十六条）〕进行信用卡诈骗活动，涉嫌下列情形之一的，应予立案追诉：

（一）使用伪造的信用卡，或者使用以虚假的身份证明骗领的信用卡，或者使用作废的信用卡，或者冒用他人信用卡，进行诈骗活动，数额在五千元以上的；（二）恶意透支，数额在一万元以上的。本条规定的"恶意透支"，是指持卡人以非法占有为目的，超过规定限额或者规定期限透支，并且经发卡银行两次催收后超过三个月仍不归还的。恶意透支，数额在一万元以上不满十万元的，在公安机关立案前已偿还全部透支款息，情节显著轻微的，可以依法不追究刑事责任。

根据最高人民法院《关于审理诈骗案件具体运用法律的若干问题的解释》规定：

诈骗数额在五千元以上的，属于"数额较大"；诈骗数额在五万元以上的，属于"数额巨大"；诈骗数额在二十万元以上的，属于"数额特别巨大"。关于恶意透支的数额标准同上述的规定。

3. 本罪的主体是一般主体。只有自然人才能构成本罪的主体。单位不能构成本罪。

4. 本罪的主观方面，表现为故意，并且具有非法占有他人资金的目的。

（二）关于本罪的认定

盗窃信用卡的使用问题。盗窃信用卡并使用而骗得财物的，构成盗窃罪。应以实际使用的数额确定盗窃金额。

（三）本罪的刑事责任

根据《刑法》第一百九十六条规定，犯本罪的，处五年以下有期徒刑或者拘役，并处二万元以上二十万元以下罚金；数额巨大或者有其他严重情节的，处五年以上十年以下有期徒刑，并处五万元以上五十万元以下罚金；数额特别巨大或者有其他特别严重情节的，处十年以上有期徒刑或者无期徒刑，并处五万元以上五十万元以下罚金或者没收财产。

七、有价证券诈骗罪

（一）本罪的概念及犯罪构成

本罪是指以非法占有为目的，使用伪造、变造的国库券或者国家发行的其他有价证券进行诈骗活动，数额较大的行为。

1. 本罪的客体是复杂客体，即国家对有价证券的管理制度和公私财产所有权。行为对象是伪造、变造的国库券及国家发行的其他有价证券。所谓"国库券"指国家向居民个人、个体工商户、企业、事业单位、机关、社会团体和其他组织发行的以人民币为计算单位的有价证券。"国家发行的其他有价证券"指国库券以外的，由国家发行的有价证券。如财政债券、国家建设债券、保值公债、特种国债、国家重点建设债券等。这些都是国家为重点工程项目融资的重要形式。

2. 本罪的客观方面，表现为使用伪造、变造的国库券或者国家发行的其他有价证券，进行诈骗活动，数额较大的行为。所谓"使用"可能是明知是他人伪造而使用，也可能是自己伪造、变造而使用。值得注意的是后一种情况实际上属刑法上的牵连犯，应从一重处。所谓"数额较大"根据《立案标准（二）》第五十五条［有价证券诈骗案（刑法第一百九十七条）］使用伪造、变造的国库券或者国家发行的其他有价证券进行诈骗活动，数额在一万元以上的，应予立案追诉。

3. 本罪的主体是一般主体。

4. 本罪的主观方面，是故意，并具有非法占有他人财物的目的。

（二）本罪的刑事责任

根据《刑法》第一百九十七条规定，犯本罪的，处五年以下有期徒刑或者拘役，并处二万元以上二十万元以下罚金；数额巨大或者有其他严重情节的，处五年以上十年以下有期徒刑，并处五万元以上五十万元以下罚金；数额特别巨大或者有其他特别严重情节的，处十年以上有期徒刑或者无期徒刑，并处五万元以上五十万元以下罚金或者没收财产。

八、保险诈骗罪

（一）本罪的概念及犯罪构成

本罪是指投保人、被保险人或者受益人以非法占有为目的，违反保险法律、法规，采取虚构事实、隐瞒真相的方法骗取数额较大的保险金的行为。

1. 本罪的客体是复杂客体，即国家的保险制度及保险人的财产所有权。本罪的犯罪对象是保险资金。所谓"保险"是指投保人根据合同约定，向保险人支付保险费，保险人对于合同约定的可能发生的事故，如果因其发生而造成的财产损失，承担赔偿保险金责任。或者当被保险人死亡、伤残、疾病或者达到合同约定的年龄期限时，承担给付保险金责任的商业保险行为。所谓"保险金"是保险人依约在发生保险理赔事由时给付被保险人的资金。

2. 本罪的客观方面，表现为违反保险法律、法规，进行保险诈骗、数额较大的行为。成立本罪，在客观方面必须具备下列三个要件：（1）违反保险法律、法规是构成本罪的特定前提。所谓"违反保险法律、法规"最主要的是违反《中华人民共和国保险法》，该法明文规定了对各种保险诈骗活动，构成犯罪的，追究刑事责任。此外，还有若干有关保险的行政法规和规章。只有违反保险法律、法规，才能谈得上构成保险诈骗的问题。（2）实施了保险诈骗的行为。具体表现为下列五种情形：①投保人故意虚构保险标的，骗取保险金的。所谓"保险标的"是指作为保险对象的财产及其有关利益或者人的寿命和身体。投保人虚构保险标的，是指投保人违背签定合同应遵循的诚实信用原则，在与保险人签定合同时，故意实施虚构保险标的行为。②投保人、被保险人或者受益人对发生的保险事故编造虚假的原因或者夸大损失的程度，骗取保险金的。"被保险人"是指其财产或人身受保险合同保障，享有保险金请求权的人。投保人可以为被保险人。"受益人"是指人身保险合同中由被保险人或者投保人指定的享有保险金请求权的人。投保人、被保险人可以为受益人。"投保人"指依据约定向保险人给付保险费的人，既包括自然人也包括单位。本项行为实际上有两表现：一是行为人对发生的保险事故编造虚假的原因。指保险事故发生后，行为人对发生的保险事故的原因，隐瞒真实情况、作虚假的陈述；二是夸大损失的程度。指投保人、被保险人或受益人对发生的保险事故、故意夸大保险标的损失，从而获取额外的保险金。为此，往往采取伪造、变造有关的证明资料或者虚构其他证据来实现犯罪目的；③投保人、被保险人或者受益人编造未曾发生的保险事故，骗取保险金的。④投保人、被保险人故意造成财产损失的保险事故，骗取保险金的。是指在财产保险合同中，投保人、被保险人在保险合同有效期内，在本来没有发生保险事故的情况下，自己故意制造事故，造成财产损失，被保险人信以为真，从而骗取保险金。如故意纵火、自毁财物等；⑤投保人、受益人故意造成被保险人死亡、伤残或者疾病，骗取保险金的。指投保人、受益人为了骗取保险金，在本来未曾发生保障事故的情况下，采取杀害、伤害、虐待、投毒、遗弃、传播疾病等方法故意制造事故，致使被保险人死亡、伤残或者疾病，从而骗取保险金。（3）构成本罪，诈骗保险金必须数额较大。

根据《立案标准（二）》第五十六条［保险诈骗案（刑法第一百九十八条）］进行保险诈骗活动，涉嫌下列情形之一的，应予立案追诉：（一）个人进行保险诈骗，数额在一万元以上的；（二）单位进行保险诈骗，数额在五万元以上的。

根据最高人民法院《关于审理诈骗案件具体运用法律的若干问题的解释》规定：个人进行保险诈骗数额在一万元以上的，属于"数额较大"；诈骗数额在五万元以上的，属于"数额巨大"；诈骗数额在二十万元以上的，属于"数额特别巨大"。单位进行保险诈骗数额在五万元以上的，属于"数额较大"；诈骗数额在二十五万元以上的，属于"数额巨大"；诈骗数额在一百万元以上的，属于"数额特别巨大"。

3. 本罪的主体是特殊主体，包括投保人、被保险人或者受益人。由于保险诈骗犯罪具有特殊性，犯罪主体必须是与保险人订立保险合同的人和人身保险合同中享有保险金请求权的受益人，故非合同当事人或者受益人不可能实施此种犯罪；根据《刑法》规定，单位可以成为本罪的主体。

4. 本罪的主观方面，是故意，且行为人具有非法占有保险金的目的。

（一）关于本罪的认定

在实践中，投保人、被保险人为了诈骗保险金，故意造成财产损失的保险事故，或者投保人、受益人为了诈骗保险金，故意造成被保险人死亡、伤残或者疾病，其方法行为或结果行为，往往能犯放火、爆炸、投毒、故意杀人、故意伤害、虐待等罪名。《刑法》第198条第2款的规定，对这种情形应当依照数罪并罚的规定处罚。如果为了骗取保险金，伪造了有关公文、证件、印章，这也是牵连犯。由于刑法没有特别规定，只能"从一重处"。

（二）本罪的刑事责任

根据《刑法》第一百九十八条的规定，犯本罪的，处五年以下有期徒刑或者拘役，并处一万元以上十万元以下罚金；数额巨大或者有其他严重情节的，处五年以上十年以下有期徒刑，并处二万元以上二十万元以下罚金；数额特别巨大或者有其他特别严重情节的，处十年以上有期徒刑，并处二万元以上二十万元以下罚金或者没收财产。单位犯本罪的，对单位判处罚金，并对其直接负责的主管人员和其他直接责任人员，处五年以下有期徒刑或者拘役；数额巨大或者有其他严重情节的，处五年以上十年以下有期徒刑；数额特别巨大或者有其他特别严重情节的，处十年以上有期徒刑。

第九章 违害税收征管罪

一、逃税罪

（一）本罪的概念及犯罪构成

本罪是《刑法修正案（七）》在对刑法第 201 条所规定的偷税罪的罪状和法定刑的内容进行修改而成的一个罪。是指纳税人采取欺骗、隐瞒手段进行虚假纳税申报或者不申报，逃避缴纳税款数额较大，并且占应纳税款百分之十以上的行为。

1. 本罪的客体，是国家税收管理制度。指我国以税法为核心包括其他有关税收征管的法律法规形成体系的税收制度。其内容包括缴纳义务人的范围、征税对象、税目、税率、税收的减免、纳税环节、期限、税收征管以及法律责任等内容。

2. 本罪客观方面表现为采取欺骗、隐瞒手段进行计价纳税申报或者不申报，逃避缴纳税款数额较大，并且占应纳税款百分之十以上的行为。

（1）本罪的逃税行为，这是构成本罪的核心要件。此行为在刑法理论中称为"不作为"行为。是指行为人负有实施某种行为的特定义务，能够履行而不履行的危害行为。不作为要作为刑法中的行为（有体性）必定要以作为义务为前提。亦即负有作为之特别义务者，以不实行其作为义务之行为作为本罪的构成要件，故不作为非不为任何行为，而系不为被期待之一定行为，从而并非"非行为"。譬如，此行为中采取欺骗、隐瞒手段进行虚假纳税申报是之。所谓"采取欺骗、隐瞒手段"主要是指：①伪造、变造、隐匿、擅自销毁账薄、记帐凭证。所谓"伪造账薄、记帐凭证"是指为了应付税务机关稽查而临时编造假账薄、假凭证；所谓"变造账薄、记帐凭证"是指把已有的真实账薄进行篡改、合并或删除，从而使人对其经营数额和应税项目产生误解；所谓"隐匿账薄、记帐凭证"是指私自将有效账薄和记帐凭证隐瞒和藏匿，不予公开，使税务机关无法检查其应纳税额。②在账薄上多列支出或者少列、不列收入。所谓"多列支出"是指在账薄上大量填写超出实际支出的数额；所谓"少列、不列收入"是指将产品直接作价抵债款后不记销售，已经销售而不开发票或者以白条抵库不记销售，用罚款、滞纳金、违约金、赔偿金冲减销售收入，将展品或样品作价处理后不按销售记帐等等。而以上两种行为均为"有体性"行为。其特征表现出的是应纳税的消极行为。所谓"虚假纳税申报或者不申报"，即行为人应作为而不作为的两种具体行为方式。前者"虚假纳税申报"可以称为相对的不作为，即不作为非不为任何行为。其中

"虚假纳税申报"就是一种有体性的行为，此行为人最终目的是为了不为被期待之一的行为，及依法纳税行为。后者"不申报"，其表现形式也有二：一是表现为相对的不作为，即采取虚假、隐瞒手段，造成无申报纳税义务的情形而不申报；一是经税务机关通知其申报时拒不申报。

构成本罪要达到法定的"严重后果"，要同时满足两个条件，即"数额较大"并此次逃税的税额要达到此次应缴纳税款总额的10％以上（包括本数）。根据《刑法修正案（八）》规定，对多次实施逃税犯罪行为，未经处理的，按照累计数额计算。

根据《立案标准（二）》第五十七条［逃税案（刑法第二百零一条）］逃避缴纳税款，涉嫌下列情形之一的，应予立案追诉：（一）纳税人采取欺骗、隐瞒手段进行虚假纳税申报或者不申报，逃避缴纳税款，数额在五万元以上并且占各税种应纳税总额百分之十以上，经税务机关依法下达追缴通知后，不补缴应纳税款、不缴纳滞纳金或者不接受行政处罚的；（二）纳税人五年内因逃避缴纳税款受过刑事处罚或者被税务机关给予二次以上行政处罚，又逃避缴纳税款，数额在五万元以上并且占各税种应纳税总额百分之十以上的；（三）扣缴义务人采取欺骗、隐瞒手段，不缴或者少缴已扣、已收税款，数额在五万元以上的。纳税人在公安机关立案后再补缴应纳税款、缴纳滞纳金或者接受行政处罚的，不影响刑事责任的追究。

对于扣缴义务人来说，在实施上述行为时，只能是实施了不缴或者少缴了已扣已收的税款，数额较大的，依本罪论处，如果只是没有依法履行代扣、代缴义务，不能依本罪论处。

3. 本罪的主体，自然人和单位均可构成。犯本罪的自然人是特殊主体，犯本罪的单位是特定单位。他们都必须是负有纳税或者扣缴义务的人。所谓"纳税人"是指依法应当向国家缴纳税款的个人或者单位。所谓"扣缴义务人"是指负有代扣代缴义务的单位或个人，其中又分为代扣代缴义务人和代收代缴义务人。前者是指有义务从其持有的纳税人收入中扣除其应纳税款并代为缴纳的单位或个人，如向纳税人支付收入的单位，为纳税人办理汇款的单位等；后者是指有义务借助经济往来向纳税人收取应纳税款并代为缴纳的单位或个人，如商业批发单位等。

4. 本罪的主观方面，表现为直接故意，并且具有逃避缴纳应纳税款、获取非法利益的目的。

（二）本罪的认定

（1）本罪与漏税、欠税的界限。所谓"漏税"是指纳税人过失漏缴或者少缴应缴税款的行为。所谓"欠税"是指在法定的纳税期限内，纳税人因无力缴纳税款而拖欠税款的行为。从客观上看，偷税与漏税、欠税都出现了未缴或少缴应纳税款的后果，但两者在主观上是有原则区别的。区别的关键是：偷税具有偷逃应纳税款的故意，而漏税、欠税则不具有上述故意。

（2）根据《修正案（八）》的规定：有第一款行为，经税务机关依法下达追缴通知后，不缴应纳税款、缴纳滞留金，已受行政处罚的，不予追究刑事责任。但是，五年内因逃避缴纳税款受过刑事处罚或者被税务机关给予二次以上行政处罚的除外。

（三）本罪的刑事责任

根据《刑法》第201条、第204条第2款、第211条和212条的规定，犯本罪的，处三年以下有期徒刑或者拘役，并处罚金；数额巨大并且占应纳税款百分之三十以上的，处三年以上七年以下有期徒刑，并处罚金。单位犯本罪的，对单位判处罚金，并对其直接负责的主管人员和其他直接责任人员，依照上述规定处罚。判处罚金刑的，在执行前，应当先由税务机关追缴税款，即执行"先追缴后处罚"的原则。

二、抗税罪

（一）本罪的概念及犯罪构成

本罪是指纳税人、扣缴义务人，违反税收征收法规，以暴力或威胁的方法拒不缴纳税款的行为。

1. 本罪的客体，是复杂客体。既不仅破坏了国家税收征管制度，而且同时侵犯了依法执行征税公务的国家工作人员的人身权利。本罪行为侵害的复杂对象，指除海关关税以外的国内税收及其征管人员。本罪犯罪对象的这种限定，有利于划清抗税罪与走私罪和妨害公务罪的界线。

本罪的客观方面，表现为违反税收征收管理法律、法规，以暴力、威胁的方法拒不缴纳税款的行为。（1）违反税收征收管理法律、法规。所谓"违反税收征收管理法律、法规"是指拒绝依照税收管理法的规定履行纳税义务。如拒绝办理税务登记、纳税申报、提供纳税资料，以各种借口拖延缴纳或抵制缴纳应纳税款、拒缴滞纳金等。（2）采取暴力、威胁方法，实施拒不缴纳应纳税款的行为。本罪的暴力并不限于只能针对人身而实施，为阻碍执行征税而砸毁其使用的交通工具，聚众冲击打砸税务机关的，也应视为使用暴力。所谓"威胁"是指对征税工作人员实行的精神强制。如以杀害、伤害其本人或亲属、毁坏财产、损害其名誉等进行威胁。（3）抗税行为在税收工作人员执行职务期间实施。所谓"执行职务期间"是指从开始执行征税时起直至结束的时间范围。

根据《立案标准（二）》第五十八条［抗税案（刑法第二百零二条）］以暴力、威胁方法拒不缴纳税款，涉嫌下列情形之一的，应予立案追诉：（一）造成税务工作人员轻微伤以上的；（二）以给税务工作人员及其亲友的生命、健康、财产等造成损害为威胁，抗拒缴纳税款的；（三）聚众抗拒缴纳税款的；（四）以其他暴力、威胁方法拒不缴纳税款的。

3. 本罪的主体，是特殊主体，指纳税人和扣缴义务人。单位不能成为本罪主体。如果单位领导决定并指使他人或者亲自参与使用暴力、威胁方法，为单位抗拒缴纳税款的，也不能定为单位犯罪。原因有二：一是凡刑法分则规定的行为，单位能成为实施该行为的主体，应以法律明确规定之；二是凡单位能成为某一犯罪行为的主体，应以单位即拟定的自然人要具有实行该行为的功能。

4. 本罪的主观方面，必须出于故意，并且具有抗拒缴纳税款的目的。

（二）本罪的认定

1. 本罪与非罪的界线。虽然刑法对构成抗税罪没有规定数额和情节标准，但这并不意味着认定抗税罪不需要考虑数额和情节。在司法实践中，应将这两个因素综合进行评价，达到犯罪程度，才能以犯罪论处。

2. 正确处理以暴力方法抗税致人重伤、死亡的案件。应当如何处理这类案件？刑法学界有不同的观点：有的认为应当按故意伤害罪或者杀人罪从重处罚；有的认为应当区别情况，分别按故意伤害罪、故意杀人罪或过失致人死亡罪论处；有的认为如果暴力抗税故意致人重伤、死亡的，根据罪过的形式不同，分别按故意伤害罪、故意杀人罪、过失致人重伤罪和过失致人死亡罪处理；有的认为这种情况属于转化犯，应根据转化后的犯罪处理。

（三）本罪的刑事责任

根据《刑法》第二百零二条和第二百一十二条规定，犯本罪的，处三年以下有期徒刑或者拘役，并处拒缴税款一倍以上五倍以下的罚金；情节严重的，处三年以上七年以下有期徒刑，并处拒缴税款一倍以上五倍以下的罚金。在对判处罚金的犯罪分子执行罚金前，应先由税务机关追缴所逃避的税款。

三、逃避追缴欠税罪

（一）本罪的概念及犯罪构成

本罪是指纳税义务人欠缴应纳税款，采取转移或者隐匿财产的手段，致使税务机关无法追缴欠缴的税款，数额在一万元以上不满十万元的行为。

1. 本罪的客体，是国家的税收征收管理制度。其犯罪对象，是除进出口关税之外，应当缴纳而欠缴的国内税。包括欠税和漏税的两种税款。

2. 本罪的客观方面，表现为违反税收法规，欠缴应纳税款，并采取转移或者隐匿财产的手段逃避追缴，致使税务机关无法追缴欠缴的税款，达到法定数额标准的行为。所谓"转移财产"，通常是指从开户银行、其他金融机构中提走存款或转移到其他户头，或者将商品、产品、货物或其它财产转移到他处。所谓"隐匿财产"通常是指将现金、贵重物品、其他财产藏匿起来。采取转移或者隐匿财产的手段，是纳税人逃避追缴所欠税款行为的客观表现，致使税务机关无法追缴所欠缴的税款，是逃避追缴行为直接的犯罪结果。因此，逃避追缴行为与无法追缴的结果之间须具有刑法上的因果关系。只有致使税务机关无法追缴欠缴税款的结果发生时，才构成本罪。根据《立案标准（二）》第五十九条［逃避追缴欠税案（刑法第二百零三条）］纳税人欠缴应纳税款，采取转移或者隐匿财产的手段，致使税务机关无法追缴欠缴的税款，数额在一万元以上的，应予立案追诉。

3. 本罪的主体，是特殊主体，即是负有纳税义务的欠税人。非纳税人（包括负有代扣、代缴义务的扣缴义务人）不可能成为欠税人，自然不能构成本罪。

4. 本罪的主观方面，只能出于直接故意，即故意拖欠税款，采取转移或者隐匿财产手段逃避追缴，目的在于逃避欠缴的税款，至于出于何种动机，不影响本罪的认定。

（二）本罪的刑事责任

根据《刑法》第二百零三条、第二百一十一条和第二百一十二条规定，犯本罪的，处三年以下有期徒刑或者拘役，并处或者单处欠缴税款一倍以上五倍以下的罚金；数额在十万元以上的，处三年以上七年以下有期徒刑，并处欠缴税款一倍以上五倍以下的罚金。单位犯本罪的，对单位判处罚金，并对其主管人员和其他直接责任人员，依照上述规定处罚。被判处罚金的，在执行前，应当先由税务机关追缴所欠缴的税款。

四、骗取出口退税罪

（一）本罪的概念及犯罪构成

本罪是指故意违反出口退税管理法规，以假报出口或者其他欺骗手段，骗取国家出口退税款，数额较大的行为。

1. 本罪的客体，是国家的出口退税管理制度和国家财产所有权。其犯罪对象是作为国内税的增值税、营业税和特别消费税等项税种的税款。所谓"增值税"，是指纳税人从事生产经营活动在购入的货物或取得的劳务价值基础上新增加的价值额征收的一种税。对增值额征税是通过以本环节的销售税金扣除上一道环节的进项税金间接实现的。其公式为：应纳税额＝当期销售税额－当期进项税额。"营业税"是对从事经营活动纳税人的营业额（销售额）征收的一种流转税。如交通运输业、建筑业、服务业等营业额进行的征税。"特别消费税"是指国家为调节分配收入规定对某些产品和服务在消费时征收的一种税。如对烟、酒、黄金、珠宝、汽车等的消费，对此的消费进行征收消费税即是。值得注意的是，这里所说的增值税、营业税和特别消费税，是指行为人并未在生产、加工、流通、销售各个环节上已缴纳税款的增值税、营业税和特别消费税。因为根据《刑法》第二百零四条第二款的规定，采取欺骗方法，骗取所缴纳的税款，未超过所缴纳的税款的，应构成逃税罪，而非本罪。

2. 本罪的客观方面，表现为使用假报出口或者其他欺骗手段，骗取国家出口退税款，数额较大的行为。（1）使用了假报出口或者其他欺骗手段。根据最高人民法院《关于审理骗取出口退税刑事案件具体运用法律若干问题的解释》（法释［2002］30）中指出：《刑法》第二百零四条规定的"假报出口"，是指以虚假已税货物出口事实为目的，具有下列情形之一的行为：①伪造或者签订虚假的买卖合同；②以伪造、变造或者其它非法手段取得出口货物报关单、出口收汇核销单、出口货物专用缴款书等有关出口退税单据、凭证；③虚开伪造、非法购买增值税专用发票或者其他可以用于出口退税的发票；④其他虚构已税货物出口事实的行为。"其他欺骗手段"，是指具有下列情形之一的：①骗取出口货物退税资格的；②将未纳税或者免税货物作为已税货物出口的；③虽有货物出口，但虚构该出口货物的品名、数量、单价等要素，骗取未实际纳税部分出口退税款的；④以其他手段骗取出口退税款的。（2）实施了骗取国家出口退税的行为。如果行为人采取上述假报出口等欺骗方法，不是为了骗取国家出口退税款而是另有所意图的，不能构成本罪，但可能构成其他犯罪。（3）骗取国家退税款数额较大。根据《立案标准（二）》第六十条〔骗取出口退税案（刑法第二百零四条第一款）〕以假报出口或者其他欺骗手段，骗取国家出口退税款，数额在五万元以上的，应予立案追诉。

根据上述最高法规定：骗取国家出口退税款五万元以上的，为刑法第二百零四条规定的"数额较大"；骗取国家出口退税款五十万元以上的，为"数额巨大"；骗取国家出口退税款二百五十万元以上的，为"数额特别巨大"。

具有下列情形之一的，属于刑法第二百零四条规定的"其他严重情节"（1）造成国家税款损失三十万元以上并且在第一审判决宣告前无法追回的；（2）因骗取国家出口退税行为受过行政处罚，两年内又骗取国家出口退税数额在三十万元以上的；（3）情节严重的其他情形。

具有下列情形之一的，属于刑法第二百零四条规定的"其他特别严重情节"：（1）造成国家税款损失一百五十万元以上并且在第一审判决宣告前无法追回的；（2）因骗取国家出口退税行为受过行政处罚，两年内又骗取国家出口退税数额在一百五十万元以上的；（3）情节特别严重的其他情形。

有进出口经营权的公司、企业，明知他人意欲骗取国家出口退税款，仍违反国家有关出口经营的规定，允许他人自带客户、自带货源、自带汇票并自行报关骗取国家出口退税款的，依照刑法第二百零四条第一款、第二百一十一条的规定定罪处罚。实施骗取国家出口退税行为，没有实施取得出口退税的，可以比照既遂犯从轻或者减轻处罚。

3. 本罪的主体，个人或单位均可构成。根据上述司法解释规定，国家工作人员参与实施骗取出口退税犯罪活动的，从重处罚。

4. 本罪的主观方面，只能出于直接故意，并且具有骗取国家出口退税款的目的。有出口经营权的公司、企业允许他人自带客户、自带货源、自带汇票并自行报关，骗取国家出口退税款构成本罪，主观上必须对上述情况明知，不明知不构成本罪。

（二）本罪的认定

根据《刑法》第二百零四条第二款规定，如果纳税人纳税以后，采取假报出口或者其他欺骗手段，骗取所缴纳的税款的，按逃税罪定罪处罚；行为人骗取的国家出口退税款，骗取税款超过所缴纳的税款部分，应定骗取出口退税罪。但这里碰到的问题是，如果一次骗税行为，骗取税款超过所缴纳的税款，其骗取所纳税款构成偷税罪，超过所纳税款的部分构成骗取出口退税罪，是择一重罪处罚还是数罪并罚呢？对此，刑法学界有不同观点。根据最高法有关司法解释"直接向走私人非法收购国家禁止进口物品的，或者在内海、领海运输、收购、贩卖国家禁止进出口物品的，应当按照走私物品的种类，分别适用刑法第一百五十一条、第一百五十二条、第三百四十七条的规定定罪处罚"，《刑法》第204条第2款的规定："纳税人缴纳税款后，采取前款规定的欺骗方法，骗取所缴纳的税款的，依照本法第二百零一条的规定定罪处罚；骗取税款超过所缴纳的税款部分，依照前款的规定处罚。"因此，我们认为，实施一行为，针对不同的对象，可能构成不同的犯罪，可以按数罪处罚。在这种情形与下一行为同时触犯数个罪名是想象竞合犯是有所区别。

（三）本罪的刑事责任

根据《刑法》第二百零四条、第二百一十一条和第二百一十二条规定，犯本罪的，处五年以下有期徒刑或拘役，并处骗取税款一倍以上五倍以下的罚金；数额巨大或者有其他严重情节的，处五年以上十年以下有期徒刑，并处骗取税款一倍以上五倍以下的罚金；数额特别巨大或者有其他特别严重情节的，处十年以上有期徒刑或者无期徒刑，并处骗取税款一倍以上五倍以下的罚金或者没收财产。单位犯本罪的，对单位判处罚金，并对其直接负责的主管人员和其他直接责任人员，依照上述规定处罚。对被判处罚金、没收财产的，在执行前，应当先由税务机关追缴税款和所骗取的出口退税款。

五、虚开增值税专用发票、用于骗取出口退税、抵扣税款发票罪

（一）本罪的概念及犯罪构成

本罪是指为了牟取非法经济利益，故意违反国家发票管理规定，虚开增值税专用发票或者用于骗取出口退税、抵扣税款的其他发票的行为。本罪是选择性罪名。

1. 本罪的客体是复杂客体，即国家的发票管理制度和税收征管制度。所谓"国家的发票管理制度"，是指国家对作为商品经济交往中最基本的商事凭证——发票的印制、领购、开具、保管和检查管理制度的总称。本罪具体是指对能够用于申请出口退税、抵扣税款的发票的监督管理制度。所谓"税收征管制度"，是指我国税法规定的，关于国内税税款征收管理办法的总称。它是严格监督税收法律关系参加者正确地行使权利和切实地履行义务，维护国家税务机关和纳税人、扣缴义务人的法律地位不受侵犯，保护其合法权利，促使其承担和履行征纳权利义务，建立正常征税秩序的管理制度。本罪的犯罪对象是增值税专用发票，用于骗取出口退税和抵扣税款发票。所谓"增值税专用发票"，是指国家税务部门根据增值税征收管理的需要，兼记货物或者劳务所负担的增值税税额而设定的一种专用发票。即是指以商品或劳务增值额为征税对象，具有直接抵扣税款功能，并专门用于增值税收付款的凭证。所谓"增值税"，即是指劳动者在商品的生产经营或提供劳务活动中所增加的净产值。此票是一票四联，即抵扣联、发票联、存根联、收款方记帐联。所谓"其他可用于出口退税、抵扣税款的发票"，是指除增值税专用发票外，其他可用于出口退税、抵扣税款的农产品收购发票、废旧物质回收发票、运输发票等。

2. 本罪的客观方面，表现为实施了虚开增值税专用发票或者其他可用于出口退税、抵扣税款的发票行为。所谓"虚开"，根据最高人民法院《关于适用〈全国人大常委会关于惩治虚开、伪造和非法出售增值税专用发票犯罪的规定〉的若干问题的解释》（1996 年 10 月 17 日）中指出的是具有以下三种情形：（1）没有货物购销或者没有提供或接受应税劳务而开具增值税专用发票；（2）有货物购销或者提供或接受了应税劳务但开具数量或者金额不实的增值税专用发票；（3）进行了实际经营活动，但让他人为自己代开增值税专用发票。具体而言，虚开的行为包括以下四种：（1）为他人虚开，即合法拥有或者非法拥有增值税专用发票的单位或个人，明知对方没有货物销售或提供应税劳务，而为其开具增值税专用发票，或者对方虽销售货物或提供应税劳务，但为其开具内容不实的增值税专用发票的行为；（2）为自己虚开，即合法拥有增值税专用发票的单位或个人，在本身没有货物销售或没有提供应税劳务，以及虽销售货物或提供应税劳务的情况下，为自己开具或者开具内容不真实的增值税专用发票的行为；（3）让他人为自己虚开，即没有货物销售或者提供应税劳务的单位或个人要求合法拥有（或者非法拥有）增值税专用发票的单位或个人，为自己开具内容不真实的增值税专用发票的行为；（4）介绍他人虚开，即在增值税专用发票合法持有人与要求虚开增值税专用发票的单位或个人间牵线搭桥、撮合沟通的行为。只要行为人实施其中一种行为，即可构成本罪。根据《立案标准（二）》第六十一条［虚开增值税专用发票、用于骗取出口退税、抵扣税款发票案（刑法第二百零五条）］虚开增值税专用发票或者虚开用于骗取出口退税、抵扣税款的其他发票，虚开的税款数额在一万元以上或者致使国家税款被骗数额在五千元以上的，应予立案追诉。

根据上述的司法解释（1）虚开税款数额一万元以上的或者虚开增值税专用发票致使国家税款被骗五千元以上的，应当依法定罪处罚。（2）虚开税款数额十万元以上的，属于"虚开的税款数额较大"。具有下列情形之一的，属于"有其他严重情节"：①因虚开增值税专用发票致使国家税款被骗取五万元以上的；②曾因虚开增值税专用发票受过刑事处罚的；③具有其他严重情节的；（3）虚开税款数额五十万元以上的，属于"虚开的税款数额巨大"。具有下列情形之一的，属于"有其他特别严重情节"：①因虚开增值税专用发票致使国家税款被骗取三十万元以上的；②虚开的税款数额接近巨大并有其他严重情节的；③具有其他特别严重情节的；（4）利用虚开的增值税专用发票实际抵扣税款或者骗取出口退税一百万元以上的，属于"骗取国家税款数额特别巨大"；造成国家税款损失五十万元以上并且在侦查终结前仍无法追回的，属于"给国家利益造成特别重大损失"。利用虚开的增值税专用发票骗取国家税款数额特别巨大，给国家利益造成特别重大损失，为"情节特别严重"的基本内容。虚开增值税专用发票分子与骗取税款犯罪分子均应当对虚开的税款数额和实际骗取的国家税款数额承担刑事责任。

3. 本罪的主体，个人或单位均可构成。在实践中，实施本罪的人通常是合法持有增值税专用发票的人和其他可用于骗取出口退税、抵扣税款发票的持有人。此外，本罪的主体还包括以其他非法手段获取增值税专用发票的单位和个人，如非法购买或者购买伪造的增值税专用发票以虚开的单位和个人，以及介绍他人虚开增值税专用发票的单位或个人。

4. 本罪的主观方面，表现为直接故意。指行为人不但明知自己在虚开增值税专用发票和用于骗取出口退税、抵扣税款的其他发票，而且还明知这种虚开行为可能导致国家税款的减少、流失；行为人一般都具有获取非法经济利益、骗取出口退税、抵扣税款的目的。

(二) 本罪的刑事责任

根据《刑法》第二百零五条规定，犯本罪的，处三年以下有期徒刑或者拘役，并处二万元以上二十万元以下罚金；虚开的税款数额较大或者有其他严重情节的，处三年以上十年以下有期徒刑，并处五万元以上五十万元以下罚金；虚开的税款数额巨大或者有其他特别严重情节的，处十年以上有期徒刑或者无期徒刑，并处五万元以上五十万元以下罚金或者没收财产。单位犯本条规定之罪的，对单位判处罚金，并对其直接负责的主管人员和其他直接责任人员，处三年以下有期徒刑或者拘役；虚开税款数额较大或者有其他严重情节的，处三年以上十年以下有期徒刑；虚开的税款数额巨大或者有其他特别严重情节的，处十年以上有期徒刑或者无期徒刑。

六、虚开发票罪

虚开发票罪，是指虚开增值税发票和用于骗取出口退税、抵扣税款的发票之外的其他发票，情节严重的行为。侵犯的客体是国家的税收征管秩序。犯罪对象是增值税发票和用于骗取出口退税、抵扣税款的发票之外的其他发票，包括真实的和伪造的发票；客观方面表现为实行了虚开增值税发票和用于骗取出口退税、抵扣税款的发票之外的其他发票，情节严重的行为。根据《立案追诉标准（二）》中增加第六十一条之一：［虚开发票案（刑法第二百零五条之一）］虚开刑法第二百零五条规定以外的其他发票，涉嫌下列情形之一的，应予立案追诉：(一) 虚开发票一百份以上或者虚开金额累计在四十万元以上的；(二) 虽未达到上述数额标准，但五年内因虚开发票行为受过行政处罚二次以上，又虚开发票的；(三) 其他情节严重的情形。

犯罪主体是一般主体，包括自然人和单位。主观方面是故意。

犯本罪的，处二年以下有期徒刑、拘役或者管制，并处罚金；情节特别严重的，处二年以上七年以下有期徒刑，并处罚金。单位犯本罪的，对单位判处罚金，并对其直接负责的主管人员和其他直接责任人员，依照前款的规定处罚。

七、伪造、出售伪造的增值税专用发票罪

（一）本罪的概念及犯罪构成

本罪是指无权印制增值税专用发票的单位或个人非法制造假增值税专用发票或者出售非法制造的假增值税专用发票的行为。

1. 本罪侵犯的客体是国家的增值税专用发票管理制度。增值税专用发票管理制度是我国发票管理制度的主要内容，也是我国税收征收管理制度的重要组成部分。因此，侵犯增值税专用发票管理制度最终必然侵犯我国的税收征收管理制度。本罪的行为对象，是伪造的增值税专用发票，包括作为增值税专用发票有机组成部分的增值税发票防伪专用品以及税务局发票监制章。

2. 本罪的客观方面，表现为伪造或者出售伪造的增值税专用发票的行为。所谓伪造增值税专用发票，是指无权印刷增值税专用发票的人（包括单位和个人）使用印刷、复印、描绘、拓印等方法非法印制增值税专用发票的行为。这里需要同"擅自印制"加以区别。所谓"擅自印制"，即是指国家税务局指定的承印企业未经批准印制或虽经批准但超量印制的情况。其违法性在于违反审批的程序或数量，而不在于主体无权印制。而且，在加印增值税专用发票的情况下，所印制的发票系真票而非假票。所谓"出售伪造的增值税专用发票"是指将非法印制的假增值税专用发票出卖给他人的行为。这里的"出售"应当既包括同一主体先后实施"伪造"行为和"出售"行为，还包括不同主体分别实施应独立构成犯罪的"出售"行为。根据《立案标准（二）》第六十二条［伪造、出售伪造的增值税专用发票案（刑法第二百零六条）］伪造或者出售伪造的增值税专用发票二十五份以上或者票面额累计在十万元以上的，应予立案追诉。

最高人民法院 1996 年 10 月 17 日发布的《关于适用〈全国人民代表大会常务委员会关于惩治虚开、伪造和非法出售增值税专用发票犯罪的决定〉的若干问题的解释》中规定：伪造或者出售伪造的增值税专用发票一百份以上或者票面额累计五十万元以上的，属于"数额较大"。具有下列情形之一的，属于"有其他严重情节"：（1）违法所得数额在一万元以上的；（2）伪造并出售伪造的增值税专用发票六十份以上或者票面额累计三十万元以上的；（3）造成严重后果或者具有其他严重情节的。

伪造或者出售伪造的增值税专用发票五百份以上或者面额累计二百五十万元以上的，属于"数量巨大"。具有下列情形之一的，属于"有其他特别严重情节"：（1）违法所得数额在五万元以上的；（2）伪造并出售伪造的增值税专用发票三百份以上或者票面额累计二百万元以上的；（3）伪造或者出售伪造的增值税专用发票接近"数量巨大"并有其他严重情节的；（4）造成特别严重后果或者具有其他特别严重情节的。伪造并出售伪造的增值税专用发票一千份以上或者票面额累计一千万元以上的，属于

"伪造并出售伪造的增值税专用发票数量特别巨大"。具有下列情形之一的，属于"情节特别严重"：（1）违法所得数额在五万元以上的；（2）因伪造、出售伪造的增值税专用发票致使国家税款被骗取一百万元以上的；（3）给国家税款造成实际损失五十万元以上的；（4）具有其他特别严重情节的。伪造并出售同一宗增值税专用发票的，数量或者票面额不重复计算。对变造增值税专用发票的，按照伪造增值税专用发票行为处理问题，本解释的此规定，但现刑法没有作规定，不宜再以犯罪论处。

3. 本罪的主体，为无权印制增值税专用发票的单位和个人。

4. 本罪的主观方面，只能是故意。一般以牟取非法经济利益为目的。

（二）本罪的刑事责任

根据《刑法》第二百零六条规定，犯本罪的，处三年以下有期徒刑、拘役或者管制，并处二万元以上二十万元以下罚金；数量较大或者有其他严重情节的，处三年以上十年以下有期徒刑，并处五万元以上五十万元以下罚金；数量巨大或者有其他特别严重情节的，处十年以上有期徒刑或者无期徒刑，并处五万元以上五十万元以下罚金或者没收财产。单位犯本罪的，对单位判处罚金，并对其直接负责的主管人员和其他直接责任人员，处三年以下有期徒刑、拘役或者管制；数量较大或者有其他严重情节的，处三年以上十年以下有期徒刑；数量巨大或者有其它特别严重情节的，处十年以上有期徒刑或者无期徒刑。

八、非法出售增值税专用发票罪

（一）本罪的概念及犯罪构成

本罪是指故意违反国家发票管理法规，非法出售增值税专用发票的行为。

1. 本罪的客体，是国家的发票管理制度。具体说是国家对增值税专用发票的管理制度。本罪的行为对象是增值税专用发票，即由国家税务局统一印制的增值税专用发票。不包括伪造的增值税专用发票。

2. 本罪的客观方面，表现为违反国家发票管理法规，非法出售增值税专用发票的行为。"非法出售"即指在违反管理法规的情况下将增值税专用发票作价卖出。法律上对行为人以何种方式方法获得税务机关统一印制的增值税专用发票并没有特别的限制，对持票人是否具有身份的合法性也没有特别的限制。但根据《刑法》第二百一十条第一、二款规定：盗窃、骗取增值税专用发票的，应分别以盗窃罪和诈骗罪定罪处罚。实践中，如行为人实施盗窃或骗取增值税专用发票后又非法出售，应按牵连犯罪，择一重罪处罚。非法出售增值税专用发票案件的定罪量刑数量标准按照以上司法解释的规定标准执行。

根据《立案标准（二）》第六十三条［非法出售增值税专用发票案（刑法第二百零七条）］非法出售增值税专用发票二十五份以上或者票面额累计在十万元以上的，应予立案追诉。

3. 本罪的主体，是一般主体，包括单位和个人。即包括合法持有的单位和个人，也包括非法持有的单位和个人。

4. 本罪的主观方面，只能出于直接故意。一般具有牟取非法经济利益的目的。如果行为人持有伪造的增值税专用发票，因认识错误认为是真的增值税专用发票而非法出售的，不影响本罪的成立。

（二）本罪的刑事责任

根据《刑法》第二百零七条和第二百一十一条的规定，犯本罪的，处三年以下有期徒刑、拘役或者管制，并处二万元以上二十万元以下罚金；数量较大的，处三年以上十年以下有期徒刑，并处五万元以上五十万元以下罚金。数量巨大的，处十年以上有期徒刑或无期徒刑，并处五万元以上五十万元以下罚金或者没收财产。单位犯本罪的，对单位判处罚金，并对其直接负责的主管人员和其他直接责任人员，依照上述规定处罚。

九、非法购买增值税专用发票、购买伪造的增值税专用发票罪

（一）本罪的概念及犯罪构成

本罪是指故意违反国家发票管理法规，非法购买增值税专用发票或者购买伪造的增值税专用发票的行为。本罪名系选择罪名，应根据其行为对象分别确定罪名。但是，如果行为人非法购买的增值税专用发票两种对象都有，则只定一罪，不实行数罪并罚。

1. 本罪的客体，是国家对发票的管理制度和税收征管制度。无论是非法购买增值税专用发票还是购买伪造的增值税专用发票，均是对我国增值税专用发票管理制度及税收征管制度的侵犯。应予惩处。

2. 本罪的客观方面，表现为违反国家发票管理法规，非法购买增值税专用发票或者购买伪造的增值税专用发票的行为。所谓"非法购买"，即是指不按照我国关于发票管理；即增值税专用发票管理的规定，在指定的税务机关购买增值税专用发票，而是向指定的税务机关以外的单位或者个人购买增值税专用发票。根据立法规定，无论行为人以何种方式购买、以及购买的增值税专用发票是真是假，均不影响本罪的成立。注意本罪与其他犯罪的牵连关系。

根据《立案标准（二）》第六十四条［非法购买增值税专用发票、购买伪造的增值税专用发票案（刑法第二百零八条第一款）］非法购买增值税专用发票或者购买伪造的增值税专用发票二十五份以上或者票面额累计在十万元以上的，应予立案追诉。

3. 本罪的主体，包括单位和个人。自然人主体为一般主体。主体是否为纳税人，不影响本罪的成立。

4. 本罪的主观方面，是故意。只要行为人明知不得从无权出售增值税专用发票的单位和个人手中购买而非法购买的，无论行为人追求何种目的，均不影响本罪的成立。

（二）本罪的刑事责任

根据《刑法》第二百零八条和第二百一十一条的规定，犯本罪的，处五年以下有期徒刑或者拘役，并处或者单处二万元以上二十万元以下罚金。单位犯本罪的，对单位判处罚金，并对其直接负责的主管人员和其他直接责任人员，依照上述规定处罚。非法购买增值税专用发票或者购买伪造的增值税专用发票又虚开或者出售的，应分别依照《刑法》第二百零五条规定的虚开增值税专用发票罪、第二百零六条规定的出售伪造的增值税专用发票以及第二百零七条规定的非法出售增值税专用发票罪定罪论处。

十、非法制造、出售非法制造的用于骗取出口退税、抵扣税款发票罪

（一）本罪的概念及犯罪构成

本罪是指故意违反国家发票管理法规，伪造、擅自制造或者出售伪造、擅自制造的可以用于骗取出口退税、抵扣税款的非增值税专用发票的行为。

1. 本罪的客体，是国家对可用于申请出口退税、抵扣税款的非增值税专用发票的管理制度。该类发票因具有同增值税发票相同的功能，因而，国家也对于它的印制和领购规定严格的管理制度。

2. 本罪的客观方面，表现为违反国家发票管理法规，伪造、擅自制造或者出售伪造、擅自制造的可用于骗取出口退税、抵扣税款的非增值税专用发票的行为。所谓"伪造"，是指无权印制可用于申请出口退税、抵扣税款的非专用发票的单位或个人，故意仿照真发票的式样，使用印制、复印、描绘、拓印等各种方法非法印制该种发票的行为。伪造发票，包括伪造发票防伪专用品以及全国统一发票监制印章。这里，伪造国家机关印章的行为，系伪造发票行为的手段行为，两者间具有牵连关系。不实行并罚。所谓"擅自制造"，是指有权印制可用于申请出口退税、抵扣税款非专用发票的单位，未经批准印制而印制，或者虽然批准印制但超量印制的行为。所谓"出售"，是指将伪造或擅自制造的非增值税专用发票作价卖出的行为。这里所指的"出售"主要是指非伪造者、擅自制造者的出售行为。

根据《立案标准（二）》第六十五条〔非法制造、出售非法制造的用于骗取出口退税、抵扣税款发票案（刑法第二百零九条第一款）〕伪造、擅自制造或者出售伪造、擅自制造的可以用于骗取出口退税、抵扣税款的非增值税专用发票五十份以上或者票面额累计在二十万元以上的，应予立案追诉。

最高人民法院 1996 年 10 月 17 日的司法解释中规定：伪造、擅自制造或者出售伪造、擅自制造的可用于骗取出口退税、抵扣税款的其他发票二百份以上的，属于"数量巨大"；伪造、擅自制造或者出售伪造、擅自制造的可用于骗取出口退税、抵扣税款的其他发票一千份以上的，属于"数量特别巨大"。

3. 本罪的主体，包括单位和个人。自然人主体为一般主体。

4. 本罪的主观方面，只能出于故意。一般具有牟取非法经济利益的目的。但法律

并未将具有该目的作为主观方面的要件，目的是否实现不影响犯罪既遂成立。

（二）本罪的刑事责任

根据《刑法》第二百零九条第一款和第二百一十一条规定，犯本罪的，处三年以下有期徒刑、拘役或者管制，并处二万元以上二十万元以下罚金；数量巨大的，处三年以上七年以下有期徒刑，并处五万元以上五十万元以下罚金。数量特别巨大的，处七年以上有期徒刑，并处五万元以上五十万元以下罚金或者没收财产。单位犯本罪的，对单位判处罚金，并对其直接负责的主管人员和其他直接责任人员，依照上述规定处罚。

十一、非法制造、出售非法制造的发票罪

（一）本罪的概念及犯罪构成

本罪是指故意违反国家发票管理法规，伪造、擅自制造或者出售伪造、擅自制造的非用于骗取出口退税、抵扣税款的其他发票的行为。

1. 本罪的客体，是国家发票管理制度和税收征管制度。该类发票虽不可直接用于骗取国家出口退税款、抵扣税款，但仍是税务机关依法征税的重要凭证。任何伪造、擅自印制以及出售该类发票的行为，都是对我国发票管理制度以及税收征管制度的侵犯。

2. 本罪的客观方面，表现为违反国家发票管理法规，伪造、擅自制造或者出售伪造、擅自制造的普通发票的行为。这里的"伪造"、"擅自制造"、"非法出售"的含义同前的解释。根据《立案标准（二）》第六十六条［非法制造、出售非法制造的发票案（刑法第二百零九条第二款）］伪造、擅自制造或者出售伪造、擅自制造的不具有骗取出口退税、抵扣税款功能的普通发票一百份以上或者票面额累计在四十万元以上的，应予立案追诉。

3. 本罪的主体，包括单位和个人。自然人主体为一般主体。

4. 本罪的主观方面，只能出于故意。

（二）本罪的刑事责任

根据《刑法》第二百零九条第二款、第二百一十一条规定，犯本罪的，处二年以下有期徒刑、拘役或者管制，并处一万元以上五万元以下罚金；情节严重的，处二年以上七年以下有期徒刑，并处五万元以上五十万元以下罚金。单位犯本罪的，对单位判处罚金，并对其直接负责的主管人员和其他直接责任人员，依照上述规定处罚。

十二、非法出售用于骗取出口退税、抵扣税款发票罪

（一）本罪的概念及犯罪构成

本罪是指故意违反国家发票管理法规，非法出售可用于骗取出口退税、抵扣税款

的非增值税专用发票的行为。

1. 本罪的客体，是国家发票的管理制度和税收征管制度。因为该类发票具有同增值税专用发票相同的功能，非法出售此类发票，无疑会给国家的发票管理制度和征收征管制度带来危害。

2. 本罪的客观方面，是非法出售可用于骗取出口退税、抵扣税款的非增值税专用发票的行为。所谓"非法出售"是指将持有或使用的可用于申请出口退税、抵扣税款的非增值税专用发票作价出卖的行为。至于其发票的来源是否合法，在所不问。既可以是自己合法领购的，也可以是向他人非法购买或通过其他违法手段获取的。但在司法实践中一般是合法持有者的非法出售。根据《立案标准（二）》第六十七条［非法出售用于骗取出口退税、抵扣税款发票案（刑法第二百零九条第三款）］非法出售可以用于骗取出口退税、抵扣税款的非增值税专用发票五十份以上或者票面额累计在二十万元以上的，应予立案追诉。

3. 本罪的主体，包括单位和个人。自然人主体为一般主体。

4. 本罪的主观方面，只能出于故意。是否以牟利为目的，在所不问。构成本罪必须明知是真发票而非法出售。如果把假发票当作真发票而非法出售，是刑法理论上的事实认识错误。应按本罪定罪处罚。

（二）本罪的刑事责任

根据《刑法》第二百零九条第三款和第二百一十一条规定，犯本罪的，处三年以下有期徒刑、拘役或者管制，并处二万元以上二十万元以下罚金；数量巨大的，处三年以上七年以下有期徒刑，并处五万元以上五十万元以下罚金。数量特别巨大的，处七年以上有期徒刑，并处五万元以上五十万元以下罚金或者没收财产。单位犯本罪的，对单位判处罚金，并对其直接负责的主管人员和其他直接责任人员，依照上述规定处罚。

十三、非法出售发票罪

（一）本罪的概念及犯罪构成

本罪是指故意违反国家发票管理法规，非法出售除增值税专用发票、可用于骗取出口退税、抵扣税款的非增值税专用发票以外的普通发票的行为。本罪的犯罪对象是普通的商事发票。

1. 本罪的客体，是国家发票管理制度和税收征管制度。该类发票虽不可直接用于骗取国家出口退税、抵扣税款，但仍是税务机关依法征税的重要凭证。因此，非法出售该类发票的行为，是对我国发票管理制度以及税收征管制度的侵犯。

2. 本罪的客观方面，表现为违反国家管理法规，非法出售普通发票的行为。根据《立案标准（二）》第六十八条［非法出售发票案（刑法第二百零九条第四款）］非法出售普通发票一百份以上或者票面额累计在四十万元以上的，应予立案追诉。

（二）本罪的刑事责任

根据《刑法》第二百零九条第四款的规定，犯本罪的，处二年以下有期徒刑、拘役或者管制，并处一万元以上五万元以下罚金；情节严重的，处二年以上七年以下有期徒刑，并处五万元以上五十万元以下罚金。单位犯本罪的，对单位判处罚金，并对其直接负责的主管人员和其他直接责任人员，依照上述规定处罚。

十四、持有伪造的发票罪

持有伪造的发票罪，是指明知是伪造的发票而持有，数量较大的行为。本罪侵犯的客体是国家发票的管理秩序。对象是伪造的发票，包括普通发票，也包括增值税等其他发票。客观方面表现为持有数量较大伪造的发票。根据《立案标准（二）补充规定》三、在《立案追诉标准（二）》中增加第六十八条之一：［持有伪造的发票案（刑法第二百一十条之一）］明知是伪造的发票而持有，具有下列情形之一的，应予立案追诉：（一）持有伪造的增值税专用发票五十份以上或者票面额累计在二十万元以上的，应予立案追诉；（二）持有伪造的可以用于骗取出口退税、抵扣税款的其他发票一百份以上或者票面额累计在四十万元以上的，应予立案追诉；（三）持有伪造的第（一）项、第（二）项规定以外的其他发票二百份以上或者票面额累计在八十万元以上的，应予立案追诉。

犯罪主体是一般主体，包括自然人和单位。主观方面是故意。根据刑法第 210 条之一规定："明知是伪造的发票而持有，数量较大的，处二年以下有期徒刑、拘役或者管制，并处罚金；数量巨大的，处二年以上七年以下有期徒刑，并处罚金。"单位犯前款罪的，对单位判处罚金，并对其直接负责的主管人员和其他直接责任人员，依照前款的规定处罚。"

第十章 侵犯知识产权罪

一、假冒注册商标罪

（一）本罪的概念及犯罪构成

本罪是指违反国家商标管理法规，未经注册商标所有人许可，在同一种商品上使用与其注册商标相同的商标，情节严重的行为。

1. 本罪的客体，是复杂客体。指国家商标管理制度和他人商标专用权。所谓"商标专用权"指经商标局核准注册的商标。商标注册人即商标所有者享有的、排他的、独立地使用该项商标的权利。本罪的犯罪对象是他人已经注册的商标。所谓"商标"，是生产经营者在其生产、制造、加工、拣选或者经销的商品或者服务上采用的、区别商品或服务来源的，由数字、图形、或组合构成的，具有显著特征的标识。所谓"注册商标"就是通过法定程序，到商标局核准登记的商标。根据《中华人民共和国商标法》第三条之规定，经商标局核准注册的商标为注册商标，包括商品商标、服务商标和集体商标、证明商标。所谓"商品商标"是指经营者在其生产、制造、加工、拣选或者经销上区别于其他商品的标志。"服务商标"是指金融、运输、广播、建筑、旅馆等服务行业为把自己的服务业务与他人的服务业务区别开来而使用的标志。"集体商标"是指以团体、协会或者其他组织名义注册，供该组织成员在商事活动中使用，以表明使用者在该组织中的成员资格的标志。如："南海金沙五金"，五金行业集体商标第一例，由佛山市南海区五金行业协会申请。"证明商标"是指由对某种商品或者服务具有监督能力的组织所控制，而由该组织以外的单位或者个人使用其商品或者服务，用以证明该商品或者服务的原产地、原料、制造方法、质量或者其他特定品质的标志。如："绿色食品"，由中国绿色食品发展中心申请注册。根据《刑法》第二百一十三条的立法精神，本罪的对象的注册商标应是商品商标、服务商标、证明商标。因为集体商标所指向的内容是组织中的成员资格，不属具体的商品或者服务，所以，本罪的犯罪对象不包括集体商标。

2. 本罪的客观方面，表现为假冒他人注册商标，即未经注册商标所有人的许可，在同一种商品上使用与其注册商标相同的商标，情节严重的行为。所谓"同一种商品"应该以国家有关部门颁发的商品分类作为认定标准，而不能以人们的消费习惯来定。1988年9月国家工商局在《关于实行商标注册用商品分类的通知》中指出："商标注册用商品分类是商标注册工作的基础"。我国从 1988 年 11 月 1 日起，已实行商标注册用商品国际分类表，既然在审查商标注册申请时，以该分类作为确定同一种商品的标准，即只有该分类表列为同一种商品的，才能认为是同一种商品。否则，就不能以同一种商品认定。所谓"与其注册商标相同的商标"，是指某种商标与注册商标的读音、外观、意义完全相同，即为相同商标。也有的学者认为，只要很容易被一般消费者误认为是相同的商标，就可以认定为相同商标。根据最高人民法院、最高人民检察院《关于办理侵犯知识产权刑事案件具体应用法律若干问题的解释》（以下简称＜解释＞）中指出："相同的商标"，是指与被假冒的注册商标完全相同，或者与被假冒的注册商标在视觉上基本无差别、足以对公众产生误导的商标。这里的"使用"，是指将注册商标或者假冒的注册商标用于商品、商品包装或者容器以及产品说明书、商品交易文书，或者将注册商标或者假冒的注册商标用于广告宣传、展览以及其他商业活动等行为。

根据《立案标准（二）》第六十九条［假冒注册商标案（刑法第二百一十三条）］未经注册商标所有人许可，在同一种商品上使用与其注册商标相同的商标，涉嫌下列情形之一的，应予立案追诉：（一）非法经营数额在五万元以上或者违法所得数额在三万元以上的；（二）假冒两种以上注册商标，非法经营数额在三万元以上或者违法所得数额在二万元以上的；（三）其他情节严重的情形。

3. 本罪的主体是一般主体，既可以是自然人，也可以是单位。

4. 本罪的主观方面，只能是故意构成。表现为行为人明知是他人已经注册的商标，在未征得所有人许可的情况下，故意在同一种商品上使用同一注册商标。假冒注册者通常出于营利或者谋取非法利益的目的，但不以此目的为犯罪成立要件。

（二）本罪的认定

关于本罪与其他犯罪的牵连和竞合问题。如果在实施其他犯罪时使用了假冒注册商标的方法，行为同时触犯本罪与其他犯罪的，根据行为的个数，以牵连犯或者想象竞合犯，从一重罪论处。例如，在生产、销售伪劣商品时，往往会牵连实施假冒他人注册商标行为。这时，如果生产、销售伪劣商品的行为不构成犯罪，而假冒商标行为情节严重的，可单独以本罪论处。如果生产、销售伪劣商品行为也构成犯罪的，应当从一重罪处断，按生产、销售伪劣商品罪定罪处罚。根据《解释》规定：假冒注册商标犯罪，又销售该假冒注册商标的商品，构成犯罪的，应当以本罪定罪处罚；实施假冒注册商标犯罪，又销售明知是他人的假冒注册商标的商品，构成犯罪的，应当实行数罪并罚。

关于共犯的问题。根据《解释》：明知他人实施侵犯知识产权的犯罪，而为提供贷款、资金、账号、发票、证明、许可证，或者提供生产、经营场所，或者运输、储存、代理进出口等便利条件帮助的，以侵犯知识产权的共犯论处。（以下所规定的知识产权犯罪同此规定）。

（三）本罪的刑事责任

根据《刑法》第二百一十三条和第二百二十条规定，犯本罪，根据《解释》规定，具有下列情形之一的，属于情节严重，应当判处三年以下有期徒刑或者拘役，并处或者单处罚金：（1）非法经营数额在五万元以上或者违法所得在三万元以上的；（2）假冒两种以上注册商标，非法经营数额在三万元以上或者违法所得数额在二万元以上的；（3）其他情节严重的情形。

具有下列情形之一的属于情节特别严重，处三年以上七年以下有期徒刑，并处罚金：（1）非法经营数额在二十五万元以上或者违法所得在十五万元以上的；（2）假冒两种以上注册商标，非法经营数额在十五万元以上或者违法所得数额在十万元以上的；（3）其他情节特别严重的情形。单位犯本罪的，依照上述规定的定罪量刑标准的三倍定罪量刑处罚。根据《解释》规定，本解释所称"非法经营数额"，是指行为人在实施侵犯知识产权过程中，制造、储存、运输或销售侵权产品的价值。已销售侵权产品的价值，按照实际销售的价格计算。制造、储存、运输和未销售的侵权产品的价值，按照标价或者已经查清的侵权产品的实际销售平均价格计算。侵权产品没有标价或者无法查清其实际销售价格的，按照被侵权产品的市场中间价格计算。多次实施侵犯知识产权行为，未经行政处理或者刑事处罚的，非法经营数额、违法所得数额或者销售金额累计计算。（以下同此规定）。

二、销售假冒注册商标的商品罪

（一）本罪的概念及犯罪构成

本罪是指违反国家商标管理法规，销售明知是假冒注册商标的商品，销售金额数额较大的行为。

1. 本罪的客体，是他人注册商标的专用权。本罪的行为对象是假冒注册商标的商品。

2. 本罪的客观方面，表现为销售假冒注册商标的商品，并且销售金额较大的行为。这里的销售既包括零售，也包括批发；既包括代销，也包括贩卖；既包括市场销售，也包括内部销售。易言之，以任何方式将假冒他人注册商标的商品有偿转让的行为，都属于"销售"。根据以上《解释》："销售金额"是指销售假冒注册商标的商品后所得和应得的全部违法收入。根据《立案标准（二）》第七十条［销售假冒注册商标的商品案（刑法第二百一十四条）］销售明知是假冒注册商标的商品，涉嫌下列情形之一的，应予立案追诉：（一）销售金额在五万元以上的；（二）尚未销售，货值金额在十五万元以上的；（三）销售金额不满五万元，但已销售金额与尚未销售的货值金额合计在十五万元以上的。

3. 本罪的主体，既可以是自然人，也可以是单位。而且由于刑法对其中的自然人与单位均未作特殊限制，因此，本罪的主体是一般主体。

4. 本罪的主观方面，表现为故意。其核心是行为人明知自己销售的对象是假冒注册商标的商品。这里的"明知"与刑法总则关于故意犯罪概念规定中的"明知"有所不同。总则上的"明知"是故意的基本构成要素。这里的"明知"是分则上所规定的具体对象的明知，它是总则上的"明知"赖以存在的前提。也就是说，行为人只有明知自己销售的是假冒他人注册商标的商品时，才能明知自己的行为会发生侵犯他人注册商标专用权这种特定的危害后果，才可能具有刑法总则上的"明知"。如果行为人不知自己销售的是假冒注册商标的商品，则不能产生上述总则上的"明知"。从而，也就不可能有销售假冒注册商标的商品罪的故意。根据《解释》规定，具有下列情形之一的，应当认定为属于本罪的"明知"：（1）知道自己销售的商品上的注册商标被涂改、调换或者覆盖的；（2）因销售假冒注册商标的商品受到行政处罚或者承担过民事责任、又销售同一种假冒注册商标的商品的；（3）伪造、涂改商标注册人授权文件或者知道文件被伪造、涂改的；（4）其他知道或者应当知道是假冒注册商标的商品的情形。

（二）本罪的刑事责任

根据《刑法》第二百一十四条和第二百二十条规定，依照《解释》犯本罪的，销售金额在五万元以上的，属于"数额较大"处三年以下有期徒刑或者拘役，并处或者单处罚金；销售金额数额在二十五万元以上的，属于数额巨大，处三年以上七年以下有期徒刑，并处罚金。单位犯本罪的，对单位判处罚金，并对其直接负责的主管人员和其他直接责任人员，依照自然人犯本罪的规定处罚。

三、非法制造、销售非法制造的注册商标标识罪

（一）本罪的概念及犯罪构成

本罪是指伪造、擅自制造他人注册商标标识，或者销售伪造、擅自制造的注册商标标识，情节严重的行为。

1. 本罪的客体，是他人注册商标的专用权。本罪的犯罪对象是他人的注册商标标识。所谓"商标标识"，是指在商品本身或其包装上使用的附有文字、图形或文字与图形的组合所构成的商标图案的物质实体。如商标纸、商标标牌、商标识带等。商标标识有注册商标标识与未注册商标标识之分，根据商标法和刑法的规定，只有伪造、擅自制造他人注册商标标识或者销售伪造、擅自制造的注册商标标识，才能构成本罪。

2. 本罪的客观方面，表现为非法制造他人注册商标标识或者销售非法制造的注册商标标识，情节严重的行为。所谓"伪造"是指按商标所有人的商标标识，进行仿制的行为，标识本身就是假的。"擅自制造"主要是指商标印刷单位与注册商标所有人的商标印制合同规定的印数之外，又私自加印商标标积的行为。商标标识本身是真的。非法制造的商标标识是否只有与他人注册商标标识相同，才能构成本罪？这涉及到"伪造"与"仿造"的关系问题。"伪造"商标是指全部模仿真正商标的假冒行为，其在外形上与真正的商标完全一致。而"仿照"商标则是指部分模仿真正商标的假冒行

为，其在外形上或读音上与真正的商标极为相似，而足以使人误认为是真商标。有的学者对本罪"伪造"行为的理解是："伪造"的商标标识必须与他人注册商标标识相同（而不能只是相似），但又不能把"相同"理解为完全相同，而是只要求所伪造的商标标识达到使一般人误认为是他人已注册的真正商标标识的程度。我们认为，这一标准可在司法实践中作一参考。本罪的另一种行为表现为是非法销售制定的商标标识，这里的"销售"是指既包括伪造、擅自制造后的销售，也包括没有参与伪造、仅仅只有销售行为的销售。所谓"销售"是指有偿转让上述非法制造的注册商标标识，包括批发、零售、内部销售等各种方式。应注意的是，注册商标所有人销售自己的的注册商标标识，这虽然也是违反商标法的行为，但由于这种行为未侵犯他人的注册商标专用权，因而不能构成本罪。

所谓"情节严重"，根据《立案标准（二）》第七十一一条［非法制造、销售非法制造的注册商标标识案（刑法第二百一十五条）］伪造、擅自制造他人注册商标标识或者销售伪造、擅自制造的注册商标标识，涉嫌下列情形之一的，应予立案追诉：（一）伪造、擅自制造或者销售伪造、擅自制造的注册商标标识数量在二万件以上，或者非法经营数额在五万元以上，或者违法所得数额在三万元以上的；（二）伪造、擅自制造或者销售伪造、擅自制造两种以上注册商标标识数量在一万件以上，或者非法经营数额在三万元以上，或者违法所得数额在二万元以上的；（三）其他情节严重的情形。

3. 本罪的主体为一般主体，既可以是自然人，也可以是单位。

4. 本罪的主观方面，表现为故意，即行为人明知是他人注册商标标识，自己根本无权制造，而有意非法制造，或者明知是非法制造的注册商标标识，而有意销售。如果不知是他人注册商标标识而予以制造，或者不知自己销售的对象是非法制造的他人注册商标标识，不构成本罪。

（二）本罪的刑事责任

根据《刑法》第二百一十五条和第二百二十条规定，依照《解释》犯本罪的，具有下列情形之一的，属于"情节严重"，应当判处三年以下有期徒刑、拘役或者管制，并处或者单处罚金：

（1）伪造、擅自制造或者销售伪造、擅自制造的注册商标标识数量在二万件以上，或者非法经营数额在五万元以上的，或者违法所得数额在三万元以上的；（2）伪造、擅自制造或者销售伪造、擅自制造两种以上注册商标标识数量在一万件以上，或者非法经营数额在三万元以上的，或者违法所得数额在二万元以上的；（3）其他情节严重的情形。具有下列情形之一，属于"情节特别严重"，应当判处三年以上七年以下有期徒刑，并处罚金：（1）伪造、擅自制造或者销售伪造、擅自制造的注册商标标识数量在十万件以上，或者非法经营数额在二十五万元以上，或者违法所得数额在十五万元以上的；（2）伪造、擅自制造或者销售伪造、擅自制造两种以上注册商标标识数量在五万件以上，或者非法经营数额在十五万元以上的，或者违法所得数额在十万元以上的；（3）其他情节特别严重的情形。本解释所规定的"件"，是指标有完整商标图样的一份标识。单位犯本罪的，对单位依照上述规定的定罪量刑标准的三倍定罪量刑。

四、假冒专利罪

（一）本罪的概念及犯罪构成

本罪是指违反国家专利法规，假冒他人专利，情节严重的行为。

1. 本罪的客体，是复杂客体。即国家的专利管理制度和他人的专利专用权。本罪的犯罪对象必须是他人的专利。他人是指行为人之外的依法被授予专利并且仍然享有专利权的人。所谓"专利"，是指通过法定程序申请并经国家批准，授予申请人对之享有独占权的发明创造。它包括发明专利、实用新型专利和外观设计专利三种。根据专利法的规定，"发明"是指对产品、方法或者其改进所提出的新的技术方案；"实用新型"是指对产品的形状、构造或者其结合提出的适于实用的新的技术方案；"外观设计"是指对产品的形状、图案、色彩或者其他结合作出的富有美感并适于工业上应用的新设计。专利必须具备新颖性、创造性和实用性的特点。

2. 本罪的客观方面，表现为未经专利权人许可，假冒他人的专利的行为。成立本罪，必须具备两个条件：（1）未经专利权人许可实施假冒他人专利的行为。关于假冒专利的表现形式，学者们认识不一。有的人认为只有一种表现形式，即未经专利权人许可。在非专利产品或者包装上标注专利权人的专利号或专利标识，以自己的非产品假冒专利权人的专利产品；有的认为有两种表现形式，除上述情形之外，未经专利权人许可，为生产经营目的而非法制造、使用或者销售其专利产品或者使用其专利方法，也是假冒专利行为；有的认为有三种表现形式，除了上述两种情形之外，以欺骗手段在专利局登记，骗取专利权，同样属于假冒专利行为；有的认为有第四种表现形式，指在专利权已经终止或被宣告无效后，仍然使用原专利标识或专利号；还有人认为，将未申请专利的产品，冒充已申请专利的产品，将非专利产品冒充专利产品转让他人，也是假冒专利的一种行为形式。我们认为，假冒专利的实质是用自己的产品冒充他人有专利权的专利产品，从而侵犯他人的专利权。此观点可以从《专利法》第五十八条、第五十九条作为法律依据。根据《解释》实施下列行为之一的，属于"假冒他人专利"的行为：①未经许可，在其制造或者销售的产品、产品的包装上标注他人专利号的；②未经许可，在广告和其他宣传材料中使用他人的专利号，使人将所涉及的技术误认为是他人的专利技术的；③未经许可，在合同中使用他人的专利号使人将合同涉及的技术误认为是他人专利技术的；④伪造或者变造他人的专利证书或者专利申请文件的。（2）假冒行为必须发生在专利权的有效保护期内。这是本罪的特定犯罪时间。根据我国《专利法》规定，发明专利权的有效期限为二十年，实用新型和外观设计的专利期限为十年。且以申请之日起计算。如果在专利有效期以后擅自使用他人专利、或者假冒他人已过期的专利，均不能构成本罪。

根据《立案标准（二）》第七十二条［假冒专利案（刑法第二百一十六条）］假冒他人专利，涉嫌下列情形之一的，应予立案追诉：（一）非法经营数额在二十万元以上或者违法所得数额在十万元以上的；（二）给专利权人造成直接经济损失在五十万元以上的；（三）假冒两项以上他人专利，非法经营数额在十万元以上或者违法所得数额在五万元以上的；（四）其他情节严重的情形。

3. 本罪的主体，为一般主体，既可以是自然人，也可以是单位。

4. 本罪的主观方面，只能表现为故意，即明知未经他人许可，而有意在自己的产品上标注专利权人的专利标记或专利号，或者在广告、说明中谎称是他人的专利产品。一般具有获取非法利益的目的，但也不排除其他目的。

（二）本罪的认定

主要是区分罪与非罪的界线。在认定本罪时，要注意划清两个界线：一是严格区分本罪与一般违法行为的界线，关键是掌握假冒行为是否达到情节严重的程度。只有情节严重的，才构成本罪，否则，属于一般专利侵权行为，不可以犯罪论处。二是严格区分专利侵权行为与非专利侵权行为的界线。根据《专利法》第六十三条的规定：有下列情形之一的，不视为侵犯专利权：（1）专利权人制造、进口或者经专利权人许可而制造、进口的专利产品或者依照专利方法直接获得的产品售出后，使用、许诺销售或者销售该产品的；（2）在专利申请前已经制造相同产品、使用相同方法或者已经作好制造、使用的必要准备，并且仅在原有范围内继续制造、使用的；（3）临时通过中国领陆、领水领空的外国运输工具，依照其所属国同中国签定的协议或者共同参加的国际条约，或者依照互惠原则，为运输工具自身需要而在其装置和设备中使用有关专利的；（4）专为科学研究和实验而使用有关专利的；（5）为生产经营目的使用或者销售不知道是未经专利权人许可而制造并售出的专利产品或者依照专利方法直接获得的产品。能证明其产品合法来源的，不承担赔偿责任。

（三）本罪的刑事责任

根据《刑法》第二百一十六条和第二百二十条规定，根据《解释》犯本罪的，具有下列情形之一的，属于"情节严重"，应当判处三年以下有期徒刑或者拘役，并处或者单处罚金：（1）非法经营数额在二十万元以上或者违法所得在十万元以上的；（2）给专利权人造成直接经济损失五十万元以上的；（3）假冒两项以上他人专利，非法经营数额在十万元以上的或者违法所得数额在五万元以上的；（4）其他情节严重的情形。单位犯本罪的，对单位依照上述规定的定罪量刑标准的三倍定罪量刑。

五、侵犯著作权罪

（一）本罪的概念及犯罪构成

本罪是指以营利为目的，未经著作权人或者与著作权有关的权益人许可，复制发行其作品，出版他人享有专有出版权的图书，未经录音录像制作者许可，复制发行其制作的音像制品，或者制售假冒他人署名的美术作品，违法所得数额较大或者有其他严重情节的行为。

1. 本罪的客体，是他人的著作权和与著作权相关的权益。所谓"著作权"指公民依法对文学、艺术和科学作品所享有的各种权利的总称。其中包括著作人身权和著作财产权以及与著作有关的权益，即著作邻接权。"人身权"指作者对其作品依法享有发表权、署名权、修改权和保护作品完整权；"著作财产权"主要指使用作品的权利和获得报酬的权利以及许可他人使用作品，并由此获得报酬的权利。所谓"与著作有关的权益"指传播作品的人对他赋予作品的传播形式所享有的权利，即著作邻接权。包括出版者、表演者、电台、电视台和录音录像者的权利。本罪的犯罪对象是他人依法享有著作权的作品。根据我国著作权法的规定，如下三类作品不受著作权法的保护，因而不能成为本罪侵犯的对象：（1）依法禁止出版、传播的作品；（2）不适用于著作权法保护的作品，包括法律、法规、国家机关的决议、决定、命令和其他立法、行政、司法性质的文件及其官方正式译文、时事新闻、历法、数表、通用表格和公式；（3）超过法定保护期的作品。

2. 本罪的客观方面，必须具备如下三个要件：

首先，实施了下列侵犯著作权的行为之一：（1）未经著作权人许可，复制发行其文字作品、音乐、电影、电视、录像作品、计算机软件及其他作品。所谓"未经著作权人许可"，根据《解释》，是指没有得到著作权人授权或者伪造、涂改著作权人授权许可文件或者超出授权许可范围的情形。所谓"复制发行"是指行为人未经著作权人许可而实施的复制、发行或者既复制又发行其文字作品、音乐、电影、电视、录像作品、计算机软件及其他作品的行为。根据《解释》规定，通过信息网络向公众传播他人文学作品、音乐、电影、电视、录像作品、计算机软件及其他作品的行为，应当视为本条规定的"复制发行"。（2）出版他人享有专有出版权的图书。所谓"图书专有出版权"，是指出版社、杂志社等具有的传播著作权人作品的专有权利。（3）未经录像录音制作者许可，复制发行其制作的录音录像的。（4）制作、出售假冒他人署名的美术作品。假冒他人作品出售牟利，通常是将自己的作品署上名画家、名雕塑家等美术界知名作者的姓名，以提高作品的价值；或者是在他人的美术作品上，署上名家的姓名，然后假冒名家的作品出售牟利。所谓"美术作品"，既指绘画，也包括书法、雕塑、建筑、工艺美术等艺术作品。

其次，侵犯著作权的行为必须发生在著作权的有效保护期限内。这是本罪的犯罪的特定犯罪时间。如果行为发生在著作权保护期以后，不构成本罪。根据我国《著作权法》规定：（1）作者的署名权、修改权、保护作品完整权的保护期不受限制；（2）公民的作品，其发表权、使用权和获得报酬权的保护期为作者终身及其死亡后五十年，截止于作者死亡后第五十年的十二月三十一日；如果是合作作品，截止于最后死亡的作者死后第五十年的十二月三十一日；（3）法人或者非法人单位的作品、著作权（署名权除外）由法人或者非法人单位享有的职务作品，其发表权、使用权和获得报酬权的保护期为五十年，截止于作品首次发表后第五十年的十二月三十一日，但其作品自创作完成后五十年内未发表的，著作权法不再保护；（4）电影、电视、录像和摄影作品的发表权、使用权和获得报酬权的保护期为五十年，截止于作品首次发表后第五十年的十二月三十一日，但作品自创作完成后五十年内未发表的，著作权法不再保护。

第三，侵犯著作权行为为必须违法所得数额较大或者有其他严重情节。根据《立案标准（一）》第二十六条［侵犯著作权案（刑法第二百七十一条）］以营利为目的，未经著作权人许可，复制发行其文字作品、音乐、电影、电视、录像作品、计算机软件及其他作品，或者出版他人享有专有出版权的图书，或者未经录音录像制作者许可，复制发行其制作的录音录像，或者制作、出售假冒他人署名的美术作品，涉嫌下列情形之一的，应予立案追诉：（一）违法所得数额三万元以上的；（二）非法经营数额五万元以上的；（三）未经著作权人许可，复制发行其文字作品、音乐、电影、电视、录像作品、计算机软件及其他作品，复制品数量合计五百张（份）以上的；（四）未经录音录像制作者许可，复制发行其制作的录音录像制品，复制品数量合计五百张（份）以上的；（五）其他情节严重的情形。以刊登收费广告等方式直接或者间接收取费用的情形，属于本条规定的"以营利为目的"。

本条规定的"未经著作权人许可"，是指没有得到著作权人授权或者伪造、涂改著作权人授权许可文件或者超出授权许可范围的情形。

本条规定的"复制发行"，包括复制、发行或者既复制又发行的行为。

通过信息网络向公众传播他人文字作品、音乐、电影、电视、录像作品、计算机软件及其他作品，或者通过信息网络传播他人制作的录音录像制品的行为，应当视为本条规定的"复制发行"。

侵权产品的持有人通过广告、征订等方式推销侵权产品的，属于本条规定的"发行"。

本条规定的"非法经营数额"，是指行为人在实施侵犯知识产权行为过程中，制造、储存、运输、销售侵权产品的价值。已销售的侵权产品的价值，按照实际销售的价格计算。制造、储存、运输和未销售的侵权产品的价值，按照标价或者已经查清的侵权产品的实际销售平均价格计算。侵权产品没有标价或者无法查清其实际销售价格的，按照被侵权产品的市场中间价格计算。

根据《解释》规定，违法所得数额在三万元以上的，属于"违法所得数额较大"；具有下列情形之一的，属于"有其他严重情节"：（1）非法经营数额在五万元以上的；（2）未经著作权人许可，复制发行其文字作品、音乐、电影、电视、录像作品、计算机软件及其他作品，复制品数量合计在一千张（份）以上的；（3）其他严重情节的情形。违法所得数额在十五万元以上的，属于"违法所得数额巨大"；具有下列情形之一的，属于"有其他特别严重情节"：（1）非法经营数额在二十五万元以上的；（2）未经著作权人许可，复制发行其文字作品、音乐、电影、电视、录像作品、计算机软件及其他作品，复制品数量合计在五千张（份）以上的；（3）其他特别严重情节的情形。

3. 本罪的主体，是一般主体。包括个人和单位。

4. 本罪的主观方面，必须出于直接故意，并且具有营利的目的。根据《解释》规定，以刊登收费广告等方式直接或者间接收取费用的情形，属于本条所规定的"以营利为目的"。

（二）本罪的认定

根据上述司法解释，实施本罪的行为，又销售该侵权复制品，违法所得数额巨大，只定侵犯著作权罪，不实行数罪并罚。实施本罪的行为，又明知是他人的侵权复制品而予以销售，构成犯罪的，应当实行数罪并罚。出版单位与他人事前通谋，向其出售、出租或者以其他形式转让该出版单位的名称、书号、刊号、版号，他人实施的行为构成犯罪的，对该出版单位应当以共犯论处。

（三）本罪的刑事责任

根据《刑法》第二百一十七条和第二百二十条规定，犯本罪的，处三年以下有期徒刑或者拘役，并处或者单处罚金；违法所得数额巨大或者有其他特别严重情节的，处三年以上七年以下有期徒刑，并处罚金。单位犯本罪的，对单位犯罪依照上述规定的定罪量刑标准的三倍定罪量刑。

六、销售侵权复制品罪

（一）本罪的概念及犯罪构成

本罪是指以营利为目的，销售明知是侵犯他人著作权的复制品，违法所得数额巨大的行为。

1. 本罪的犯罪客体，是他人的著作权。与侵犯著作权罪有所不同，本罪侵犯他人著作权具有间接性，它实际上是对非法复制、出版或其他制作行为起一种帮助作用，使侵权复制品传播到消费者手中，以帮助制作者实现营利目的，从而使著作权人的著作权的损害变为现实。

2. 本罪的客观方面，表现为销售侵权复制品，违法所得数额巨大的行为。首先必须要有销售行为。如果不是销售而是赠送、出借、买回自用，则不构成本罪。"销售"一般是指将侵权复制品以批发或零售方式卖给他人，以谋取利润的行为。但也有的不是直接出卖，而是通过出租的方式来达到营利目的，对此也应以销售侵权复制品罪论处。其次销售的对象必须是他人制作的侵权复制品。如果是销售自己制作的侵权复制品，则由于销售行为已被制作行为所吸收。构成侵犯著作权罪。所谓"侵权复制品"就是他人侵犯著作权时的犯罪对象。即享有著作权的文字作品、音乐、电影、电视、录像作品、计算机软件、盗版印制的图书、假冒他人署名的美术作品等等。此外，销售侵权复制品还必须达到违法所得数额巨大的程度。根据《立案标准（一）》第二十七条［销售侵权复制品案（刑法第二百一十八条）］以营利为目的，销售明知是刑法第二百一十七条规定的侵权复制品，涉嫌下列情形之一的，应予立案追诉：

（一）违法所得数额十万元以上的；（二）违法所得数额虽未达到上述数额标准，但尚未销售的侵权复制品货值金额达到三十万元以上的。

根据最高法《解释》规定：个人违法所得数额在十万元以上，属于"违法所得数额巨大"。

3. 本罪的主体，为一般主体，既可以是自然人，也可以是单位。但必须是侵权复制品制作者之外的其他自然人或单位。

4. 本罪的主观方面，只能是故意。本罪的故意以行为人明知是他人侵犯著作权的复制品而形成的，侵犯他人复制品是明知的核心内容。不知是这种侵权复制品而予以销售的，不可能构成本罪。应该注意的是，这里的"明知"不等于"确知"，只要行为人根据已知的信息和业务知识判断意识到是侵权复制品就达到本罪的明知，即应当明知。另外，本罪是目的犯，只有以营利为目的者，才能构成本罪。

（二）本罪的刑事责任

根据《刑法》第二百一十八条和第二百二十条的规定，犯本罪的，处三年以下有期徒刑或者拘役，并处或者单处罚金。单位犯本罪的，对单位依照上述规定定罪量刑标准的三倍定罪量刑。

七、侵犯商业秘密罪

（一）本罪的概念及犯罪构成

本罪是指违反国家商业秘密保护法规，侵犯他人商业秘密，给商业秘密权利人造成重大损失的行为。

1. 本罪的客体，是商业秘密的专用权。商业秘密一经使用即可取得财产利益，因而，商业秘密权是一种财产权。权利人对之具有占有、使用、收益和处分的权利。本罪侵犯的对象是商业秘密。根据《刑法》第二百一十九条的规定："商业秘密，是指不为公众所知悉、能为权利人带来经济利益、具有实用性并经权利人采取保密措施的技术信息和经营信息"。它具有以下特征：（1）不为公众所知悉。这是构成商业秘密的最基本的条件。是指该信息是不能从公开渠道直接获取。同时意味着该商业秘密知晓的范围限定为非常有限的特定人员，如果公众周知或公用的通用技术和经营方法等，则不是秘密；（2）能为权利人带来经济利益。按照《关于禁止侵犯商业秘密行为的若干规定》，这是指能为权利人带来现实的或者潜在的经济利益或者竞争优势。有人把商业秘密的这个构成条件归结为价值性。商业秘密的价值性指现在使用给权利人带来的现实的经济利益以及通过将来的使用而体现出来的预期经济利益或潜在的竞争优势。这种经济利益既可以表现为财富的直接增加，也可以表现为所需投入的减少（如降低能耗、减少风险、避免失败实践或计划重复等），同时还可以表现为竞争对手若取此信息必须支付相应的定额代价。（3）实用性。是指该信息具有不确定的可应用性。实用性要求商业秘密合于使用，是能够实际操作的信息，能够用于解决生产、经营中的现实问题。它不限于目前可以在商业中运用也包括将来可以在商业中运用，它可以被运用到一定的生产方法或技巧中，可以体现为配方、图样、程序、编辑物、方法、技术、工序、设计等；（4）权利人采取了保密措施。有的把这个条件称为商业秘密的保密性。这也是确认是否构成商业秘密的关键因素之一。作为受法律保护的商业秘密，权利人为防止商业秘密外泄，避免被他人知悉或窃用，必然会采取一定的保密措施，使他人无法通过正当的途径和方式获得该秘密。如果权利人对其商业秘密不采取任何措施，使任何人都比较容易知悉，成为公众中广为传播的技术信息和经济信息，那么这个商业秘密也就不再是法律意义的商业秘密；（5）商业秘密是一种技术信息和经济信息。所谓"信息"是以物质能量在时空中某一不均匀分布的整体形式所表达的物质运动状态和关于运动状态反映的属性。易言之，是反映某种内容的信号。所谓"技术信息"，通常指技术配方、技术决窍、工艺流程、非专利技术成果等。"经营信息"一般指采取什么方式进行经营等有关经营的重大决策以及与自己有业务往来的客户名单、进货渠道、销售网络等情况。但与工商活动无关的信息不能成为商业秘密；（6）除了上述几个构成条件之外，商业秘密还必须具有合法性，即商业秘密的取得无论是自行开发、自行研制还是受让、继承等，都必须符合法律的规定。缺乏合法性的商业秘密不受法律保护。

2. 本罪的客观方面，首先，实施了侵犯他人商业秘密的行为。这种危害行为表现为下列三种形式：（1）以盗窃、利诱、胁迫或者其他不正当手段获取权利人的商业秘密。"商业秘密权利人"指商业秘密的所有人和经商业秘密所有人许可的商业秘密使用人。"盗窃"即秘密窃取。"利诱"即给予知情人一定的物质或其他好处进行利诱，使其透露所知商业秘密。"胁迫"即以人身名誉、财产损失相威胁，使其迫于压力，而被迫交出商业秘密。"其他不正当手段"是指除上述列举的的情况之外而相类似的情况，如以诈骗、抢劫的方式等获取商业秘密。（2）披露、使用或者允许他人使用以前项手段获取的权利人的商业秘密。这种情况是行为人已经通过盗窃、利诱、胁迫或者其他不正当手段获取了权利人的商业秘密，又实施了披露、使用或者允许他人使用这些商业秘密的行为。"披露指向他人透露（包括公开和私下两种形式）。"使用"指自己直接使用和允许商业秘密权利人以外的第三者使用。（3）违反约定或者违反权利人有关保守商业秘密的要求，披露、使用或者允许他人使用其所掌握的商业秘密。只要实施了上列一种行为，即可构成本罪。根据《刑法》第二百一十九条条二款规定，明知或者应知以上所列的三种行为，再从其行为人处获取、使用或者披露他人的商业秘密的，以侵犯商业秘密罪论。这里的获取应理解为任何方式都构成本罪。

其次，本罪是结果犯，侵犯商业秘密的行为必须给权利人造成重大损失。根据《立案标准（二）》第七十三条［侵犯商业秘密案（刑法第二百一十九条）］侵犯商业秘密，涉嫌下列情形之一的，应予立案追诉：（一）给商业秘密权利人造成损失数额在五十万元以上的；（二）因侵犯商业秘密违法所得数额在五十万元以上的；（三）致使商业秘密权利人破产的；（四）其他给商业秘密权利人造成重大损失的情形。

根据《解释》的规定：（1）给商业秘密权利人造成损失数额在五十万元以上的，属于"给商业秘密的权利人造成重大损失"；给商业秘密的权利人造成损失数额在二百五十元以上的，属于"造成特别严重后果"。

3. 本罪的主体，个人或单位均可构成。犯罪的自然人是一般主体，但通常是合同约定负有保密义务的当事人和本公司、企业知悉或者掌握商业秘密的人。

4. 本罪的主观方面，表现为故意。即明知是权利人已采取保密措施加以保护的商业秘密，而故意实施侵犯商业秘密的行为。明知或者应当知道刑法前述所列的三项侵犯商业秘密行为，获取、使用或者披露他人的商业秘密的，以侵犯商业秘密罪论。这里的"应当知道"是指行为人凭借经验和业务能力完全能通过推断而明确的情况。无论行为人出于何种动机、目的，均不影响本罪的认定。

（二）本罪的认定

1. 本罪与非罪的界线。构成本罪必须是侵犯商业秘密"造成重大损失"的行为，如果没有造成重大损失，不能构成犯罪。判断是否造成重大损失，应考虑如下因素：（1）商业秘密研制开发的成本；（2）商业秘密的利用时期；（3）商业秘密的使用、转让情况；（4）商业秘密的成熟程度；（5）市场容量和供求状况；（6）受害人营业额的实际减少量；（7）行为人对商业秘密的窃取程度、披露范围、使用状况等等。

2. 本罪与泄露秘密罪、非法获取国家秘密罪的竞合问题。本罪披露的商业秘密，侵犯的是商业秘密所有人或使用人的商业秘密。它属于财产权的范畴，而后者所泄露的是国家秘密，侵犯的是国家秘密制度，事关国家的安全与利益；实施本罪是一般主体，大多是因一定的工作关系而知悉经济秘密的人。后者的主体则是国家机关工作人员。如果公司、企业的某项商业秘密事关国家的经济利益，从而被列为国家秘密的，行为人侵犯这种商业秘密的，可能发生竞合，应按从一重罪处断的原则，依照泄露国家秘密罪或非法获取国家秘密罪定罪处罚。

（三）本罪的刑事责任

根据《刑法》第二百一十九条和第二百二十条的规定，犯本罪的，处三年以下有期徒刑或者拘役，并处或者单处罚金；造成特别严重后果的，处三年以上七年以下有期徒刑，并处罚金。单位犯本罪的，对单位判处罚金，并对其直接负责的主管人员和其他直接责任人员，依照上述规定处罚。

第十一章　扰乱市场秩序罪

一、损害商业信誉、商业声誉罪

（一）本罪的概念及犯罪构成

本罪是指违反不正当竞争法规，捏造并散布虚假事实，损害他人的商业信誉、商业声誉，给他人造成重大损失或者有其他严重情节的行为。本罪是选择性罪名，在司法实践中应根据具体案情，进行选择适用或合并适用。

1. 本罪的客体为复杂客体，即他人的商誉权和正当的竞争秩序。本罪的犯罪对象是商业信誉和商品声誉。即商誉。商誉权的载体——商业信誉和商品声誉。所谓"商业信誉"是指他人在从事商业活动中的信用程度和名誉等，是社会对经营者的评价，具体包括对经营者的能力、品德、商品声誉等方面的反映。"商品声誉"是社会对商品的品质、特点的积极评价，如商品在质量方面的可信赖程度和长期良好质量形成的产品知名度等。

2. 本罪的客观方面，表现为捏造并散布虚假的事实，损害他人的商业信誉、商品声誉，给他人造成重大损失或者有其他严重情节的行为。首先，行为人必须有捏造并散布虚伪事实的行为。捏造意为虚构，散布意为宣扬，虚伪事实是指贬低、毁坏他人商业信誉、商品声誉的虚假情况。其次，行为人损害他人的商业信誉、商品声誉。这里所说的他人，是相对于捏造并散布者以外的人而言，包括单位和自然人。一般情况下为竞争对手，当然也有非竞争对手的情况。最后，行为要达到严重程度。

根据《立案标准（二）》第七十四条［损害商业信誉、商品声誉案（刑法第二百二十一条）］捏造并散布虚伪事实，损害他人的商业信誉、商品声誉，涉嫌下列情形之一的，应予立案追诉：（一）给他人造成直接经济损失数额在五十万元以上的；（二）虽未达到上述数额标准，但具有下列情形之一的：1. 利用互联网或者其他媒体公开损害他人商业信誉、商品声誉的；2. 造成公司、企业等单位停业、停产六个月以上，或者破产的。（三）其他给他人造成重大损失或者有其他严重情节的情形。

3. 本罪的主体，为一般主体，包括自然人和单位。主要有三大类：（1）商誉主体的竞争对手，处于不利地位的同行，其他生产者和经营者；（2）新闻、报刊、电视台、电台等媒介；（3）上述二类以外的自然人和单位。

4. 本罪的主观方面，为故意，过失不构成本罪。且主观方面应当是直接故意，并且具有损害他人商业信誉和商品声誉的目的。

（二）本罪的认定

本罪与诽谤罪的区别。诽谤罪是故意捏造并散布虚构的事实，是以贬损他人人身权、破坏他人名誉、情节严重的行为。两罪的相似之处：（1）主观上都是直接故意，并有犯罪目的；（2）都实施了捏造和散布的行为；（3）主体都是一般主体；（4）都要求"情节严重"。

两者的区别：（1）侵犯的客体不同，本罪的客体是他人的商誉权和竞争秩序，而诽谤罪的客体是他人的名誉权；（2）二者主体不尽相同，在同是自然人主体的情况下，损害商业信誉、商品声誉的主体一般是参与市场竞争的商品生产者、经营者或者服务提供者，同时，本罪的主体可以由单位构成。而诽谤罪的主体只能是自然人；（3）二者的故意内容和目的的具体要求亦不一样；（4）二者侵犯的对象不同，本罪的对象只能是单位或个人的商业信誉、商品声誉。而诽谤罪的对象只能是个人名誉；（5）本罪为结果犯或行为犯，诽谤罪则为行为犯。

（三）本罪的刑事责任

根据《刑法》第二百二十一条和第二百三十一条的规定，犯本罪的，处二年以下有期徒刑或者拘役，并处或者单处罚金。单位犯本罪的，对单位判处罚金，并对其直接负责的主管人员和其他直接责任人员，依照上述规定处罚。

二、虚假广告罪

（一）本罪的概念及犯罪构成

本罪是指广告主、广告经营者、广告发布者违反国家规定，利用广告对商品或者服务作虚假宣传，情节严重的行为。

1. 本罪的客体，是复杂客体，即国家对广告的管理制度和消费者的合法权益。在市场经济体制下，广告对于企业宣传产品、树立形象、推销服务、提高知名度、引导消费起着重要的作用。也正因为如此，广告的真实性就成为事关正当竞争、维护消费者合法权益的重要问题。利用虚假广告进行宣传，直接破坏了国家对广告市场的管理秩序，同时也会使听信广告而被误导的消费者的合法权益受到损害。本罪的行为对象是"虚假广告"。广告分为营利性广告（商业广告）和公益性广告（公共服务性广告）两种。作为本罪的对象的广告，是指我国《广告法》和《反不正当竞争法》中所指的商业广告。

2. 本罪的客观方面，表现为违反国家规定，利用广告对商品服务作虚假宣传的行为。首先，违反国家规定，主要是指行为人违反我国《广告法》《反不正当竞争法》以及国家有关广告管理的行政法规。其次，行为人实施了利用虚假广告对其商品、经营和服务进行宣传的行为。即通过报刊、电台、电视台、招贴、电影、幻灯、橱窗布置、商品陈列和表演等等形式，向社会公众介绍对商品、经营或服务内容等进行虚假报道。如果行为人发布的不是虚假广告，或者虽然制作了虚假广告而没有向社会公众发布，均不构成本罪。第三，构成本罪，还必须达到"情节严重"。

根据《立案标准（二）》第七十五条［虚假广告案（刑法第二百二十二条）］广告主、广告经营者、广告发布者违反国家规定，利用广告对商品或者服务作虚假宣传，涉嫌下列情形之一的，应予立案追诉：（一）违法所得数额在十万元以上的；（二）给单个消费者造成直接经济损失数额在五万元以上的，或者给多个消费者造成直接经济损失数额累计在二十万元以上的；（三）假借预防、控制突发事件的名义，利用广告作虚假宣传，致使多人上当受骗，违法所得数额在三万元以上的；（四）虽未达到上述数额标准，但两年内因利用广告作虚假宣传，受过行政处罚二次以上，又利用广告作虚假宣传的；（五）造成人身伤残的；（六）其他情节严重的情形。

3. 本罪的主体，个人或单位均可构成。犯本罪的个人是特殊主体，犯本罪的单位是特定单位。两者都必须是广告主、广告经营者、广告发布者。一个行为人可能同时具有三种身份。所谓"广告主"是指为推销商品或提供服务，自行或委托他人设计、制作、发布广告的单位或个人；所谓"广告经营者"是指受委托提供广告设计、制作、代理服务的单位或者个人；所谓"广告发布者"通常是指为广告主或广告主委托的广告经营者发布广告的单位，但也不排除个人。

4. 本罪的主观方面，一般表现是故意，但因主体的不同身份而有所不同。广告主作为本罪的主体时，其主观方面表现为直接故意，即明知自己的行为是违反国家规定，利用广告对自己生产和经营的商品或者提供的服务作虚假宣传，会产生危害社会的后果，但仍然决意实施该行为的心理态度。其目的是牟取非法利益。广告经营者、广告发布者既可以表现为直接故意也可以是间接故意。即明知自己的行为可能或必然会发生危害社会的结果，并希望或者放任该结果发生的心理态度。但是，如果对广告的虚假内容不是明知，即使有过失，也不能以本罪论处。

（二）本罪的认定

1. 本罪与损害商业信誉、商品声誉罪的区别。三者都破坏了公平竞争的商业秩序。主观上都有故意，但也有明显的区别：本罪是指特殊主体，后两者则是一般主体；前者之不同身份的主体，其主观故意形式有所不同。而后两者只能是直接故意；前者的行为对象是虚假广告，而后两者的行为对象则是商业信誉、商品声誉。在实践中，可能会遇到以虚假广告的方式损害他人商誉的情况，这属于想象竞合犯。如果广告的内容主要是弄虚作假、欺骗、误导消费者的，则按本罪论处；如果虚假广告的内容主要是损害他人商业信誉、商品声誉并构成犯罪的，应以损害商业信誉或商品声誉罪论处；如果虚假广告欺骗、误导消费者与损害商业信誉、商品声誉的危害性大体相当，应按本罪论处并从重处罚。

2. 本罪与诈骗罪的界线。两罪中都有欺骗行为，都有骗取他人钱财的目的。两者也有明显的区别：（1）侵犯的客体不同。本罪侵犯的是广告管理制度和消费者的合法权益，而后者侵犯的则是公私财产权益；（2）被欺骗的对象范围不同。本罪被欺骗的是不特定的社会公众，而后者通常是特定的单位或个人；（3）行为方式的选择范围不同。本罪只能以利用虚假广告的方法实施，而后者则可以用任何虚构事实、隐瞒真相的方法实施；（4）犯罪主体不同。本罪的主体，个人或单位均可构成，后者则只能由个人构成；（5）犯罪目的具体内容不同。本罪以牟取非法利润为目的，而后者则是以非法占有他人财物为目的。如果行为人以客观上根本不存在的纯属虚构的"产品"或"服务"，使用完全虚假广告骗取钱财，根本不提供产品或服务的，这实质上是诈骗行为。如果骗取财物数额较大，应以诈骗罪论处。

（三）本罪的刑事责任

根据《刑法》第二百二十二条和第二百三十一条的规定，犯本罪的，处二年以下有期徒刑或者拘役，并处或者单处罚金。单位犯本罪的，对单位判处罚金，并对其直接负责的主管人员和其他直接责任人员，依照上述规定处罚。

三、串通投标罪

（一）本罪的概念及犯罪构成

本罪是指投标人相互串通投标报价、损害招标人或者其他投标人的利益，情节严重的行为。或者投标人与招标人串通投标，损害国家、集体、公民的合法利益的行为。

1. 本罪的客体是复杂客体，即侵犯了《中华人民共和国招标投标法》所规定的竞争秩序和国家、集体和他人的合法权益。招标与投标是市场经济条件下，在发包工程、采购原材料、器材、机械设备等比较重要的民事、经济活动中，经常采用的有组织的市场交易活动。投标人相互串通投标报价，必然涉及到破坏公平的竞争秩序，然而损害国家、集体和他人的合法权益。

2. 本罪的客观方面，其危害行为的本质是串通投标行为。包括（1）投标人相互串通投标报价，损害招标人或者其他投标人利益，情节严重的行为；（2）投标人与招标人串通投标，损害国家、集体、公民合法利益的行为。招标人是需要采购货物或发包项目的一方，投标人则由多个卖主或承包人组成。前者在招标通告或招标单中提出意思表示，后者根据招标通告提出的招标条件，在规定的期限内以密函的方式提出报价和其他条件进行投标，由招标人选择其中条件最优者中标，与之签订合同。所谓"串通投标报价"是指两个以上投标人在投标过程中，相互串通、暗中商定抬高或压低投标报价的行为。所谓"串通投标"，是指投标人与招标人私下串通，事先根据招标底价确定投标报价，中标价格的行为。构成本罪，还必须达到情节严重。

根据《立案标准（二）》第七十六条［串通投标案（刑法第二百二十三条）］投标人相互串通投标报价，或者投标人与招标人串通投标，涉嫌下列情形之一的，应予立案追诉：（一）损害招标人、投标人或者国家、集体、公民的合法利益，造成直接经济损失数额在五十万元以上的；（二）违法所得数额在十万元以上的；（三）中标项目金额在二百万元以上的；（四）采取威胁、欺骗或者贿赂等非法手段的；（五）虽未达到上述数额标准，但两年内因串通投标，受过行政处罚二次以上，又串通投标的；（六）其他情节严重的情形。

（二）本罪的认定

关于贿赂招标人问题。投标人为了获取有关招标投标的秘密，或者为了非法中标，贿赂招标人的，如果贿赂的数额达不到有关受贿罪的起点标准，即按本罪处罚。如果贿赂的数额达到有关贿赂犯罪的起点标准（一万元以上），按牵连犯有关原则处理，以贿赂犯罪有关规定定罪处罚。如果招标人索取投标人财物的，对于投标人也应按本罪论处。

（三）本罪的刑事责任

根据《刑法》第二百二十三条和第二百三十一条的规定，犯本罪的，处三年以下有期徒刑或者拘役，并处或者单处罚金。单位犯本罪的，对单位判处罚金，并对其直接负责的主管人员和其他直接责任人员，依照上述规定处罚。

四、合同诈骗罪

（一）本罪的概念及犯罪构成

本罪是以非法占有为目的，在签定、履行合同过程中，以虚构事实或隐瞒真相的方法，骗取对方当事人的财物，数额较大的行为。所谓合同，是当事人之间设立、变更、终止民事关系的协议。

1. 本罪的客体，是复杂客体，即国家对经济合同的管理秩序和公私财产所有权。本罪的对象是公私财物。

2. 本罪的客观方面，表现为在签定、履行经济合同过程中，以虚构的事实或者隐瞒真相的方法，骗取对方当事人财物，数额较大的行为。所谓"虚构事实"是将根本不存在的事实而进行捏造、制造出一种假象。"隐瞒真相"是将某些事实情况的客观真实的一面进行隐匿掩盖，呈现出一种假象。首先，本罪的诈骗行为表现为下列五种形式：（1）以虚构的单位或者冒用他人的名义签定合同；（2）以伪造、变造、作废的票据或者其他虚假的产权证明作担保的。这里所称的票据，主要是指能作为担保凭证的金融票据，即汇票、本票和支票等。所谓其他产权证明，包括土地使用证、房屋所有权证以及能证明动产、不动产的各种有效证明文件；（3）没有实际履行能力，以先履行小额合同或者部分履行合同的方法，诱骗对方当事人继续签定和履行合同的；（4）收受对方当事人给付的货物、货款、预付款或者担保财产后逃匿的；（5）以其他方法骗取对方当事人财物的。这里所说的其他方法，是指在签定、履行经济合同过程中使用的上述四种方法以外，以经济合同为手段，以骗取合同约定的由对方当事人支付的货物、预付款、货款或者定金及其他担保财物为目的的一切手段。针对实践中各种各样的合同诈骗行为，法律无法一一列举，因此特规定这样一个弹性条款以免挂一漏万，使犯罪份子逃避法律制裁。譬如，有的犯罪分子通过租赁合同，通过涂改其内容再转租给别人，从中诈骗财物即是。其次，诈骗对方当事人财物必须数额较大。根据《立案标准（二）》第七十七条［合同诈骗案（刑法第二百二十四条）］以非法占有为目的，在签订、履行合同过程中，骗取对方当事人财物，数额在二万元以上的，应予立案追诉。

3. 本罪的主体，个人或单位均可构成。犯本罪的个人是一般主体，犯本罪的单位以刑法三十条所规定的内容为准。

4. 本罪的主观方面，表现为直接故意，并且具有非法占有对方当事人财物的目的。

（二）本罪的认定

本罪与合同纠纷的界线。合同诈骗罪往往与合同纠纷交织一起，罪与非罪的界线容易混淆。划清他们的界线大至有三种情形：一是内容真实的合同。指行为人在有实际履行能力的前提下签定的合同，在签定合同时有通过合同进行经济往来的真实意思表示。只要行为人签定合同后，设法履行合同义务，即使最终没有完全履行合同义务，由于无法占有对方财物的目的，故不是合同诈骗行为，属一般合同纠纷。如果行为人在合同履行过程中，产生以非法占有对方财物为目的，将别人交付标的物后，有能力履行相应义务而不履行，则应属诈骗行为；二是内容半真半假的合同。这类合同客观上已经具备部分履行的可能性，行为人在主客观上是否为履行合同作了努力便成为确定其行为性质的关键。这里需要将刑事诈骗行为与民事欺诈行为加以甄别。刑事诈骗行为是指行为人以非法占有为目的，通过虚构事实、隐瞒真相而骗数额较大的财物。民事欺诈行为，是指行为人在他方有意欺瞒下陷于某种错误的认识（意思表示不真实）而为之的民事行为。譬如，某行为人冒用他人名义与之签定合同，使对方对主体认识发生错误，与之签定合同，但行为人并没有非法占有他人财物的目的。三是内容虚假的合同。指行为人在完全没有履行能力情况下签定合同，意图无偿占有对方财物，将所骗钱财用于挥霍或其他用途，这无疑是合同诈骗。如果仅是套用他人资金"借鸡下蛋"，在获益之后即归还，不以本罪论处。如果是以非法占有为目的，"折东墙补西墙"应以所非法占有的数额，构成犯罪的，以本罪论处。

2. 其他的有关认定问题。根据最高人民法院《关于在审理经济纠纷案件中涉及经济犯罪嫌疑若干问题的规定》（法释［1998］7号）：单位直接负责的主管人员和其他直接责任人员，以为单位骗取财物为目的，采取欺骗手段对外签定经济合同，骗取的财物被单位占有、使用或处分构成犯罪的，除依法追究有关人员的刑事责任，责令该单位返还骗取的财物外，如给被害人造成经济损失的，单位应当承担赔偿责任。单位直接负责的主管人员和其他直接责任人员，以该单位名义对外签定经济合同，将取得财物部分或全部占为己有构成犯罪的，除依法追究行为人的刑事责任外，该单位对行为人因签定、履行该经济合同造成的后果，依法应当承担民事责任。个人借用单位的业务介绍信，合同专用章或者盖有公章的空白合同书，以出借单位的名义签订经济合同，骗取财物归个人占有、使用、处分或者进行其他犯罪活动，给对方造成经济损失构成犯罪的，除依法追究借用人的刑事责任外，出借业务介绍信、合同专用章或者盖有公章的空白合同书的单位，依法应当承担赔偿责任。但是，有证据证明被害人明知签订合同对方当事人是借用行为，仍与之签定合同的除外。行为人盗窃、盗用单位的公章、业务介绍信、盖有公章的空白合同书，或者私刻单位的公章签定经济合同，骗取财物归个人占有、使用、处分或者进行其他犯罪活动构成犯罪的，单位对行为人该犯罪行为所造成的经济损失不承担民事责任。行为人私刻单位公章或者擅自使用单位公章、业务介绍信、盖有公章的空白合同书以签订经济合同的方法进行的犯罪行为，单位有明显过错，且该过错行为与被害人的经济损失之间具有因果关系的，单位对该犯罪行为所造成的经济损失，依法应当承担民事责任。企业承包、租赁经营合同期满后，企业按规定办理了企业法定代表人的变更登记，而企业法人未采取有效措施收回其公章、业务介绍信、盖有公章的空白合同书，或者没有及时采取措施，通知相对人，致原企业承包人、租赁人得以用原承包、租赁企业的名义签定经济合同，骗取财物占为己有构成犯罪的，该企业对被害人的经济损失，依法应当承担赔偿责任。但是，原承包人、承租人利用擅自保留的公章、业务介绍信、盖有公章的空白合同书以原承包、租赁企业的名义签定经济合同，骗取财物占为己有构成犯罪的，企业一般不承担民事责任。单位聘用的人员被解聘后，或者受单位委托保管公章的人员被解除委托后，单位未及时收回公章，行为人擅自利用保留的原单位公章签定经济合同，骗取财物占为己有构成犯罪，如给被害人造成经济损失的，单位应当承担赔偿责任。

（三）本罪的刑事责任

根据《刑法》第二百二十四条和第二百三十一条规定，犯本罪的，处三年以上十年以下有期徒刑，并处罚金；数额特别巨大或者有其他特别严重情节的，处十年以上有期徒刑或者无期徒刑，并处罚金或者没收财产。单位犯本罪的，对单位判处罚金，并对其直接负责的主管人员和其他直接责任人员，依照上述规定处罚。

五、组织、领导传销活动罪

（一）本罪的概念及犯罪构成

本罪是《刑法修正案（七）》第4条中规定的犯罪。1998年4月18日国务院《关于禁止传销经营活动的通知》发布后，最高人民法院法释＜（2001）11号＞《关于情节严重或者变相传销行为如何定性问题的批复》中答复：对于1998年4月18日国务院《关于禁止传销经营活动的通知》发布后，仍然从事传销或者变相传销活动，扰乱市场秩序，情节严重的，应当依照《刑法》225条第（4）项的规定以非法经营罪定罪处罚。此次《刑法修正案（七）》将此行为规定在《刑法》224条之中，作为增加条款所规定出的一个新罪。

本罪是指组织、领导以推销商品、提供服务等经营活动为名，要求参加者缴纳费用或者购买商品、服务等方式获得加入资格，并按一定顺序组成层级，直接或者间接与发展人员的数量作为计酬或者返利的依据，引诱、胁迫参加者继续发展他人参加，骗取财物，扰乱经济社会秩序的传销活动的行为。

1. 本罪的客体，是国家对市场的管理秩序和公民个人的财产权。所谓国家对市场的管理秩序，主要表现在1998年4月18日国务院发布的《关于禁止传销经营活动的通知》、2004年的《禁止传销条例》等相关法规的规定。所谓"公民个人的财产权"是指公民的合法正当的经济利益受法律保护。

本罪客观方面组织、领导传销活动，骗取财物的行为。这里的"组织"就是按照预定计划、方式或手段将人集中进行统一管理；所谓"领导"，就是进行预谋、策划、运作等，不包括具体的参加者。所谓"传销"，就是以推销商品、提供服务等经济活动为名，要求参加者以缴纳费用或者购买商品、服务等方式获得加入资格，并按一定顺序组成层级，直接或者间接以发展人员的数量作为计酬或者返利依据，引诱、胁迫参加者继续组织发展他人参加，骗取财物的行为。具体讲，"传销"行为具有以下四点特征：（1）经营者通过发展人员，组织网络从事无店铺经营活动，参加者之间上线从下线的营销中提取报酬的；（2）参加者通过缴纳入门费或以认购商品（含服务）等变相缴纳入门费的方式，获得加入资格的并以此获回报；（3）先参加者从发展下线成员缴纳费用而获取收益，且收益的数额由加入的先后顺序决定的；（4）组织者的收益主要来自参加者缴纳的入门费或以认购商品等方式变相缴纳费用的。由于传销活动不符合我国现阶段的国情，已造成严重后果。传销作为一种经营方式，由于其具有组织上的封闭性，交易上的隐蔽性，传销人员的分散性等特点，加之目前我国市场发育程度低，管理手段比较落后，群众消费心理尚不成熟，不法分子利用传销进行邪教、帮会和迷信、流氓活动，严重背离精神文明建设要求，影响我国的社会稳定。利用传销吸收党政军机关、现役军人、全日制在校学生参与经营，严重破坏正常的工作和教学秩序；利用传销进行价格欺诈，骗取钱财、推销假冒伪劣产品、走私货物、物品、牟取暴利、偷逃税收、损害消费者利益。

根据《立案标准（二）》第七十八条［组织、领导传销活动案（刑法第二百二十四条之一）］组织、领导以推销商品、提供服务等经营活动为名，要求参加者以缴纳费用或者购买商品、服务等方式获得加入资格，并按照一定顺序组成层级，直接或者间接以发展人员的数量作为计酬或者返利依据，引诱、胁迫参加者继续发展他人参加，骗取财物，扰乱经济社会秩序的传销活动，涉嫌组织、领导的传销活动人员在三十人以上且层级在三级以上的，对组织者、领导者，应予立案追诉。

3. 本罪的主体是指的传销活动的组织者、领导者，即在传销活动中起组织、领导作用的发起人、决策人、操纵人，以及在传销活动中担负策划、指挥、布置、协调等重要职责，或者在传销活动实施中起到关键作用的人员。传销组织一般实行五级三阶制，分为会员、推广员、培训员、代理员和代理商。会员参加传销组织的行为不是传销活动发展下线的行为，危害的只是自己的利益，不宜入罪；推广员虽然发展下线成员，但其在整个组织的地位很低，没有参与组织策划活动，所起作用轻微，危害不大，也不宜入罪；培训员则以发展较多下线，是传销成员经常见到的最高领导，负责对成员进行人身、资金和精神控制，并培训他人如何发展下线，起到了巩固、发展传销组织的作用，其社会危害性较大，其行为应受到刑罚处罚；代理员和代理商为传销组织的核心，是整个传销活动的发起者、策划者、组织者和领导者，虽然基本上不与成员见面，但则通过培训员操纵、掌握整个组织，是传销行为的危害之源，理应是本罪的首犯或者主犯。

4. 本罪的主观方面，表现为故意，并具有组织、领导传销活动之目的。

（二）本罪的认定

1. 罪与非罪的界限。构成本罪的行为应是组织、领导传销活动的组织、领导者，即在传销活动中起到预谋、策划、指挥、运作、管理传销活动的人。一般为两种类型：一是某传销网络的组织、领导者。也称为幕后操纵者，既"网头"。这些人一般都不直接抛头露面参与具体的传销活动；一是在网线传销活动中起到组织、领导作用而级别较高的行为人，但具体认定有待"两高"的司法解释。一般的加入者不能以本罪认定。

2. 直销与传销的区别

在英文中"直销"和"传销"是一个词，即"Direct seling"或"Direct sale"，意思是减少产品在销售过程中的中间环节，以降低产品的销售成本，使消费者在购买产品或者接受服务上方便快捷且价廉物美。而这种消费模式在移植我国后被某些不法分子利用，发生了变异。因而这种销售模式在中国的销售市场出现了"直销"和"传销"两种类型。前者为合法经营，而后者为非法经营。其区别是：

是否已销售产品为企业营业的基础。直销以销售产品作为公司收益的来源，传销则以拉人头牟利或销售伪劣或质次价高的产品变相拉人头获利，甚至根本无产品。

（2）有没有高额入门费。直销企业推销员无需交任何高额入门费，也不会强迫认购货品；而传销，参加者通过缴纳高额入门费为主，实际上是一种变相的融资行为。

（3）是否设立店铺经营。直销企业设立开架或店铺，推销人员都直接与公司签订合同，其从业行为直接接受公司的规范与经营；而传销经营者通过发展人员，组织网络从事无店铺或"地下"经营活动。

（4）报酬是否按劳分配。直销企业为愿意勤奋工作的人提供务实创收的机会，而非一夜暴富，每位推销员只能按其个人销售额计算报酬，由公司从营运经营中拨出，在公司统一的扣税后直接发放至其指定的账户，不存在上下级关系；而非法传销通过以高额回报为诱饵招揽人员，从事变相传销活动，参加者的上线从下线的人会费或所谓的业绩中提取报酬。

（5）是否有退出、退货保障。直销企业的推销人员是可根据个人意愿自由选择继续经营或退出，企业为顾客提供完善地退货保障；而传销通常强制约定不可退货或退货条件苛刻，消费者已购的产品难以退货。

（三）本罪的刑事责任

根据《刑法修正案（七）》第 4 条、《刑法》第 231 条之规定，构成本罪的，处 5 年以下有期徒刑或者拘役，并处罚金；情节严重的，5 年以上有期徒刑，并处罚金。单位犯本罪的，对单位判处罚金，并对其直接负责人处和其他责任人员，依照上述规定处罚。

六、非法经营罪

（一）本罪的概念及犯罪构成

本罪是指违反国家规定，从事非法经营活动，扰乱市场秩序，情节严重的行为。

1. 本罪的客体，是国家对市场的管理秩序。为了维护市场秩序，国家要通过一系列的法律、行政法规来规定其运营机制。任何违反这些法律、法规所进行的经营，都必定会扰乱国家的市场管理秩序。本罪的犯罪对象是未经许可经营的专营、专卖物品或其他限制买卖的货物、物品、外汇和进出口许可证、进出口原产地证明以及其他法律、法规规定的经营许可证或者批准文件，以及一些非法业务。譬如，非法经营证券、期货或者保险业务。

2. 本罪的客观方面，表现为违反国家规定，非法从事经营活动，扰乱市场秩序的行为。主要包括以下几类行为：（1）未经许可经营法律、行政法规规定的专营、专卖物品或者其他限制物品。指未经国家有关主管部门的批准。专营、专卖物品，指国家法律、行政法规明确规定必须由专门的机构专营、专卖的物品，如食盐、烟草等。根据最高人民法院的司法解释，未取得药品生产、经营许可证件和批准文号，非法生产、销售盐酸克仑特罗（俗称"瘦肉精"）等禁止在饲料和动物饮用水中使用的药品等。其他限制买卖的物品，指国家根据经济发展和维护国家、社会和人民群众利益的需要，规定在一定时期实行限制性经营的物品，如化肥、农药等。（2）买卖进出口许可证、进出口原产地证明以及其他法律、行政法规规定的经营许可证或者批准文件。所谓"进出口许可证"是指国家外贸主管部门对企业颁发的可以从事进出口业务的证明文件。"进出口原产地证明"指在国际贸易活动中，进出口产品时必须附带的由原产地有关主管机关出具的确认文件。所谓"其他法律、行政法规规定的经营许可证或者批准文件"，指法律、行政法规规定从事某些生产经营活动者必须具备的经营许可证或者批准文件，如森林采伐、矿产开采、野生动物狩猎等许可证。（3）在国家规定的交易场所以外非法买卖外汇，即在国家外汇交易中心及其分中心以及外汇管理部门指定的能够从事结汇、售汇业务的商业银行以外，以牟利为目的，利用外汇黑市差价，进行大量的外汇买卖。此罪是在 1998 年的全国人大常委会通过的《关于惩治骗购外汇、逃汇和非法买卖外汇犯罪的决定》所规定的犯罪。（4）未经国家有关主管部门批准，非法经营证券、期货或者保险业务。这是刑法修正案（一）对刑法第二百二十五条所增加作为该条的第三项加以规定的。需要指出的是，上述犯罪行为是针对未取得从事证券、期货、保险业务主体资格的单位或个人而言，具有合法主体资格的单位或个人违反规定进行证券、期货买卖，不以本罪论处。（5）其他严重扰乱市场管理秩序的非法经营行为。这是泛指前四种以外的其他破坏市场管理秩序的非法经营行为。

根据最高人民法院的司法解释，具体包括：①违反国家规定出版、印刷、复制、发行《刑法》第一百零三条第二款、第一百零五条第二款、第一百一十七条、第一百一十八条、第二百四十六条、第二百五十条、第三百六十三条第一款、第二款规定之罪以外的其他严重危害社会秩序和扰乱市场秩序的非法出版物的。②违反国家规定，采取租用国际专线，私设转接设备或者其他方法，擅自经营国际电信业务或者涉港澳台电信业务进行营利活动，扰乱电信市场管理秩序，情节严重的。③对于1998年4月18日国务院《关于禁止传销活动的通知》发布以后，仍然从事传销或者变相传销活动，扰乱市场秩序，情节严重的（此条已被修正）。④在生产、销售的饲料中添加盐酸克仑特罗等禁止在饲料和动物饮用水中使用的药品，或者销售明知是添加有该类药品的饲料，情节严重的。⑤违反国家在预防、控制突发传染病疫情等灾害期间有关市场经营、价格管理等规定、哄抬物价、牟取暴利、严重扰乱市场秩序，违法所得数额较大或者有其他严重情节的。

其次，构成本罪，还必须是情节严重的行为。根据《立案标准（二）》第七十九条［非法经营案（刑法第二百二十五条）］违反国家规定，进行非法经营活动，扰乱市场秩序，涉嫌下列情形之一的，应予立案追诉：

（一）违反国家有关盐业管理规定，非法生产、储运、销售食盐，扰乱市场秩序，具有下列情形之一的：1. 非法经营食盐数量在二十吨以上的；2. 曾因非法经营食盐行为受过二次以上行政处罚又非法经营食盐，数量在十吨以上的。

（二）违反国家烟草专卖管理法律法规，未经烟草专卖行政主管部门许可，无烟草专卖生产企业许可证、烟草专卖批发企业许可证、特种烟草专卖经营企业许可证、烟草专卖零售许可证等许可证明，非法经营烟草专卖品，具有下列情形之一的：1. 非法经营数额在五万元以上，或者违法所得数额在二万元以上的；2. 非法经营卷烟二十万支以上的；3. 曾因非法经营烟草专卖品三年内受过二次以上行政处罚，又非法经营烟草专卖品且数额在三万元以上的。

（三）未经国家有关主管部门批准，非法经营证券、期货、保险业务，或者非法从事资金支付结算业务，具有下列情形之一的：1. 非法经营证券、期货、保险业务，数额在三十万元以上的；2. 非法从事资金支付结算业务，数额在二百万元以上的；3. 违反国家规定，使用销售点终端机具（POS机）等方法，以虚构交易、虚开价格、现金退货等方式向信用卡持卡人直接支付现金，数额在一百万元以上的，或者造成金融机构资金二十万元以上逾期未还的，或者造成金融机构经济损失十万元以上的；4. 违法所得数额在五万元以上的。

（四）非法经营外汇，具有下列情形之一的：1. 在外汇指定银行和中国外汇交易中心及其分中心以外买卖外汇，数额在二十万美元以上的，或者违法所得数额在五万元以上的；2. 公司、企业或者其他单位违反有关外贸代理业务的规定，采用非法手段，或者明知是伪造、变造的凭证、商业单据，为他人向外汇指定银行骗购外汇，数额在五百万美元以上或者违法所得数额在五十万元以上的；3. 居间介绍骗购外汇，数额在一百万美元以上或者违法所得数额在十万元以上的。

（五）出版、印刷、复制、发行严重危害社会秩序和扰乱市场秩序的非法出版物，具有下列情形之一的：1. 个人非法经营数额在五万元以上的，单位非法经营数额在十五万元以上的；2. 个人违法所得数额在二万元以上的，单位违法所得数额在五万元以上的；3. 个人非法经营报纸五千份或者期刊五千本或者图书二千册或者音像制品、电子出版物五百张（盒）以上的，单位非法经营报纸一万五千份或者期刊一万五千本或者图书五千册或者音像制品、电子出版物一千五百张（盒）以上的；4. 虽未达到上述数额标准，但具有下列情形之一的：（1）两年内因出版、印刷、复制、发行非法出版物受过行政处罚二次以上的，又出版、印刷、复制、发行非法出版物的；（2）因出版、印刷、复制、发行非法出版物造成恶劣社会影响或者其他严重后果的。

（六）非法从事出版物的出版、印刷、复制、发行业务，严重扰乱市场秩序，具有下列情形之一的：1. 个人非法经营数额在十五万元以上的，单位非法经营数额在五十万元以上的；2. 个人违法所得数额在五万元以上的，单位违法所得数额在十五万元以上的；3. 个人非法经营报纸一万五千份或者期刊一万五千本或者图书五千册或者音像制品、电子出版物一千五百张（盒）以上的，单位非法经营报纸五万份或者期刊五万本或者图书一万五千册或者音像制品、电子出版物五千张（盒）以上的；4. 虽未达到上述数额标准，两年内因非法从事出版物的出版、印刷、复制、发行业务受过行政处罚二次以上的，又非法从事出版物的出版、印刷、复制、发行业务的。

（七）采取租用国际专线、私设转接设备或者其他方法，擅自经营国际电信业务或者涉港澳台电信业务进行营利活动，扰乱电信市场管理秩序，具有下列情形之一的：1. 经营去话业务数额在一百万元以上的；2. 经营来话业务造成电信资费损失数额在一百万元以上的；3. 虽未达到上述数额标准，但具有下列情形之一的：（1）两年内因非法经营国际电信业务或者涉港澳台电信业务行为受过行政处罚二次以上，又非法经营国际电信业务或者涉港澳台电信业务的；（2）因非法经营国际电信业务或者涉港澳台电信业务行为造成其他严重后果的。

（八）从事其他非法经营活动，具有下列情形之一的：1. 个人非法经营数额在五万元以上，或者违法所得数额在一万元以上的；2. 单位非法经营数额在五十万元以上，或者违法所得数额在十万元以上的；3. 虽未达到上述数额标准，但两年内因同种非法经营行为受过二次以上行政处罚，又进行同种非法经营行为的；4. 其他情节严重的情形。

3. 本罪的主体，个人和单位均可构成。

4. 本罪的主观方面，表现为故意。非法经营是否以牟利为目的不影响本罪的构成。虽然非法经营，在司法案件中常常表现出行为人以非法牟利为目的。

（二）本罪的认定

主要是划清本罪与非罪的界线。由于我国仍然处于改革的深化阶段，政治体制和经济体制正在发生重大变化。本罪的实质内容和形式亦在不断改变。因此，认定非法经营罪与非罪的界线就必须用发展的观点来具体分析论定。首先，要以国家的现行经济政策及有关的经济法规为标准去衡量；其次，要严格区分情节是否严重，只有达到情节严重的程度的行为，才能认定为本罪。如果偶尔进行非法经营，经营额不大、违法所得额较少、情节显著轻微、危害不大的，可以给予一定行政处罚，不以犯罪论处。

（三）本罪的刑事责任

根据《刑法》第二百二十五条、第二百三十一条以及人大常委会的《决定》和修正案，犯本罪的，处五年以下有期徒刑或者拘役，并处或者单处违法所得一倍以上五倍以下的罚金。情节特别严重的，处五年以上有期徒刑，并处违法所得一倍以上五倍以下的罚金或者没收财产。单位犯本罪的，对单位判处罚金，并对其直接负责的主管人员和其他直接责任人员，依照上述规定处罚。

七、强迫交易罪

（一）本罪的概念及犯罪构成

本罪是指以暴力、威胁手段强买强卖商品，强迫他人提供服务或者强迫他人接受服务，或者强迫他人参与或者退出投标、拍卖、特定的经营活动，情节严重的行为。

1. 本罪的客体，是复杂客体。一是我国社会主义市场的正常交易秩序；二是公民的人身权利。本罪的行为人在交易的过程中违背了自愿、平等、公平、诚实信用的原则进行强买强卖商品，强迫提供服务或者接受服务，直接侵犯了我国社会主义市场经济中的商品交易秩序。同时，本罪的行为人又是采取暴力、威胁手段以达到强行交易之目的。因而，又侵犯了交易对方的人身权利。本罪的犯罪对象是商品和服务。所谓"商品"是为了交换而生产的劳动产品。所谓"服务"是指以营利为目的，为满足他人所需所提供的商业行为。但是，强迫交易罪的服务包括正当、合法的服务，不包括违法服务。

2. 本罪的客观方面，表现为以暴力、威胁手段实施下列行为之一，情节严重的行为。（一）强买强卖商品的；（二）强迫他人提供或者接受服务的；（三）强迫他人参与或者退出投标、拍卖的；（四）强迫他人转让或者收购公司、企业的股份、债券或者其他资产的；（五）强迫他人参与或者退出特定的经营活动的。"所谓"暴力"主要是指行为人对交易另一方的身体实行打击或强制，如拳打脚踢、强拉硬拽、捆绑殴击等，使其不得不购买行为人的商品，或者不得不将其商品出卖给行为人，或不得不向行为人提供服务或不得不接受行为人的服务。所谓"威胁"主要是指行为人对交易另一方实行精神强制，如以立即实行暴力伤人、毁坏财物、损害名誉相要挟等，使被害人产生恐惧而被迫购买行为人的商品或不得不将其商品出卖给行为人，不得不向行为人提供服务或者不得不接受行为人的服务。根据法律规定，强迫交易行为包括四种形式：一是强买商品，二是强卖商品，三是强迫他人提供服务，四是强迫他人接受服务。行为人除了实施上述行为外，还需情节严重的才构成犯罪。根据《立案标准（一）》第二十八条［强迫交易案（刑法第二百二十六条）］以暴力、威胁手段强买强卖商品、强迫他人提供服务或者强迫他人接受服务，涉嫌下列情形之一的，应予立案追诉：

（一）造成被害人轻微伤或者其他严重后果的；

（二）造成直接经济损失二千元以上的；

（三）强迫交易三次以上或者强迫三人以上交易的；

（四）强迫交易数额一万元以上，或者违法所得数额二千元以上的；

（五）强迫他人购买伪劣商品数额五千元以上，或者违法所得数额一千元以上的；

（六）其他情节严重的情形。

3. 本罪的主体，为一般主体。可以是自然人，也可以是单位。

4. 本罪的主观方面，只能出于直接故意。即行为人明知自己的暴力、威胁手段会使对方当事人产生恐惧心理，不得不买卖商品，提供服务或者接受服务，而实施暴力或威胁行为，并希望强迫交易的行为后果发生。

（二）本罪的认定

本罪与抢劫罪的区别。本罪与抢劫罪有其相似之处，它们都是故意以暴力、威胁行为进行犯罪，侵犯公民人身权利和对被害人造成一定的经济损失。但二者存在一定的区别：第一，手段行为的目的不同。强迫交易罪的行为人实施暴力、威胁的手段，其目的在于强买强卖商品，强迫他人提供服务或者强迫他人接受服务。抢劫罪的行为人实施暴力、威胁的手段是为了排除被害人的反抗或使其产生恐惧不敢反抗，以便当场劫走财物。第二，事实结果不同。强迫交易罪的行为人虽然违背了自愿、平等、公平、诚实信用的交易原则，以不利于被害人的价格成交，但与被害人还有一定的金钱给付，显现出一定的买卖形态。抢劫罪的行为人则是在不付任何价款的情况下，劫取了被害人的财物，据为己有，根本不存在任何买卖交易形态。第三，情节要求不同。强迫交易罪以情节严重为其构成要件，而抢劫罪则无此要求。

（三）本罪的刑事责任

根据《刑法》第二百二十六条和第二百三十一条的规定，犯本罪情节严重的，处三年以下有期徒刑或者拘役，并处或者单处罚金。情节特别严重的，处三年以上七年以下有期徒刑，并处罚金；单位犯本罪的，对单位判处罚金，并对其直接负责的主管人员和其他直接责任人员，依照上述规定处罚。

八、伪造、倒卖伪造的有价票证罪

（一）本罪的概念及犯罪构成

本罪是指以营利为目的，伪造或者倒卖伪造的车票、船票、邮票或者其他有价票证，数额较大的行为。

1. 本罪的客体，是国家对有价票证的管理秩序。本罪的行为对象是伪造的有价票证，而非真的有价票证。

2. 本罪的客观方面，表现为伪造或者倒卖伪造的车票、船票、邮票或者其他有价票证，数额较大的行为。所谓"伪造"指仿造真的、有效的有价票证的形式、规格、色彩、图案、面值等，采用印刷、手描、影印等方法制造假的有价票证。这里值得注意的是，"伪造"是否包括"变造"在内，即是否可以对原有价票证包含失效的有价票证用涂改、剪拼、挖补等手段进行加工处理，增大有价票证的面值或增加票证的数量或使其形式上有效。我们认为，这里的"伪造"可以作扩大解释，其包括"变造"。最高人民法院的司法解释（法释〔2000〕41号）中指出：对变造或者倒卖变造的邮票数额较大的，应当依照《刑法》第二百二十七条第一款的规定定罪处罚。可见，最高人民法院的司法解释也持上述观点。所谓"倒卖"伪造的有价票证，指行为人明知是伪造的车票、船票、邮票或者其他有价票证而买入，然后高价卖出的行为。所谓"其他有价票证"指由中央或者地方有关部门制定和发行的、和车票、船票、邮票同性质的、具有一定价值的、在规定范围内流通和使用的书面凭证。例如，机动车油票、公园门票、球票、戏票、彩票等。这突破了原刑法将有价票证限于"五票"（车票、船票、邮票、税票、货票），扩大了刑法的保护范围。伪造有价票证的行为与倒卖伪造的有价票证行为是两种独立的行为。伪造、倒卖伪造的有价票证是选择罪名。既有伪造又有倒卖的行为，应以伪造、倒卖伪造的有价票证罪定罪，不实行数罪并罚。构成本罪，还必须达到"数额较大"，具体达到数额较大的标准。

根据《立案标准（一）》第二十九条〔伪造、倒卖伪造的有价票证案（刑法第二百二十七条第一款）〕伪造或者倒卖伪造的车票、船票、邮票或者其他有价票证，涉嫌下列情形之一的，应予立案追诉：

（一）车票、船票票面数额累计二千元以上，或者数量累计五十张以上的；

（二）邮票票面数额累计五千元以上，或者数量累计一千枚以上的；

（三）其他有价票证价额累计五千元以上，或者数量累计一百张以上的；

（四）非法获利累计一千元以上的；

（五）其他数额较大的情形。

3. 本罪的主体，是一般主体。自然人和单位都可以成为本罪的主体。

4. 本罪的主观方面，必须是出于直接故意，即明知自己的行为是伪造或者倒卖伪造的有价票证，并且会造成破坏国家对有价票证的正常管理制度，而仍然实施伪造或者倒卖伪造的有价票证的行为。

（二）本罪的认定

实践中常常发生这样的情况，行为人在伪造了有价票证后不是拿去倒卖，而是留给自己或者送给他人以假充真使用。对于这种复合行为，我们可以将其分解为伪造有价票证的手段行为和诈骗钱财的行为。这种行为完全符合刑法第二百六十六条规定的诈骗罪的构成特征。这样就形成了诈骗罪与伪造有价票证罪的牵连关系。按照牵连犯的处罪原则从一重罪处罚。对行为人可以诈骗罪论处。

（三）本罪的刑事责任

根据《刑法》第二百二十七条第一款、第二百三十一条的规定，犯本罪的，处二年以下有期徒刑、拘役或者管制，并处或者单处票证价额一倍以上五倍以下的罚金；数额巨大的，处二年以上七年以下有期徒刑，并处票证价额一倍以上五倍以下罚金。单位犯本罪的，对单位判处罚金，并对其直接负责的主管人员和其他直接责任人员，依照上述规定处罚。

九、倒卖车票、船票罪

（一）本罪的概念及犯罪构成

本罪是指倒卖车票、船票，情节严重的行为。

1. 本罪的客体，是国家对车、船票的管理秩序。本罪的犯罪对象是车票、船票。但在司法实践中，往往是由倒卖火车票居多。因为汽车票和船票基本上不存在紧俏的情况。根据最高人民法院《关于审理倒卖车船票刑事案件有关问题的解释》中规定：倒卖车票包括倒卖坐席、卧铺签字号及定购车票凭证等。

2. 本罪的客观方面，表现为倒卖车票、船票，情节严重的行为。"倒卖"指低价或平价购进，高价卖出的行为。构成本罪还必须达到"情节严重"。根据《立案标准（一）》第三十条〔倒卖车票、船票案（刑法第二百二十七条第二款）〕倒卖车票、船票或者倒卖车票坐席、卧铺签字号以及订购车票、船票凭证，涉嫌下列情形之一的，应予立案追诉：

（一）票面数额累计五千元以上的；

（二）非法获利累计二千元以上的；

（三）其他情节严重的情形。

根据上述最高人民法院的司法解释：高价、变相加价倒卖车票或倒卖坐席、卧铺签字号及订购车票凭证，票面数额在五千元以上，或者非法获利数额在二千元以上的，构成刑法第二百二十七条第二款规定的"倒卖车票情节"严重。对于铁路职工倒卖车票或者与其他人勾结倒卖车票；组织倒卖车票的首要分子，曾因倒卖车票受过治安处罚二次以上或者被劳动教养一年以上，两年内又倒卖车票，构成倒卖车票罪的，依法从重处罚。

3. 本罪的主体，是一般主体。自然人和单位都可以构成。

4. 本罪的主观方面，是故意，并且是直接故意。刑法没有规定本罪是目的犯，但实际上行为人主观上是以牟利为目的。

（二）本罪的认定

本罪与伪造、倒卖伪造的有价票证罪的区别

二者的区别在于：（1）前者，犯罪的对象只限于车票、船票，并且是真的车、船票；后者，行为的对象不限于伪造的车票、船票，此外还有伪造的其他有价票证，如伪造的邮票、货票、机动车油票、球票、戏票等，并且不是真的有价票证，而是伪造的有价票证。（2）前者，以情节严重为构成要件；后者，以数额较大为构成要件。情节严重可以包含数额较大，而数额较大只是严重情节之一。

（三）本罪的刑事责任

根据《刑法》第二百二十七条第二款和第二百三十一条的规定，犯本罪的，处三年以下有期徒刑、拘役或者管制，并处或者单处票证价额一倍以上五倍以下的罚金。单位犯本罪的，对单位判处罚金，并对其直接负责的主管人员和其他直接责任人员，依照上述规定处罚。

十、非法转让、倒卖土地使用权罪

（一）本罪的概念及犯罪构成

本罪是指以牟利为目的，违反土地法规，转让、倒卖土地使用权罪，情节严重的行为。

1. 本罪的客体，是国家对土地使用权的管理秩序。即违反土地管理法规。根据人大常委会《关于刑法第二百二十八条、第三百四十二条、第四百一十条的解释》中指出："违反土地管理法规"是指违反土地管理法、森林法、草原法等法律以及有关行政法规中关于土地管理的规定。

2. 本罪的客观方面，表现为违反土地管理法规，非法转让、倒卖土地使用权，情节严重的行为。所谓"非法转让土地使用权"，指行为人通过划拨或者有偿转让获得土地使用权以后，违反国家土地管理法规规定的转让、买卖土地使用权的条件和程序，未经批准，擅自将土地转让给他人使用的行为。譬如，《城市房地产管理法》规定，以出让方式取得土地使用权的，转让房地产时，应当符合下列条件：按照出让合同约定，已经支付全部土地使用权出让金，并取得土地使用权证书，并且按照出让合同约定进行投资开发，属于房屋建设工程的，完成开发投资总额的百分之二十五以上，属于成片开发土地的，形成工业用地或者其他建设用地条件。以划拨方式取得土地使用权的，转让房地产时，应当按照国务院规定，报有批准权的人民政府审批。有批准权的人民政府准予转让的，应当由受让方办理土地使用权出让手续，并依照国家有关规定缴纳土地使用权出让金。以划拨方式取得土地使用权的，转让房地产报批时，有批准权的人民政府按照国务院规定决定可以不办理使用权出让手续的，转让方应当按照国务院规定将转让房地产所获收益中的土地收益上缴国家或者作其他处理。所谓"非法倒卖土地使用权"指土地受让者违反国家土地管理法规，不进行任何开发建设，擅自将土地转手卖给他人，从中牟取暴利的行为。构成本罪还必须达到"情节严重"。

《立案标准（二）》第八十条［非法转让、倒卖土地使用权案（刑法第二百二十八条）］以牟利为目的，违反土地管理法规，非法转让、倒卖土地使用权，涉嫌下列情形之一的，应予立案追诉：（一）非法转让、倒卖基本农田五亩以上的；（二）非法转让、倒卖基本农田以外的耕地十亩以上的；（三）非法转让、倒卖其他土地二十亩以上的；（四）违法所得数额在五十万元以上的；（五）虽未达到上述数额标准，但因非法转让、倒卖土地使用权受过行政处罚，又非法转让、倒卖土地的；（六）其他情节严重的情形。

根据最高人民法院《关于审理破坏土地资源刑事案件具体应用法律若干问题的解释》（法释［2000］14号）中规定，具有下列情形之一的，属于非法转让、倒卖土地使用权"情节严重"：（1）非法转让、倒卖基本农田五亩以上；（2）非法转让、倒卖基本农田以外的耕地十亩以上的；（3）非法转让、倒卖其他土地二十亩以上的；（4）非法获利五十万以上的；（5）非法转让、倒卖土地接近上述数量标准并具有其他恶劣情节的，如曾因非法转让、倒卖土地使用权受过行政处罚或者造成严重后果的。具有下列情形之一的，属于非法转让、倒卖土地使用权"情节特别严重"：（1）非法转让、倒卖基本农田十亩以上的；（2）非法转让、倒卖基本农田以外的耕地二十亩以上的；（3）非法转让、倒卖其他土地四十亩以上的；（4）非法获利一百万元以上的；（5）非法转让、倒卖土地接近上述数量标准具有其他严重情节，如造成严重后果的。

3. 本罪的主体，为一般主体。包括自然人和单位。

4. 本罪的主观方面，只能是故意。并且应具有以牟利为目的。所谓"牟利"即以谋取利益为目的，但目的是否实现对认定本罪并无影响。

（二）本罪的认定

区分本罪与非法经营罪的界线。两者的区别在于：一是侵犯的客体不同，前者侵犯的是国家对土地的管理制度。后者侵犯的是社会主义市场管理秩序；二是客观方面的表现不同，前者是违反土地管理法规，转让、倒卖土地使用权情节严重的行为；而后者是非法经营专营专卖物品或者其他限制买卖的物品，买卖进出口许可证、进出口原产地证明、其他法律、行政法规规定的经营许可证或者批准文件，以及其他严重扰乱市场秩序的非法经营行为。

（三）本罪的刑事责任

根据《刑法》第二百二十八条和第二百三十一条的规定，非法转让、倒卖土地使用权，情节严重的，处三年以下有期徒刑或者拘役，并处或者单处非法转让、倒卖土地使用权价额百分之五以上百分之二十以下罚金；情节特别严重的，处三年以上七年以下有期徒刑，并处非法转让、倒卖土地使用权价额百分之五以上百分之二十以下的罚金。单位犯本罪的，对单位判处罚金，并对其直接负责的主管人员和其他直接责任人员，依照上述规定处罚。

十一、提供虚假证明文件罪

（一）本罪的概念及犯罪构成

本罪是指承担资产评估、验资、验证、会计、审计、法律服务等职责的中介组织及其工作人员，故意提供虚假的证明文件，情节严重的行为。

1. 本罪的客体是侵犯了国家对中介组织的监督管理制度和国家公众以及其他投资者的利益。因为这些承担资产评估、验资、验证、会计、审计、法律服务等职责的中介组织及其人员依法提供的这些法律文件不仅限于对企业所有者负责，更是对社会公众负责。因为广大民众及其潜在股民必然是依据这些法律文件，在充分信赖的基础上向公司企业进行投资。一旦提供的这些文件是虚假的，就会有造成经济混乱的后果。这样，不仅是国家对中介组织的管理秩序的侵犯，而且还会使广大股民遭受严重的经济损失。本罪的行为对象为资产评估机构、会计师事务所、审计师事务所、律师事务所等中介服务机构提供的虚假中介证明文件。即不符合事实的资产评估报告、财务会计报告、审计报告、律师意见书等。

2. 本罪的客观方面，表现为提供虚假中介证明文件，情节严重的行为。首先，必须有提供虚假中介证明文件，情节严重的行为。即提供虚假的资产评估、验资、验证、财务会计、审计等报告以及法律意见书的行为。所谓"资产评估"是指评估人依特定的用途，按照法定程序和标准，对被评估资产的现实价格所作的专业性评定和估算，依照《公司法》第七条、第二十四条和第八十条的规定，国有企业改建为公司，必须评估资产，或者有限责任公司、股份有限公司成立时，对于股东和发起人作为出资的实物。工业产权、非专利技术或者土地使用权，必须经过法定的资产评估机构进行评估作价，核实财产。所谓"验资"是指法定的验资机构及其工作人员依照《公司法》《会计法》《注册会计师法》等法律的有关规定，对有限责任公司和股份有限公司的股东发起人各自认缴的出资及其是否及时到位所作的审验核实。依照《公司法》第二十六条、第八十二条的规定，股东和发起人全部缴纳出资后，必须经法定的验资机构审核并出具证明。所谓"验证"是指法定的验证机构依据《公司法》的有关规定，对公司财务报告的真实性、准确性和可信性进行审查核实，并出具相应的证明。"财务会计报告"是指公司对外提供的反映公司某一特定日期财务状况和某一会计期间经营成果、现金流量的文件。一般分为年度、半年度财务会计报告。其中包括（1）会计报表；（2）会计报表附注；（3）财务状况说明书。其中会计报表应当包括资金负债表、利润表、现金流量表及相关附表。按《公司法》第一百七十五条规定，应当在每一会计年度终了时制作财务会计报告。所谓"审计"是指法定的审计机构及其工作人员，依照《公司法》《会计法》《审计法》等有关法律的规定，对公司的财政收支，办理公司合并、分立、清算等经济活动的真实性、合法性、有效性所进行的审查并出具相应的审计报告。"律师意见书、律师函"是律师事务所及其工作人员就公司、企业的主体资格以及经营活动的合法性等问题所作出的审查意见。

其次，提供虚假中介证明文件，还需达到"情节严重"才能构成犯罪，根据《立案标准（二）》第八十一条［提供虚假证明文件案（刑法第二百二十九条第一款、第二款）］承担资产评估、验资、验证、会计、审计、法律服务等职责的中介组织的人员故意提供虚假证明文件，涉嫌下列情形之一的，应予立案追诉：（一）给国家、公众或者其他投资者造成直接经济损失数额在五十万元以上的；（二）违法所得数额在十万元以上的；（三）虚假证明文件虚构数额在一百万元且占实际数额百分之三十以上的；（四）虽未达到上述数额标准，但具有下列情形之一的：

1. 在提供虚假证明文件过程中索取或者非法接受他人财物的；2. 两年内因提供虚假证明文件，受过行政处罚二次以上，又提供虚假证明文件的。（五）其他情节严重的情形。

第三，提供虚假证明文件与造成的实害结果之间应具有刑法中的因果关系。如根据最高人民法院 2003 年 1 月 9 日发布的《关于审理证券市场因虚假陈述引发的民事赔偿案件的若干规定》中指出：投资人具有以下情节的，人民法院应当认定虚假陈述与损害结果之间存在因果关系：（1）投资人所投资的是与虚假陈述直接关联的证券；（2）投资人在虚假陈述实施日及以后，至揭露日或者更正日之前买入该证券；（3）投资人在虚假陈述揭露日及以后，因卖出该证券发生亏损，或者因持续有该证券而产生亏损。被其举证证明原告具有以下情节的，人民法院应当认定虚假陈述与损害结果之间不存在因果关系：（1）在虚假陈述揭露日或者更正日之前已经卖出证券；（2）在虚假陈述揭露日或者更正日及以后进行的投资；（3）明知虚假陈述存在而进行的投资；（4）损失或者部分损失是由证券市场系统风险等其他因素所导致；（5）属于恶意投资、操纵证券价格的。

3. 本罪的主体，是特殊主体，即承担资产评估、验资、验证、会计、审计、法律服务等职责、中介机构或者人员。因为单位和自然人都可成为本罪的主体。最高人民法院原对此罪确定的罪名即"中介组织人员提供虚假证明文件罪"忽略了对单位犯罪主体的涵盖。因此，最高人民法院、最高人民检察院在《关于执行〈中华人民共和国刑法〉确定罪名的补充规定》（法释［2002］7 号）中将本罪更改为"提供虚假证明文件罪"。

4. 本罪的主观方面，为故意，即明知是虚假的中介证明文件或者明知被服务对象要其出具的虚假的中介证明文件而有意提供的。过失不能构成本罪。

（二）本罪的认定

关于本罪与伪证罪的界线。伪证罪是指在刑事诉讼中，证人、鉴定人、记录人、翻译人对与案件有重要关系的情节，故意作虚假证明、鉴定、记录、翻译或者隐匿罪证的行为。二者的区别在于：一是侵犯的客体不同，前者侵犯的是国家对中介服务市场的管理秩序，后者侵犯的是司法机关的正常工作秩序；二是客观方面的表现不同，前者表现为提供虚假的中介证明文件，情节严重的行为，后者表现为对案件有重要关系的情节作虚假的证明、鉴定、记录和翻译的行为；三是二者的主体不同，前者的主体是承担资产评估、验资、验证、会计、审计、法律服务职责的中介组织及其工作人员，而后者是诉讼过程中的证人、鉴定人、记录人和翻译人员。

关于《刑法》第二百二十九条第二款的理解。本款规定："前款规定的人员索取他人财物或者非法收受他人财物犯前款罪的，处五年以上十年以下有期徒刑，并处罚金。有学者认为此款条文单独构成一罪，即"受贿提供虚假中介证明文件罪"。本书认为，此条第二款的规定是"提供虚假证明文件罪"的法定加重情节，即第一款规定的主体索取他人财物或者非法收受他人财物而提供虚假中介证明文件的，在原定刑罚的基础上加重其法定性。最高人民法院的司法解释认为刑法第二百二十九条第一款、第二款均构成"提供虚假证明文件罪"。本书认为是正确的。

（三）本罪的刑事责任

根据《刑法》第二百二十九条第一款、第二款和第二百三十一条的规定，犯本罪的，处五年以下有期徒刑或者拘役，并处罚金；索取他人财物或者非法收受他人财物犯本罪的，处五年以上十年以下有期徒刑，并处罚金。单位犯本罪的，对单位判处罚金，并对其直接主管人员和其他直接责任人员，依照上述规定处罚。

十二、出具证明文件重大失实罪

（一）本罪的概念及犯罪构成

本罪是指承担资产评估、验资、验证、会计、审计、法律服务等中介组织及其工作人员严重不负责任，出具的证明文件有重大失实，造成严重后果的行为。

1. 本罪的客体，是侵犯了国家对中介组织的监管制度和国家公众以及其他投资者的利益。

2. 本罪的客观方面，表现为严重不负责任，出具的证明文件有重大失实造成严重后果的行为。这里的"严重不负责任"是指依法承担资产评估、验资、验证、会计、审计、法律服务等职责的中介组织人员严重违反《公司法》《会计法》《律师法》等有关法律的规定，不履行应尽职责，应当审查检验有关文件却不审查检验或者审查检验不认真的行为。"重大失实的证明文件"是指中介证明文件所载内容与事实有重大出入，足以因此而造成其他公司、企业或人员的重大经济损失。构成本罪，还必须已经"造成严重后果"。根据《立案标准（二）》第八十二条［出具证明文件重大失实案（刑法第二百二十九条第三款）］承担资产评估、验资、验证、会计、审计、法律服务等职责的中介组织的人员严重不负责任，出具的证明文件有重大失实，涉嫌下列情形之一的，应予立案追诉：（一）给国家、公众或者其他投资者造成直接经济损失数额在一百万元以上的；（二）其他造成严重后果的情形。

3. 本罪的主体，是特殊主体，即承担资产评估、验资、验证、会计、审计、法律服务等中介组织和工作人员。易言之，本罪中单位和自然人都可成为本罪的主体。

4. 本罪的主观方面，表现为过失，一般是由于疏忽大意而出具了重大失实的证明文件。

（二）本罪的刑事责任

根据《刑法》第二百二十九条第三款和第二百三十一条的规定，犯本罪的，处三年以下有期徒刑或者拘役，并处或者单处罚金。单位犯本罪的，对单位判处罚金，并对其直接负责的主管人员和其他直接责任人员，依照上述规定处罚。

十三、逃避商检罪

（一）本罪的概念及犯罪构成

本罪是指违反进出口商品检验法的规定，逃避商品检验，将必须经商检机构检验的进口商品未报经检验而擅自销售、使用，或者将必须经商检机构检验的出口商品未报经检验合格而擅自出口，情节严重的行为。

1. 本罪的客体，是国家对进出口商品检验的管理秩序。为了保证进出口商品的质量，促进对外贸易的顺利发展，国家对进出口商品检验曾先后制定了一系列法律、法规，如《中华人民共和国进出口商品检验法》《进出口商品检验法实施条例》等，确立了进出口商品检验制度。本罪的犯罪对象，是进出口商品。具体而言包括《商检机构实施检验的进出口商品种类表》《食品安全法》以及其他法律、法规规定的进出口商品。根据进出口商品检验法的相关规定，商检机构实施法定检查的范围包括：（1）列于上述《种类表》内的进出口商品，根据国务院的规定应实施检验的进口商品计40类148种。出口商品计64类333种。（2）根据《食品安全法》规定应实施卫生检验的出口食品。（3）根据《进出口商品检疫法》第十五条、第十六条规定，对出口危险货物、装运易腐货物的包装容器、集装箱应实施强制性的检验。（4）其他法律、行政法规规定必须经商检机构检验的进出口商品等。

本罪的客观方面，表现为违反进出口商品检验法的规定，逃避国家对进出口商品的检验，情节严重的行为。首先是违反了进出口商品检验法的规定。其次，有逃避进出口检验的行为。具体而言，逃避包括两个方面：一是逃避进口检验的行为，即将必须经商检机构检验的进口商品未报经检验而擅自销售、使用的；二是逃避出口商品检验的行为。即将必须经商检机构检验的出口商品未报经检验合格而擅自出口的。最后，以上行为还必须达到情节严重，才能构成本罪。

根据《立案标准（二）》第八十三条［逃避商检案（刑法第二百三十条）］违反进出口商品检验法的规定，逃避商品检验，将必须经商检机构检验的进口商品未报经检验而擅自销售、使用，或者将必须经商检机构检验的出口商品未报经检验合格而擅自出口，涉嫌下列情形之一的，应予立案追诉：（一）给国家、单位或者个人造成直接经济损失数额在五十万元以上的；（二）逃避商检的进出口货物货值金额在三百万元以上的；（三）导致病疫流行、灾害事故的；（四）多次逃避商检的；（五）引起国际经济贸易纠纷，严重影响国家对外贸易关系，或者严重损害国家声誉的；（六）其他情节严重的情形。

3. 本罪的主体，是特殊主体，即从事商品进出口业务的单位和个人。具体言之，一般是享有对外贸易经营权的企业单位及其成员。而且主要是进出口商品的用货、收货单位或出口商品的经营、生产单位及承运人、集装箱装箱单位的直接责任人员。

4. 本罪的主观方面为故意，即行为人明知其进出口的商品必须经过商检机构检验，才能进口和出口，而有意逃避检验，过失不构成本罪。

（二）本罪的认定

本罪与走私罪的界线。两者可以从以下几方面区分（1）从犯罪对象上区分：前者的犯罪对象是列入《商检机构实施检验的进出口商品种类表》中的商品和其他有关法律、法规中规定必须检验的商品；后者的犯罪对象是禁止进出口的物品、限制进出口的物品、允许进出口的物品等。（2）从行为方式上区别：前者的行为方式是违反进出口商品检验法的规定，将必须经商检机构检验的进出口商品，逃避商品检验而擅自销售、使用或出口；后者的行为方式是违反海关法的规定，逃避海关监管，非法运输、携带、邮寄禁止、限制或允许进出口的物品进出国（边）境。（3）从定罪情节上区分：前者以情节严重为犯罪构成的要件；后者根据走私对象的不同，或者在犯罪构成上没有规定情节为要件，或者规定达到一定数额或者数额较大为犯罪构成的要件。总之，两者尽管都是涉及进出口商品或物品的犯罪，但具有显著区别。但在司法实践中这两个罪可能会发生想象竞合，即走私的物品是国家商检法明令规定的检验对象，而导致病疫流行、灾害事故以及其他严重后果的。

（三）本罪的刑事责任

根据《刑法》第二百三十条和第二百三十一条的规定，犯本罪的，处三年以下有期徒刑或者拘役，并处或者单处罚金。单位犯本罪的，对单位判处罚金，并对其直接负责的主管人员和他直接责任人员，依照上述有关规定处罚。

第十二章　贪污贿赂罪

第一节　贪污贿赂概述

一、贪污贿赂罪的概念和构成

关于贪污贿赂罪，目前国内刑法理论界争议纷显，定义不一。

我们认为贪污贿赂罪是指国家工作人员或国有单位以及其他人员实施贪污、贿赂（包括其他人员和单位实施的与受贿罪具有对向性或撮合性行为）情节严重，直接破坏了国家廉政制度建设和市场经济制度建设。

我国历来重视对贪污贿赂犯罪的惩治。在 1979 年《刑法》中，贪污罪属于侵犯财产罪，贿赂罪属于渎职罪。1988 年 1 月 21 日全国人大常委会《关于惩治贪污罪贿赂罪的补充规定》对其类罪作了重大修改，增设了挪用公款罪、巨额财产来源不明罪、隐瞒境外存款罪、单位受贿罪、单位行贿罪等罪名。1997 年修改《刑法》是为了突出对贪污贿赂罪的打击，将其规定为独立的类罪，并增设了对单位行贿罪、私分国有资产罪和私分罚没款罪。2009 年 2 月 28 日《刑法修正案（七）》又新增设了利用影响力受贿罪等罪名。

贪污贿赂罪具有如下构成特征：

1. 贪污贿赂罪侵犯的客体是国家的廉政制度建设和市场经济制度。国家廉政制度是以恪尽职守、廉洁奉公、吏治清明、反对腐败为主要内容的；市场经济制度是以市场为导向进行资源的配置，促进生产的一种经济制度，其核心就是在诚实信用下的公平竞争。贪污贿赂犯罪不仅破坏了党群、干群良好关系，妨碍了国家廉政制度，而且严重破坏了公平竞争的市场经济秩序，进一步威胁到社会主义政权体制和市场经济制度的顺利进行。

2. 贪污贿赂罪客观方面表现为侵害国家廉政建设制度和市场经济秩序，情节严重的行为。其中多为国家工作人员利用职务上的便利贪污、受贿，或者拥有不能说明与合法收入差额巨大的财产或者支出的合法来源，或者私分国有资产或罚没财物行为。但也有与国家工作人员受贿具有对向性或撮合性的行为。如：介绍贿赂或行贿等行为。

3. 贪污贿赂罪主体，绝大多数是特殊主体。如：贪污罪、受贿罪、挪用公款罪、巨额财产来源不明罪、隐瞒境外存款罪、私分国有资产罪、私分罚没财物罪等，其主体都是特殊主体，即国家工作人员。少数与受贿罪具有对向性或撮合性的犯罪是一般主体，如行贿罪和介绍贿赂罪等。

4. 贪污贿赂罪的主观方面均为故意，过失不能构成本类犯罪。

二、贪污贿赂罪的种类

根据我国《刑法》分则第八章以及《刑法修正案》的相关规定，贪污贿赂犯罪共有12个具体罪名，包括贪污罪、受贿罪、单位受贿罪、利用影响力受贿罪、挪用公款罪、巨额财产来源不明罪、隐瞒境外存款罪、私分国有资产罪、私分罚没财物罪、行贿罪、对单位行贿罪和介绍贿赂罪等。

从犯罪主体角度分类，贪污贿赂犯罪可分为以下两类：一类是作为自然人犯罪，其中之一是作为自然人的国家工作人员实施的犯罪；之二是作为自然人的一般主体实施的犯罪。另一类是单位主体实施的犯罪。一般单位主体实施的犯罪在刑法条文中要明确加以规定。否则，是为自然人犯罪。

第二节　贪污贿赂罪分述

一、贪污罪

（一）本罪的概念及犯罪构成

本罪是指国家工作人员和受国家机关、国有公司、企业、事业单位、人民团体委托管理、经营国有财产的人员，利用职务上的便利，侵吞、窃取、骗取或者其他手段非法占有公共财产的行为。

1. 本罪的犯罪客体，是国家工作人员职务廉洁性及公共财产的所有权。其中，国家工作人员的职务廉洁性是本罪的主要客体。贪污的对象是公共财物。根据《刑法》第91条的规定，公共财产是指：（1）国有财产；（2）劳动群众集体所有财产；（3）用于扶贫和其他公益事业的社会捐款或专项基金财产。在国家机关、国有公司、企业、集体企业和人民团体管理、使用、运输中的私人财产以公共财产论。注意这里指的是公共财产，不是公共财物。所谓"财物"是以某一物质为载体体现出的经济价值或者利益。财产其外延既包括以物质为载体所体现出的经济价值，也包括以非物质为载体体现出的经济价值。如知识产权即是。所以本罪的"财物"可做扩大解释，即公共财产。

2. 本罪的客观方面表现为行为人利用职务上的便利，侵吞、窃取、骗取或者以其它手段非法占有公共财物的行为。在这里，利用职务上的便利和非法占有公共财物二者缺一不可。首先，必须利用职务上的便利，其意义是指利用本人职务范围内的权力和地位所形成的方便条件。其次，必须侵吞、窃取、骗取或以其它手段非法占有公共财物。其中侵吞、窃取、骗取是实施贪污行为的具体表现形式。其他手段就是这种形式之外类似此攫取公共财物的行为。例如，利用职权，巧立名目，在几个领导人中私分大量公款、财物等。

根据《刑法》第183条规定，国有保险公司工作人员和国有保险公司委派到非国有保险公司从事公务的人员，利用职务上的便利，故意编造未曾发生的事故进行虚假理赔，骗取保险金归自己所有的，以贪污罪论处；根据《刑法》第394条的规定，国家工作人员在国内公务活动中或对外交往中接受礼物，依照国家规定应当交公而不交公，数额较大的，以贪污罪论处。

3. 本罪的主体是特殊主体，具体包括两类人员：一类是国家工作人员。根据《刑法》第93条规定其包括：（1）国家机关从事公务的人员。即各级国家权力机关、行政机关、审判机关、检察机关、军事机关中从事公务的人员。中国共产党各级机关、中国人民政治协商会议各级机关中从事公务的人员，应当视为国家机关工作人员；（2）国有公司、企业、事业单位、社会团体中从事公务的人员；（3）国家机关、国有公司、企业、事业单位委派到非国有公司、企业、事业单位、社会团体中从事公务的人员，至于其原来是否具备国家工作人员身份在所不问；（4）其他依照法律从事公务的人员。根据人大常委会对此的立法解释（2000年4月29日）的规定：村民委员会等村级基层单位组织人员中帮助人民政府从事下列行政管理工作，属于《刑法》第93条第2款规定的"其他依照法律规定从事公务的人员"，即救灾、抢险、防汛、优抚、扶贫、移民、救济款物的管理；社会捐助公益事业款项的管理；国有土地的经营和管理；土地征用、补偿费用的管理；代征、代缴税款；有关计划生育、户籍、征兵工作；协助人民政府从事的其他行政管理工作。

另一类是受国家机关、国有公司、企业、事业单位、人民团体委托管理、经营国有财产的人员。这类人员不属国家工作人员，而是受国家机关、国有公司、企业、事业单位、人民团体委托，以承包、租赁等方式管理、经营国有财产的人员。

4. 本罪的主观方面是直接故意，并且以非法占有为目的。即行为人明知自己的行为侵犯了职务行为的廉洁性和公共财产的所有权，并且希望这种结果发生的心理态度。

（二）贪污罪的认定

（1）对于国有资本控股、参股的股份有限公司中从事管理工作的人员利用职务之便非法占有本公司财物如何定罪，2001年5月22日最高人民法院《关于国有资本控股、参股的股份有限公司中从事管理工作的人员利用职务的便利非法占有本公司财物如何定罪问题的批复》认为应分两种情况进行讨论：其一，如果国有资本控股、参股的股份有限公司中从事管理工作的人员是受国家机关、国有公司、企业、事业单位委派从事公务的，利用职务的便利非法占有本公司财物，符合贪污罪其它条件的，则认定为贪污罪；其二，如果国有资本控股、参股的股份有限公司中从事管理工作的人员不是受国家机关、国有公司、企业、事业单位委派从事公务的，利用职务的便利非法占有本公司财物，符合职务侵占罪其它条件的，则应认定为职务侵占罪。

（2）本罪共犯的认定问题

根据最高人民法院《关于审理贪污、职务侵占案件如何认定共犯的几个问题解释？（2000年6月27日）的相关规定指出：应具体问题具体分析：不具有国家工作人员身份的人员与具有国家工作人员身份的人员勾结，利用具有国家工作人员身份的人员职务上的便利共同非法占有本单位的财物的，按贪污罪的共同犯罪处理；具有国家工作人员身份的人员与不具有国家工作人员身份的人员相勾结，利用不具有国家工作人员身份的人员职务上的便利共同非法占有本单位财物的，按职务侵占罪的共犯处理；具有国家工人员身份的人员与不具有国家工作人员身份的人员勾结，分别利用各自的职务便利，共同将本单位财物非法占为己有的，按照主犯的犯罪性质定罪。

（三）本罪的刑事责任

根据《刑法》第383条的规定，贪污罪以贪污罪数额和情节轻重，分别按四个量刑幅度进行处罚：

（1）个人贪污数额在10万元以上的，处10年以上有期徒刑或者无期徒刑，可以并处没收财产；情节特别严重的，处死刑，并处没收财产。贪污罪的死刑适用条件是个人贪污在10万元以上，且情节特别严重。对于情节特别严重，尚未见有效司法解释。一般可以认为包括：贪污数额特别巨大，远超出10万元；贪污集团的首要分子；贪污救灾、抢险、防汛、优抚、扶贫、移民、救济款物，造成恶劣社会影响的；因贪污行为造成其他严重后果的，等等。

（2）个人贪污数额在5万元以上不满10万元的，处5年以上有期徒刑，可以并处没收财产；情节特别严重的，处无期徒刑，并处没收财产。此处，无期徒刑的适用条件是个人贪污数额在5万元以上不满10万元，且情节特别严重。在最高司法机关作出司法解释前，一般可理解为：贪污的数额接近10万元以及前述所列情形。

（3）个人贪污数额在5000元以上不满5万元的，处1年以上7年以下有期徒刑；情节严重的，处7年以上10年以下有期徒刑。个人贪污数额在5000元以上不满1万元，犯罪后有悔改表现、积极退赃的，可以减轻处罚或者免予刑事处罚，由其所在单位或者上级主管机关给予行政处分。至于此处的"情节严重"，是指贪污数额接近5万元，且贪污数额大部分被挥霍的；为掩盖罪行而毁灭证据或嫁祸他人造成一定社会影响的；因贪污造成其他较为严重社会后果的，等等。"可以减轻或者免予刑事处罚"是指贪污数额在5000元以上不满1万元，且犯罪后有悔改表现、积极退赃。两条件必须同时具备，缺一不可。

（4）个人贪污不满5000元，情节较重的，处2年以下有期徒刑或者拘役；情节较轻的，由其所在单位或者上级主管机关给予行政处分。此处情节较重与情节较轻的理解，涉及到罪与非罪的界限问题，必须严格把握。情节较重可以理解为个人贪污数额接近 5000 元，且具有下列情形：贪污手段恶劣；贪污特定款物且造成一定社会影响；贪污累犯；因贪污造成其他较为严重的社会后果。情节较轻可以理解为：个人贪污数额较少；具有自首、立功情节等。

此外，对多次贪污未经处理的，应按照累计贪污数额处罚。"多次贪污未经处理"是指贪污行为未被发现或虽已被发现，单位没有给予刑事处罚或任何行政纪律处分。对贪污罪的共同犯罪，应按以下原则处罚：对贪污集团的首要分子，按集团贪污的总额处罚；对其他主犯，按照其参与的或者组织、指挥的全部贪污犯罪的数额处罚。根据 1998 年 5 月 9 日施行的最高人民法院《关于审理挪用公款案件具体运用法律若干问题的解释》的规定，携带挪用公款潜逃的，按照贪污罪的规定定罪处罚。

二、挪用公款罪

（一）挪用公款罪的概念及犯罪构成

本罪是指国家工作人员利用职务上的便利，挪用公款归个人使用，进行非法活动，或者挪用公款数额较大进行营利活动，或者挪用公款数额较大，超过三个月未还的行为。

1. 本罪的客体是复杂客体，即侵犯了国家工作人员的职务廉洁性，也侵犯了公共财产的占有使用收益权。所谓"挪用"是指改变公款用途，侵犯的所有权的部分权能，既包括占有权、使用权、收益权等。本罪的犯罪对象是公款，即公共财物中呈现货币或者有价证券形态的部分。但根据相关的法条和司法解释，应包括：（1）根据最高人民检察院的司法解释，国家工作人员利用职务便利，挪用公有或者本单位的国库卷或者挪用失业保险金和下岗职工基本生活保障资金的行为以挪用公款罪论；（2）根据《刑法》第 384 条第 2 款的规定，挪用用于救灾、抢险、防汛、优抚、扶贫、救济款物归个人使用的，从重处罚。以此条规定本罪的犯罪对象不限于公款，还包括特定物。但除上述特定物外的一般公物，不属本罪的犯罪对象。

2. 本罪的客观方面表现为行为人利用职务上的便利，挪用公款归个人使用，进行非法活动，或者挪用公款数额较大进行营利活动，或者挪用公款数额较大超过三个月未还的行为。

挪用公款归个人使用是本罪的基本特征。根据 2002 年 4 月 28 日全国人民代表大会常委会对《刑法》第 384 条第 1 款的解释，有下列情形之一的，属于挪用公款"归个人使用"：第一，将公款供本人、亲属或者其他自然人使用的；第二，以个人名义将公款供其它单位使用的；第三，个人决定以单位名义将公款供其它单位使用，谋取个人利益的。

挪用公款行为的具体表现形式包括：其一，挪用公款进行非法活动，即"非法活动"是指国家法律、法规所禁止的活动，尽管这种情形下未规定数额较大的标准，但1998年4月6日最高人民法院司法解释以挪用公款5000元至1万元作为追究刑事责任的数额起点。同时该解释还规定，挪用公款进行非法活动构成其他犯罪的，依照数罪并罚的规定处罚。其二，挪用公款归个人使用进行营利活动且数额较大，"营利活动"是指国家法律允许的牟利活动。根据前述的司法解释，"数额较大"，是指挪用公款1万元至3万元，各高级人民法院可根据本地实际情况按照这一数额幅度，确定本地区执行的具体数额；其三，挪用公款归个人使用，数额较大且超过3个月未还，数额标准应按上述司法解释执行。

3. 挪用公款罪的主体是特殊主体，即只有国家工作人员才能构成（包括准国家工作人员），至于受国家机关、国有公司、企业、事业单位、人民团体委托管理、经营国家财产的人员可否构成本罪主体，理论上存在争议。根据最高人民法院对此的司法解释：受委托管理、经营国有财产的非国家工作人员如果利用职务之便，挪用本单位公款归个人使用，数额较大的，可以构成挪用资金罪，而不构成挪用公款罪。另外，根据该司法解释，挪用公款给他人使用，使用人与挪用人共谋，指使或参与策划取得挪用款的，以挪用公款罪的共犯定罪论处。

4. 主观方面是直接故意，即明知是公款而有意违反有关规定予以挪用。

（二）挪用公款罪的认定

（1）本罪与挪用资金罪的界限。本罪与挪用资金罪在客观方面都有相同之处，二者的主要区别表现在：其一，犯罪客体和对象不完全相同，挪用公款罪的客体是复杂客体，既侵犯了公共财产的使用、收益权，也侵犯了国家工作人员的职务廉洁性。犯罪对象不仅包括公款，还包括法律规定的特定物；而挪用资金罪客体是公司、企业等单位财产的使用、收益权和公司、企业等人员对公司、企业等单位应履行的忠实义务。犯罪对象只包括公司、企业等单位资金，不包括其他物品。其二，犯罪主体不同。挪用公款罪的主体是国家工作人员，而挪用资金罪的主体是非国家工作人员，其中也包括受国家机关、国有公司、企业、事业单位和人民团体委托管理、经营国家财产的非国家工作人员。

（2）本罪与挪用特定款物罪的界限。

两罪主要的区别在：其一，本罪的犯罪对象既包括公款，也包括法律规定的特定物。而后罪是法律明确规定的特定物。其二，国家工作人员挪用特定款物归个人使用构成挪用公款罪，而归单位使用，情节严重致使国家和人民群众利益遭受重大损害的，构成挪用特定款物罪；非国家工作人员挪用特定款物，无论归个人或单位使用，均可构成挪用特定款物罪。

（三）挪用公款罪的刑事责任

根据《刑法》第384条的规定，犯本罪的，处5年以下有期徒刑或者拘役；情节严重的，处5年以上有期徒刑。挪用公款数额巨大不退还的，处10年以上有期徒刑或者无期徒刑。情节严重，主要是指挪用公款数额巨大，或者数额虽未达到但挪用公款手段恶劣；多次挪用公款；因挪用公款严重影响生产、经营，造成严重损失等情形。关于数额巨大的标准，根据前述的司法解释：营利活动型和超期未还型为 15 万元至 20 万元以上，非法活动型为 5 万元至 10 万元以上。"挪用公款数额巨大不退还的"，是指挪用公款数额巨大，因客观原因在一审宣判前不能退还的。多次挪用公款不还，挪用公款数额累计计算；多次挪用公款，并以后一次挪用的公款归还前次挪用的公款，挪用公款的数额以案发时未还的实际数额认定。

此外，因挪用公款索取、收受贿赂构成犯罪的，依照数并罚的规定处罚。携带挪用公款潜逃的，依照《刑法》第 382 条、第 383 条的规定以贪污罪论处。

三、受贿罪

（一）受贿罪的概念及犯罪构成

受贿罪是指国家工作人员利用职务上的便利，索取他人财物的，或者收受他人财物，为他人谋利益的行为。

1. 本罪的犯罪客体是复杂客体。即国家工作人员的职务不可收买性（廉洁性）以及正常公平的市场经济秩序。显然，这一定义是持基本客体说与选择客体说的观点。首先，本罪侵犯的基本客体是国家工作人员职务的不可收买性（廉洁性）。受贿罪其行为是严重腐蚀国家肌体，妨碍国家职能的正常履行。将受贿罪的直接客体界定为国家工作人员的职务不可收买性，是转为市场经济模式后受贿行为的一个重要特征。由于政府行政干预与指导，对经济领域的影响力仍然很大，因而商业贿赂已成为贿赂犯罪的突出特征，这种犯罪行为直接破坏的就是公平竞争的市场经济秩序。

本罪的犯罪对象是贿赂。所谓贿赂即行为人索取或收受的他人财物。贿赂的外延，应以财产性利益说较妥。根据最高人民法院、最高人民检察院《关于办理受贿刑事案件适用法律若干问题的意见》的文件，是持此观点的。该意见就以下几种情况是作为贿赂加以认定的：

（1）关于以交易形式收受贿赂问题

国家工作人员利用职务便利为请托人谋取利益，以下交易形式收受请托人财物的，以受贿论处：①已明显低于市场的价格向请托人购买房屋、汽车等物品的；②已明显高于市场的价格向请托人出售房屋、汽车等物品的；③以其它交易形式非法收受请托人财物的。根据该规定，受贿数额按照交易时当地市场价格与实际价格的差价计算。其市场价格包括商品经营者事先设定的不针对特定人的最低优惠价格。根据商品经营者事先设定的各种优惠交易条件，以优惠价格购买商品的，不属于受贿。

（2）关于收受干股问题

干股是指未出资而获得的股份。国家工作人员利用职务上的便利为请托人谋取利益，收受请托人提供的干股的，以受贿论处。进行了股权转让登记，或者相关证据证明股份发生了实际转让的，受贿数额按转让行为时股份价值计算，所分红利按受贿孳息处理。股份为实际其他委托理财的名义，为实际出资获取"收益"，或者虽然实际出资，但获取"收益"明显高于出资应得收益的，以受贿论处。受贿数额，前一情形，以"收益"额计算；后一情形，以"收益"额与出资应得收益额的差额计算。

(5) 关于以赌博形式收受贿赂的认定问题

国家工作人员利用职务上的便利为请托人谋取利益，通过赌博方式收受请托人财物的，构成受贿。但在实践中注意于赌博活动、娱乐活动的界限。具体认定时，主要应结合以下因素进行判断：①赌博的背景、场合、时间、次数；②赌资来源；③其他赌博参与者有无事先通谋；④输赢钱物的具体情况和金额大小。

(6) 关于特定关系人"挂名"领取薪酬问题

国家工作人员利用职务上的便利为请托人谋利益，要求或者接受请托人以给特定关系人安排工作为名，是特定关系人不实际工作却获取所谓薪酬的，以受贿论处。

(7) 关于由特定关系人收受贿赂问题

国家工作人员利用职务上的便利为请托人谋利益，授意请托人本意见所列形式，将有关财物给予特定关系人的，以受贿论处。特定关系人与国家工作人员通谋，共同实施前款行为的，对特定关系人以受贿罪的共犯论处。特定关系人以外的其他人与国家工作人员通谋，由国家工作人员利用职务上的便利为请托人谋利益，收受请托人财物后双方共同占有的，以受贿罪共犯论处。

(8) 关于收受贿赂物品为办理权属变更问题

国家工作人员利用职务上的便利为请托人谋利益，收受请托人的房屋、汽车等物品，未变更权属登记或者借用他人名义办理权属变更登记的，不影响受贿的认定。但认定以房屋、汽车为对象的受贿，应注意与借用的区分。具体认定时，除双方交代或者书面协议之外，主要应结合以下因素进行判断：①有无借用的合理事由；②是否实际使用；③借用时间的长短；④有无归还的条件；⑤有无归还的意思表现及行为。

同时该《意见》对于上列贿赂形式相关的一些问题也作了如下规定：

(1) 关于收受财物后退还或者上交问题

国家工作人员收受请托人财物后及时退还或者上交的，不是受贿。国家工作人员受贿后，因自身或者与有关联的人、事被查处，为掩饰犯罪而退还或者上交的，不影响认定受贿罪。

(2) 关于在职时为请托人谋利，离职后收受财物问题

国家工作人员利用职务上的便利为请托人谋利益之前或者之后，约定在其离职后收受请托人财物，并在离职后收受的，以受贿论处。国家工作人员利用职务上的便利为请托人谋利益，离职前后连续收受请托人财物的，离职前后收受部分均应计入受贿数额。

(3) 关于"特定关系人"的范围

本意见所称"特定关系人",是指与国家工作人员有近亲属、情妇(夫)以及其他共同利益关系的人。

(4) 关于正确贯彻宽严相济刑事政策的问题

依照本意见办理受贿刑事案件,要根据刑法关于受贿罪的有关规定和受贿罪权钱交易的本质特征,准确区分罪与非罪,此罪与彼罪的界限,惩处少数,教育多数。在从严惩处受贿罪的同时,对于具有自首、立功等情节的,依法从轻、减轻或者免除处罚。

2. 本罪客观方面表现为利用职务上的便利,索取他人财物或者非法收受他人财物,为他人谋取利益的行为。

首先,受贿行为表现为索取或者收受贿赂。索取贿赂包括要求、索要与勒索贿赂。这三种方式都是国家工作人员在他人有求于自己的职务行为时提出的非法要求。他们之间只有程度区别,没有本质差异。收受贿赂,是指在行贿人主动提供贿赂时,本应拒绝,却予以接受。事实上还存在着一些特定方式,即以上《意见》中所列的形式。刑法第385条第2款规定"国家工作人员在经济往来中,违反国家规定,收受各种名义的回扣、手续费归己所有的,以受贿论处。这实际也是一种特定的受贿方式。但能够以谁提出为标准,将其归入索取与收受。国家工作人员提出约定的,属于索取;对方先提出约定的,属于收受。

其次,索取贿赂只需要利用职务上的便利就成立受贿罪,不要求为他人谋取利益。但收受贿赂的只有为他人谋取利益才成立贿赂罪。为他人谋利益,是指客观上有为他人谋取利益的行为。而不要求实际上使他人取得利益。一般而言,为他人谋取利益包括四种情况:一是已经许诺为他人谋利益,但尚未实际进行;二是已经着手为他人谋取利益,但尚未谋取到利益;三是已经着手为他人谋取利益,但尚未完全实现;四是为他人谋利益,已经完全实现。许诺包括明示与默许。

此外,《刑法》第388条还规定了受贿罪的一种特殊形式,斡旋受贿,斡旋受贿是指国家工作人员利用本人职权或者地位形成的便利条件,通过其他国家工作人员职务上的行为,为请托人谋取不正当利益,索取或者收受请托人财物的行为。斡旋受贿,符合受贿罪的数额和情节要求的,按受贿罪定罪处罚。构成此罪,主要具备以下条件:其一,利用其它国家工作人员的职务行为;其二,利用本人职权或者地位形成的便利条件,这是指行为人利用其职权或者地位对其他国家工作人员形成的某种关联在政治上或经济上有所牵制。这是能起到斡旋的基础。所谓斡旋,即从中调解、协商等。所以这种关联不应当包括直接的上下级关系,如果是这种关系,应按一般受贿行为认定;其三,为他人谋取不正当利益。不正当利益是指根据法律及政策不应当得到的利益。如果行为人通过其他国家工作人员职务上的行为为请托人谋取的是正当利益,从中索取或者收受请托人的财物,则不能构成本罪。

3. 本罪的主体是特殊主体。即只能由国家工作人员构成。这里所说的国家工作人员限于在职的国家工作人员，包括国有公司、企业中从事公务的人员和国有公司、企业委派到非国有公司、企业从事公务的人员。

4. 本罪的主观方面是直接故意，即行为人明知利用职务上的便利索取他人财物或者非法收受他人财物并为他人谋取利益的行为会损害国家工作人员职务上的廉洁性，仍希望并追求该结果发生的心理态度。

（二）关于本罪的认定

1. 本罪与非罪的界限

（1）单纯利用亲友关系，为请托人办事，收受了请托人的答谢礼物。关键是行为人接受亲友的财物是否利用职务上的便利为亲友谋取利益。利用职务上的便利为亲友谋取利益，从而接受亲友财物的，构成受贿罪，否则，不应以受贿罪论处。

（2）关于经济往来中受贿的认定。《刑法》第 385 条第 2 款规定，国家工作人员在经济往来中，违反国家规定，收受各种名义的回扣、手续费归个人所有的，以受贿论处。其应符合如下条件：其一，必须是国家工作人员；其二，必须是在经济往来中，这是指以市场为背景而从事的经济活动；其三，必须是违反国家有关规定，是指违反中央和地方国家机关公布的法律法规和行政措施，以及决定和命令等；其四，必须是私收的回扣、手续费归个人所有。所谓回扣，是指在商品交易中，买方在收取的价值中扣出一部分返还给他方或者买方经办人的现金。所谓手续费，是指多种费用的统称，如：好处费、介绍费、活动费、信息费等。所谓归个人所有，是指未按照财务会计制度在依法设立的财务账目上如实登记暗中收受的行为。

2. 本罪与相关犯罪的界限

本罪与非国家工作人员受贿罪的界限

二者的主要区别表现在：其一，客体不同，本罪的主要客体是国家工作人员的职务廉洁性，后罪则是公司、企业其他单位人员对其单位的忠实义务；其二，客观方面有所不同，本罪客观方面的索贿不以"为他人谋取利益"为构成要件，只有收受贿赂才以"为他人谋取利益"作为构成犯罪的要件。后罪无论索取贿赂还是收受贿赂都以"为他人谋取利益"作为犯罪的构成要件；其三，犯罪主体不同，本罪的主体是国家工作人员，而后罪的主体是非国家工作人员。

（三）受贿罪的刑事责任

根据《刑法》第 386 条的规定，对自然人犯罪的，依《刑法》第 383 条关于贪污罪的处罚规定处罚，具体处罚标准是：

（1）个人受贿数额在 10 万元以上的，处 10 年以上有期徒刑或者无期徒刑，可以并处没收财产；情节特别严重的，处死刑，并处没收财产。

（2）个人受贿数额在 5 万元以上不满 10 万元的，处 5 年以上有期徒刑，可以并处没收财产；情节特别严重的，处无期徒刑，并处没收财产。

（3）个人受贿数额在 5000 元以上不满 5 万元的，处 1 年以上 7 年以下有期徒刑；

情节严重的，处 7 年以上 10 年以下有期徒刑。个人贪污数额在 5000 元以上不满 1 万元，犯罪后有悔改表现、积极退赃的，可以减轻处罚或者免予刑事处罚，由其所在单位或者上级主管机关给予行政处分。

（4）个人受贿不满 5000 元，情节较重的，处 2 年以下有期徒刑或者拘役；情节较轻的，由其所在单位或者上级主管机关给予行政处分。

（5）多次受贿未经处理的，按照累计数额处罚。

四、单位受贿罪

（一）单位受贿罪的概念及犯罪构成

本罪是指国家机关、国有公司、企业、事业单位、人民团体索取或者收受他人财物、为他人谋取利益，情节严重行为。

1. 本罪的犯罪客体是国有单位公务活动的廉洁制度和市场经济秩序。犯罪对象是贿赂，即财产性的经济利益。

2. 本罪客观方面表现为索取或者非法收受他人财物，为他人谋取利益，情节严重的行为。无论是索取形式还是收受贿赂形式，都要求同时具备为他人谋取利益作为构成要件，并且要达到情节严重。根据最高人民检察院《关于人民检察院直接受理立案侦查案件标准的规定（试行）》（1999 年 9 月 16 日发布）〈以下简称（上述司法解释）〉中规定：涉嫌下列情形之一的，应予立案：（1）单位受贿数额在 10 万元以上的；（2）单位受贿数额不满 10 万元，但具有下列情形之一的：①故意刁难、要挟有关单位、个人，造成恶劣影响的；②强行索取财物的；③致使国家或者社会利益遭受重大损失的。另外，国家机关、国有公司、企业、事业单位、人民团体在经济往来中，在帐外暗中收受各种名义的回扣、手续费的，依本罪论处。

3. 本罪的犯罪主体是国家机关、国有公司、企业、事业单位、人民团体。非国有的其他单位不能构成本罪。

4. 本罪的主观方面是直接故意，目的是为单位谋取非法利益。

（二）本罪的刑事责任

根据《刑法》第 387 条第 1 款的规定，犯本罪的，对单位判处罚金，并对其直接负责的主管人员和其他直接责任人员处 5 年以下有期徒刑或者拘役。根据该条规定，单位在经济往来中，违反国家规定与账外暗中收受各种名义的回扣、手续费，依照第 1 款的规定处罚。

五、利用影响力受贿罪

（一）本罪的概念及犯罪构成

本罪是《刑法修正案（七）》第 13 条对在刑法第 388 条作为第 388 条之一而新增

的规定。本罪是指国家工作人员的近亲属或者其他与该国家工作人员关系密切的人，通过该国家工作人员职务上的行为或者利用该国家工作人员职权或者地位形成的影响力，使得其他国家工作人员利用职务上的便利，为请托人谋取不正当利益，索取请托人财物或者收受请托人财物，数额较大或者有其他较重情节的行为。

1. 本罪的犯罪客体是国家工作人员职务上的廉洁性以及国家机关、国有企事业单位正常的工作秩序。

2. 本罪客观方面表现为国家工作人员的近亲属或者其他与该国家工作人员关系密切的人，通过该国家工作人员职务上的行为或者利用该国家工作人员职权或者地位形成的影响力，使得其他国家工作人员利用职务上的便利，为请托人谋取不正当利益，索取请托人财物或者收受请托人财物，数额较大或者有其他较重情节的行为。本罪的行为特征是：（1）国家工作人员的近亲属或者关系密切的人利用该国家工作人员职权和地位形成的影响。所谓"近亲属"，民法通则中规定，包括配偶、父母、子女、兄弟姐妹、祖父母、外祖父母、孙子女、外孙子女。所谓"关系密切人"，根据有关司法解释，是指与国家工作人员的情妇（夫）以及其他共同利益关系的人。所谓"利用该国家工作人员职权和地位形成的影响"，是指上述行为人凭借与该国家工作人员的这种特殊关系，对该国家工作人员的职权和地位对外界形成的某些影响进行操作和运用。（2）通过影响其他国家工作人员（其中也包括与行为人有上述特定关系的国家工作人员）利用职务之便，为请托人谋取不正当利益。这种影响要么是职权的直接干扰，如上下级关系；要么是某些利益的制约，如关联关系。所谓"不正当利益"是指违反法律、法规、规章和政策规定的利益，或者要求对方违反法律、法规、规章和政策、行业规范的规定提供帮助或者方便条件。在招投标、政府采购商业活动中，违背公平原则，给予相关人员财物以谋取竞争优势的，属于谋取不正当利益。（3）由国家工作人员的近亲属或者其他与该国家工作人员关系密切的人独自向请托人索取或者收受贿赂。

构成本罪，要达到法定的两种后果之一：一是"数额较大"，在目前未有新的司法解释出台时，可参照受贿罪的标准执行。二是"有其他较重情节"，即没有达到数额较大标准，但有其他较重情节，也可构成本罪。如造成其它恶劣社会影响等。

另：离职的国家工作人员或者其近亲属或者其他与该离职国家工作人员关系密切的人，利用该离职国家工作人员原职务或者地位形成的便利条件，实施以上行为，以本罪定罪处罚。

3. 本罪的主体是特殊主体，即有三种类型：一是国家工作人员的近亲属；二是与国家工作人员关系密切人；三是离职后原国家工作人员。

4. 本罪的主观方面是故意，且为直接故意。特别要注意的是，在收受贿赂上，行为人与该国家工作人员不存在共同故意，而是行为人单方意志的表现，否则，就构成受贿罪的共犯。

（二）关于本罪的认定

本罪与受贿的异同。本罪与受贿在犯罪客体、犯罪的主观方面等要件上基本相同。

其主要区别：（1）犯罪主体不同。本罪的主体是国家工作人员的近亲属或者是其关系密切人，而受贿罪的主体是国家工作人员；（2）客观方面的表现不同。本罪是行为人凭借与国家工作人员的特殊身份，利用其职务和地位形成的影响，为请托人谋取不正当利益，向请托人索取或者收受贿赂，而受贿罪是国家工作人员利用职务便利，为请托人谋取利益，索取或者收受贿赂。

（三）刑事责任

根据《刑法修正案（七）》第13条规定，构成本罪，处3年以下有期徒刑或者拘役，并处罚金；数额巨大或者有其他严重情节的，处3年以上7年以下有期徒刑，并处罚金；数额特别巨大或者有其他特别严重情节的，处7年以上有期徒刑，并处罚金或者没收财产。

六、行贿罪

（一）行贿罪的概念及犯罪构成

行贿罪是指为谋取不正当利益，给予国家工作人员以财物的行为。

1. 本罪的客体是国家工作人员的职务不可收买性和市场经济秩序。因为国家工作人员的职务是法律授予给国家工作人员管理公共事务的一种权力，不能作为为己和他人谋取私利的工具。而且在商业贿赂中，还破坏了公平竞争的市场经济秩序。这是根据两高《关于办理商业贿赂刑事案件适用法律若干问题的意见》第1条规定：商业贿赂犯罪涉及刑法规定的以下八种罪名，即①受贿罪；②单位受贿罪；③行贿罪；④非国家工作人员受贿罪；⑤对非国家工作人员行贿罪；⑥对单位行贿罪；⑦介绍贿赂罪；⑧单位行贿罪等。本罪的犯罪对象仅限于国家工作人员。行贿与受贿是对合性行为，是引发贿赂犯罪的温床。因此，在惩处受贿罪的同时，必须严厉打击行贿犯罪活动，尤其是在打击商业贿赂犯罪中更应注意对行贿犯罪的打击。

2. 本罪的客观方面表现为行为人给予国家工作人员以财物的行为。具体表现为三种情况：一是为了利用国家工作人员的职务行为，（包括通过国家工工作人员予以利用），主动给予国家工作人员以财物。二是有求于国家工作人员的职务时，由于国家工作人员的索取而给予国家工作人员以财物。但根据刑法第389条第3款的规定，因被勒索给予国家工作人员以财物，没有获得不正当利益的，不是行贿。三是与国家工作人员约定，以满足自己的要求为条件给予国家工作人员以财物。刑法第389条第2款规定："在经济往来中，违反国家规定，给予国家工作人员以财物，数额较大的，或者违反国家规定，给予国家工作人员以各种名义的回扣、手续费的，以行贿论处"。所谓"数额较大"，根据前述的司法解释：涉嫌下列情况之一的，应予立案：（1）行贿数额在1万元以上的；（2）行贿数额不满1万元，但具有下列情形之一的：①为谋取非法利益而行贿的；②向3人以上行贿的；③向党政领导、司法工作人员、行政执法人员行贿的；④致使国家或社会利益遭受重大损失的；⑤因被勒索给予国家工作人员以财物，已获得不正当利益的。

3. 本罪的主体是一般主体，凡是年满 16 周岁具有刑事责任能力的自然人，均能成为本罪的主体。

4. 本罪的主观方面是直接故意，即具有谋取不正当利益的目的。根据上述的司法解释，"不正当利益"，既包括非法利益，如为偷税给予税务机关工作人员以财物等，也包括违背政策、规章、制度而得到的利益。如不具有升学、提干、就业、入伍条件的人，得以升学、提干、就业、入伍。行为人是否具有谋取不正当利益的目的，是区分本罪与非罪界限的重要标志。

（二）关于本罪的认定

行贿罪与受贿罪属于对向犯，在通常情况下，行贿方与受贿方的行为均成立犯罪。因此，司法机关不能仅处罚其中一方。不能因为受贿行为的社会危害性严重，就不认定行贿行为的犯罪；也不能因为行贿方配合司法机关追究受贿行为而如实交代了行贿事实，就将行贿行为认定为无罪。但另一方面，这并不意味着一方行为成立犯罪时，另一方行为也必然成立犯罪。仅一方的行为成立犯罪的现象是大量存在的。例如：前述因被勒索给予财物，没有获得不正当利益的，不是行贿。当国家工作人员的行为仍然应认定为索取贿赂。再如：为了谋取正当利益而给予国家工作人员以财物的，不是行贿，但国家工作人员接受财物的行为成立受贿罪。又如：为了谋取不正当利益而给予国家工作人员以财物的，构成行贿罪，但国家工作人员没有接受贿赂的故意，立即将财物送交有关部门处理的，不构成受贿罪。

另，根据《刑法修正案（七）》第 13 条规定，在刑法条文中新增设了"利用影响力受贿罪"。但本罪行贿的对象是非国家工作人员，即国家工作人员的近亲属或者关系密切人，这种行贿行为是否以本罪论处，或者是增设一个新罪名，应由全国人大常委会做出立法解释。

（三）本罪的刑事责任

根据《刑法》第 390 条的规定，犯本罪的，处 5 年以下有期徒刑或者拘役；因行贿谋取不正当利益情节严重的，或者使国家利益遭受重大损失的，处 5 年以上 10 年以下有期徒刑；情节特别严重的，处 10 年以上有期徒刑或者无期徒刑，可以并处没收财产。行贿人在被追究前主动交代行贿行为的，可以减轻或者免除处罚。

七、对单位行贿罪

（一）本罪的犯罪概念及犯罪构成

本罪是指个人或者单位为谋取不正当利益，给予国家机关、国有公司、企业、事业单位、人民团体以财物，或者在经济往来中，违反国家规定，给予各种名义的回扣、手续费的行为。

1. 本罪的犯罪客体是国家机关、国有公司、企业、事业单位、人民团体等国有单位的正常管理活动和市场经济的正常秩序。因此，针对的对象必须是国家机关、国有公司、企业、事业单位、人民团体。向非国家机关等非国有单位给予财物的，不能构成本罪。

2. 犯罪的客观方面是向国家机关、国有公司、企业、事业单位、人民团体等国有单位行贿。这里的人民团体是指共青团、工会、妇联、残联等由国家财政拨款的单位，不能做扩大解释。其行为在客观方面具体的表现形式：一是给予国家机关、国有公司、企业、事业单位、人民团体以财物；二是在经济往来中，违反国家规定，给予国家机关、国有公司、企业、事业单位、人民团体各种名义的回扣、手续费。构成本罪要达到数额较大或者情节严重。根据上述司法解释：涉嫌下列情形之一的，应予立案：（1）个人行贿在10万元以上，单位行贿在20万元以上的；（2）个人行贿数额不满10万元、单位行贿在10万元以上不满20万元，但具有下列情形之一的：①为谋取非法利益而行贿的；②向3人以上行贿的；③向党政领导、司法工作人员、行政执法人员行贿的；④致使国家或社会利益遭受重大损失的；

3. 本罪的主体既可以是自然人，也可是单位。无论是自然人主体，还是单位主体，都是一般主体。在单位主体方面，任何所有制性质的单位均可成为本罪主体。

4. 犯罪主观方面是故意，并且具有以谋取不正当利益为目的。

（二）本罪的刑事责任

根据《刑法》第391条规定，自然人犯本罪的，处3年以下有期徒刑或者拘役。单位犯本罪的，对单位判处罚金，并对其直接负责主管人员和其他责任人员以上述自然人犯罪的规定处罚。

八、介绍贿赂罪

（一）本罪的概念及犯罪构成

本罪是指向国家工作人员介绍贿赂，情节严重的行为。

1. 本罪的犯罪客体是国有公司、企业、事业单位、人民团体等国有单位的正常管理活动。

2. 犯罪客观方面是向国家工作人员介绍贿赂的行为。所谓"介绍"是指在行贿人与受贿人之间进行沟通、撮合，使行贿与受贿得以实现。其行为具体包括两种形式：其一，为受贿人寻找索贿对象，转告索贿人的要求等；其二，受行贿人之托，为其物色行贿对象，疏通行贿渠道，引荐行贿人，传达行贿信息，为行贿人转交贿赂物等。构成本罪必须达到"情节严重"。根据上述司法解释，涉嫌下列情形之一的，应予立案：（1）介绍个人向国家工作人员行贿数额在2万元以上的，介绍单位向国家工作人员行贿在20万元以上的；（2）介绍向国家工作人员行贿数额不满上述标准，但具有下列情形之一的，应予立案：①为使行贿人谋取非法利益而介绍的；②3次以上或者为3人以上介绍贿赂的；③向党政领导、司法工作人员、行政执法人员介绍贿赂的；④致使国家或社会利益遭受重大损失的。

3. 犯罪主体是一般主体，凡年满 16 周岁，具有刑事责任的人都可成为本罪主体。

4. 本罪主观方面是故意，并且是直接故意。

（二）关于本罪的认定

行为人是向非国家工作人员（包括非国有公司、企业、事业单位等工作人员）介绍贿赂，或者向单位（包括国有单位）介绍贿赂，均不构成本罪。即：介绍贿赂罪所介绍的受贿一方，必须是国家工作人员；行贿方则无任何限制。

（三）本罪的刑事责任

根据《刑法》第 392 条的规定，犯本罪的，处 3 年以下有期徒刑或者拘役。介绍贿赂人在被追诉前主动交代介绍贿赂行为的，可以减轻或者免除处罚。

九、单位行贿罪

（一）本罪的概念及犯罪构成

本罪是指单位为谋取不正当利益，给予国家工作人员以财物或者违反国家规定，在经济往来中给予国家工作人员各种名义的回扣、手续费情节严重的行为。

1. 犯罪客体是国家工作人员职务廉洁性和市场经济公平竞争的秩序，犯罪对象仅限于国家工作人员。

2. 客观方面表现为单位为谋取不正当利益而向国家工作人员行贿，或者违反国家规定，在经济往来中给予国家工作人员以回扣、手续费，情节严重的行为。根据上述司法解释，涉嫌下列情形之一的，应予立案：（1）向单位行贿在 20 万元以上的；（2）向个人行贿数额不满 10 万元、单位为谋取不当利益而行贿数额在 10 万元以上不满 20 万元，但具有下列情形之一的：①为谋取非法利益而行贿的；②向 3 人以上行贿的；③向党政领导、司法工作人员、行政执法人员行贿的；④致使国家或社会利益遭受重大损失的。

3. 犯罪的主体是任何所有制性质的单位，个体工商户、农村承包经营户、私人合伙企业不具有单位的性质。

4. 主观方面是直接故意。以谋取不正当利益为目的。

（二）关于本罪的认定

根据上述司法解释，单位行贿因取得的违法所得归个人所有的，依照关于个人行贿的规定立案，追究其刑事责任。

（三）本罪的刑事责任

根据《刑法》第 393 条的规定，犯本罪的，对单位判处罚金，并对直接负责的主管人员和其他直接责任人员处 5 年以下有期徒刑或拘役。

十、巨额财产来源不明罪

（一）本罪的概念及犯罪构成

本罪根据《刑法修正案（七）》第 14 条对刑法 395 条进行了修正。是指国家工作人员的财产支出明显超过合法收入，差额巨大的，经责令该国家工作人员说明来源，不能说明来源的行为。

1. 本罪的犯罪客体是国家工作人员的职务廉洁性。

2. 犯罪客观方面表现为行为人对自己的财产支出明显超过合法收入，其差额巨大，不能说明来源的行为。对比《刑法》第 395 条的规定，此条的内容《刑法修正案（七）》第 14 条作了以下两点变动：（1）原条款中规定是：国家工作人员的财产或者支出明显超过合法收入；这次修改为：国家工作人员的财产、支出明显超过合法收入。从条文内容逻辑关系上分析，现修改后的逻辑关系更加严密。前条将国家工作人员的财产一事，与支出一事用"或者"一词连接，是把行为人对该行为有关的两种情形作为两项独立的事项分别加以了规定，即：要么现有财产明显超过合法收入，要么现有支出明显超过合法收入，实则还有第三种情形，现有的财产加上现有的支出的总额明显超过合法收入。现在对此条内容的修改就较好的解决了原规定中的缺陷。（2）《刑法》原规定中内容是：本人不能说明其来源是合法的；现修改为：不能说明来源的。两者相对照，现规定中删去了"本人"、"合法"等内容，通过这样的修改，使得该条的内容在司法中更具有操作性。譬如：对自己的财产收入本人讲不清楚，但其亲属能讲清楚，不能认定为不能说明来源；再则，"合法"的内容规定在这里不但没有必要，而规定后还徒增甄别的困难。

所谓"差额部分以非法所得论"，是指国家工作人员的现有财产减去合法收入及能说明其他财产的来源的差额部分，推定为非法所得。其法律依据是国家工作人员有义务申报其个人财产的规定。构成本罪，不能说明来源的数额必须达到"差额巨大"，根据上述的司法解释：涉嫌巨额财产不明，数额在 30 万元以上的，应予立案。

3. 犯罪的主体是特殊主体，即只能由国家工作人员构成。

4. 犯罪主观方面是直接故意。

（二）本罪的刑事责任

根据《刑法修正案（七）》第 14 条规定，构成本罪的，处 5 年以下有期徒刑或者拘役；差额特别巨大的，处 5 年以上 10 年以下有期徒刑。财产的差额部分予以追缴。

十一、隐瞒境外存款罪

（一）本罪的概念及犯罪构成

本罪是指国家工作人员对于个人在境外的存款，应当依照国家规定申报而隐瞒不报，数额较大的行为。

1. 本罪的犯罪客体是国家工作人员的财产申报制度。根据中共中央办公厅、国务院办公厅《关于党政机关县（处）级以上领导干部收入申报的规定》（中办发〔1995〕8 号）中指出：各级党的机关、人大机关、行政机关、审判机关、检察机关的县（处）级以上（含县、处级）领导干部须依照本规定申报收入，社会团体、事业单位的县、处级以上领导干部，以及国有大、中型企业的负责人，适用本规定。申报人必须申报下列各项收入：（1）工资；（2）各类奖金、津贴、补贴及福利费等；（3）从事咨询、讲学、写作、审稿、书画等劳务所得；（4）事业单位的领导干部、企业单位的负责人承包经营、承租经营所得的。

2. 犯罪客观方面表现为应申报境外存款而隐瞒不报，且隐瞒不报的境外存款数额较大的行为。具体包括三个方面：（1）行为人有申报境外存款的义务。根据上述规定，一般是指县处级以上领导干部。这是构成犯罪的前提条件。所谓"境外存款"，是指行为人在国（边）境各种金融机构存入的各种货币和有价证券、货币支付凭证以及黄金等具有货币价值的贵重金属。这些境外存款的来源是否合法，不影响本罪构成；（2）行为人不履行申报义务，对境外存款隐瞒不报；（3）隐瞒不报的境外存款数额较大。根据上述司法解释，涉嫌隐瞒境外存款，折合人民币数额在 30 万元以上的，应予立案。

3. 犯罪主体是特殊主体，即国家工作人员。根据现有规定由申报义务的是县、处级以上领导干部。

4. 犯罪的主观方面是直接故意。如果行为人不是故意隐瞒，而是对国家的申报制度不了解，或者由于客观方面的原因而未能申报，则不构成本罪。

（二）本罪的刑事责任

根据《刑法》第 395 条第 2 款的规定，犯本罪的，处 2 年以下有期徒刑或者拘役；情节较轻的，由其所在的单位或者上级主管机关酌情给予行政处分。

十二、私分国有资产罪

（一）本罪的概念及犯罪构成

本罪是指国家机关、国有公司、企业、事业单位、人民团体，违反国家规定，以单位的名义将国有资产集体分给个人，数额较大的行为。

1. 犯罪客体是复杂客体，既侵犯国家工作人员的职务廉洁性，也侵犯了国有资产的所有权。犯罪对象是具有可移性、可分性的国有资产。国有资产以外的公有财产和非公有财产不能成为本罪的犯罪对象。

2. 犯罪的客观方面表现为行为人违反国家规定，以单位名义将国有资产集体分给个人，数额较大的行为。具体包括三个方面：（1）违反国家规定，即违反全国人民代表大会及其常委会和国务院制定的有关国有资产管理、使用、处理的法律和行政法规。这是构成本罪的前提条件。（2）以单位名义将国有资产集体私分给个人。"以单位名义"，是指私分国有资产是单位领导共同研究决定的。体现了单位的意识和意志；"集体私分给个人"，是指将国有资产擅自分给集体的每一个成员或者绝大多数成员。如果在少数负责人或员工中间私分，应属贪污行为，不构成私分国有资产罪。集体私分的主管人员和其他直接责任人员是否分的财物，对于其行为是否构成犯罪，没有影响；(3) 私分数额较大。是指私分国有资产的总额。根据上述司法解释，涉嫌私分国有资产，累计数额在 10 万元以上的，应予立案。

3. 犯罪的主体是特殊主体，即只能由国家机关、公司、企业、事业单位、人民团体等国有单位构成。自然人不能构成本罪。而且本罪的刑罚处罚实行的是单罚制，只处罚直接负责的主管人员和其他直接人员，不处罚单位本身。

4. 犯罪的主观方面是直接故意。而且是单位集体意志的表现。

（二）本罪的刑事责任

根据《刑法》第 396 条第 1 款的规定，犯本罪的，对其直接负责的主管人员或者其他责任人员处 3 年以下有期徒刑或者拘役，并处或单处罚金；数额巨大的，处 3 年以上 7 年以下有期徒刑，并处罚金。

十三、私分罚没财物罪

（一）本罪的概念及犯罪构成

本罪是指司法机关、行政执法机关违反国家规定，将应当上缴国家的罚没财物，以单位名义集体私分给个人的行为。

1. 本罪的客体是复杂客体，即侵犯了国家工作人员的职务廉洁性，也侵犯了罚没财物的国家所有权。犯罪对象仅限于罚没财物。所谓"罚没财物"，是指人民法院通过对犯罪分子执行罚金刑获得的现金；人民法院、人民检察院、公安机关、国家安全机关追缴的赃款、赃物、犯罪工具、违禁品等；行政执法机关没收的违法人员用于违法活动的财物和违法所得，以及适用行政罚款而获得的现金等。

2. 犯罪的客观方面表现为违反国家规定，将应当上缴国家的罚没财物，以单位名义集体私分给个人的行为。该行为具有以下特征：(1) 违反国家规定，即违反全国人民代表大会及其常委会和国务院制定的有关罚没财物应当上缴国家的规定。这是构成本罪的前提条件。(2) 以单位名义罚没财物私分给个人。"以单位名义"，是指私分罚没财物是单位领导共同研究决定的。体现了单位的意识和意志；"集体私分给个人"，是指将罚没财物擅自分给集体的每一个成员或者绝大多数成员。如果在少数负责人或员工中间私分，应属贪污行为，不构成私分罚没财物罪；(3) 私分数额较大。根据上述司法解释，涉嫌私分罚没财物，累计数额在 10 万元以上的，应予立案。

3. 犯罪主体是特殊主体，仅限于司法机关、行政执法机关等具有司法、行政执法权的执法机关。本罪的刑罚执单罚制，即只处罚直接负责的主管人员和其他直接责任人员，不处罚单位本身。

4. 本罪的主观方面是故意。以私分罚没款为目的。

（二）本罪的刑事责任

根据《刑法》第 396 条第 2 款的规定，犯本罪的，对单位直接主管人员和其他直接责任人员处 3 年以下有期徒刑或者拘役，可以并处或者单处罚金；数额巨大的，处 3 年以上 7 年以下有期徒刑，并处罚金。

第十三章　经济犯罪个罪专题研究

第一节　概　述

一、经济犯罪个罪研究的意义

在我国《宪法》第十五条明确规定："国家实行社会主义市场经济。国家加强经济立法，完善宏观调控。国家依法禁止任何组织或者个人扰乱社会经济秩序。"根据《宪法》，依据刑法规定，我国刑法典在分则第三章破坏社会主义市场经济秩序罪以及其他有关章节中共计确定了一百多个具体的经济犯罪的个罪。由于经济犯罪在我国市场经济初期阶段愈显凸出，呈现出手段的多样性，罪质的多重性，原因产生的复杂性，犯罪主体的多元性等特征。经济犯罪是一种新型犯罪，就我国总的来说对它的研究起步较晚，由于我国的经济体制是由计划经济转向市场经济，我们对经济犯罪的性质及其规律的认知和掌握都还处于一个较浅的层面，所以，每次刑法修正案涉及到经济犯罪方面的问题是最多，在司法解释上同样也体现出这一特征。

因此，在司法实践中，对这些犯罪依据刑法的规定如何定性确认罪质，就需要有大量前置的专题个罪研究，为其定罪量刑奠定扎实的理论基础，也为今后的立法修正提供可靠的理论依据。在这些研究中，主要包括对法律条文的理解，相关司法解释的解读，案件事实与犯罪构成要件的契合，尤其是在当今改革开放、创新前提下对有关党和国家的经济政策的领会和把握，对准确打击经济犯罪，为改革开放保驾护航有着重要的意义。

二、本节的主要内容

本节所设的专题研究内容，均是作者近几年内公开发表的一些研究文章，主要包括商业贿赂犯罪、非国家工作人员受贿罪、提供虚假证明文件罪、内幕交易、泄露内幕信息罪以及组织、参加黑社会组织的犯罪等进行了专题研究。

在这些研究中，对有关商业贿赂概念进行了理论界定；对"两高""非国家工作人员受贿罪"罪名的确立进行了解读，认为这是淡化了刑法对法益保护中的公权性质，强化了非公职人员在履行职务时对被聘雇单位的忠诚性；为准确把握提供虚假文件罪的实质，提出行为与结果之间是否具有刑法的因果关系，是把握该罪与非罪的关键；对"两高"确立的"内幕交易、泄露内幕信息罪"罪名提出异议，论证了证券内幕交易和期货内幕交易是两种犯罪，应分别确立罪名；在打击黑社会组织犯罪时，在具体对策的选定上，要坚持促进经济、社会的全面发展，保证平等致富的权利和就业机会，注重提高弱势群体的分配收入等。

附录原文基于两个考虑，一是给予初习研究者在对经济犯罪研究和论文撰写时给予一些帮助；二是对其他研究者起到一个抛砖引玉的作用，同时，还可作为其批驳的对象和靶子。

（一）提供虚假证明文件罪的法理再析

摘 要： 为准确把握提供虚假文件罪的实质，仍需从犯罪构成的四个方面，即犯罪客体的双重性客观方面、行为与结果的因果关系，以及犯罪主体的复杂性和主观方面故意的直接性等要件进行具体的剖析。

关键词： 双重客体 因果关系直接故意。

近年来，随着市场经济的不断深入，人们对中介组织及其人员提供虚假证明文件的犯罪给经济秩序的破坏带来的极大危害，越来越有了进一步的认识，尤其在美国公司 500 强中名列第七、曾被美国《财富》杂志评为"最具创新精神"的安然公司一个神话的破灭之后，更是引起人们的深度思考。2000 年底，安然公司虚报近 6 亿美元盈余和掩盖 10 多亿美元巨额债务被彻底暴露。公司股份 2000 年 8 月曾达到每股 90 美元，市值约 700 亿美元，然而在年底美国证交会开始调查该公司做假账行为的消息公布后，安然的股价一度跌至 25 美分，变成"垃圾股"，使得全球范围内的投资者及公司员工损失了数百亿美元。作为全球五大会计师事务所之一的美国安达信会计师事务所参与了神话的炮制。安然公司在破产前报告的利润一直不断上升并获得了安达信会计师事务所出具的无保留意见的审计报告，其骤然破产让广大民众措手不及并带来社会经济不小的振荡[1]。这类犯罪给社会带来的危害之烈，是人们始料未及的。

我国 1979 年刑法并未规定中介组织人员提供虚假证明文件罪。为了有力地惩治这类犯罪，1995 年 2 月 28 日八届全国人大常委会十二次会议通过的《并于惩治违反＜公司法＞的犯罪的决定》（以下简称《决定》）第六条规定，承担资产评估、验资、验证、审计职责的人员故意提供虚假证明文件情节严重的，处 5 年以下有期徒刑或者拘役，可以并处 20 万以下罚金，并于第 2 款规定了单位犯本罪的处罚。1997 年修定刑法时吸收了这一立法成果，于《刑法》第 220 条规定了提供虚假证明文件罪。与《规定》相比，不仅扩大了本罪的主体范围，还将条文表述进一步科学化，明确了主体的性质是中介组织,并且还对中介组织的人员在其工作中索取他人财物或者非法收受他人财物的,作为本罪的加重情节规定处 5 年以上 10 年以下有期徒刑的刑期幅度。无疑,这些规定有利于打击这类犯罪。现在的问题是,如何准确地把握提供虚假证明文件罪的实质?为此,有必要结合我国现行刑法以及相关的法律,对此犯罪的构成要件作具体的法理剖析。

一、本罪的犯罪客体

关于本罪的犯罪客体,刑法理论界有不同的看法,集中体现在是单一客体还是双重客体的焦点上。前者认为本罪的客体是侵犯国家对中介服务市场的管理秩序,具体而言,即指国家对资产评估机构、验资机构、审计机构及法律服务机构服务的管理秩序[2]618。后者认为本罪侵犯的客体是双重客体,即主要侵犯的是国家对中介组织及其中介活动的监督管理制度,可简称为国家的中介监管制度。同时,本罪也侵犯了国家、公众以及其他投资者的合法权益[3]。根据犯罪构成的犯罪客体理论,犯罪客体所揭示的是某一犯罪的性质及其危害程度,是我们正确把握某一犯罪中此罪与彼罪、罪与非罪的重要理论标准。对此问题值得认真研究。

第一,从理论上讲,所谓单一客体,也称简单客体,是指一种犯罪行为只直接侵犯某一种具体的社会关系。只要侵犯了刑法所保护的这一社会关系,犯罪即成立。所谓双重客体,也称复杂客体,是指一种犯罪行为侵犯了两种或两种以上的具体社会关系[4]120。抑或双重客体,表示某一行为必须侵犯了刑法所保护的两种社会关系,此罪才得以成立。否则即为彼罪或非罪。就本罪的客体如何认定,遵循"罪刑法定原则",我们只能从刑法条文的具体规定中探究其解。从《刑法》第 229 条第一款第 231 条的规定内容看,是将此罪行为限制在承担资产评估、验资、验证、会计、审计、法律服务等职责的中介组织及其人员所为,这是法律对构成本罪行为的范围起止。

第二,行为危害社会的实质所在就是破坏了国家对中介组织的管理制度,扰乱了社会主义的市场经济秩序。本来中介组织提供的证明文件从内容和形式以及制作和提供的程序法律都作了明确规定。譬如《证券法》第 161 条中规定:"必须按照执业规则规定的工作程序出具报告,对其所出具报告的内容的真实性、准确性和完整性进行检查和验证,并就其负有责任的部分承担连带责任。"因为这些证明文件不仅限于对企业所有者负责更是对社会公众负责。因为广大民众及潜在股民必然是依据这些证明文件,在充分信赖的基础上向公司进行投资,一旦提供的这些文件是虚假的,就会造成经济秩序的混乱,不仅是国家对中介组织的管理秩序遭到破坏,而且还会使广大股民群众遭受严重的经济损失。

第三,法律对此行为危害性度的标准是"情节严重"。即构成本罪是刑法理论上所称的情节犯。所谓情节犯是指以"情节严重"或"情节恶劣"作为构成本罪必备要件的情形。根据最高人民检察院、公安部《关于经济犯罪案件追诉标准的规定》(2001 年 4 月 18 日)中对构成本罪"情节严重"的解释是,给国家、公众或者其他投资者造成直接经济损失数额在 50 万元以上的；虽未达到上述数额标准，但因提供虚假证明文件受过行政处罚二次以上又提供虚假证明文件的。因此，对投资者直接造成重大的经济损失或者多次提供虚假证明文件严重威胁正常的经济秩序是构成本罪"情节严重"的重要标志。正如有的学者所说："犯罪客体不仅指犯罪侵犯的社会关系，而且还包括犯罪所直接威胁的社会关系。"[5]至于本罪不以发生实害的严重后果为必要条件并不能成为本罪为单一客体的理由。综上所述对本罪的客体，我们基本赞成第二种说法，但需要作些修正。我们认为本罪的客体是侵犯了国家对中介组织的监督管理制度和侵犯或威胁着国家、公众以及其他投资者的合法利益。

二、本罪犯罪的客观方面

本罪客观方面是指承担资产评估、验资、验证、审计、法律服务等职责的中介组织的人员提供虚假证明文件，情节严重的行为。

根据《公司法》、《证券法》以及相关法律、法规的规定，这里的"提供"之行为本身是中介组织人员所实施的法定行为，向有关当事人和经营部门所提交和向公众公开法定证明文件既属于服务性的，又具有对经济活动主体的行为依法监督职能。因此，提供的行为对象必须是法定文件并具有证明性，其载体形式是法定的，即资产评估报告、验资证明、验证证明、财务会计报告、审计报告以及法律意见书。有学者认为这里的证明文件应理解为评估事务所、注册会计师事务所和审计事务所等单位或个人提供的有关公司成立或经营情况的各类虚假证明文件[6]。这实际上是扩大了本罪的犯罪对象，为我们所不取。

关于对何为"虚假"的理解，最高人民法院于 2003 年 1 月 9 日发布的《关于审理证券市场因虚假陈述引发的民事赔偿案件的若干规定》（以下简称一？九规定）中对有关虚假内容作了明确的司法解释。所谓证券市场的虚假陈述，是指"对重大事件作出违背事实真相的虚假记载、误导性陈述、或者在披露信息时发生重大遗漏，不正当披露信息"等，这一解释，有两点应当引起重视：第一，弥补了我国现行证券法的缺陷。证券法对虚假记载，误导性陈述的规定并未以重大性加以限制，而仅限于遗漏的重大性；第二，该规定首次明确了虚假陈述侵权责任需以重大性（重大事件）作为判断标准。所谓"重大事件"就是指会对广大投资者的经济利益产生重要影响的事实和信息。

关于对"重要影响"的理解，从《一？九规定》中的对重大事件虚假陈述中，可以看到，"重要影响"是指提供虚假证明文件的行为会造成资本市场的无序竞争，直接威胁或者是损害广大投资者的利益。具体应从以下几个方面予以考察：从数额方面看，行为人出具的虚假中介证明文件认定的虚假资本或者股东数额特别巨大；从后果方面看，行为人出具的虚假中介证明文件给公司及其股东、债权人和其他公民的经济利益造成了极大的损害；从次数方面看，多次提供虚假中介证明文件的，还应包括其它一些造成严重后果或者情节严重的行为。根据上述的司法解释，达到本罪的"情节严重"的具体尺度，可参照本文上述的最高人民检察院、公安部《关于经济犯罪案件追诉标准的规定》中的标准进行掌握。

由于资本市场运作本身对投资者而言就存有较大的投资风险，如何将资本市场这正常的投资风险与虚假陈述而引起投资者的亏损加以区别，正是刑事责任追究的前提。因为某种危害行为具有某种危害结果发生的实在可行性，只是因果关系存在的必要前提，并不等于两者之间具有因果关系，只有当这种实在可能性已经合乎规律地引起了该结果的发生，才能确认该行为与该结果之间存在因果关系[4]224。从刑法的目的——旨在保护法益免受侵犯来看，刑法因果关系研究的主旨，并非在于研讨因果历程的存在状态，而是在于界定侵犯行为的责任范围。因此，刑法上因果关系的判断，主要是以具有法律价值性的一切事实总体因素中，找寻其相当的因果关系并作为结果认定的基础[7]。有些学者主张，司法实践中对证券虚假陈述案件因果关系的认定，可以采取以"相当因果关系说为主，目的说为辅"的原则。其中，目的说的主要作用，在于校验、补充相当因果关系说的判断。因果关系的存在与否，首先用"无之必不然，有之则是以然"的方法判断。其次，再以立法保护的利益进行校验[8]。如何用此标准进行操作，《一？九规定》中有关规定可以作为重要依据。该司法解释中规定：投资人具有以下情形的，人民法院应当认定虚假陈述与损害结果之间存在因果关系：投资人所投资的是与虚假陈述直接关联的证券；投资人在虚假陈述实施日及以后，至揭露日或者更正日之前买入该证券；投资人在虚假陈述揭露日及以后，因卖出该证券发生亏损，或者因持续有该证券而产生亏损。被其举证证明原告具有以下情形的，人民法院应当认定虚假陈述与损害结果之间不存在因果关系：在虚假陈述揭露日或者更正日之前已经卖出证券；在虚假陈述揭露日或者更正日及以后进行的投资；明知虚假陈述存在而进行的投资；损失或者部份损失是由证券市场系统风险等其他因素所导致；属于恶意投资、操纵证券价格的。

关于对《刑法》第229条第2款的理解。目前通说认为，《刑法》第229条第2款的规定是中介组织人员提供虚假证明文件罪的法定加重情节[2]621。学界对此基本无异议。因为中介组织及其工作人员提供虚假证明文件，一般情况下均与收受贿赂紧密相联，而索取或收受贿赂本身就属于严重情节之一，因此，它能否成为第一款规定中的情节严重行为之一，对此存在一个理解问题。按照此条第二款的规定，行为人提供虚假证明文件的行为已经构成犯罪。根据上文对犯罪客体的分析，行为人侵犯了国家对中介组织的管理制度，而且也严重威胁或者损害了广大股民的经济利益，才能以犯罪论处。我们认为这是行为人索取他人财物或者非法收受他人财物加重处罚的前提条件。有学者认为：如果除开行为人索取他人财物或者非法收受他人财物的情节，行为人的行为不属于提供虚假证明文件且情节严重的情况，那么，对行为人就不能以本条第二款的规定加重其刑，而只能对行为人索取他人财物或者非法收受他人财物这个情节本身和其提供虚假的证明文件的行为加以综合考虑，以确定其是否属于第1款中的情节严重的情况，如果是，则按基本刑处罚，如果不是，不应构成犯罪，而应对其依法进行行政处罚[9]193。以上论述涉及到一个重要问题，即刑法规定的加重情节能否成为基本犯的构成要件？所谓基本犯的构成要件在刑法理论上叫独立的犯罪构成，又称普通的犯罪构成，是指刑法条文对具有通常社会危害程度的行为所规定的犯罪构成，相对于危害严重或者危害较轻的犯罪构成，它是犯罪的基本形态[4]88。因此，决定一定犯罪的罪质之有无的情节不是情节加重犯之所谓加重情节，而是基本犯的构成要件之一。情节加重犯之所以加重情节，为犯罪构成的四个基本要件所不能容纳[10]。如果把 229 条第 2 款规定的加重情节可以作为该条第 1 款基本犯的构成要件，在理解上也难以自圆其说，如果把索贿和非法收取贿赂作为第 1 款基本犯构成的充足条件（因为没有它此行为综合考虑难以达到情节严重），使此罪成立，同时按照第 1 款的规定索取他人财物或者非法收受他人财物，犯前款罪的，加重处罚。如果构成此罪且具有加重情节不加重处罚违背罪刑法定，如果加重处罚亦为禁止重复评价原则所不允，处于一个两难境地。所以，第 229 条第 2 款的加重情节不能作为基本犯的构成要件进行认定。有了索贿或者收受他人贿赂，构成犯罪，就应以情节加重犯认定，不能以基本法定刑进行处罚。

三、本罪的犯罪主体

本罪主体为特殊主体，只有特定的自然人和单位才有可能成为本罪主体。这里需要研究的是"特定"的限制范围。也就是说是不是只要凡是中介组织或者其所属的工作人员都可成为本罪主体。从法条"承担"一词的限制性规定和相关的一些法律、法规规定看，从事这些中介活动由于针对的业务范围不同，法律对其专业资格的要求是不同的。譬如从事证券业务的中介机构构成，不但要具备一般中介机构的资格，而且还要向有关部门申请获准从事证券业务的专业资格后，才能从事其业务，否则就不具有法律效率。如 1993 年有关部门相继发布的《关于从事证券业务的审计事务所资格确认有关问题的通知》、《关于从事证券业务的会计师事务所注册会计师资格确认的规定》、《关于从事证券业务的资产评估机构资格确认的规定》、《关于从事证券法律业务律师及律师事务所资格确认的暂行规定》，都对这些相应中介机构申请获取从事证券业务的资格应具有的条件，申请的程序、获准后执业的要求都作了具体规定，未经批准，没有取得许可证的中介机构和人员以及其他机构和人员不得从事证券业务。公开发行与专门交易股票的企业、机构和场所聘请没有取得相应专业资格许可证的中介机构所进行的相应中介活动一律无效[11]。据此，本罪的主体应是从事资产评估、验资、验证、会计、审计、法律服务等职责中具有相应合法资格的中介组织和人员，其中也包括法律允许的其他机构和人员。不具有相应资格的中介机构及其人员不能构成本罪的犯罪主体。

关于本罪中自然人犯罪与单位犯罪也是一个值得研究的问题。按照我国相应法律规定，会计师、审计师、律师、资产评估师等都不能以个人名义对外执业，都必须依附于其中介组织对外服务。即对外不是以个人承担民事责任而是以其组织承担团体责任。但在刑事责任的承担上有所不同。在中介组织中，审计师、会计师、律师等从事的中介活动具有相对独立性，它是依据法律、凭借自己的专业知识对其服务的项目独立进行处置，并不是事事都要向所里领导请示，按照"反对株连"的刑法理论，如果在这种情节下，中介组织人员故意提供虚假证明文件则属于个人行为，构成犯罪，就应由行为人个人承担，不属单位犯罪。如果提供虚假证明文件的行为是由中介组织的领导和决策人作出决定，再由具体承办的律师、会计师、审计师等具体实施，这种情形就构成单位犯罪。关于本罪的罪名，1997年最高人民法院确定罪名的规定为"中介组织人员提供虚假证明文件罪"，显然此罪名的规定与刑法立法旨义有偏颇，忽略了对单位犯罪的认定。对此学者们提出了一些异议。2003年最高人民法院、最高人民检察院《关于执行＜中华人民共和国刑法＞确定罪名的补充规定》对本罪罪名修改为提供虚假证明文件罪，取消了原规定的罪名，使罪名更符合立法旨义。

四、本罪的犯罪主观方面

关于本罪主观方面为故意，这是没有异议的。值得研究的是，关于本罪是直接故意或是间接故意。有学者从美国司法实践的角度分析本罪也可由间接故意构成，并提出我国也可以借鉴美国有关这方面问题的经验；又有学者认为间接故意不可能构成本罪[9]189。要正确认识此问题，首先要搞清楚总则条文中规定的"故意"与本分则条文中规定的故意有无区别，抑或这二者的含义是否同一。应该说这二者之间存在联系但更存有明显区别。从联系讲，二者的共性是在具有认识因素的基础上有意实施某种行为的犯罪心理活动，前者反映的是一般犯罪的故意心理，即明知自己的行为会发生危害社会的结果，并且希望和放任这种结果发生。后者规定的是行为人在提供虚假证明文件之行为时的心理状态，即：明知是虚假的中介证明文件或者明知被服务对象要其出具的是虚假的中介证明文件而有意提供的心理活动，而这种心理活动在意志方面只存在着直接故意的形式。这是因为来自于本罪犯罪主体的特殊性质所决定了对他们的职业专业性的高度注意义务性的要求。换言之，对于负有提供有关资料评估、验资、验证、审计、法律服务等证明文件职责的这类特定主体，不可能不会认识虚假证明文件必然给社会和国家的管理造成危害，这是因为要求提供虚假证明文件的单位或个人希望将这些虚假的证明文件用于他们认为需要的场合，这也正是他们要求得到虚假的证明文件而终究追求的目的。对此，具有本罪主体的人是心知肚明的。在这种情况下，他们还要故意提供虚假的证明文件，其意志因素中对提供虚假证明文件给社会带来的危害不存在放任心理。即便在其发展过程中由于种种原因其结果未实际发生，那也是意志以外的原因，但这种危害性的必然趋势是客观存在的。正如有学者所指出：明知结果必然发生的情况下，不可能产生放任的犯罪意识，而只能是希望的犯罪意志[12]。从这个意义上说，此种犯罪在主观上实则也排除了过于自信的过失心理的存在。因而在《刑法》第229条第3款规定的中介组织人员出具证明文件重大失实罪，其构成要件是：这些人员严重不负责任，出具的证明文件有重大失实，造成严重后果。从其规定看，这只能是在疏忽大意的过失心理下所实施的犯罪行为。这也可作为我们以上结论的有力鉴证。所以，本罪只存在直接故意。

参考文献

[1] 李敬臣. 安然破产白宫难安 [J]. 半月谈，2002，(3)：70—71.

[2] 马克昌. 经济犯罪新论 [M]. 武汉：武汉大学出版社，1998.

[3] 赵秉志. 中国刑法案例与学理研究. 破坏社会主义市场秩序罪：下 [M]. 北京：法律出版社，2001：324.

[4] 马克昌. 犯罪通论 [M]. 武汉：武汉大学出版社，1991.

[5] 陈兴良. 刑法各论的一般理论 [M]. 呼和浩特：内蒙古大学出版社，1992：331.

[6] 周振想. 中国新刑法释论与罪案：下 [M]. 北京：中国方正出版社，1997：1012.

[7] 储槐植，汪永乐. 刑法因果关系研究 [J]. 中国法学，2001 (2)：145—156.

[8] 白彦，优军. 虚假陈述侵权的赔偿责任 [J]. 中国法学，2003 (2)：100—104.

[9] 黄明儒. 伪造、变造犯罪定罪量刑案例评析 [M]. 北京：中国民主法制出版社，2002.

[10] 陈兴良. 当代中国刑法新理念 [M]. 北京：中国政法大学出版社，1996：717.

[11] 刘淑强. 证券法♯释解 [M]. 北京：人民法院出版社，1999：310—319.

[12] 陈兴良. 当代中国刑法新理念 [M]. 北京：中国政法大学出版社，1996：261.

（此文登载于《武汉理工大学学报》＜社科版＞2006 年第 3 期）

（二）对非国家工作人员受贿罪若干问题剖析

摘　要：最高人民法院、最高人民检察院对《刑法修正案（六）》第 7 条针对刑法 163 条的修正，将该条罪名易为"非国家工作人员受贿罪"，使我们领悟出了该罪在市场经济条件下的一些新特征：淡化刑法对法益保护中的公权性质；扩大职务行为的非管理化；充实"以个人占有为目的"的主观要件。深入剖析这些问题，有利于准确把握立法旨意。

关键词：非国家工作人员　职务便利　个人占有

　　最近，最高人民法院、最高人民检察院（以下简称"两高"）联合下发了《关于执行〈中华人民共和国刑法〉确定罪名的补充规定（三）》的司法解释，将《〈中华人民共和国刑法〉修正案（六）》》（以下简称《刑法修正案（六）》）第7条中对刑法163条修正后的罪名确定为"非国家工作人员受贿罪"，取代了原"公司、企业人员受贿罪"罪名。《刑法修正案（六）》出台后，就第7条的罪名认定，学界是众说纷纭，莫衷一是。有的认为应定"商业受贿罪"，[1]但大多数学者所持的观点是以"公司、企业、其他单位人员受贿罪"加以认定。[2]P437同一法条的内容，以不同视觉切入，得出相左结论，颇耐人寻味。但无可质疑的是，"两高"对该罪罪名的确立，将会对我们在今后的执法和司法中理解和把握该条的立法旨意大有裨益。正如有的学者所说："较之于原刑法条文，《刑法修正案（六）》对于163条的修订，似乎只及于犯罪主体范围的扩大，但由于犯罪构成是由法定主、客观要件构成的一个有机联系的整体，其中一个要件的变化，必然会影响乃至于改变犯罪成立的界域及其相应的刑事责任。"[3]按照刑法学通说认为："罪名是对犯罪本质特征或者主要特征的高度概括。"[2]P359就其"两高"确定的这一司法罪名，将会给我们理解和把握修正后的该罪的犯罪构成要件传递出哪些重要信息，这是值得我们思考的。据本人愚见，"两高"这一罪名的命题，正是在贿赂犯罪的界域中明确划分了利用公共权利的受贿与利用非公共权利的受贿两种类型。这一划分也正契合了《联合国反腐败公约》关于反受贿犯罪的定罪机制。该《公约》恪守腐败犯罪源于职务的特质，将实施腐败犯罪的行为主体明确定位于二级多元的犯罪主体体例：一级的受贿主体是公职人员，包括国际公职人员、外国公职人员、国际公共组织官员；另一级的受贿主体是私营部门的领导或任何人员。受贿罪的实质就是权利寻租，实行权钱交易。由于公权力与私权力的性质不同，在受贿犯罪中利用权力受贿起到的作用其效果各异。因而犯罪的构成要件在内容上也不尽相同。鉴于此，我们认为对于修正后的有关本罪的定义及犯罪构成要件，在原来的基础上有必要做一重新审视，探究立法旨趣，具有现实意义。

一、关于本罪的概念及侵犯的法益辨析

（一）本罪的概念

根据《刑法修正案（六）》对刑法163条的修正内容和"两高"针对其内容所确立的罪名，我们认为：本罪是指非国家工作人员利用职务（包括在单位的从业身份）之便，索取他人财物或者非法收受他人财物，为他人谋利益，并收受贿赂数额较大，致使单位利益遭受损失的行为。其概念具有以下特征：

1. 淡化了在本条语境下"单位"一词的公共属性，还其法人化的本色，使其回归于市民社会。在以往我们传统的观念中，把这种"单位"作为在公权力的支配下的集合体，赋予浓郁的公有特色。而在市场经济条件下，它更多的是作为经济实体脱离于公权力的控制和支配，生存于市民社会之中；2. 单位具有独立经济实力，依法成立并独立享有民事权利，承担民事义务；3. 行为人接受贿赂的行为与其利用职务或者利用在单位从业的身份之便，为他人谋利益，具有刑法上的因果关系；4. 收受贿赂数额较大且损害了单位利益。本行为构成犯罪，受贿数额要达到法定标准。一般表现出是以损害单位利益为代价。

（二）本罪的侵犯法益

按照通说的观点，认为本罪是复杂客体，即公司、企业及其他单位的正常管理制度和公司、企业或者其他单位工作人员职务的廉洁性。[2]P437 我们认为：随着改革的深入，情事的变化，对于本罪刑法所保护得法益也随之发生了重大变化。就刑法对本罪原保护的以公有制为前提的企业管理制度，随着企业改制和股份制改造的进程，其企业的公有制性质已经蜕化，尤其是民营企业的蓬勃发展，越发凸现私营经济的特色。因而这样的公司、企业及其他单位以原刑法重点保护其公有制为特色的企业管理制度的历史使命已经完结。继而刑法担当起的保护法益应是公司、企业及其单位的财产以及股民和职工的利益。再则，随着这些单位性质的民事化，其成员中所任职务的公权力的属性逐趋向弱化，因而，其职务反映出要求工作人员自身廉洁与否对公共权力的危害相对下降，对此的社会危害性也相对减小。但另一种具有刑事惩罚性的严重社会危害性的情事随之而生，即公司、企业等单位的管理者及其职工对单位负有的职责和忠诚义务的违反，严重损害单位利益的情形凸现出来。这从新修订的《公司法》第六章有关董事、监事、高级管理人员的资格和义务中有关规定可作左证。基于以上分析，我们认为，本罪侵犯的法益应是非国有公司、企业、其他单位的工作人员（包括一般职工）对公司、企业等单位的忠诚和勤勉义务及公司、企业和其他单位的经济利益。

二、对本罪客观要件的理解与审视

本罪在客观方面表现为非国有公司、企业或者其他单位的工作人员利用职务上的便利，索取或者收受他人财物，为他人谋利益，数额较大的行为；或者是在经济往来中，利用职务上的便利，违反国家规定，收受各种名义的回扣、手续费、归个人所有的行为。

以上关于本罪客观方面的表述是根据《刑法修正案（六）》对刑法163条第1、2款修正后的规定。从1、2款的逻辑关系看，第2款规定的内容是包含于第1款之中，并不像有些学者所认为的那样，是对商业贿赂犯罪的专条规定。关于这一点，清华大学张明楷教授作了充分论证。他认为：《刑法》163条第2款的规定是注意规定而不是法律拟制的问题，所谓注意规定是在刑法已作基本规定的前提下，提示司法人员注意，以免司法人员忽略的规定。因而即使第163条没有第2款的规定，对公司、企业人员收受回扣的行为，也应认定为公司、企业人员受贿罪。[4]对此，以下几个问题是值得认真探讨。

（一）对利用职务之便的理解

何谓利用职务之便？对此，学界的通说主张，是利用本人职务范围内的权力，即主管、经营、管理某项公共事物的职权。可见，这里的职务应限于管理性质的活动。至于劳务之便、工作之便，则不应涵盖在内。[5]从以上对本罪侵害法益的论述中可知，公司、企业、其他单位的人员，其职务所涉的公共属性已经蜕化，更多体现出是其成员对单位的勤勉和忠诚义务，表现出的是职业操守的优劣，直接影响的是公司、企业等单位的经济利益。所以有学者认为本罪的职务之便是在公司、企业的业务活动中产生的，这种业务既包括单位的管理工作，也包括劳务活动。[6] 这次《刑法修正案（六）》对刑法163条第2款修改中所增加的"以职务之便"的内容，无不体现出这种立法倾向。可是，医生以自己的工作之便，收受病人的红包行为是否构成受贿，在学界和司法实务部门几乎是持否定态度。认为"行为人仅仅基于身份的便利收受他人财物的行为，如医生收受患者或家属的红包，教师收受学生及其家长的红包等行为，尚不宜以'公司、企业人员受贿罪论处'"。[7] 我们认为，将医生收红包笼统说成是基于身份的便利是不确切的，除个体医生外，医生均是在一定的医疗卫生部门从事医务工作。从合同关系讲，医生是代表单位为患者从事医疗服务。利用自己的服务便利，即属于工作之便，收受患者红包，实则既违背了员工对单位的忠实义务，又未履行代表单位向患者应尽的合同义务。因此，我们认为单位医生违背自己的职责，以其技术优势索要或收受患者的红包，就是利用工作之便收受贿赂的行为，其行为符合《刑法修正案（六）》对刑法163条修改后的犯罪构成要件。对此，国外也有类似的立法例。譬如：《美国标准刑法典》第224条第8款就做出明确规定：（1）一个人如果索要、接受或同意接受任何利益，并且故意违反其作为以下人员所应承担的忠实义务：（a）合伙人、代理人或雇员；（b）受信托人、监护人或其他受理人；（c）律师、医生、会计、鉴定人、其他职业顾问；（d）仲裁员或其他保持公正的判决员或调停人。则此人行为构成轻罪。

（二）索取和非法接受他人财物两种行为的性质认定

与受贿罪一样，本罪在客观方面有主动索取型和被动收受型两种形式，但法律在这里规定本罪情形与受贿罪的构成要件有所区别。不管是索取财物还是非法收受财物，都需要有"为他人谋利益"作为必要要件。易言之，法律在这里是将两种类型的受贿行为的严重的社会危害性未分上下，而是等量齐观。"两高"的司法解释对以上两种类型的受贿行为构成犯罪的数额标准也未作区别规定。说明这两种类型的受贿对公司等单位利益的侵害程度是相当的。它不同于受贿罪的法益是对职务廉洁性的侵害，主动索贿行为要重于被动非法收受贿赂行为。因而法律规定其索贿行为不以是否有"为他人谋利益"作为前提条件。这也是立法践行罪刑均衡原则的理性选择。

这里需要注意的是，本罪在对财物的索取形式上是否适用"两高"最近所做出的《关于办理受贿刑事案件适用法律若干问题的意见》（以下简称《意见》）所规定的内容。换言之，该《意见》对于本罪有无适用效力？为什么提出此问题，因为该《意见》在每条中都明确无误地写有"国家工作人员利用职务上的便利为请托人谋取利益"的形式，按文字表述的逻辑关系看，非国家工作人员应不属该《意见》中规定的适格主体。虽然从受贿行为的本质特征看，无论是国家工作人员抑或是非国家工作人员的受贿都具有同一性。由于两种主体的差异性表现出法益保护的非同一性，因而在受贿方式上有选择的做些差异性规定，是符合罪责刑相一致的原则。所以，原则上两高《意见》规定的内容，不适用于本罪的认定。

（三）为他人谋利益的辨析

关于"为他人谋利益"的理解，学界热衷于是主观要件还是客观要件的争辩。我们认为其都陷于难以自圆其说的窘境。譬如：有的学者认为：所谓为他人谋利益，是指行为人索要或收受他人财物，利用职务之便为他人或允诺为他人实现某种利益。…只索取或收受他人财物而没有为他人谋取利益的，不能构成犯罪。[2]P438所谓"允诺"，按《现代汉语词典》的解释为"应允"的意思，[8]即答应做某事，但实际还未动手去做，甚至有时答应也并不准备去做，这与索取和非法收受他人财物并未许诺为他人谋利益的后果，并无本质区别。但按上述的认定标准，前者构成犯罪，后者不以犯罪论，实有"白马非马"之嫌！在司法实践中利用职务之便索取或收受他人财物，被判定受贿罪的不乏其例，也并没有死扣是否实际为他人谋取利益的情形。因而有学者提出受贿罪"为他人谋利益"之要件取消论的主张，认为在"利用职务之便"之外增加"为他人谋利益"的条件…，只能是画蛇添足，作茧自缚。[9]

我们认为，对此问题的探讨，还是要把问题转移到刑法条文的具体规定上，方能有的放矢的加以研究。我国的受贿犯罪行为主要在刑法第163条、385条进行了规定，但在这两种受贿行为中对"为他人谋利益"的前提条件规定是有明显区别。对于第163条规定的非国家工作人员的受贿，无论是主动索取型还是被动收受型，均要求行为人客观上有为他人谋利益的事实，而第385条所规定的国家工作人员受贿，对索贿并没有"为他人谋利益"的规定，即索取型贿赂不需要把"为他人谋利益"作为犯罪构成中的必要要件，它只是被动受贿型行为中的必要要件。对上述法律的规定如何理解？正是我们正确探讨"为他人谋利益"的最好路径。

众所周知，贿赂犯罪是对合性犯罪，是由行贿和受贿两个方面组成。所谓"贿赂"有两层含义：一是用财物买通别人；另是用来买通别人的财物。因而在贿赂行为中，行贿者是用自己的财物买通受贿者手中的权力，进行权钱交易。在这之中两方面的目的和需求均是心知肚明。当受贿者从行贿者手中接受贿赂时，实质已承诺了为他人谋利益。至此，行贿和受贿的行为同时成立。是乎在刑法条文中再把"为他人谋利益"加以规定，确有"画蛇添足"之嫌。但从不同主体的贿赂犯罪行为侵犯刑法中的保护利益看，在此绝非是"添足"之笔，而是其精当之作！

对于受贿罪来说，侵犯的主要客体，即，国家工作人员职务的廉洁性。当受贿人接受行贿人的贿赂时，就足以触犯了刑法对此的保护法益，为什么条文中还要加一"为他人谋利益"之后缀。我们认为有以下两个原因：（1）作为被动的收受贿赂，对其受贿行为的认定，只能通过是否"为他人谋利益"这个客观性的事实来加以确定。从形式上看，这种客观事实呈现出某些阶段性，包括承诺、实施和实现三个阶段，只要证明行为人在其中一个阶段的事实，就成立了"为他人谋利益"的要件，从而证明行为人收受财物的贿赂性；（2）对于主动索贿性的贿赂犯罪，其"为他人谋利益"的表征是显而易见的。从诉讼角度看，只要索取贿赂就能确定其行为的受贿性。同时，主动索贿行为较之被动受贿行为更为严重。有学者认为：对于索取贿赂的，不要求为他人谋利益。[10]我们认为，这种说法需商榷。凡是受贿行为，必须同时具备收受他人财物和为他人谋利益两个方面的内容，只收受他人财物而没有为他人谋利益的，不能构成犯罪。[2]P438索贿行为本身就表征出"为他人谋利益"的特征，不能理解为只要是索贿行为，对于"为他人谋利益"之要件是可有可无的。那么，对于刑法163条中非国家工作人员的索贿，明确将"为他人谋利益"与被动受贿一样加以规定，有别于受贿罪的索贿行为，这是值得研究的。基于以上对受贿罪中的索贿行为的研究之上，我们再作如下分析：（1）一般而言，"为他人谋利益"包括四种情况：一是许诺为他人谋利益，但尚未实际进行；二是已经着手为他人谋利益，但尚未谋取到利益；三是已经着手为他人谋利益，但尚未完全实现；四是为他人谋取利益，已经完全实现。从以上四种情况看，第一种情形只是许诺，在这种情况下，对公司利益的损害只存在一种实际威胁，后三种情况实际已经着手为他人谋利益，由于阶段不同，只是造成实际损害的大小不同罢了。（2）我们知道，非国家工作人员的受贿行为的社会危害性较之国家工作人员要轻，因而在163条中将其索贿与被动受贿并列在一起，都作了"为他人谋利益"的限制性规定。显然，在这里"为他人谋利益"实际上起到一个量化式的权衡作用。上面已分析，索贿行为实际包含着"为他人谋利益"的表征，其中包括了四个方面的不同状况。但刑法163条在索贿行为中又加以"为他人谋利益"的限制性规定，因而从量化角度分析，163条规定的非国家工作人员受贿罪中"为他人谋利益"与刑法385条受贿罪中所规定的"为他人谋利益"其内涵与外延都具有了一定差异性。从以上分析可知，本罪侵犯的客体是公司、企业及其他单位的财产利益和职工对公司、企业及其单位的诚实信用关系，但其主要客体应是公司、企业及其单位的利益。这从刑法163条第二款中规定的"收受各种名义的回扣、手续费归个人所有"之内容可探知，在此行为人对回扣、手续费等财物归不归个人所有来衡量公司、企业及其他单位的利益是不是遭受损失，来确定其行为是否构成犯罪的楚河汉界。从"为他人谋利益"的不同阶段分析，仅许诺"为他人谋利益"，只是对公司、企业及其单位利益受损造成威胁，还没有实际损害的发生，根据本罪性质看，应认为此种情形并未达到严重危害社会的程度，应从犯罪中排除。因而，是否已着手"为他人谋利益"作为本罪认定的起点，则符合"罪责刑相一致"的原则。

三、关于本罪主体及有关主观方面若干问题探究

（一）对公司、企业、其他单位工作人员的认定

从刑法163条保护的法益看，是公司、企业及其他单位的利益和职工对其单位的忠实义务。所以，本罪的主体涵盖了公司、企业及其单位的所有职工。从其类型划分，

主要有两种类型：一是从事管理职责的工作人员；另是从事具体工作的职工。这在第八届全国人大常委会第十二次会议通过的《关于惩治违犯公司法的犯罪的决定》第九条中关于公司受贿主体，就明确规定是公司董事、监事或者职工。因此，不能把本罪的工作人员狭义的仅仅理解是具有管理职能的人员。鉴于此，有些学者明确提出将"利用职务之便"诠释为"利用从业之便"。[11]上文我们分析医生收受患者红包或者谋取其他不正当利益的，达到犯罪标准的，应当追究刑事责任。其理由，也在如此。

（二）对其他单位的工作人员的理解

本罪主体与受贿罪主体都要依附一定单位作为基础，即为某一单位的工作人员。那么"单位"作为刑法中的一个概念，应如何界定？对此问题的探讨，直接影响到本罪中"其他单位"的范围确定问题。我们认为，在现行刑法还未修正之前，刑法中关于单位的界定范围应以刑法总则有关单位犯罪的具体规定（刑法30条的内容）的内容为依据，不能任其对该概念的外延进行扩大或缩小。刑法第30条明确规定了单位的外延有五种形式，即公司、企业、事业单位、机关、团体。就本罪主体非国家工作人员的性质而论，显然，这里的"机关"不属本罪的单位之列。根据刑法第93条第2款的规定，国有公司、企业、事业单位、团体等单位也应不属此列。因此，本罪的"其他单位"作为与公司、企业相并列的社会组织，，应是非国家财政拨款或者来自非国有资产的事业单位和团体。这是我们界定本罪"其他单位"外延的法律依据。所谓"事业单位"，实质包括从事新闻、出版、广播、电影、电视、曲艺、教育、科技、卫生、体育等事业单位。所谓"团体"，是指各种群众团体组织，包括工会、各种协会、宗教团体、基金会等。[12]有学者在肯定单位不受所有制限制的同时，认为个体经济也可以成为刑法中的单位，[13]是没有法律依据的。

（三）关于本罪是否"以个人占有为目的"的考问

关于本罪（受贿罪亦样）是否需要"以个人占有为目的"作为构成要件，在学界并没有引起重视，因而在司法实践中对在本罪性质的判断上也带来一些疑惑。这实则需要对刑法163条第1、2款不同规定的情形进行考问，探讨其法条内在的规定性。我们知道，163条第1款是对非国家工作人员一般受贿行为的规定。从目前情况看，行为人对贿赂财物的处置通常有以下几种情形：一是将贿赂财物用于个人挥霍或者消费处分；二是将贿赂财物纳入小金库使用；三是将贿赂财物私下用于业务招待等公关性支出；四是将有关贿赂财物上交有关组织或者转入廉正账户；五是将贿赂财物退还给原行贿单位或者个人。对于一、二种情形的定性，司法实践中的认识较为统一，按贿赂犯罪认定。目前存在较大争议的主要是后三种情形，即对于贿赂财物自己没有占有的情况下是否构成贿赂罪？则是众说纷纭。譬如，行为人将贿赂财物私下用于业务招待等公关性支付，在司法实践中作法不一。一般是采取扣除法，但有学者明显是持反对意见。认为贿赂犯罪案件中的财物流向，原则上不应对其行为性质及其具体数额的认定产生影响。[14]从以上观点产生出的分歧看，争论的焦点表面看是在受贿者对受贿的财物是否归个人实际享有，实际上是受贿者主观上有无"以个人占有为目的"作为是否构成犯罪的尺度和标准。要回答此问题，仅从 163 条第 1 款的规定探究是难以确定。我们在以上分析 163 条第 1 款和第 2 款的内在联系时已分析二者之间是属注意规定的性质。换言之，第 1 款与第 2 款的规定从形式到内容具有质的同一性。因而我们可以从第 2 款规定的内容来反观第 1 款的内容，应是顺理成章。第 2 款在贿赂财物的归属上明确规定："收受各种名义的回扣、手续费归个人所有的，以照前款规定处罚"。显然，贿赂的财物归不归个人所有，是构成本罪与非罪的又一评判标准。而这里需要讨论的是对"归个人所有"的评判是以客观标准，还是以主观标准作为尺度，是值得探讨的。

有学者就曾有这样担忧的认为：从证据学的角度来看，既然行为人已经被证实将部分（甚至绝大部分）所得的财物用于业务支出，在被告人职务尚存，业务活动尚需继续开展的情况下，我们又有什么理由得出行为人不准备将余下的财物进一步用于公司，而一定就是非法具为已有的结论呢？解决此问题，是采取主观标准还是客观标准，将会得出不同的结论。

所谓客观标准，是以受贿人对贿赂的财物是否实际个人所得，作为贿赂财物归属的性质判定，不考虑行为人在接受财物时有无个人占有的目的；主观标准是以受贿人接受财物时主观上有无个人占有为目的，作为贿赂财物归属的性质判断。

根据以上提出的两种标准作为判定依据，作为客观标准，只要受贿人将受贿财物用于业务公关或者上交组织，不问受贿时的主观动机，均应作为"非归个人所有"的判定，不以犯罪论处。然而，依据主观标准，收受财物时是以个人占有为目的，即能判定对收受财物归个人所有，不问以后对财物做如何处置，均以犯罪既遂论。

对于以上两种标准的利弊进行比较，我们认为依据主观标准作为判定尺度，要优于客观标准。因为主观标准更符合主客观相统一的刑法原则和有关犯罪形态的理论，避免陷于客观归罪的窠臼。按照客观标准，将收受贿赂的财物是否用于公司业务等支出作为"归个人所有"的界限的话，对于没有用于公司业务的贿赂财物是否归个人所有，其性质是难以确定的。我们认为运用主观标准会很好的解决这一难题。根据犯罪形态理论，当受贿人"以个人占有为目的"接受贿赂财物时，即构成本罪的既遂。即便将这些财物用于公司业务，并不影响犯罪的成立，但可作为量刑从轻情节；如果接受财物时，行为人并没有"以个人占有为目的"，而是用于公司业务等，即使收受的财物还未用于公司业务等事项（除了行为人后来又具有"以个人占有为目的"外）也不能以"个人占有"的性质进行认定。

因此，我们认为对于收受贿赂的财物归属的性质认定，按照"主客观相统一"的刑法原则，应采取主观标准作为评判尺度。易言之，"以个人占有为目的"，是确定"归个人所有"不可缺少的主观心理，应是构成本罪的必要要件。

参考文献

[1] 王洪青. 商业贿赂的概念及法律适用对策. [J] 刑事法学 2006（12）69—73

［2］高铭暄．马克昌．刑法学（第三版）［M］北京：北京大学出版社．高等教育出版社：2007

［3］田宏杰．试论商业贿赂罪的危害及其司法适用．［J］刑事法学 2006（12）62—68

［4］张明楷．商业贿赂、回扣及相关条款的法律性质．［J］刑事法学 2006（12）55—61

［5］同［3］

［6］孙国祥．魏昌东．经济刑法研究［M］北京：：法律出版社 2006．271

［7］同［1］

［8］中国社会科学院语言研究所词典编辑室．现代汉语词典［M］商务印书馆：2002．1560

［9］朱建华．商业贿赂犯罪的司法认定若干问题探讨．［J］刑事法学 2007（8）49—55

［10］张明楷．刑法学（下）［M］北京：法律出版社：1997．619

［11］同［3］

［12］欧阳涛．魏克家．刘仁文．中华人民共和国新刑法注释与适用．北京：人民法院出版社．：1997．84

［13］转引自［3］

［14］游伟．商业贿赂犯罪法律适用问题探讨．［J］刑事法学 2006（12）74—77

（此文登载于《武汉理工大学学报》＜社科版＞2008 年第 5 期）

（三）有关商业贿赂犯罪问题之我见

摘　要： 治理商业贿赂已成为我国的一项具体刑事政策，国际社会对打击和遏制商业贿赂行为已建立起了初具规模的法律体系。因而，对于商业贿赂的界定是理论上需迫切厘清的问题之一。

治理商业贿赂已成为我国的一项具体的刑事政策，但在对商业贿赂的理论界定上还未达成共识，在刑事法律的规制上还存在一些缺陷，因而影响了对商业贿赂犯罪的遏制和打击。就我国打击商业贿赂的实际，进行刑事理论上探讨，以便对实践的引导，是十分必要的。

一、反商业贿赂刑事政策的出台背景

有数据表明，商业贿赂为祸之甚，已关乎国家经济安全。据统计，国家工商行政管理总局 5 年来查处各类商业贿赂案件的案值达 52.8 亿元，但这只是冰山一角。据商

务部的统计，仅在全国药品行业作为商业贿赂的回扣，每年就侵吞国家资产约 7.72 亿元，约占全国医药行业全年税收入的 16%。中国的经济肌体正在受到商业贿赂的严重侵蚀。[1]面对严峻的商业贿赂的违法犯罪现状，2006 年 1 月 6 日中共中央总书记胡锦涛在中央纪委第六次全会的讲话中，将反商业贿赂作为 2006 年六大要务之一。随后，一份由中央纪委负责起草，中共中央办公厅、国务院办公厅共同签发的《＜关于开展治理商业贿赂专项工作的意见＞的通知》（中办发 [2006] 9 号）下发到各部委和各省市。2 月 24 日，国务院总理温家宝主持召开第四次全国廉政会议，部署 2006 年政府系统廉政建设和反腐败工作，"治理商业贿赂"成为重点之一。与此同时，为治理商业贿赂而由中央纪委牵头成立的"反商业贿赂领导小组"，其成员有中央 22 个部、委、院、局参加，包括全国人大常委会法工委，最高人民法院、最高人民检察院、公安部、监察部、财政部、国土资源部、建设部、交通部、信息产业部、商务部、卫生部、审计署、国务院国有资产监督管理委员会、国家工商行政管理总局、国家食品药品监督管理局等单位，之后，中央各部委纷纷成立了专项工作小组，组长均由部委最高负责人担任。这是中国政府第一次如此高规格地全面反击商业贿赂。

二、治理商业贿赂的国际趋势

随着全球经济一体化日趋深入，各种经济现象已经不能单从某一国内来考虑。比如，随着资本的国际活动，商业贿赂一度成为某些跨国公司开拓海外市场的手段，他们的高管人员堂而皇之地把贵重礼物送给某些发展中国家的领导人，秘密的台下交易更是层出不穷。1977 年，美国证券交易委员会在一份报告中披露，美国 400 多家企业在海外存在非法的或有问题的交易，这些企业承认曾经向外国政府官员、政客和政治团体支付了高达 30 亿美元的巨款。[2]如此巨款对东道国政府的腐败作用是不难想象的。而此资本输出国的政府，为了帮助本国企业在国际上取得竞争优势，对本国企业在国外的贿赂支出给予税收上的优待——允许抵税，这在很大程度上助长了发展中国家的腐败现象，导致商业贿赂在国际间蔓延。就国际社会治理商业贿赂而言，1977 年是一个转折的年份，该年美国通过了著名的《美国海外反腐败法》，禁止美国企业在国际商业活动中行贿外国公职人员。此法立法原意是防止海外资本的腐败利益转而冲击美国国内市场，即使不是控股公司，由于资本对股权的影响，腐败效应仍会出现。但这对于净化国际商业市场，促进世界范围内的廉政建设，具有极其重大意义。在美国政府的推动下，从 20 世纪 90 年代起，国际社会日益关注以公职人员为行贿对象的商业贿赂行为。受《美国海外反腐败法》的影响，在 1997 年，以经济合作发展组织成员国为主的 34 个国家共同签订了《反对在国际商业交易活动中行贿外国公职人员公约》，规定缔约各国应在本国法内将贿赂外国公职人员的行为规定于犯罪。之后，各国际组织出台的反腐败文件中，大都将贿赂外国公职人员纳入规制的范围。根据这些公约，许多国家修改了国内法，惩罚贿赂外国公职人员的行为。随着在 1997 年 34 个国家签订《反对在国际商业交易活动中行贿外国公职人员公约》之后，国际社会推动治理商业贿赂的战线扩大了，一方面，要求更多的国家参与反对在国际商业交易活动中行贿外国公职人员的行动；另一方面，要求完善有关贿赂本国公职人员和贿赂私营部门人员的立法。2000 年联合国大会通过《联合国打击跨国有组织犯罪公约》，该公约关注了私营部门对公职人员的贿赂问题，要求缔约国家完善相应立法，加强打击措施，响应了国际社会要求完善有关贿赂本国公职人员立法的呼声。2003 年联合国大会通过了《联合国反腐败公约》，该《公约》完全反映了上述两个方面的要求将贿赂私营部门工作人员也纳入行贿受贿范围内进行打击，这是国际社会治理商业贿赂行动的又一重大进展。同时《联合国反腐败公约》把各种贿赂行为与腐败联系起来，揭示了一切贿赂行为均具有腐败的本质。《联合国反腐败公约》内容全面详细，签字国家众多，我国积极参加了该《公约》的起草谈判，并在《公约》开放当日就签署了此《公约》。可以预计，在治理商业贿赂的国际合作中，该公约必将发挥越来越重要作用，从而增进社会诚信、政治清廉与经济繁荣，全世界的人民都将是这一努力的受益者。

三、商业贿赂的定义

（一）关于我国商业贿赂法律的狭义定义

我国对商业贿赂的狭义定义，是指国家工商行政管理总局根据《中华人民共和国反不正当竞争法》于 1996 年颁布的《关于禁止商业贿赂行为的暂行规定》中给出的定义。全国人大常委会于 1993 年 9 月 2 日通过的《中华人民共和国反不正当竞争法》将贿赂纳入管辖范围，该法第 8 条规定："经营者不得采用财物或者其他手段进行贿赂以销售或者购买商品。在账外暗中给予对方单位或者个人回扣的，以行贿论处；对方单位或者个人在账外暗中收受回扣的以受贿罪论处。"根据此条，国家工商行政管理局于 1996 年 11 月 15 日颁布了《关于禁止商业贿赂行为的暂行规定》，其第 2 条第 2 款规定："本规定所称商业贿赂，是指经营者在销售或者购买商品而采用财物或者其他手段贿赂对方单位或者个人的行为"。这是商业贿赂作为一个法律概念第一次出现在规范性文件中。这个概念有两大特点：一是将受贿主体不仅包括公职人员，而且还包括私营经营者；二是贿赂不仅包括财物而且还包括其它不正当利益。这两点反映了当前国际关于治理商业贿赂的趋势。但需要注意的是，同我国商业贿赂泛滥的实际情况相比，工商系统查出的商业贿赂案件并不算多，造成这种情况的一个重要原因是《关于禁止商业贿赂行为的暂行规定》对商业贿赂的定义偏窄，这主要是为了使该暂行规定的管辖范围与反不正当竞争法第 8 条和第 22 条相一致，该暂行规定在给出商业贿赂的定义时使用了"本规定所称商业贿赂"这个限定语，它表明该暂行规定只是将反不正当竞争法第 8 条所禁止和第 22 条所处罚的贿赂行为称为商业贿赂，而并非要给出商业贿赂的广义定义。换言之，该暂行规定第 2 条第 2 款对商业贿赂的定义属于不完全归纳，并非指商业贿赂的全部。但遗憾的是，在学术研究中，不少学者将该暂行规定中的定义视为完全归纳，从而对"商业贿赂"的完整含义产生误解。事实上，这个定义的内涵和外延都偏窄，不利于维护我国市场竞争秩序惩处日益严重的商业贿赂行为。

（二）关于我国学界对商业贿赂的广义定义

关于广义的商业贿赂，在我国法律上还没有正式定义，还缺乏统一的广义的商业贿赂定义，学者们对此有所研究，提出了自己的一些观点。有学者认为："商业贿赂的广义定义应是商业行为主体在商业过程中，为了谋取商业利益而故意受取各种贿赂手段侵害正常市场竞争秩序的行为。"[3]有的认为："商业贿赂指市场参与者当谋取商业利益而故意采取各种贿赂手段侵害正常市场秩序的行为"。[4]这两个定义，其内容大致一致。其共同点都是以行贿动机作为定义的主要依据。认为商业的最大特点是其牟利性，即通过投资赚取利润，是一种有意识、有预期、积极主动的行为。因此，决定"商业"贿赂的"商业性"特定因素是行贿者从事商业行为的身份以及通过贿赂牟利的动机，关于贿赂对象（受贿者）的身份，则对贿赂的"商业性"没有影响。也就是说，商业贿赂的定义不应该把身份作为考虑因素。[5]而二定义不同之处仅是行贿行为主体和行贿的空间宽窄程度不一。前者将行贿主体限制在"商业行为主体"，行贿的空间限定在"商业过程中"；后者将行贿主体界定为"市场参与者"，显然涵盖的外延比"商业行为主体"要宽泛，而在行贿范围上没有"商业过程中"的限制。

我们认为，以行贿人的行贿动机即"谋取商业利益"作为商业贿赂的主要依据具有一定合理性，同以受贿者的身份确定贿赂犯罪的性质相比，这种界定更加反映出商业贿赂的特征，即不以受贿者"是否具有公职身份"作为界定标准。据此，我们是赞同的。但究其商业贿赂的实质，是破坏了正当竞争的市场秩序和诚实信用的原则，获取不当的利益。因如此，如果一个市场参与者违背了合同所应该承担的忠实义务，以其优势索要，接受任何利益，实则也应划归于收受贿赂行为之列。如现国人深恶痛绝的医生收受红包的行为，体育竞技中的黑哨等问题，就属此类。此类是否属贿赂犯罪问题在学界引起一些争论，以至在社会普遍认为收受红包只是违纪，不属贿赂犯罪问题。而在其他国家，在刑法上明确规定此类行为构成商业贿赂犯罪。譬如《美国标准刑法典》第224条第8款对此就做出明确规定：（1）一个人如果索要，接受或同意接受任何利益，并且本着故意违反或同意违反其作为以下人员所应该承担的忠实义务：（a）合伙人、代理人或雇员；（b）受信托人、监护人或其他受托人；（c）律师、医生、会计、鉴定人，其他职业顾问或信息提供者；（d）仲裁员或其他保持公正的判决者或调停人。则此人行为构成轻罪。[6]可以看出，作为以上人员所应承担的忠实义务的基础是合同义务，因而违背合同义务，索要或收受不正当利益，当然应属贿赂犯罪。关于此行为具有的商业性，在2004年联合国《国家及其财产豁免公约》第2条给出的"商业交易"定义，就清楚明了的说明了这一点。在此《公约》关于商业交易的规定是："（1）为销售货物或为提供服务而订定的任何商业合同或交易（2）任何贷款或其担保义务或补偿义务；（3）商业、工业、贸易或专业性质的任何其他合同或交易，但不包括雇用人员的合同。"[7]在该定义的基础上，我们可以得出结论"商业"是以合同或交易为基础的一切商品与服务经营的活动，它不仅包括商品的销售和购买，还包括金融信贷，商品检验、广告宣传、委托代理、医疗服务等有偿服务等许多领域。所以，从治理上讲，收受红包等行为应属商业贿赂之列。当然，在我国现行刑法中对这种规定还是一种缺失，但社会现实已面临着这样的严峻现实问题，我们在理论研究上应给予回答，为我国有关法律的完善，打击此类犯罪，以维护正常的市场经济秩序做好理论铺垫。

鉴于此，我们认为，商业贿赂的广义定义应是："商业贿赂是指市场参与者为了谋取商业利益而故意采取各种贿赂手段或者以据其职业优势，违背合同义务索要，收受财物或者接受其它不正当利益，侵害正常市场竞争秩序，违背诚实信用原则的行为。"

四、对商业贿赂犯罪在我国刑法规定中的探讨

就以上定义，从商业贿赂发生的原因看，无非有两种形式：行贿者为了在商业竞争中获取优势，采取不正当的手段挤压对方，损害其他竞争者的利益。另是合同一方，据其垄断地位，违背合同义务索要财物，侵害合同另一方的利益，违背诚实信用原则。其实质就是侵害市场公平竞争的经济秩序。惩治商业贿赂犯罪，首先需要的是对商业贿赂的定义进行界定，如果对商业贿赂犯罪尚没有统一的认识，则会影响到对商业贿赂犯罪的认定和处理。为什么要将此问题提出探讨，问题所指的是在我国现行刑法中是否对商业贿赂犯罪规定了商业贿赂罪？对此问题，在我国学者之间与司法实际部门中并不存在着统一的看法和认识。有的学者认为我国现行刑法中规定了商业贿赂罪，包括八个罪名。并根据其是否"只能发生在市场交易领域"，可以分为纯正的商业贿赂罪与不纯正的商业贿赂罪[8]。而另有学者持相反观点认为：商业受贿与商业行贿，在刑法上对应的不是一个条文，而是多个条文。换言之，商业贿赂、商业受贿、商业行贿都不是刑法概念。反过来说，刑法分则中并不存在专门规定商业贿赂的条款[9]。1995 年 2 月 28 日全国人大常委会《关于惩治违反公司法的犯罪的决定》生效后，最高人民法院曾在《关于办理违反公司法受贿、侵占、挪用等刑事案件适用法律若干问题的解释》中将上述人大常委会决定规定的公司或者其他企业的董事、监事、职工利用职务的便利，索取或者收受贿赂，数额较大的行为，解释为商业受贿罪。因而在我国刑法历史上曾经短暂地有过商业受贿罪的罪名。但在 1997 年刑法生效以后，最高人民法院、最高人民检察院（以下简称"两高"）都对刑法规定的与上述基本内容的犯罪解释为公司、企业人员受贿罪。最近两高依据《刑法修正案（六）》将此罪主体扩大到"其他单位人员"，在《关于执行〈中华人民共和国刑法〉确定罪名的补充规定（三）》中将公司、企业人员受贿罪的罪名确定为非国家工作人员受贿罪，对公司、企业人员行贿罪确定为对非国家人员行贿罪。

鉴于以上观点。我们基本赞同后两种观点，即在我国的刑法中并未对商业贿赂犯罪概念做出明确的界定或定义。虽然现有些商业贿赂犯罪可以依照现行刑法进行处理，但其效果是有所差异的。商业贿赂犯罪是着眼于贿赂发生的领域而形成的概念，犯罪的主体应是一般主体，侵犯的客体是市场公平竞争的秩序；而现行刑法主要是根据主

体性质的区别规定了各种不同的受贿罪与行贿罪，其侵犯的主要客体是职务的廉洁性，即职务的不可收买性。正是此客体体现出刑法对此罪的打击所向。众所周知，我国刑法中关于贿赂犯罪中打击重点是受贿罪，保护的重点是职务的廉洁性，即不可收买性。从以下几点可彰现出立法旨意。（1）从法定刑的设置上，非国家工作人员受贿罪，最高刑是有期徒刑 15 年，而对非国家工作人员行贿罪，最高刑是有期徒刑 10 年；受贿罪最高刑是死刑，行贿罪最高刑则是无期徒刑。（2）从受贿者而言，在经济往来中，违反国家规定，利用职务上的便利，收受各种名义的回扣、手续费归个人所有的，才能构成贿赂罪，否则不以犯罪论处。（3）对于行贿人在被追诉前主动交代行贿行为的，可以减轻处罚或者免除处罚。正因存在着这样的立法旨趣，这对于遏止商业贿赂犯罪是多有不利的。一是不能有利的打击行贿者。在市场经济条件下，作为贿赂方，其贿赂目的是为获取高额利润，因而是不择手段，寻找寻租对象，突破缺口，无所不及。正如马克思在《资本论》中引用英国工人活动家马斯·邓宁的论述那样："一旦有适当的利润，资本就胆大起来；如果有 10％的利润，它就到处被使用；有了 20％的利润，它就活跃起来；有 50％的利润，它就铤而走险；有了 100％的利润，它就敢践踏一切人间法律；有了 300％的利润，它就敢犯任何罪行，甚至冒绞首的危险。"连想到这几年对商业贿赂遏止不力，于刑法中对行贿犯罪打击偏轻不无一定联系。再则现行刑法所规定的对贿赂犯罪的打击模式，不利于有效的保护公平竞争的市场秩序。如法律规定的在经济往来中收受各种名义的回扣、手续费，需归个人所有的规定，在司法审判中出现了受贿者将贿赂的财物用于招待等公共性支出，或者用于希望工程的捐款的数额从其个人受贿的总额中予以扣除的做法，实则是不利于市场公平竞争秩序的保护，也使一些不法之徒为减轻刑事处罚有机可乘。另外，法律的这种规定，对于那些技术垄断行业违背履行合同义务的行为，由于行为人身份的限制，不能成为贿赂犯罪的主体。如医生索要、收受病人红包等。

因此，就我国现阶段商业贿赂犯罪猖獗，泛滥的现状，建议全国人大在将来的刑法修正案中专列惩处商业贿赂法条，确定商业贿赂罪名，并设置其相应的法定刑，体现出"罪责刑相一致"的刑法原则，以适应惩处这类犯罪的需要。

参考文献

[1] 转自.[N] 南方周末，2006—3—20（17）

[2] 程金库. 商业贿赂全球治理的立法与实践 [M] 北京：法版出版社，2006

[3] 程宝库. 商业贿赂社会危害及其治理 [M] 北京：法律出版社，2006：4

[4] 程宝库. 商业贿赂全球治理的立法与实践 [M] 北京：法律出版社，2006：

[5] 同 [1]

[6] 程宝库. 商业贿赂全球治理的立法与实践 [M] 北京：法律出版社，2006：3

[7] 程宝库. 商业贿赂社会危害及其治理 [M] 北京：法律出版社，2006：4

[8] 赵廷光. 论商业贿赂罪. [J] 中国刑事法杂志. 2007（2）：70—76

[9] 张明楷. 商业贿赂、回扣及相关条款的法律性质. [J] 刑事法学 2006（12）：55
—61

（此文登载于《湖南医科大学学报》＜社科版＞2008 年第 1 期）

（四）证券、期货内幕交易犯罪若干问题研究
——— 以内幕交易、泄露内幕信息罪为视角

内容摘要：《刑法》第 180 条及《刑法修正案》第 4 条（1999 年 12 月 25 日全国人大常委会通过）规定的行为，"两高"司法解释将其罪名确定为"内幕交易、泄露内幕信息罪"。这一界定的司法罪名，在刑法罪数理论上称之为概括罪名。显然，这一罪名，在司法适用中，只能按一罪认定，不实行数罪并罚。我们认为，修订后的《刑法》第 180 条，是规定了证券内幕交易和期货内幕交易两种犯罪，应分别确立罪名，按数罪论处。因此，由此而引起的相关问题，是值得再深入探讨。譬如：在认定证券、期货中的"内幕信息"时，应以《证券法》《期货交易管理暂行条例》的规定作为界定标准；关于证券、期货犯罪主体范围，应以上述法律法规的相关规定确定；构成证券、期货内幕交易犯罪的行为，必须要以"利用内幕信息"为必要条件，"不作为"不能成为这类犯罪的行为方式等。通过这样的讨论，以便拓宽思路，正确认识和把握刑法上所规定的证券、期货中的内幕交易、泄露内幕信息的犯罪行为。

关键词：证券期货　内幕交易　内幕信息　主体范围　行为样态

证券交易和期货交易虽然都属金融业务范围，但证券和期货毕竟是两类不同的金融工具，必须严格加以区分。就实质而言，证券本质是资产的所有权凭证，而期货既不"货"，也不是所有权凭证，而是"货"的合约，亦可谓"货"的购销合同[1]。但鉴于证券交易和期货交易在违法行为上存在一定共性，在犯罪构成和社会危害方面十分相似，加之证券犯罪和期货犯罪在我国《刑法》规定的时间上有先后之序，在现行《刑法》（包括《刑法修案》）将这两种类似性质的行为均在同一法条中加以规定。由于受我国刑事立法模式影响的缘故，在罪名的确立上采取的是被学者称为"暗示式"的罪名模式，在法条中对罪名几乎没有作出立法明示。而在司法适用上，依据的是最高人民法院、最高人民检察院所确立的司法罪名（以下简称司法罪名）。就《刑法》第 180 条之规定，确定的司法罪名为"内幕交易、泄露内幕信息罪"。这一界定的罪名，在刑法理论上称之为概括罪名。显然，这一界定的罪名，在司法适用中，只能按一罪认定，不实行数罪并罚。现在的问题是，这一确立的司法罪名符不符合立法旨意和"罪刑相适应"原则，以及所涉及到的其他问题，是值得引起我们在下面进行讨论。

一、对司法罪名的质疑

所谓司法罪名，是指最高司法机关通过司法解释所确立的罪名，它对司法机关办理刑事案件具有约束力[2]359。也有学者将这种通过有权解释的机关对刑法分则的每一个罪刑所含具体罪名作出解释的方式，称为罪名解释式模式。认为这种模式不属于罪名立法模式，而是罪名立法模式之外的一种新模式[3]。易言之，司法罪名是有权解释的机关就法条规定的内容在自己理解的基础上所作出的解释，虽然也具有法律效力，但仅适用于司法机关办理刑事案件。它与法条本身融为一体的立法罪名，在法律执行时的不可质疑性是不同的。质言之，司法罪名的解释，也存在一个是否符合立法旨意或者立法精神的问题。针对上述"两高"就《刑法》第 180 条及《刑法修正案》的内容，将其行为之罪名规定为"内幕交易、泄露内幕信息罪"，就属此类问题。

为什么会提出这个问题？因为这关系到此罪的定罪和量刑问题。按照我国的刑罚制度，一罪施刑最高不超过 15 年，但数罪并罚可至 20 年。按新颁布的《刑法修正案（八）》，总和刑期在三十五年以上的，最高刑期可至二十五年。那么《刑法》对该条的规定，究竟是一罪，还是数罪？需认真研究。正如有学者指出：应当注意的是，刑法分则有些条文规定了两种以上的行为，其中有的是一个犯罪有供选择的几个基本罪状（参见刑法 347 条，走私、贩卖、运输、制造毒品罪），有的则是几个犯罪的基本罪状（参见刑法 247 条，刑讯逼供罪、暴力取证罪）。这是研究罪刑各论所不能忽视的[4]495。后者所涉的是在一个法条内规定了数个犯罪行为，是属数罪，应相应定数个罪名的问题。

那么，如何判定在一个法条中有多个行为规定时，怎样确定是一罪还是数罪？这涉及到罪数判断的标准问题。在刑法理论上，关于罪数判断标准，众说纷纭。但我国刑法通说坚持的是犯罪构成标准说[2]199。有学者指出：在以犯罪构成标准说为基础的同时，还需考察一下几点：（1）对几次相同的犯罪行为能否进行一次评价？如果能得出肯定结论，原则上就以一罪论处；（2）对一个犯罪的法律评价能否包含对另一犯罪行为的法律评价？如果得出肯定结论，原则上就以一罪论处；（3）是否只对一个法益造成损害？如果得出肯定结论原则上就以一罪论处；（4）行为是否具有持续性与连续性？如果得出肯定结论，原则上也应一罪论处；（5）相关法条所规定的法定刑升格的条件是否包括了数行为？如果包括，则不能认定为数罪，而应适用升格的法定刑以一罪论处[4]364-365。因此，根据《刑法》第 180 条及相关《刑法修正案》的规定，结合上述有关刑法理论，参考立法背景和国外的立法例，我们认为该条所规定的罪状应属"几个犯罪的基本罪状"之情形，即，在同一法条内规定出了证券内幕交易和期货内幕交易两种不同类型的犯罪，只是由于他们的行为中有共同相似的情形，从立法的技术层面考虑，将这两种行为规定在了一起，不属"一个犯罪行为有供选择的几个基本罪状"的情形。所以，本条所规定的犯罪是数罪，而不是一罪。

其理由是：

（一）证券内幕交易与期货内幕交易，其行为侵犯的是不同法益。众所周知，这些经济犯罪都属法定犯，这些犯罪均是以违反它的前置的经济、行政法律法规为前提。换言之，对这些不同法律法规的违反，也即是对不同法益的侵犯，这正是在经济犯罪上，区分此罪与彼罪重要的标准之一。所以，有学者认为：证券、期货犯罪都属于刑法理论上的法定犯，而此所有的法定犯均是以违反证券、期货经济行政法规为前提的。在有关证券、期货法律法规中均应有规定，否则就很难称得上是法定犯[5]112。从证券、期货的立法实践过程，对此也作出了有力印证。1997年新修订的刑法，在刑法分则第三章第四节破坏金融管理秩序罪中首次规定了有关证券方面的犯罪。因为从1990年我国在上海发行第一支股票和上海证券交易所宣布成立以来，建立起了一套以国务院行政法规及国务院证券主管部门规章为补充的全国统一的证券市场法律法规体系，尤其是酝酿已久的《中华人民共和国证券法》也即将被全国人大常委会通过出台[6]。因此，对于证券严重违规的行为在刑法中规定为犯罪，有了前置的法律基础。当时，部分人大代表和业内人士曾经提出在新修订的刑法中注入有关期货犯罪的内容，由于当时国家尚未制定有关期货交易管理的实体性的法律、行政法规，期货犯罪难以准确界定。因此，1997年3月14日第八届全国人大五次会议通过的修订后的刑法没有惩治期货犯罪内容。1997年中央金融会议后，按照深化金融改革，整顿金融秩序，防止金融风险的总体要求，国务院决定进一步整顿、规范期货市场，并将发布《期货交易暂行条例》。后发布的该条例对期货违法明确规定了行政处罚和行政处分，对其中情节恶劣、造成严重后果的，需要定罪处罚。于是，国务院于1999年5月31日提出了《关于惩治期货犯罪的决定（草案）》的议案，并在草案的第2条设定了适用《刑法》第180条规定的内幕信息交易罪。1999年12月25日全国人大常委会通过的《刑法修正案》，在第4条中对《刑法》第180条作了修订，将期货内幕交易犯罪与证券内幕交易犯罪在该条中作了并列规定。同时，在其他条文中对有关期货犯罪作了类似修订。从以上立法过程看，证券内幕交易和期货内幕交易首先违反的是不同的前置法律，亦可知，其侵犯的也是不同的法益。

（二）鉴于以上有关我国证券、期货的立法例，可以看出立法者是采用的是刑法典与附属刑法规定相结合的立法模式[5]120，这种模式一般是由有关证券、期货法律法规在其条文中具体规定出该行为的情形，并指出情节严重、构成犯罪的，追究刑事责任。而与之相对应，由刑法典将这些犯罪罪状相类似的犯罪统一在一个法条内加以规定，同时设置相应的法定刑。这与国外对证券、期货犯罪在附属刑法中分别列罪，设置法定性没有本质区别。因此，我们认为，修改后的《刑法》第180条应属是"几个行为的基本罪状的规定"情形，应按数罪认定，即，将证券内幕交易与期货内幕交易行为分别定罪量刑，即不能把它们作为"概括罪名"或者作为"选择罪名"给予确定。

（三）从《刑法》第180条所规定的法定刑看，最高刑已达10年。可见，这类犯罪属严重的刑事犯罪，如果行为人仅只实施证券、期货内幕交易中之一行为，最高刑即可判 10 年。如果按现所确定的概括式罪名来认定，按一罪论处，那么，行为人分别实施这两种内幕交易行为，最高刑也只能是 10 年，显然，罪不当罚，有违"罪刑一致"之嫌。所以也有学者指出：我国有关刑事立法将证券、期货犯罪归在一起的立法方式仍有些不足之处……，建议可以通过司法解释对证券、期货犯罪中的定罪和量刑情节分别加以规定，以刑事司法的方式分别对证券犯罪和期货犯罪的立案标准、起刑点和各种具体情节，作出不同的规定[5]126-127。我们认为，这只是看到问题的一方面，关键是司法解释本身首先是对立法旨意和内容的正确理解、把握，如果在司法解释上将这两种貌合神离的内幕交易行为分别以两个罪名加以确定的话，其他所涉问题，就会迎刃而解。

鉴于以上理由，我们认为修订后的《刑法》第 180 条，是规定了证券内幕交易和期货内幕交易两种犯罪，应分别确立罪名，按数罪论处。为了下文行文方便，暂将这两种行为其罪名拟定为"证券内幕交易罪"和"期货内幕交易罪"。

二、如何认定证券、期货中的"内幕信息"

（一）"内幕信息"之标准

《刑法》第 180 条第 3 款明确规定：内幕信息的范围，依照法律、行政法规的规定确定。根据此规定，证券、期货交易的内幕信息应分别按照 2005 年修订的《证券法》第 75 条、1999 年国务院发布的《期货交易管理暂行条例》第 70 条第 12 项之规定的内容确定。据此，证券内幕信息是指在证券交易活动中，涉及公司的经营、财务或者对该公司证券市场价格有重大影响的尚未公开的信息；期货内幕信息是指对期货市场交易价格产生重大影响的政策信息或者客户资金和交易动向。鉴于证券、期货市场的复杂性，以上立法例均采用了同一的立法模式，即：在法条中均对"内幕信息"作了定义式的界定，同时，在随后进行了列举式的提示性规定。因此，我们在理解证券、期货内幕信息时，应以这些规定作为界定标准。

学界有种观点，认为对于《证券法》第 75 条所列举的八种"内幕信息"，刑法不是必须认定为内幕信息；对《证券法》第 75 条所列举的八种"内幕信息"之外的信息，刑法也可以认定为内幕信息。理由是：经济犯罪的构成要件中往往经济行政法前置，在构成要件判断时应当依据刑法的目的，以法益为指导，进行实质、独立的判断[7]。上述观点，值得商榷。

首先，《证券法》第 75 条的立法模式是以基本规定附加提示性的注意模式，此立法例本身并没有排斥所列的八种"内幕信息"之外，符合基本定义的情形，不为"内幕信息"，他们之间不存在互斥关系；同时，这种立法例也不存在基本规定与提示性的注意性规定有相互矛盾、冲突之处。因而，不存在《证券法》所列八种内幕信息在刑法上不予承认的前提。因此，以上论证应属伪命题；其次，在《刑法》第 180 条第 3 款明确规定："内幕信息"应依照法律、行政法规的规定确定。如果对行政法律法规所规定的"内幕信息"之范围，可在具体解释时按照所谓刑法目的进行充实、解释的话，这有违"罪刑法定"原则。正如有学者所言：在具体解释时则应坚持形式理性优于实质理性的解释标准，以防止司法擅断的发生[8]。《刑法修正案（七）》第2条第2款新增加的利用未公开信息交易罪，就将金融机关有关人员利用因职务便利获取的内幕信息以外的其他未公开信息，违反规定，从事于该信息相关的证券、期货交易活动的行为，作为一个新罪加以了规定。这也更加证明了内幕信息的范围界定，应严格按照法律的规定进行认定，不能突破其法定界限。

（二）内幕信息与内幕信息以外尚未公开的信息之区别

内幕信息以外尚未公开的信息（以下简称未公开信息）与所规定的证券、期货的内幕信息区别何在，是值得研究的。

曾有学者在界定"其他未公开信息"时指出：这里所谓的其他未公开信息，是指对证券、期货市场价格变动具有重要影响且在依法披露前限于少数人知悉的未来投资经营信息[9]。这种界定恰恰是内幕信息与未公开信息二者间具有的共性，而忽略了其差异性。因而，难以达到界定目的。

从二者信息具有的共性看：（1）该类信息均属于对特定的证券、期货市场价格变动具有影响的信息，这正是行为人产生犯罪的动机和缘由；（2）该类信息必须是确定的具体信息。也就是说这类信息不能是单纯的想象或者推测，必须要以发生的事实作为基础，而且信息内容必须具体，不仅要有行为方案，而且要有落实方案的具体计划、步骤和细则；（3）该类信息必须是尚未公开的信息，即在一定时间和范围内只有少数人知悉和掌握。所以，从其共同性上是难于找出二者之间的区别。只有从他们的差异性入手，找出其不同点，才能准确把握其属性，正确认识事物的本质。那么，我们应如何入手呢？我们认为应从行为的性质入手，方能找到解破二者区别的路径。

所谓利用未公开信息交易行为，从国外立法例看，将这种行为界定为背信罪，即形象的比喻为老鼠仓行为。原意是"先跑的鼠"，是指相关基金经理利用其在基金公司所任职务的便利，利用非公开的基金投资信息，先于有关基金买入同一公司股票，为自己及其亲属牟取私利[10]。这种行径，实质就是依据法律、公务机关的命令或法律行为为他人处理事务人，为谋求自己或第三者利益，或以损害他人的利益为目的，而违背其任务，致使他人财产受到损失的行为[11]。这里"以法律等为他人处理事务人"，就是所受委托之人，在证券、期货市场中，就是基金投资公司等受投资者委托帮助理财之人。利用本公司未公开的基金投资信息谋利。因此，该行为的着眼点在于行为人违背金融从业人员的受托义务，实质是一种背信行为。虽然这种背信交易行为和内幕交易行为都属滥用信息便利和优势，追逐个人私利，但其行为主体和危害作用是不一样的。从主体看，背信交易行为人与被害人之间具有委托与被委托关系，正因为存在这种关系，行为人之行为侵害的是具体的投资人的利益，因而可表现为个人法益，而内幕交易行为其行为人与被害人之间不存在这种具体的委托关系，所侵犯的法益是不特定的投资人的利益，其表现为社会法益，通过这种社会法益可转换成对个人法益的侵害。这正是二者之间区分的入径之口。至于有学者在谈到这二者之间区别时所说的：内幕信息基本上均与上市公司相关，而"老鼠仓"行为涉及投资信息，大部分涉及的都是非上市公司信息；内幕信息按法律程序应该公开，而"其他未公开信息"并无必须公开的义务，等等[12]。仅仅是从表面形式上给予区分而已。

（三）证券交易内幕信息与期货交易内幕信息之区别

从《证券法》第75条的规定看，证券内幕信息主要来源于上市公司的经营、财物等信息，由于股票是股东向公司投资的权利凭证，虽然在股市上股票的价格也会受交易量的影响，但起决定因素的还是公司本身经营的好坏，效益的高低。因此，公司的经营、财务等信息是直接了解公司经营状况的重要途径，也直接影响到该公司股票在股市上的走向。按照《公司法》相关规定，公司应定期向社会公布这些信息。而一些不法者就是千方百计在这些信息尚未公开前抢购或者抛售与该信息有关的股票，从中渔利或者减少损失。但从《期货交易管理暂行管理条例》第70条第12项的规定看，期货内幕交易的信息主要是期货市场管理机关和职能部门制定的政策、决定以及交易动向等。这是由于期货市场是一个定性的封闭市场，期货交易实质是合约交易，起到以小博大的作用。由于期货双向操作，看涨可以低买高卖，看跌时可先卖出，后买进平仓对冲，因此，期货市场比现货市场更抽象、更复杂。但其价格最终还是要受买卖合约双方实际交易量变化的大小的影响。然而，管理者的有关政策和决议对期货交易市场的制约，直接影响到交易量大小地的变化而使交易价格上下波动。所以，如果说证券交易内幕信息更多的是来源于上市公司内部的经营信息的话，而期货交易内幕信息而更多的是来源于市场有关管理部门的管理信息。这可以说这是二者之间的一个显著区别。

三、关于证券、期货犯罪主体范围的界定

根据《刑法》第180条第4款之规定，对内幕交易或者泄露内幕信息人员明确规定依照法律、行政法规的规定确定。依据相关规定，这些人员的范围，包括两种类型：一是由法律、行政法规的规定确立的知情人员；二是非法获取内幕信息人员。对于前者人员，在《证券法》第74条和《期货交易管理暂行条例》第70条第13项中作了明确规定。从这些规定可看出，证券内幕交易的知情人员主要来源于上市公司的管理层和关联单位、人员及有关管理部门的人员。对于期货交易的知情人员主要是指由于其管理地位、监督地位或者其职业地位及其他履行职务，能够接触或者获取内幕信息人员。他们的共同特点是可以通过自身地位和身份合法获取内幕信息；后者实属不具有前者地位和身份的人，通过非法途径获取内幕信息。所以，有学者将前者称为内幕人员，将后者称为非内幕人员[13]。至于有学者提出：刑法在运用经济行政法规范进行构成要件判断时，不能完全依附于经济行政法，而应当遵循相对独立的判断标准[7]。对此观点，一般来说，无大碍。但在《刑法》明确规定了以行政法律法规之规定为确定标准时，就不能再游离于这些法律法规之外进行独立判断。我们认为：对内幕人员的范围，应严格按照上述相关的行政法律法规的规定确定。至于非内幕人员的范围，倒是值得探讨。下面，将重点讨论非内幕人员主体范围的界定难点。

（一）直接或间接受领人

所谓直接受领人，是指从内幕处直接获取内幕信息的人，即，第一手内幕信息获取者。所谓间接受领人，是指从第一手内幕信息获得者处再获得的内幕信息的人，其表现为第二手或者第三手，以此类推，可表现为若干手获得内幕信息的人。在我国，现没有相关司法解释明确非内幕人员受刑法规制的范围。因此，学术界存在争议。有学者认为：从维护证券市场公利性出发，无论行为人是第几手获取该信息，认定为"非法获取内幕信息人员"是恰当的。其理由是，第几手获取信息并不影响行为的性质……，参照美国的立法例上采用的"消息传递理论"，无论是第几手获得信息，在法律地位上都相同。[7]另有学者则认为：那些从"直接接收和接触第一手情报人员"处得到第二手、第三手的"传来信息人员"，他们没有保密义务，不能称为"知情人员"，……至于第二手以外的人员如果利用内幕信息进行了股票交易，造成严重后果的，可以用行政、民事手段规制[10]。

我们认为，对以上观点均值得商榷。诚然，对现有的法律及司法解释都没有限制内幕信息限于第几手获取，应属法官根据具体情况、酌定裁定的问题。但有两个基本事实需认定，一是，间接受领人再利用该信息交易时，该信息还尚未丧失内幕信息的属性。因为信息如果经过好几手，如一传十，十传百，在其流传过程中渐失内幕信息的保密性，褪变成了公开信息，因此，利用这种信息进行交易，不能认定为内幕交易。反之，虽然经历了几手，但该内幕信息仍然局限在狭小的范围内，保持其具有的秘密性。而利用这些信息进行交易的人，理所当然应受到法律的追究；二是，明知是内幕信息而使用，表现出其行为无价值。如果在信息传递过程中受领人确实不知道该信息为内幕信息而使用，因无主观故意，当然也不能将其行为作为犯罪论处。所以，在非内幕人员的界定上不是看其信息经历了几手的次数多少，主要看利用信息的内幕性，即，信息的秘密性是否丧失。同时，还需认定受领人是否明知使用的信息是内幕信息。

（二）获取内幕信息的"非法性"

对非内幕人员获取内幕信息途径的"非法性"如何理解，在学界中也有较大争论。争论的焦点是消极的获取内幕信息的行为，是否具有"非法性"上。有学者提出这种观点：是否存在介于合法和非法之间，即消极获取内幕信息的"中性人"。如偶然获得内幕信息的人，包括闲聊被动获取、清洁工人从垃圾堆里无意拾取等。因此，明确指出："非法获取"应理解为：以骗取、窃取、窃听、监听等非法手段获取内幕信息，通过私下交易等不正当途径获取内幕信息；利用各种方式、手段从知情人员处套取、索取内幕信息，以及使用其他非法方法和手段获取内幕信息。……如前所述的被动、消极、偶然得到的内幕信息，都不能认为是非法获取[10]。而有学者则认为：只要不应该知悉内幕的人获取了该信息，并且利用该信息进行了交易或者泄露该信息，情节严重的，均可成立本罪，也即说，"非法"不应当仅仅理解为违反禁止性规定，而应当理解为"不应该知悉该信息"。否则，本罪的主体范围过窄[7]。就后一学者的观点，对于"非法获取"不仅包括"积极"的获取，也包括"消极"的获取。两项相权，我们更赞同后一主张。所谓的"非"，按《现代汉语词典》的解释：这里的"非"应释为"不合于"之意[14]，因此，这里所指的"非法获取"是不合于法律而获取，即，没有法律依据而获取。从内幕信息本身的性质看，它是指除内幕人员之外，严禁其他人（无论采取什么形式）获取或获知这些内幕信息，以保护信息的秘密性，达到维护证券、期货市场秩序正常运转之目的。当然，这里仅仅是指获取内幕信息的方式不具有法律的依据，谨防不法之徒利用内幕信息从中渔利，是非常必要的一种防范手段。所以，"非法获取"的形式，既包括"积极"的形式，也包括"消极"的形式。不存在着在介于合法和非法之间，存在着消极获取内幕信息的中性人之说。但是，对于所说的被动获取内幕信息的人有一个是否使用这些内幕信息地考问，如果仅仅只是获取了内幕信息，没有使用更没有从中渔利，那么，对这些人也没有非难的可能性。反之，就会承担相应的刑事责任。

四、关于证券、期货内幕交易行为样态分析

《刑法修正案（七）》将证券、期货内幕交易行为从三个方面加以了规定：一是行为人利用内幕信息进行证券、期货买卖；二是行为人泄露内幕信息；三是行为人根据内幕信息建议他人进行证券、期货买卖。通过此次修改，将《刑法》与《证券法》上有关内幕交易行为的规定统一一致了起来，终结了学界在原内幕交易中的"建议行为"是否构成犯罪的争论。随着此争论的终结，围绕此问题的一些相关争论，也自然而然地烟消云散。譬如：有学者认为的若接受建议者不知情，也没有依据该建议进行证券、期货交易，则建议者不构成内幕交易、泄露内幕信息罪[15]。此次《修正案》以明确将建议他人从事相应内幕交易活动之行为加以了规定。根据"在同一法条并列规定的内容不相重复原则"，此处在法条中所规定的"建议买卖内容"应不包括"泄露内幕信息的内容"，作此规定，也正是弥补了原规定中存在的漏洞。即，对于行为人自己没有进行交易，而只是一般建议他人买卖证券、期货合约，但并没有泄露内幕信息的，不能以犯罪论处的情形[5]332。但是，有关以下几个问题，仍然有探讨的必要。

（一）是否以"利用内幕信息"为必要条件

我国《刑法》第180条及其《修正案》并未将"利用内幕信息"明确写入法条，由此，成立内幕交易罪是否以"利用内幕信息"为构成本犯罪的必要要件，理论界存在不同的观点。有学者就认为，利用内幕信息并不是构成内幕交易、泄露内幕信息罪的必要条件[16]。因为，如认定内幕交易、泄露内幕信息罪的成立必须以内幕信息利用为前提必将给指控带来极大困难。在实践中，很难证明内幕交易者哪笔交易利用了内幕信息。在很多情况下，只要行为人否认利用内幕信息，即使已进行了交易，也会使

指控搁浅。相反，免去控方的一些证明责任，对内幕交易、泄露内幕信息罪的指控将大为有利[17]。但其相反意见者认为：利用内幕信息进行证券、期货交易是成立内幕交易犯罪的必要条件之一[18]。两项相权，我们更赞成后者观点。其理由：

（1）从本条立法精神来看，法律之所以要禁止证券、期货内幕交易行为，其根本原因就在于内幕信息的知情人员（包括非法获取内幕信息的人员）在内幕信息未公开之前，利用其所持内幕信息的优势进行证券、期货交易，非法获取利益或避免损失。因为这种交易违反了证券、期货交易的公开、公平原则，是对上市公司以及其他不知情的投资者的一种欺诈行为。

（2）从本条的前置法律，即2005年修改的《证券法》第73条禁止的交易行为与第202条有关内幕交易的责任的相关规定，从这两条规定的内在逻辑关系上探究，也能充分说明"利用内幕信息"，是构成内幕交易犯罪的必要构成要件。如：第73条就明确规定，禁止证券交易内幕信息的知情人和非法获取内幕信息的人利用内幕信息从事证券交易活动。而第202条在此基础上规定：在涉及证券的发行、交易或者其他对证券的价格有重大影响的信息公开前，买卖该证券，或者泄露该信息，或者建议他人买卖该证券。虽然在该条中并没有出现"利用内幕信息"等字句，但结合73条的规定，分析法条之间内在的逻辑联系，"利用内幕信息"理所当然的属本条的规定内容。而这次《刑法修正案（七）》对《刑法》180条的修改，正是建立在《证券法》第202条的基础之上，增补了《刑法》原未规定的"建议他人买卖"的行为。只是将"建议行为"作了"明示、暗示"的改动，使之更加具体，更具有司法的操作性。但其法律的内在联系之关系应是一致的。

（3）从《刑法》法条本身的内在逻辑分析看，只要内幕知情人员在内幕信息未公开之前，买卖证券、期货，或泄露内幕信息，或者建议他人买卖证券、期货之行为，即能推定是通过所知的内幕信息进行权衡、斟酌而作出的决定。这是依据人性都有趋利避害的本性为前提的。正因为是推定，所以，在诉讼中则允许对方提出反证，推翻此结论。但举证责任则由反方承担。这就减轻了控方的举证责任，有力打击了内幕交易的不法行为。由此也进一步证明"利用内幕信息"是证券、期货内幕交易犯罪的必要要件。

（4）从行为人的主观罪过看，对"利用内幕信息"要件的认定，说明行为人对此是明知而为之，属故意的罪过心理。反之，过失行为不构成本罪。

（二）关于"不作为"行为的定性

在实际的证券、期货市场中，存在着的一种现象，即，行为人原先准备买入某证券或期货合约，或者准备卖出手中的某一证券和期货合约。但是，在获知有关内幕信息后却停止了原来准备的买入或者卖出行为，从而获取了利益或者避免了损失。由于这种情况中的行为人事实上利用了自己所获知的内幕信息，并获取了利益或者避免了损失。因此，有学者认为：这一行为与利用内幕信息实施积极交易行为的实际效果是一样的，完全可以构成内幕交易罪[5]342。我们认为，此说值得商榷。

（1）在上述情况下，明知其行为会招致自己的损失，在对自己既无法律上的规定职责，又无自己前置行为所致的原因，要求行为人主动承担自我损失。这种要求，既不符合人性，也不符合法理。因此，在刑法上处罚这种行为，有违刑罚之目的。

（2）从现行法律的规定上，实际也排出了这种"不作为"行为的违法犯罪性质。如：从我们上述列举的《证券法》第73条和《刑法》第180条所规定的"内幕交易"的三种类型看，均是从积极的作为方面加以了规定，排出了消极的"不作为"形式。因此，根据"罪刑法定"原则，内幕交易犯罪的行为，只能是作为，不作为不能成为这类犯罪的行为方式。

结语，对我国刑法所规定的内幕交易犯罪，要正确理解立法旨意和法条内容，并非一蹴而就。笔者只想通过对这些问题的再研究，引起对这些问题更深层次的思考、关注，拓宽思路，以便对在理论研究和司法实践上有所裨益。

参考文献

[1] 赵大利、刘文革. 关于我国期货犯罪立法的探讨 [J]. 刑事法学. 2008 (8)：27—30

[2] 高铭暄、马克昌主编. 刑法学. [M]. 北京：北京大学出版社、高等教育出版社. （第3版）. 2007

[3] 张文、刘艳红. 罪名立法模式论要. [J] 中国法学 1999 (4)：121—131

[4] 张明楷著. 刑法学. [M] 北京：法律出版社（第3版）. 2007

[5] 刘宪权. 著. 证券、期货犯罪理论与实务 [M]. 北京：商务印书馆. 2005

[6] 李益乔. 主编. 中华人民共和国证券法知识解答. [M] 北京：经济科学出版社. 1999：1

[7] 张苏. 对内幕交易争议要素的评释 [J]. 中国刑事法杂志. 2010 (4) 17—24.

[8] 白建军. 刑法分则与刑法解释的基本理论. [J] 中国法学. 2005 (4) 123—130.

[9] 鍭泽昆. 《刑法修正案（七）》中老鼠仓犯罪的疑难问题. [J]. 政治与法律 2009 (12) 37—45.

[10] 黄鑫. 从"老鼠仓"事件谈增设背信罪之必要. [J] 中国刑事法杂志. 2009 (2) 1—4.

[11] 张明楷. 外国刑法纲要 [M]. 北京：清华大学出版社 1999：652—653.

[12] 叶建勋. 关于"老鼠仓"行为入罪思考 [J]. 法学杂志. 2009 (9) 53—55.

[13] 余萍. 内幕交易犯罪定罪难点分析 [J]. 河北法学. 2010 (2) 188—193.

[14] 现代汉语词典 [K]. 北京：商务印书馆. 2002：362.

[15] 董丽静，龚卫. 证券内幕交易、泄露内幕信息罪的司法认定. [M] //载赵秉志主编. 新千年刑法热点问题研究与适用. 北京：中国检察出版社.

2001：886.

[16] 庞良程. 证券内幕交易罪的构成及认定 [J]. 中央检察官管理学院学报 1998 (1)：18－23

[17] 邢怀柱. 证券犯罪及立法评述. [M] //载陈兴良主编. 刑事法评论. 北京：中国政法大学出版社 1999：120.

[18] 周道鸾.. 刑法的修改与适用 [M]. 北京：人民法院出版社 1997：396.

（此文登载于（此文登载于《武汉理工大学学报》＜社科版＞2012 年第 4 期）

（五）黑社会性质犯罪原因及对策研究

—————以重庆打黑除恶案件为视角

内容摘要：面对我国经济转轨，社会转型时期，黑社会性质组织犯罪，已成为社会高度关注的问题。从重庆这次打黑涉案情况看，黑恶势力向经济领域渗透相当猖獗，从初期的欺行霸市发展到现在用暴力和其他手段在一个地区和行业内实行经济垄断，赚取超额利润。同时，参加黑社会性质组织的人员，大多数是属社会底层的弱势群体，且年龄偏大，文化程度较低，在正常的竞争中已处于较弱势的地位，一旦有经济利益驱使，极易被黑恶分子教唆、利用，加入黑社会性质组织。再加之有其他诸多复杂的社会矛盾问题，出现黑社会性质组织犯罪，有其深层次的社会原因。因此，在打击黑社会性质组织犯罪在战略思考上，一定要坚持实行"综合治理，标本兼治，打防并举，以防为主"的方针，在具体对策的选定上，要坚持促进经济、社会的全面发展，保证平等致富的权利和就业机会，注重提高弱势群体的分配收入；加大反腐力度，强化党风建设，制定治本之策，提高执政能力；调整"严打"思维，实行"惩办与宽大相结合"的刑事政策；制定专门法规，严密法网，准确认定黑社会性质组织犯罪；加强主流文化宣传力度，弘扬社会正气。

关键词：黑恶犯罪 社会原因 刑事政策 对策措施

从重庆高院最近发表的重庆市打黑《白皮书》公布的已审结的涉黑案件的情况看，以非法手段做合法生意，是此次重庆打黑发现的中国内陆黑帮的典型特点，反映出黑社会势力的某些地域特征。从涉黑人员的结构看，大多数是属社会底层的弱势群体，而且年龄偏大，文化程度较低。对此，有针对性的进行研究，认清其行为的性质、特征，更有力地提出一些防范措施，对打击这类黑恶势力，清除其滋生犯罪的土壤，维护市场经济秩序和和社会治安秩序，是大有裨益的。

一、重庆打黑涉案概况

1. 从受案审理情况看，以黑社会性质组织定罪的 383 人，其中组织领导者 30 人，占涉案人员总数的 7.8%，骨干人员 106 人，占 27.7%，一般参加者 247 人，占 64.5%，组织者和骨干成员达到了 1/3。在以涉黑案件受理涉案的 512 人（其中有 129 人因涉恶不涉黑，未以涉黑犯罪认定），被判五年以上有期徒刑、无期徒刑、死刑的共 254 人，重刑率达到 49.6%，说明涉黑犯罪情节是严重的，形势严峻，不宜乐观。

2. 从参与的人员的成分看，（1）刑满释放人员成为黑社会性质组织的中坚力量。从 2009 年至 2010 年审结的 24 个黑社会性质组织，刑满人员 95 人，分布在 23 个黑社会组织中，其中 8 人系组织、领导者，31 人为骨干成员。在这之中，累犯 72 人占 76%，再犯 23 人占 24%。（2）70、80 年代出生的人员成了涉黑组织的主力军。从审结的涉案被告人统计，这个年龄段的人占到其总数的 71%，说明此阶段的人已将此作为谋生的手段。（3）文化程度普遍较低。从涉案人员看，高中以下程度低占到 86.6%，其中初中以下尽达 53.6%，说明我国黑社会组织还处在一个低端层次阶段。（4）涉案被告人以无业人员为主。占到涉案人员的 71.1%（这之中包括农村居民但基本未从事农业生产的人员）。这部分人处于社会的弱势群体地位。

3. 从涉黑组织行为的多样化看，24 个黑社会性质组织，根据获取非法经济利益途径和方式，可分为涉赌型、垄断型、涉黄型、高利贷型，部分涉黑组织兼具数种类型。从审理情况看，涉及从事国家禁止行业的涉黑组织 16 个，其中涉赌型 12 个、涉黄型 3 个、涉毒型 1 个，占涉黑组织的 66.7%。涉及从事合法行业但通过非法手段的涉黑组织 15 个，其中垄断型 9 个、高利贷型 6 个，占到涉黑组织的 62.5%。黑社会组织传统的涉毒、涉黄、涉枪案件并不突出，虽然在实施犯罪中均不同程度的实施了杀人、绑架、非法拘禁、敲诈勒索、寻衅滋事等暴力犯罪，但他们也在不断的变换手法，逃避打击。在其组织公司化后，更多的是以一种威慑手段，以软暴力方式进行讹诈。实施的犯罪行为多为非法经营、强迫交易、以围攻、抗议的方式进行寻衅滋事。以此，牟取垄断超额利润。

二、涉黑犯罪的成因分析

1. 对市场经济条件下的社会调节机制建设落后，管理手段仍处于传统方式。

我们现正处在经济转轨和社会转型期间，随着经济体制的改革，市场经济的建立，竞争机制的引入，带动了我国经济高速发展。由于竞争出现的优胜劣汰，地区发展的不平衡，引发诸多社会矛盾和冲突。犯罪虽然是一种个人的反社会行为或变态行为，可是它却与社会的结构与社会功能的运作方式有极其密切的关联。因此，犯罪的质与量也就随着社会结构的改变而有所变动。犯罪学家霍华德·齐东认为：工业革命亦即现代化进程之始，是犯罪由传统向现代的分水岭。[1] 所谓现代化是指在科学技术的带动下，以经济发展为主带动社会生活各个方面协调发展的变迁过程。塞缪尔·亨廷顿指出："现代性产生稳定性，而现代化却产生不稳定性。"[2] 这就是说，现代化之始及其推进必然引起社会发生结构性的变化，引起社会关系的重组和生活方式的变化，容易引起对"物质利益"的追求和"金钱至上"的物欲观。随之相伴而来的是人与人，人与社会之间的矛盾与冲突，从而导诱着犯罪问题的发生。

随着我国市场经济的发展，竞争加剧，加之一些改革措施的出台，后续的保障措施不到位，使社会阶层贫富差距拉大，处于弱势群体的人们，在面临生存危机的时候，政府化解社会矛盾的机制不健全，工作不到位。因此，一些人对社会产生的极端方式就是犯罪，而犯罪最有效又易于逃避打击的形式就是有组织的犯罪。从以上由重庆高院发布的《涉黑案件白皮书》列举出的数据就足以说明。在《白皮书》中也明确指出：受益西部大开发、三峡移民及统筹城乡改革实验政策，重庆经济在直辖后迈入高速发展期，大开放、大开发、大发展环境下劳动力、资本等经济要素的大流动，社会经济大调整，一部分城市（镇）职工下岗待业，由于城市的扩展，失地农民的大量涌现等，带来诸多社会问题，由于我们社会管理和建设相对落后，造成一些社会不稳定因素。如：参与涉黑人数中无业人员达到71%，而且这些人文化程度普遍低下，年龄偏大，在正常的竞争中易处于较弱势的地位，一旦有经济利益驱使，极易被黑恶分子教唆、利用，加入黑社会性质组织。[3]

2. 对于相佐主流文化的亚文化缺乏正确引导和对犯罪亚文化的抵制、批判。

随着我国市场经济的发展，呈现出多元文化的价值观。除了主流文化占有重要地位之外，一些亚文化的发展也具有了一定市场。虽然在意识形态中，对于亚文化的东西我们不能一律排斥，但必须给予正确引导，对于裹挟其中的一些没落、腐朽的文化糟粕一定要坚决揭露、批判。由于经济转轨、社会转型，竞争激烈，使得社会群体结构的分层化加剧，使一些较低下层的人群中，在现所处的社会境遇下，在他们身上很容易对旧中国黑社会组织的一些亚文化产生共鸣。这些亚文化的特征，是以传统礼教为基础，通过各种形式的载体表现出来，起到聚集组织力量的作用。就其内容来讲，是将儒家纲常礼教运用到其行为模式之中，其文化基础是"以聚义、食乐、打斗内容为核心三位一体的码头文化。"[4]因此，有的人甘为黑社会性质组织肝脑涂地。不计后果，一味强调对朋友、组织的"义气"或者"忠诚"，甘愿"两肋插刀"，"冲锋陷阵"，显示出对社会极强的对抗性。再加之一些书刊、影视作品对境外黑社会组织的犯罪手段、方式、组织规划的介绍和渲染，尤其是境外组织所遵循的价值观念为一些人所青睐，并逐步将其作为自己的人生准则。由于我国文化价值中的"义"，又有极其深厚复杂的文化底蕴，其中的"江湖"，更需扬清涤浊。对境外的一些文化产品，也必须加强甄别、管理。但我们过去在文化宣传教育方面，对亚文化的辨析与引导做得不够，尤其是对一些封建糟粕的东西以及境外的一些低级粗俗甚至是反动的文化进行公开的，旗帜鲜明的揭露、批判不够，使得这些具有犯罪倾向的亚文化有了泛滥的市场。

3. 立法规定过于抽象，司法解释滞后，直接影响了对黑社会性质组织的认定和打击。

我国对黑社会性质组织犯罪在97刑法新修订时才规定了此类犯罪。受当时立法"宜粗不宜细"方针之影响，加之我国理论界对有组织犯罪的研究，无论是从犯罪学，还是从刑法学的学术研究上均相对滞后。在立法模式上，也没有象国外立法例中对有组织的犯罪这种极其复杂的犯罪行为有针对性的进行专门立法，实行双轨并立的立法模式（即普通刑法与特别刑法相结合的立法模式），因此，我国刑法上所规定的"组织、领导、参加黑社会性质组织罪"，在立法上就存在始源性的缺陷。

2000年最高人民法院下发了《关于审理黑社会性质组织犯罪的案件具体应用法律若干问题的解释》，《解释》对黑社会性质组织特征的界定，在实际打黑斗争中引起了一些困惑和争议，为此，在2002年全国人大常委会作出了《关于刑法第二百九十四条第一款的解释》，对黑社会性质组织特征作出了一些有异于最高法院的规定，但此规定仍然还是比较抽象。由于黑社会性质组织其行为表现形式极为复杂，尤其是涉及到经济领域的犯罪，与单位犯罪的厘定与区分，增加了操作适用上的困难。司法部门各机关在办案过程中对法律的理解存在分歧，有些争议甚至较大。因此，最高人民法院、最高人民检察院、公安部于2009年7月15日以《纪要》的形式，研究办理黑社会性质组织犯罪案件遇到的适用法律问题，形成了具体意见，要求在办案过程中进一步加强认识的统一。可以说，这些后来的一系列举措，都无不与现行法律规定的过于抽象有着直接的关系。这次重庆打黑除恶专项斗争中所揭露出的"黎强案"，就存在着由于法律规定的不具体或者疏漏，造成理解和认识上的诸多问题。不然，其涉黑组织也不可存在长达十几年之久未得到追究，黎强反而还光面堂皇地获得"人大代表"、"政协委员"等政治头衔。

4. 国家工作人员腐败助长。

黑社会性质组织犯罪在其初创阶段直接危害到乡土社会的基础秩序。随着黑社会性质犯罪组织的逐渐成型，组织性、经济性、政治性成为其主要特征。黑社会性质组织为了稳定发展并不断获得经济利益，往往引诱、拉拢国家工作人员参与、包庇、纵容其犯罪行为。从黑社会性质组织发展轨迹看，黑恶势力要想做强做大，必须寻求"保护伞"，而且必须有"保护伞"。而在我们的干部队伍中，往往有那么一些意志薄弱者，在市场经济的大潮中，经不起"金钱"和"美色"的诱惑，拜倒在石榴裙下，成为他们的俘虏。腐败与黑恶"联姻"，是涉黑案件的一大特点。如重庆打黑中，文强等少数受到拉拢腐蚀的国家工作人员贪赃枉法，包庇、纵容黑恶势力，帮助逃避打击。这些腐败分子的行为，保护了黑恶势力的犯罪，助长了他们的犯罪气焰，促成了涉黑组织由弱到强、由小到大，称霸一方，为非作歹，欺压残害群众有的长大十几年之久。

三、惩治涉黑犯罪对策

1. 促进经济、社会全面发展，保障致富的平等权利，提供就业平等机会，提高弱势群体的分配收入，增加构筑和谐社会的积极因素。

德国刑法学家，刑事社会学派的创始人之一李斯特（List Frauz Von）就曾精辟地指出："最好的刑事政策就是最好的社会政策。"[5]我们现在正处在一个经济转轨、社会转型时期，经济高速发展，社会阶层不断分化，随之相伴而来的是人与人，人与社会之间的矛盾日益冲突，因而引发诸多社会问题。由于我们过去过度强调经济的高速发展，忽视或者放松社会各方面的协调发展，在强调公平竞争的基础上，忽视了对社会弱势群体在就业上采取实实在在的扶持和帮助，在分配领域对他们的困境应有的重视并在分配比例上给予一定的倾斜，造成社会的两极分化严重，影响了经济、社会全面的、可持续发展，引发出现了一些社会问题。从重庆这次打黑受案被告人的个人情况看，无业人员所占比例之高，年龄层次偏大，文化程度普遍较低，这部分人正是当今社会竞争中处于劣势地位的群体。对此，是值得我们认真反思的。

今年 9 月 16 日，国家主席胡锦涛在出席第五届亚太经合会组织人力资源开发部长级会议开幕式时，发表了题为《深化交流合作，实现包容性增长》的致辞，他强调：实现包容性增长，切实解决发展中出现的社会问题。有学者指出：所谓包容性增长，就国内来说，就是要注意到社会的各个层面，尤其是对低收入人群的分配上要给予扶持，让更多的人享受改革的成果。[6] 因此，践行包容性增长关键在于政府履行好职责，积极推进收入分配制度的改革，努力提高居民收入在国民收入中的比重和劳动报酬在初次分配中的比重，创造条件提高劳动者的能力水平，让更多的群众收入提高。要达到此目的，就要切实落实胡主席在这次会议上提出的四点要求：一是优先开发人力资源；二是实施充分就业的发展战略；三是提高劳动者素质和能力；四是构建可持续发展的社会保障制度。只有这样从社会基础上消除滋生黑社会性质犯罪的土壤，才是我们的长久之策。

2. 加大反腐力度，强化党风建设，制定治本之策，提高执政能力。

从重庆打黑的情况看，黑恶势力要在一个地方做大做强，都是离不开"保护伞"的保护，并且与持保护伞的人地位高低，保护势力的强弱与黑社会组织的发展壮大无不有着密切关联。因此，严厉打击保护伞，切断他们之间的权钱交易，是遏制黑恶势力倚权做大的重要措施。

在党的十六届全会通过的《中共中央关于加强党的执政能力建设的决定》中就明确指出：各级党组织要把党风廉政建设和反腐败斗争作为提高党的执政能力，巩固党的执政地位的一项重大任务抓紧抓实，坚持标本兼治，综合治理，惩防并举，注重预防，抓紧建立健全与社会主义市场经济体制相适应的教育制度，监督并重的惩治和预防腐败体系。因此，作为预防国家工作人员成为黑恶势力的保护伞，应着力抓好以下几点：（1）要对参与、包庇、纵容黑社会性质组织的国家工作人员坚决地进行严厉打击，不管他们职务有多高，功能有多大，一旦发现他们涉黑犯罪，应毫不留情地将其清除出党和干部队伍，纯洁党风政风，净化社会环境，使我们的干部在人民群众中真正树立起"人民公仆"的形象。（2）对"裸官"或意志薄弱者或个人生活不检点者要加大监督力度，尤其要防止这些人担任涉黑犯罪意于依仗保护的部门的领导职务，杜绝形成保护伞的条件和气候。（3）建立防腐体系，完善监督制度，反腐倡廉，常抓不懈。党政机关（纪检监察部门）要加强并坚持对干部的巡视制度、干部重大事项报告制度、述职述廉制度、民主评议制度、谈话诫勉制度、经济责任审计制度以及质询制、问责制、罢免制等，使"公权力"的运行，真正在阳光下受到监督，国家治理更加民主。

3. 调整"严打"思维，实行"惩办与宽大相结合"的刑事政策。

从犯罪学观察我国当前黑社会性质组织，从组织层级看，还是处在黑社会组织的初级阶段。其内部结构相对松散，组织性不甚严密，社会影响力有所受限。以现发展阶段看，包括三个层次：一是犯罪团伙，其特征是因事而聚，事毕伙散，具有一般共犯的性质；二是犯罪集团，为实施某些犯罪集合一起，有明确的组织领导者和骨干成员，由于组织时间短、活动范围小、势力弱、经济实力差等原因，还形成不了黑社会性质的气候；三是黑社会性质组织，除了比犯罪集团在组织结构上更加紧密，内部层级更加清晰外，由于有一定的经济实力支撑其组织的犯罪活动，或者利用国家工作人员的包庇、纵容，因而在相当长的一个时期内，在一个地区或者一个行业中残害群众、为非作歹、称霸一方。因此，我国黑社会性质组织在其发展轨迹中都有一个从涉恶到变黑的这样一个过程。

根据"打黑除恶"要坚持"打早打小，露头就打"的方针，打击涉黑势力的范围理应包括以上三个层次的黑恶势力，只是从刑法角度上对这三种情形，在定性量刑上加以区别。基于此，从犯罪学的角度所指的黑恶势力其层次更广，面更大。因此，面对这样一个形势，在当前社会矛盾尖锐、复杂的情况下，我们还是一味坚持"严打"思维，加大处罚力度，势必出现事与愿违的效果。就即便是构成黑社会性质的犯罪人，从重庆涉黑案参与的人员看，绝大多数都是社会底层较弱势的群体，尤其是需要引起注意的是，在这些参与人员中70、80年代出生的人占到了70%以上，而且无业、失业等，处在此年龄阶段的正值是30岁以上50岁以下年龄层的人群，他们上有老，下有小，是家庭的"顶梁柱"，由于所处的社会地位和经济状况，易被人教唆、利用。因此，他们的犯罪既有个人的因素，也存在社会生存环境的不利影响。同时，对这些人的过重处理，会给其家庭其他人员带来生活困境，影响社会安定。

今年9月29日中共中央政治局就正确处理新时期人民内部矛盾问题研究进行第二十三次集体学习。中共中央总书记胡锦涛在主持学习时强调，我们要深入认识正确处理人民内部矛盾的重要性和紧迫性，着眼于最大限度激发社会创造活力、最大限度增加和谐因素、最大限度减少不和谐因素，更加积极主动地处理好人民内部矛盾，为推动科学发展，促进社会和谐，为实现全面建设小康社会奋斗目标、加快推进社会主义现代化创造良好社会环境。并提出了四点要求：一是从源头上减少矛盾；二是注重维护群众权益；三是注重做好群众工作；四是注重加强和创新社会管理。[6]

因此，根据和谐社会理论，结合当前我国社会发展的的实际情况，从打黑除恶的战略高度思考，我们应主动调整"严打"思维，采取"惩办与宽大相结合"的刑事政策，结合胡锦涛就积极主动地处理好人民内部矛盾的四点要求，在打黑斗争中，注意分化瓦解黑恶势力，团结教育感化多数，孤立打击少数，增加和谐因素，减少社会的对立面，确保社会平安。在司法打击层面上，要切实贯彻宽严相济的刑事政策，要根据犯罪的具体情况，实行区别对待。做到该宽则宽，当严则严，宽严相济，罚当其罪。使他们心悦诚服地服判，接受改造，洗心革面，重新做人。

4. 制定专门法规，严密法网，准确认定黑社会性质组织犯罪。

从重庆打黑揭露出的黑社会性质组织类型的发展趋势看，我国黑社会性质组织正逐渐向经济领域渗透，犯罪组织公司、企业化，犯罪行为经营化，其犯罪形式更为隐蔽。对这一发展趋势和特征，从我们现有立法的规定中，并没有及时反映出这一变化，更没有针对这一变化在立法模式上采取应有的对策变化，还是一味的的坚持刑法法规的法典化的立法例。由于法典条文具有简略精当、抽象概括的要求，在法条中，不可能对一些复杂的犯罪特别是有组织犯罪的特征做过细的论述和规定。因而，司法机关在适用法律时，分歧意见较大，实属再所难免。但这会带来对犯罪性质及时认定，要么打击不力，要么打击过头，直接影响着打击的实际效果。在这方面，我们应借鉴国外的一些成功经验，加大有组织犯罪的立法研究，突破单一的立法模式，建立起我国惩处有组织犯罪的法律体系。譬如：美国联邦政府就通过了《有组织犯罪控制法》，其主要部分为《反犯罪组织侵犯合法组织法》(Racketeer Influencedand Corrupt Organizations Act，RICO) RICO 是针对有组织犯罪对合法经济领域大规模的疯狂渗透而制定的，旨在运用刑罚手段防止和打击有组织犯罪向合法企业投资，从而斩断有组织犯罪集团伸向合法经济领域的魔爪。在此基础上，美国政府还制定出了一系列有关惩处有组织犯罪的配套法律。如：《1984 年证人安全改革法》、《制裁有组织犯罪条例》、《有组织犯罪法》、《受犯罪组织影响和腐败组织法》、《洗钱法》等[7] 这些作为有组织犯罪的专门立法，发挥着积极作用，成为严厉打击有组织犯罪的有力武器。

借鉴国外立法经验，同时从我国黑社会性质组织的发展的实际状况，应该有针对性的对其组织的性质和特征进行专门立法，对司法机关的打击行为进行规范。在这些立法中，应对合法公司、企业与黑社会性质组织之间的关联与区分作出明确规定。因为，我国现阶段的黑社会性质组织与我国历史上曾经出现过的"青红帮"、"哥老会"那种有着严密的组织结构和苛刻残忍的帮规帮纪帮会组织有别，也同国外有着合法社团身份的黑社会组织相异。按照我国现有法律规定，可以分析我国黑社会性质组织是从犯罪团伙到犯罪集团，再演化成黑社会性质组织，是通过这样一个渐进发展过程形成的犯罪组织。因此，1997 年《刑法》修订时，立法机关认为，"在我国明显的、典型的黑社会犯罪还没有出现，但带有黑社会性质的犯罪集团已经出现。"[8] 当这种黑社会性质的犯罪深入经济领域时，往往是依托合法注册的企业名称，以企业的经济组织模式作为其组织形式，既进行合法经营又干着非法经营与违法犯罪活动，让人难辨"黑白"。如重庆打黑所涉的"黎强案"，黎强的辩护律师、西南政法大学赵长青教授在辩护时曾提请法官注意四个界限：黑社会性质组织犯罪与"做大做强"的民营企业违法犯罪的界限；组织行为与公司行为的界限；组织经济利益与公司经营利益的界限；一罪与数罪的界限[9]。虽然赵教授的辩护存在不少值得商榷之处，但这也说明要准确区分黑社会性质组织犯罪与单位犯罪确实有一定难处，这就需要制定出一些配套法律加以厘清，便于在司法中的认定。

特别还应研究，这些涉黑组织深入经济领域后，成立组建后的企业具有了一定规模，甚至有的成为当地的龙头企业。如这次重庆打黑中所涉的王天伦黑社会性质组织，经营的"今普"屠宰企业，在重庆猪肉市场上已占近41%的份额，还占据重庆市场70%以上的生猪供应源，企业具有经营此业的一流设施和条件，是重庆两家一流屠宰企业之一；又如黎强在1992注册的渝强实业（集团）有限公司，注册资本3000万元，主营道路客运兼营房地产开发、物业管理、驾驶员培训、汽车租赁、汽车维修等于一体的综合性企业，下设子公司十多个，每年提供的就业岗位3000多个；还有的企业，通过市场运作，已成为了股份公司，一些投家还成为该公司的大股东。[10]对这些涉黑企业是否均以非法企业认定予以取缔，还是采取股权转让或者其他形式，使它继续生存下去，以避免社会资源的浪费和职工的失业，以达到稳定社会的效果。这些都应在法律上作出相应的规定，以便在司法操作上的统一。

5. 加强主流文化宣传力度，弘扬社会正气。

"文化可能是限制犯罪的强有力的媒介。或者相反，这种文化对挫折和压力的解决采取了犯罪形式。"[11]对黑社会性质组织犯罪亚文化的分析，能够使我们更加了解亚文化对促使犯罪发生的作用，从而为我们防止黑社会组织犯罪给予启示。在构建和谐社会的大背景下切实营造一种良好的文化氛围；对于遏制黑社会性质组织犯罪亚文化的形成具有一定的积极意义，也有利于消除黑社会性质组织犯罪产生的社会文化根源，防止其犯罪活动的蔓延。针对这些亚文化特点，我们应做好以下应对之策。

（1）弘扬先进文化的价值观。先进文化作用于人的内心，能够内化为个人的行为指导。我国是有着五千年悠久文明历史的国家，蕴藏着极其使世人仰慕的灿烂而丰富的历史文化宝藏。在社会急剧转型的大背景下，我们亟需挖掘我国传统文化的精髓，吸收世界各国的先进文化，用先进文化引导人们的行为方式。这也是作为现代人应具备的基本素养。具体讲，胡锦涛同志在2006年3月4日发表的关于树立社会主义的荣辱观，即"八荣八耻"，是对我国传统文化精髓的高度概括，体现了社会主义的基本道德规范的本质要求。它是当代核心价值观的集中表现，也是社会文明程度的重要标志。我们的文化宣传部门应着力大张旗鼓的在人民群众中对这些核心价值观进行宣传、教育。尤其要注意引导青少年，在他们的成长过程中树立起高尚的人生观和价值观，不仅关乎着他们个人的进步，而且对祖国未来的繁荣、富强都有着极其深远的意义。当下，我们还应注意在我们现在多元经济的背景下，在提倡主流文化的同时还要加强对其他多元文化的引导和扶持，用各种手段激发大家健康向上的精神情操。用和谐之声，共筑团结奋发之心。

（2）加强对文化传播媒介的监管。在社会转型过程中，特别是伴随着网络时代的到来,文化传播的形式已经突破了传统方式,形成了一种多元的文化传播途径。这在给整个社会带来便捷的同时,也使得一些不良文化由此得以传播。特别是长期充斥于地下文化市场的淫秽、暴力书刊、音像制品,其宣传的均是与主流文化相背的亚文化,对于社会大众特别是青少年的健康成长极为不利。近几年来,互联网迅速发展,已经成为青少年获得信息的主要途径之一。但是,对互联网信息的监管,历来就是一个比较棘手的问题。由于互联网上包含着大量低俗内容,是人们获取健康文化营养的一个重要威胁。因此,要切实加强对文化传播媒体的监管,加大对文化市场的执法力度,消除淫秽暴力文化的传播途径。面对互联网迅速发展的事实,要切实提高网络监管技术,加强对网上不良信息的过滤与屏蔽。尤其是对那些不法经营者,构成犯罪的,必须对其追究刑事责任,绝不能以罚代刑,使其逍遥法外。更要对其经济上加大处罚力度,乃至取消经营资格,使其再生不能的退出市场。同时,要通过逐步完善有关立法,加强对媒体传播空间的监控。

(3)消除形成亚文化的社会环境。黑社会性质组织犯罪亚文化的形成,与社会转型和改革进程中出现的一些社会矛盾相伴相生。在社会转型过程中,政治、经济、文化体制也面临着转轨。在新旧体制交错背景下,一些既有规则被打破,而新的规则尚未得以建立。在建立新制度的过程中,又往往出现一系列社会问题。例如,当下人们对腐败的认识态度大有从痛恨到逐步宽容再到认同的转变。一旦自己拥有相应的机会,也会去实施腐败等违法犯罪行为。特别是近几年来,由于政策调控不到位,贫富差距拉大,社会矛盾在一些地方愈演愈烈,严重冲击着人们的价值观念,甚至使人们形成对国家公权力的不信任。频频曝出的腐败案件特别是司法腐败让人们难以在内心形成对国家公权力的认同。由此导致的结果是,公权力在一些地方或者一些行业的疲软或者不到位,人们转而将纠纷与矛盾的解决转向非法治、非理性的方式,一些黑社会组织借机应运而生,操纵当地经营管理权,肆意践踏法律。为此,从根本上讲,要遏制黑社会性质组织犯罪亚文化的生成,切实防止黑社会组织犯罪,必须从消除其产生的社会环境入手,应逐步通过与经济体制改革相适应的政治体制改革,使我们的政府工作人员真正树立起服务意识,以和谐社会的人本思想为理念,以科学发展观为指导,保障国家公权力在法治轨道上运行,维护人民政府服务于人民的形象,体现出政府高效的管理职能和权威,减少和化解社会矛盾,铲除黑社会性质犯罪赖以生存的社会环境和土壤。

参考文献

[1] 路易斯·谢利. 犯罪与现代化 [M] 北京:群众出版社 1986:158

[2] 塞缪尔·亨廷顿. 变动社会的政治秩序 [M] 上海:上海译文出版社 1989:45

[3] 摘录重庆高院《关于重庆打黑白皮书》2009 年

[4] 高峰. 当代黑社会犯罪 [M] 武汉:湖北人民出版社 1994:2—3

［5］马克昌等主编. 刑法学全书 ［M］上海：上海科学技术文献出版社 1993：873

［6］新华社电. 胡锦涛就处理人民内部矛盾提四要求 ［N］楚天都市报 2010－09－30（A25）

［7］2005 Annual Report on Organized Crime U. S. A. Trend of Organized Crime 8（3）. 2005

［8］王汉斌. 第八届全国人民代表大会第五次会议上所做的关于《中华人民共和国刑法修正草案》的说明

［9］参见康宇. 黎强庭审连说"对不起"［N］辽沈晚报 2009－11－01

［10］http：‖ blog. sina. com. cn｜ s｜ blog－46a8fe6e0100dui6. htm｜

［11］韦恩·莫里森. 理论犯罪学－从现代到后现代 ［M］刘仁文.、吴宗宪译. 北京：法律出版社 2004：255

［12］［N］河南日报 2007－10－17（13）

（此文登载于《湖北省法学会犯罪学研究会 2010 年年会论文集》、获三等奖）

后　记

本书是作者这几年在教学和科研中的有关经济犯罪问题的研究成果，由于学识所限，其中研究不免有所漏洞甚至错误，诚望专家和读者们批评、指正。此书有幸出版，首先要感谢武汉理工大学研究生院，得到研究生教材建设基金资助，也要感谢文法学院及刘锦宏副教授与出版社联系勾通负出的辛勤劳动。同时感谢研究生刘东庆、何文凯两同学花费精力对本书进行了校勘，本书稿的顺利完成和出版，也得到武汉大学出版社领导和编辑们的热忱帮助，在此谨向上述领导、专家和人员表示衷心感谢！